KB272018

지방 소멸과
ESG 활용

지방 소멸과 ESG 활용

양세훈 · 이영호 · 이수정 · 김정진 · 김나영 지음

이담북스

오늘의 대한민국은 세계에서 가장 빠르게 늙어가는 나라, 그리고 수도권과 비수도권의 격차가 가장 뚜렷한 나라 가운데 하나가 되었다. 출산율은 세계 최저 수준을 기록하고, 전체 인구는 감소 국면에 접어들었으며, 청년과 일자리, 교육·문화 인프라는 수도권으로 쏠리고 있다. 그 결과 많은 농산어촌과 지방 중소도시는 학교와 병원, 상점, 버스 노선이 하나둘 사라지고, 남은 주민들만이 버텨내는 '지방 소멸'의 풍경을 마주하고 있다. 비어 있는 마을, 꺼진 간판, 방치된 빈집, 그리고 끊어진 관계는 이제 통계 속 숫자가 아니라, 우리가 사는 국토 곳곳에서 확인되는 일상적인 현실이 되었다.

'지방 소멸'이라는 말은 더 이상 과장이 아니다. 합계출산율의 장기 하락과 초고령사회 진입은 지역의 인구 기반을 근본적으로 약화시키고 있고, 청년층의 수도권 유출은 지방의 노동력과 소비, 창업 동력을 동시에 빼앗아 가고 있다. 산업구조 역시 수도권과 대도시 중심으로 재편되면서 많은 지역의 전통 제조업과 1차 산업은 저부가가치 구조에 머무르고, 혁신 인프라와 투자, 인재는 여전히 '서울권'에 집중되어 있다. 그 사이 농산어촌과 중소도시는 학교 폐고, 병원 축소, 생활 인프라 붕괴를 겪으며, '사람이 떠나서 망하는 곳'이 아니라 '살기 어려워서 떠날 수밖에 없는 곳'으로 내몰리고 있다.

그러나 지방 소멸의 본질은 단순한 인구 감소 문제가 아니다. 인구 지표 뒤에 숨어 있는 것은 환경의 취약화, 지역공동체의 해체, 산업과 일자리의 불안정, 행정과 거버넌스의 한계가 서로 얽힌 복합 위기다. 기후 위기와 환경 훼손은 농촌과 해안 지역의 재난 위험을 키우고, 저탄소 전환에서 뒤처진 지역일수록 새로운 성장 기회를 포착하기 어렵다. 일자리와 교육, 복지 인프라의 불균형은 청년과 가족이 머물기 힘든 구조를 만들고, 이는 다시 지역경제의 쇠퇴와 재정 악화를 심화시킨다. 중앙집권적 정책과 단기성과 위주의 사업은 지역의 자율성과 창의성을 제약하며, 주민은 정책의 대상이자 수혜자로만 남게 된다. 결국 지방 소멸은 한 지역의 문제가 아니라, 국가 전체의 지속 가능성이 흔들리고 있다는 신호라 할 수 있다.

이 책은 이러한 지방 소멸의 위기를 ESG(Environmental, Social,

Governance)라는 새로운 틀로 재해석하고, 지역에서 실천할 수 있는 해법을 모색하고자 기획되었다. ESG는 원래 기업의 지속가능경영을 평가하는 기준으로 출발했지만, 이제는 기업을 넘어 공공부문과 지역사회로 빠르게 확산하고 있다. 환경(E)은 탄소 배출과 자원 순환, 생태 보전과 같은 과제를 포함하고, 사회(S)는 노동, 복지, 공동체, 포용과 연대를 의미하며, 거버넌스(G)는 투명하고 책임 있는 의사결정 구조를 가리킨다. 지방 소멸을 ESG 관점에서 다시 보면, 인구 감소와 지역 쇠퇴는 곧 환경·사회·거버넌스의 균형이 무너진 결과이자, 동시에 이 세 영역을 재구성해야 할 이유가 된다.

지방 소멸을 막기 위한 노력은 그동안도 이어져 왔다. 각종 인구 유입 정책, 공공기관 이전, 도시재생 사업, 청년 지원 프로그램 등 수많은 대책이 추진되었다. 그러나 이러한 정책 다수는 부처별, 부문별로 분절된 상태로 추진되어, 특정 사업이 끝나면 효과도 함께 사라지는 한계를 드러냈다. 청년 주거정책이 일자리와 연계되지 않거나, 농촌 개발이 환경·생태와 분리되어 진행되는 현실 속에서, 정책은 서로를 뒷받침하기보다 각자도생의 조각난 사업으로 남기 일쑤였다. 이제는 개별 정책의 나열이 아니라, 환경·사회·거버넌스를 관통하는 공통의 언어로서 ESG를 활용해, 지방 소멸 대응을 통합적으로 설계할 수 있는 새로운 패러다임이 필요하다.

이 책에서 우리가 제안하는 핵심 문제의식은 분명하다. "지방 소멸을 피하는 길은 단순히 인구를 늘리는 그것이 아니라, 지역을 지속 가능하게 만드는 것이다." 다시 말해, 기후 위기 시대에 환경을 지키면서도 새로운 녹색산업과 일자리를 만들고(E), 청년과 고령자, 다양한 계층이 함께 살 수 있는 포용적 공동체를 복원하며(S), 주민과 기업, 행정이 함께 참여하는 투명한 거버넌스를 구축해야(G) 비로소 '머물고 싶은 지역'이 될 수 있다는 것이다. ESG는 바로 이러한 전환을 가능하게 하는, 지방정책의 새로운 좌표축이다.

책의 구성은 지방 소멸과 ESG를 둘러싼 우리 사회의 현실을 다층적으로 조망하고, 자치행정과 산업 경제, 농업기술과 농식품 산업, 주택공간과 지역공동체, 생태환경과 지역 회복력에 이르기까지, 8개 장에 걸쳐 구체적인 진단과 대안을 제시하는 방식으로 이루어져 있다.

제1장은 지방 소멸의 배경과 함께 ESG의 개념과 국제적 확산, 그리고 SDGs(지속가능발전목표)와의 연계를 살펴보며, 지방 소멸을 ESG 관점에서 다시 읽어야 하는 이유를 설명한다. 제2장은 지방정부의 역할 변화와 ESG 행정의 도입, 주민 참여형 거버넌스 구축을 통해 '행정의 패러다임 전환'이 왜 필요한지를 다룬다. 제3장은 지역경제의 구조적 취약성과 ESG 경영 도입, 녹색 · 순환 경제 기반 산업생태계 구축 방안을 제시하고, 제4장과 제5장은 농업기술 혁신과 농식품 산업의 ESG 전환, 지역브랜딩 전략을 다루며 지방의 새로운 성장 가능성을 탐색한다.

제6장은 주택 공간과 지역공동체 회복에 초점을 맞추어, 빈집과 노후주택 문제, 청년 주거 접근성, 공동체 단절이라는 현실을 진단하고, ESG 관점에서 주택 · 공간 정책을 재설계하는 방향을 제안한다. 제7장

은 생태환경과 지역 회복력을 주제로, 기후 위기 시대의 지방 환경 과제와 탄소 중립 전략, 생태 경제 구축의 의미를 살펴본다. 마지막 제8장은 앞선 여섯 개 분야를 통합하는 ESG 전략과 지역 회복력(Resilience) 재구성, 그리고 지속 가능 지역의 미래 비전을 제시함으로써, 지방 소멸 대응의 새로운 패러다임을 모색한다. 책 전반에서 각 장은 국내외 다양한 사례와 표, 지표를 함께 제시하여, 추상적인 담론을 넘어 실천할 수 있는 정책과 사업의 방향을 구체적으로 보여주고자 했다.

이 책을 집필하는 과정에서 저자들은 지방 소멸을 '막아야 할 위기'이자 동시에 '새로운 전환의 계기'로 바라보려 했다. 인구가 줄어든다는 사실 자체를 되돌리기는 어렵다. 그러나 인구가 줄어드는 속에서도 삶의 질을 높이고, 지역공동체의 회복력을 키우며, 환경과 경제의 새로운 균형을 만들어갈 수 있다면, 지방은 단지 '쇠퇴하는 주변부'가 아니라 '미래를 실험하는 전면'이 될 수 있을 것이다. ESG는 이와 같은 전환의 방향을 제시하는 하나의 나침반이며, 각 지역의 특성과 자원을 살려 구체적인 실행 전략으로 풀어내는 그것은 결국 지방정부와 주민, 기업, 시민사회의 몫이다.

이 책이 지방 소멸이라는 거대한 과제를 ESG라는 언어로 다시 사유하고, 각자의 자리에서 가능한 변화를 상상해 보는 출발점이 되기를 바란다. 지역을 살리는 일은 곧 사람을 살리는 일이고, ESG를 통한 지방 재생은 우리 사회 전체의 지속 가능성을 높이는 길이다. 저자들은 전북특별자치도 고창군 산하기관에 근무하는 박사들과 고창군 소속 공무

원이다. 지방 소멸이라는 지역의 현실을 체험하면서 느낀 내용을 담아
내고자 하였다. 따라서 지방정부와 정책 담당자, 현장의 활동가, 연구
자와 학생, 그리고 지역의 미래를 고민하는 모든 분께 작은 참고와 동
력이 되기를 기대해 본다.

2026년 2월
저자 대표
한국공공ESG학회 부회장
양세훈

목차

제1장

지방 소멸의 현실과 ESG 의미

양세훈

1. 지방 소멸의 배경

인구 감소와 수도권 집중화

우리 사회는 지금 빠른 속도의 인구 감소와 수도권 집중이라는 두 가지 구조적 위기 앞에 서 있다. 출산율 저하와 고령화는 지역의 인구 기반을 근본적으로 약화하는 핵심 요인으로, 이미 상당수 지방 도시와 농산어촌은 '소멸'이라는 단어가 더 이상 과장이 아닌 현실적 위험으로 다가오고 있다. 여기에 청년층이 양질의 일자리와 교육, 문화적 기회를 찾아 수도권으로 몰리면서, 지방은 젊은 인구를 잃고 고령 인구 비중만 늘어나는 악순환에 빠져들고 있다. 이 같은 흐름은 단순한 인구 구조 변화 차원을 넘어, 국가 균형 발전의 토대를 흔들고 사회 전체의 지속 가능성을 위협하는 문제로 비화하고 있다.

행정안전부 주민등록 인구 통계에 따르면, 대한민국은 2024년 12월 23일을 기점으로 공식적인 '초고령사회'에 진입했다. 전체 주민등록 인구 가운데 65세 이상 인구가 차지하는 비중이 20%를 넘어서면서, 유엔이 제시한 고령화 단계 분류 기준상 최종 단계에 들어선 것이다. 유엔은 65세 이상 인구 비율이 전체의 7%를 넘으면 고령화 사회, 14%를 넘으면 고령 사회, 20% 이상이면 초고령사회로 구분하는데, 이 잣대를 한국에 적용하면 우리는 이미 인구 구조의 급격한 노화를 경험하는 국가로 분류된다. 이러한 현실은 단지 '늙어가는 사회'라는 표현을 넘어, 인구 소멸의 위험과 직결되는 심각한 경고로 받아들여야 한다.

결국 한국 사회가 마주한 인구 문제는 출산율 저하, 초고령사회 진입, 수도권 집중과 지방 소멸 위험이 복합적으로 얽혀 있는 구조적 위기이다. 인구 감소와 고령화가 지역의 활력을 잠식하고, 청년 유출과 수도권 편중이 이를 더욱 가속하는 악순환이 지속된다면, 국가 전체의 경제 역동성과 공동체 유지 능력은 빠르게 약화할 수밖에 없다. 따라서 인구 구조의 변화를 단순한 통계상의 변화로 보지 않고, 국가의 존속과 미래 전략의 핵심 과제로 인식하는 근본적인 전환이 요구되고 있다.

지방 소멸이라는 표현이 더 이상 과장으로 느껴지지 않게 된 데에는 여러 구조적 배경이 복합적으로 작용하고 있다. 먼저 저출산과 고령화로 인한 인구 감소가 핵심적인 원인으로 지적된다. 우리나라의 합계출산율은 2023년 0.72명으로 경제협력개발기구(OECD) 평균의 절반에도 미치지 못하는, 사실상 세계 최저 수준을 기록했다. 지속되는 경기 불확실성, 높은 주거비와 교육비, 육아 부담 등은 젊은 세대 삶의 안정성을 위협하며 결혼과 출산을 미루거나 포기하게 만드는 요인으로 작용하고 있다. 그 결과 생산가능인구가 줄어들고, 특히 지방에서는 노동력 부족이 심화하면서 지역 소멸 위험이 직접적으로 커지고 있다.

둘째로 수도권 집중에 따른 지역 불균형이 지방 소멸을 가속화하고 있다. 2023년 기준 서울·경기·인천 등 수도권에는 전체 인구의 약 50.7%가 거주하고 있으며, 이 비중은 2019년에 처음 50%를 넘은 이후 매년 상승해 왔다. 주요 기업 본사와 산업 시설, 대학, 공공기관, 문화 환경이 수도권에 밀집되면서, 지방의 청년층은 더 나은 일자리와 교육·문화 기회를 찾아 자연스럽게 수도권으로 이동하고 있다. 이에 따라 지방은 청년 인구가 빠져나가고 고령 인구만 남는 구조가 고착되며, 세대 재생산이 이루어지지 않는 악순환에 빠지고 있다.

셋째로 이러한 인구 불균형의 결과, 지방의 경제와 공동체는 눈에 띄게 위축되고 있다. 농어촌과 중소도시 지역에서는 학생 수 감소로 학교가 통폐합·폐교되고, 병원과 상점, 금융기관 등이 잇따라 문을 닫으면서 생활 인프라가 급속히 약화하고 있다. 인구가 줄어든 지방자치단체는 세수 감소로 재정난에 직면해 필수 행정서비스와 사회복지, 지역 개발에 투자할 여력이 더욱 줄어드는 악순환을 겪고 있다. 반면 수도권은 인구와 경제·산업이 과도하게 집중된 결과, 주거비 급등과 교통 혼잡, 환경 오염, 과밀 학급 등 다양한 부작용이 심화하며 또 다른 유형의 생활 불균형과 사회적 갈등을 낳고 있다.

인구 감소와 수도권 집중 문제를 해결하기 위해서는 국가 차원의 종합 전략이 필요하다. 우선, 지역에 양질의 일자리와 교육, 의료 인프라를 확충하여 지방 정착 유인을 강화해야 한다. 아직 마무리되지 못하고 있는 공공기관의 지방 이전도 완성해야 한다. 외형상으로는 지방 이전을 했으나, 기관장 등 핵심 부서 등의 업무는 여전히 서울을 중심으로 진행되고 있다. 거기에 대전은 물론 오송, 세종에 근무하는 사람도 KTX, SRT 등의 교통수단으로 출퇴근하고 있는 현실이다. 민간기업도 저렴한 에너지 비용 등의 유인 수단을 통해 지방 이전을 유도해야 한다. 지금처럼 지방에서 생산된 전기를 수도권으로 끌어오기 위해 추가로 송전탑을 설치하면서 발생하는 수많은 갈등을 미리 방지하면서 지역 균형이라는 효과도 가능하다.

무엇보다 인구 감소와 지방 소멸 문제를 완화하기 위해서는 출산과 양육에 대한 사회적 지원을 대폭 확대하는 노력이 병행되어야 한다. 주거·보육·교육을 아우르는 전 생애주기 지원 체계가 촘촘하게 구축될 때, 젊은 세대가 안정된 삶을 누리기 위해 굳이 수도권으로 이동하지 않아도 된다는 인식이 확산할 수 있다. 특히 영유아기 무상보육·교육 확대, 부모 급여와 돌봄서비스 강화, 신혼·출산 가구에 대한 주거 지원과 같은 정책이 지방에서의 정주 여건을 실질적으로 개선하는 방향으로 설계되어야 한다.

동시에 수도권 과밀을 억제하고 지방의 정주 여건을 높이는 방향으로 국가 시스템 전반의 대전환이 요구된다. 공공기관과 기업의 지방 이전, 지역 일자리와 교육·문화 인프라 확충, 의료·교통·주거 서비스 개선 등은 단순한 이전 정책을 넘어 "어디서 살아도 삶의 질이 보장되는 구조"를 만드는 데 초점을 맞춰야 한다. 결국 인구 감소와 수도권 집중은 단기간에 해결될 수 없는 복합적이고 구조적인 과제지만, 중앙정부와 지방정부, 기업, 지역 주민이 함께 협력해 삶의 질 중심의 균형발전 사회를 지향한다면 변화의 가능성은 충분하다. 이러한 노력이 축적된다면 급격한 인구 구조 변화 속에서도 지속 가능한 대한민국의 미래를 열어 갈 수 있을 것이다.

지역경제의 구조적 취약성

우리나라의 지역경제는 오랜 기간 수도권 중심의 성장 구조 속에서 상대적으로 취약한 기반을 형성해 왔다. 산업화와 도시화가 빠르게 진행되는 과정에서 생산과 고용, 자본, 연구개발 역량이 수도권에 집중되었고, 그 결과 지방은 인구 감소와 산업 쇠퇴를 겪으며 점차 경제적 활력을 잃어가고 있다. 이 같은 불균형 구조는 단순한 지역 간 소득 격차나 성장률 차이를 넘어, 국가 전체의 잠재성장률을 떨어뜨리고 인구 소멸 · 재정 취약 등 구조적 위험을 키우는 수준으로 심화하고 있다.

이러한 지역경제의 취약성에는 몇 가지 구조적 요인이 자리하고 있다. 먼저 산업구조의 단순성과 낮은 자생력을 들 수 있다. 많은 비수도권 지역은 농림수산업이나 전통 제조업과 같은 1차 · 2차 산업 비중이 높고, 고부가가치 서비스업이나 첨단 제조업 비중은 상대적으로 낮다. 대기업 본사와 핵심 연구 · 기획 기능이 서울과 수도권에 몰려 있기 때문에, 지방의 중소기업은 하청과 위탁 생산에 의존하는 경우가 많고 독자적인 브랜드 · 기술 · 판로를 구축해 성장 동력을 확보하기가 쉽지 않다.

또한 인구 감소와 고령화는 지역경제의 활력을 근본적으로 약화시키는 요인으로 작용한다. 청년층이 더 나은 일자리와 임금, 교육 기회를 찾아 수도권으로 이동하면서 지방의 노동 공급과 소비 기반이 동시에 축소되고, 남은 인구의 고령화가 빠르게 진행되면서 지역의 전반적인 생산성이 떨어진다. 인구 감소는 지역 상권 위축과 빈 점포 증가, 주택 수요 감소에 따른 부동산 가치 하락으로 이어지고, 이는 다시 지방 재정 악화와 공공서비스 축소로 연결되는 악순환을 만든다. 이런 구조가 반복되면서, 지방 경제의 취약성은 단순한 경기 부진을 넘어 장기적인 쇠퇴 위험으로 이어지고 있다.

우리나라 지역경제의 구조적 취약성은 기술·인프라, 교육 자원, 정책 구조 등 여러 요소가 맞물려 형성된 복합적 문제로 볼 수 있다. 수도권에는 대학, 연구기관, 창업 생태계가 밀집해 있지만, 상당수 지방은 이와 같은 혁신 인프라가 부족하여 성장 동력을 확보하는 데 한계를 겪고 있다. 그 결과 지역 기업들은 첨단 기술 인력을 확보하기 어렵고, 연구개발 투자를 꾸준히 이어갈 여건도 취약해 지역 산업 경쟁력이 전반적으로 떨어지게 된다. 이는 다시 양질의 일자리 부족, 청년층 유출, 인구 감소로 이어지며 지역경제를 더욱 위축시키는 악순환을 낳는다.

정책 측면에서도 한계가 존재한다. 정부의 지역 활성화 정책은 수적으로는 적지 않지만, 개별 사업 단위로 단기 추진되거나 중앙정부 주도로 설계·집행되는 경우가 많아 지역 특성과의 연계성이 부족하다. 이러한 방식은 단기간 성과를 내는 데는 도움이 될 수 있으나, 지역 내부에 지속 가능한 성장 구조를 만드는 데에는 한계가 크다. 결과적으로 사업이 종료되면 효과도 함께 사라지고, 지역이 스스로 성장·혁신할 수 있는 구조를 구축하지 못한 채 외부 지원에 의존하는 패턴이 반복된다.

이러한 구조적 취약성을 극복하기 위해서는 지속 가능한 지역 자립 구조를 만드는 방향으로 전략을 재편해야 한다. 첫째, 지역의 고유 자원과 산업을 기반으로 한 특화 산업 육성이 필요하다. 농식품, 관광, 재생에너지, 바이오 등 각 지역이 가진 자연·문화·산업적 강점을 바탕으로 고부가가치 산업으로 전환해 나갈 때, 단순한 하청형·저부가 산업을 넘어 독자적인 경쟁력을 갖출 수 있다. 둘째, 인재 유입과 정착을 위한 생활·일자리 환경 조성이 중요하다. 청년층이 지방에 머물거나 돌아오고 싶도록 주거, 문화, 교육, 일자리 인프라를 통합적으로 강화해 "살기 좋은 지역"이라는 인식을 만들어야 한다.

셋째, 지역혁신 플랫폼을 구축해 대학, 기업, 연구소, 지방정부가 긴밀히 협력하는 생태계를 조성해야 한다. 지역 대학이 인재와 아이디어의 허브가 되고, 기업이 이를 활용해 사업화와 일자리 창출을 이끌며, 지방정부가 규제 완화와 인프라 지원을 통해 이를 뒷받침하는 구조가 자리 잡을 때 비로소 수도권 의존에서 벗어난 자생적 경제가 가능해진다. 결국 지역경제의 구조적 취약성은 단순한 경제 문제를 넘어 인구, 산업, 교육, 문화가 얽힌 종합적 과제이다. 중앙정부의 체계적 지원과 더불어, 지역 스스로 혁신 역량을 키우고 장기적 비전을 수립할 때 균형 잡힌 국가 발전에 한 걸음 더 다가설 수 있을 것이다.

청년이 떠나는 마을의 현실

오늘날 우리 사회의 농어촌과 지방 소도시는 빠른 속도로 늙어가고 있다. 한때 마을의 중심에서 지역을 떠받치던 청년들은 더 나은 일자리와 교육, 그리고 풍부한 문화생활을 찾아 도시로 떠나고, 그 빈자리를 채우지 못한 채 남겨진 마을에는 노인들만이 삶을 이어가고 있다. 청년의 이탈은 단순히 인구가 줄어드는 차원을 넘어, 지역공동체의 붕괴와 경제 기반의 약화로 이어지며, 결국 지역 소멸을 재촉하는 가장 직접적인 원인이 되고 있다.

지방의 일자리 부족은 청년 유출의 가장 큰 원인으로 지적된다. 대부분의 농촌 지역은 여전히 1차 산업 중심의 경제 구조에 머물러 있어 청년들이 안정적이고 미래를 그릴 수 있는 소득을 얻기 어렵다. 지역 내 제조업과 서비스업 기반은 취약하고, 청년들이 선호하는 정보기술, 문화콘텐츠와 같은 새로운 산업은 거의 형성되지 못하고 있다. 그 결과 청년들은 '떠나고 싶어서'라기보다 '남을 수 없어서' 수도권과 대도시로 이동하며, 이는 지방 소멸의 첫 단추를 끼우는 선택이 되고 만다.

교육과 문화 인프라의 한계 역시 청년 이탈을 가속하는 중요한 요인이다. 많은 지역에는 청년들이 지속적으로 학습하고 성장할 수 있는 질 높은 교육기관이나 직업교육 시설이 부족하다. 대학 진학이나 전문 직업을 위한 교육을 받기 위해 어쩔 수 없이 도시로 나간 청년들은, 고향에 돌아와도 비슷한 수준의 학습 기회와 경력 개발 경로를 찾기 어렵기 때문에 대부분 다시 돌아오지 못한다. 여기에 문화·여가 시설의 부족은 청년들의 생활 만족도를 떨어뜨려, '머물 이유'를 더욱 약하게 만든다.

이처럼 일자리, 교육, 문화 인프라가 복합적으로 얽힌 구조 속에서 농어촌과 지방 소도시는 청년을 잃고, 청년을 잃은 지역은 다시 활력을 잃는 악순환에 빠져들고 있다. 청년 유출은 어느 한 세대의 이동이 아니라, 지역의 현재와 미래를 함께 떠나보내는 일이며, 그 결과 농어촌과 지방 소도시는 점점 더 빠르게 소멸의 문턱으로 내몰리고 있다.

주거와 생활환경의 불편함 또한 농어촌과 지방 소도시에서 청년 유출을 가속하는 요인으로 작용하고 있다. 대중교통망은 촘촘하지 못하고, 응급·전문 의료기관과 보육 서비스는 선택지가 제한적이며, 청년세대의 생활양식에 맞는 주거 형태나 생활 인프라 역시 충분히 갖추어지지 못한 경우가 많다. 최근 일부 지역에서 청년 귀농·귀촌을 장려하는 정책이 추진되고 있으나, 초기 정착 자금 부담, 정보·네트워크 부족, 안정적인 수입 기반의 부재 등 현실적인 장벽이 높아 장기적으로 지역에 뿌리내리지 못하고 떠나는 사례도 적지 않다. 여기에 지역사회 전반에 남아 있는 보수적 인식은 청년들의 참여를 더욱 어렵게 만든다. 새로운 아이디어와 방식을 받아들이기보다는 오랫동안 해오던 관행을 고수하려는 분위기가 강해, 청년들이 주체적으로 지역 변화를 시도하고 실패와 시행착오를 겪어볼 여지가 좁다. 결국 청년들은 "내가 이곳에 있어도 아무것도 바뀌지 않는다"라는 무력감과 한계를 느끼며 지역을 떠나게 되는 것이다.

청년이 떠나는 마을의 현실은 곧 그 지역의 미래가 사라지고 있음을 알리는 경고 신호이다. 이 문제를 해결하기 위해서는 단순히 인구를 불러 모으는 정책을 넘어, 청년이 오래 머물고 싶어 하는 정착 생태계를 지속 가능하게 구축하는 것이 필요하다. 우선 지역의 고유한 자원과 강점을 살린 청년 일자리 창출이 이루어져야 한다. 농식품, 관광, 문화, 디지털 기술 등 지역에 뿌리를 둔 다양한 신산업을 적극적으로 육성하고, 청년 창업을 위한 금융·컨설팅·판로 지원을 실질적으로 강화함으로써 '돌아와도 먹고 살 수 있는 구조'를 마련해야 한다. 동시에 청년 친화적인 생활환경 조성이 뒤따라야 한다. 교통과 주거, 의료, 문화 인프라를 유기적으로 개선하고, 청년들이 함께 모여 기획하고 실험할 수 있는 자율적 공동체 공간을 확보함으로써 '일할 곳'뿐 아니라 '살 곳'을 만드는 노력이 요구된다.

무엇보다 중요한 것은 세대 간 협력과 지역 인식의 변화이다. 어르신 세대와 청년 세대가 대립하는 관계가 아니라, 함께 지역 문제를 진단하고 해결책을 만들어가는 파트너로 만나는 구조가 필요하다. 이를 위해 청년의 목소리가 마을 계획, 예산 편성, 각종 위원회와 의사결정 기구에 실제로 반영될 수 있는 제도적 장치를 마련해야 한다. 청년이 머물고 싶은 마을은 단지 일자리가 있는 곳이 아니라, 일할 수 있는 일터와 살 만한 생활환경이 갖춰져 있고, 더 나아가 "이곳이 나를 필요로 한다"라는 소속감과 의미를 느낄 수 있는 곳이다. 지역이 청년을 품지 못한다면, 그 마을은 더 이상 내일을 꿈꾸기 어렵다. 청년이 다시 돌아오고, 또 새로운 청년이 찾아오는 마을을 만들기 위한 변화는 더 이상 미룰 수 없는 과제이며, 지금, 이 순간부터 시작되어야 할 일이다.

2. ESG의 개념과 사회적 확산

ESG의 정의와 발전 배경

21세기 들어 전 세계적으로 기업의 역할과 책임에 대한 인식은 크게 변화하고 있다. 과거에는 기업의 목적이 주주 이익을 위한 '이윤 극대화'에 비교적 좁게 한정되어 있었다면, 이제는 환경(Environmental), 사회(Social), 거버넌스(Governance) 요소를 함께 고려하는 지속 가능한 경영이 핵심 가치로 자리 잡고 있다. 이러한 흐름 속에서 등장한 개념이 바로 ESG이며, 이는 기업이 사회와 환경에 미치는 영향을 체계적으로 관리하고 평가하기 위한 하나의 종합적 기준으로 기능하고 있다. 오늘날 ESG는 단순한 윤리경영의 확장을 넘어 기업의 장기적인 생존 가능성과 경쟁력을 좌우하는 핵심 경영 전략으로 발전하고 있으며, 한국에서도 정부와 지방정부, 공공기관을 중심으로 이를 행정 영역에 접목하려는 움직임이 확대되고 있다.

ESG는 기업이 재무적 성과뿐 아니라 환경적 책임, 사회적 가치, 그리고 투명하고 건전한 지배구조를 얼마나 충실히 이행하고 있는지를 평가하는 기준이다. 환경(Environmental)은 탄소 배출 감축, 에너지 효율 향상, 자원 재활용, 오염 방지 등 기업이 자연환경에 미치는 부정적 영향을 최소화하려는 노력을 포함한다. 사회(Social)는 노동환경과 인권 존중, 다양성과 포용, 지역사회 기여, 고객 안전과 개인정보 보호 등 기업이 사람과 공동체를 대하는 방식 전반을 포괄한다. 거버넌스 (Governance)는 이사회 구성의 독립성과 다양성, 투명한 의사결정 구조, 부패 방지, 공정한 보상·감사 제도 등 경영시스템의 투명성과 책임성을 의미한다. 요컨대 ESG는 기업으로서 볼 때 '얼마나 돈을 버는가?' 가 아니라 '어떻게 돈을 버는가?'를 묻는 개념으로, 단기 실적 중심 경영을 넘어 지속 가능한 가치 창출을 추구한다는 점에서 중요성이 커지고 있다. 행정의 맥락에서는 이러한 원칙을 공공부문에 적용해 정책 집행과 조직 운영의 공정성, 투명성, 책임성을 높이려는 시도, 즉 ESG 행정으로 확장되고 있으며, 이는 정부와 지방정브가 앞장서 지속 가능성과 신뢰성을 강화하는 방향으로 나아가고 있음을 보여준다.

ESG의 개념은 2000년대 초반을 기점을 본격적으로 부상했으며, 그 배경에는 지속 가능한 발전 논의의 확산과 투자 패러다임의 변화라는 두 가지 국제적 흐름이 자리하고 있다. 먼저 지속 가능한 발전 논의는 1987년 UN 세계환경개발위원회(WCED)가 발표한 보고서 「우리 공동의 미래(브룬틀란 보고서, Our Common Future)」에서 본격적으로 제기되었다. 이 보고서는 "현재 세대의 필요를 충족시키면서도 미래 세대가 그들의 필요를 충족할 능력을 훼손하지 않는 발전"이라는 정의를 통해, 환경 보호와 경제 성장, 사회적 형평성을 통합적으로 고려해야 한다는 지속 가능 발전의 원칙을 제시했다. 이후 1992년 리우환경회의, 2015년 파리기후 협약과 같은 국제사회의 연속된 합의 속에서 기후변화 대응과 환경 보전이 글로벌 의제로 부상하면서, 기업의 환경적 책임 역시 더 이상 선택이 아닌 필수적 과제로 인식되기 시작했다.

이와 함께 투자 영역에서도 중요한 변화가 나타났다. 2004년 UN 글로벌 콤팩트와 금융기관들이 공동으로 발표한 보고서 「Who Cares Wins」에서 처음으로 'ESG'라는 용어가 공식적으로 사용되었고, 이는 환경(Environmental) · 사회(Social) · 지배구조(Governance) 요소를 투자 분석에 통합하자는 제안을 담고 있었다. 이 보고서는 기업의 비재무적 요소가 장기적인 수익성과 리스크 관리에 직접적인 영향을 미친다는 점을 강조하며, ESG를 단순한 이미지 개선이 아닌 재무 성과와 연결된 핵심 분석 틀로 제시했다. 이후 UN의 책임 투자 원칙(PRI, 2006년 출범)을 비롯해, GRI(지속가능보고서 기준), TCFD(기후변화 관련 재무 공시)와 같은 글로벌 규범과 공시 기준이 잇따라 도입되면서, ESG는 전 세계 기업과 투자자들이 공유하는 일종의 경영 · 투자 표준으로 자리 잡게 되었다.

기후 위기, 불평등, 노동 착취, 기업 부패와 같은 문제가 심화하면서 기업의 사회적 책임을 요구하는 목소리는 전 세계적으로 더욱 거세지고 있다. 소비자와 투자자는 더 이상 기업의 재무 성과만을 보지 않고, 그 이면에 있는 환경 파괴 여부, 노동권 침해, 지배구조의 투명성까지 함께 따지며 기업의 윤리적 행동을 요구하고 있다. 특히 MZ세대를 중심으로 자신의 가치관을 반영한 '착한 소비'와 '윤리적 · 지속 가능 투자'가 확산하면서, ESG는 선택적인 이미지 관리 수단이 아니라 시장에서 살아남기 위한 필수 조건으로 자리매김하고 있다.

이러한 흐름 속에서 ESG는 단순한 기업 평가 지표를 넘어 새로운 경제 패러다임으로 이해되고 있다. 기업은 이제 단기적인 이익 극대화에만 매달려서는 장기적으로 성장할 수 없으며, 사회와 환경에 대한 책임을 함께 고려하는 경영을 해야만 자본시장과 소비자의 신뢰를 얻을 수 있다. 정부와 투자기관, 소비자 역시 규제·투자 기준·소비 행태를 통해 ESG 경영을 촉진하는 중요한 주체로, 이들의 행동 변화는 사회 전체의 지속 가능성을 높이는 방향으로 이어진다. 앞으로 ESG는 일시적인 규제나 유행이 아니라, 기업과 사회가 공존하기 위한 기본 원칙으로 자리 잡을 가능성이 크다. 기업의 성패는 점점 재무제표의 숫자뿐 아니라 환경을 지키고 사회와 함께 성장하며 투명하게 운영되는지에 의해 좌우되고 있으며, 이러한 인식 변화는 행정 영역으로도 확산하여 정부와 지방정부의 공공서비스가 얼마나 진정성 있게 ESG 원칙을 구현하는지가 새로운 평가 기준으로 부상하고 있다.

기업 중심에서 지역 중심으로의 확장

과거의 경제 발전은 '기업 중심'의 논리에 의해 추진되었다. 성장과 효율, 이윤 창출이 최우선 목표로 설정되었고, 기업은 국가 경제를 견인하는 핵심 주체로 자리 잡았다. 이러한 기업 중심 성장 전략은 산업화 시기 효율적인 자본 축적과 수출 확대를 가능하게 하며, 짧은 기간에 높은 경제 성장을 이루는 데 결정적인 역할을 했다. 그러나 산업구조가 고도화되고 인구 감소, 고령화, 지역 불균형 문제가 심화하면서,

기업의 성장이 자동으로 지역의 번영으로 이어지지 않는 현실이 점차 드러나고 있다. 이에 따라 사회는 더 이상 기업 중심의 경제 구조만으로는 지속 가능성을 담보하기 어렵다고 보고, 지역의 특성과 주민의 삶을 중심에 놓는 '지역 중심의 지속 가능한 발전 모델'로의 전환을 요구하고 있다.

기업 중심의 경제 구조는 수도권과 대도시에 기업과 인구를 집중시키는 결과를 낳았다. 대기업 본사와 연구소, 금융기관, 첨단 산업 클러스터가 서울과 수도권에 몰리면서, 이 지역은 전체 인구와 국내총생산의 상당 부분을 차지하게 되었고, 반대로 많은 지방은 청년 인구 유출과 일자리 부족, 산업 공동화에 직면하게 되었다. 특히 양질의 일자리와 고부가가치 산업이 비수도권에 충분히 분산되지 못한 탓에, 지방에서는 생산성과 임금 수준이 상대적으로 낮고, 이는 다시 청년층의 수도권 이주를 부추기는 악순환으로 이어지고 있다. 또한 기업 활동을 통해 창출된 이윤이 본사 소재지나 주주에게 집중되면서, 생산 거점이 위치한 지역사회에 충분히 환원되지 못하고 외부로 유출되는 현상이 나타나 지역경제의 자립 기반을 더욱 약화하고 있다. 이런 한계 속에서, 앞으로의 발전 전략은 단순히 기업을 유치하는 그것을 넘어, 지역이 주체가 되어 고유한 자원과 산업을 바탕으로 지속 가능한 생태계를 구축하는 방향으로 재구성될 필요가 제기되고 있다.

이제 기업의 역할은 단순히 이익을 창출하는 경제 주체를 넘어, 지역사회와 함께 성장하는 상생의 파트너로 확장되어야 한다. 기업이 지역의 자원과 인재, 문화적 특성을 적극적으로 활용해 사업을 설계하고,

그 과정에서 지역 주민과 함께 일자리와 부가가치를 만들어갈 때 비로소 지속 가능한 발전이 가능해진다. 이는 일회성 기부나 봉사에 머무는 전통적인 사회공헌(CSR)을 넘어, ESG 경영에서 'S(사회)' 영역을 구체적으로 실천하는 방식으로, 기업 활동의 핵심 전략 속에 지역과의 공존 가치를 통합하는 접근이라 할 수 있다.

지역 중심의 접근은 국가 균형 발전을 위한 핵심 전략이기도 하다. 각 지역이 고유한 자원과 산업을 기반으로 독자적인 생태계를 형성하면 수도권과 일부 대도시에 대한 의존도를 줄이고, 여러 지역이 저마다의 강점을 살린 다국적 경제 구조를 만들 수 있다. 예를 들어 농식품 산업의 경우, 단순히 원료를 납품하는 수준을 넘어 지역 농가와 협력해 로컬푸드 유통망을 구축하고, 가공·브랜딩·관광을 결합한 6차 산업 형태로 확장함으로써 지역 내 부가가치를 높일 수 있다. 관광·문화 산업에서도 지역의 자연환경, 역사, 축제, 예술 자원을 콘텐츠로 재해석해 체류형 관광과 문화 향유 기회를 넓히면, 외부 방문객의 소비가 지역경제에 직접적으로 축적되는 구조를 만들 수 있다.

최근 기업들 사이에서는 이러한 '지역과 함께 성장하는 모델'을 모색하는 움직임이 점차 뚜렷해지고 있다. 일부 대기업은 지방에 생산기지나 연구시설을 이전하면서, 인근 지역 대학과 산학협력 및 인재 양성 프로그램을 연계해 지역 청년에게 양질의 일자리와 교육 기회를 제공하려고 시도하고 있다. 동시에 지역 소상공인, 중소기업, 스타트업과의 협력 네트워크를 구축해 공동 브랜드 개발, 상생 유통망, 기술·마케팅 지원 등으로 함께 성장하는 생태계를 만드는 사례도 나타나고 있다. 지방 중소기업과 스타트업은 지역 특산물, 농산물, 친환경 자원 등을 기반으로 한 '지역 기반 산업(Place-based Industry)'을 발전시키며, 그 지역만의 고유한 상품과 서비스를 통해 전국·글로벌 시장에 진출하는 새로운 경제 주체로 부상하고 있다.

이러한 흐름은 기업의 사회적 책임을 단순히 '해야 할 일'로 보는 수준을 넘어, 지역이 새로운 경제의 주체로 떠오르고 기업과 지역사회가 동등한 파트너로서 미래를 설계하는 전환점이 되고 있다. 결국 지역과 함께 성장하는 ESG 경영은 기업의 지속 가능성과 지역의 자립성을 동시에 강화하는 전략이며, 앞으로의 경제 패러다임 전환에서 가장 중요한 축 가운데 하나로 자리 잡아가고 있다.

기업 중심에서 지역 중심으로의 확장이 실질적인 성과를 내기 위해서는 정책적 지원과 지역사회의 적극적인 참여가 함께 이루어져야 한다. 정부는 지역 산업 인프라를 구축하고, 기술과 인재를 지원하며, 세제 혜택과 규제 완화를 통해 기업의 지방 진출과 정착을 유도하는 역할을 맡아야 한다. 동시에 지방정부는 지역의 여건에 맞는 맞춤형 전략을 설계하고, 기업·대학·시민사회와 연계된 협력 거버넌스를 통해 지역의 자원을 효과적으로 연결해야 한다.

지역사회 역시 폐쇄적인 태도를 벗어나 열린 자세로 기업과 협력하고, 주민이 주도적으로 참여할 수 있는 의사결정 구조를 마련해야 한다. 주민, 지방정부, 기업이 함께 참여하는 거버넌스를 통해 지역의 비전과 우선순위를 논의하고, 이 과정에서 형성되는 신뢰와 사회적 자본이 지속 가능한 발전의 기반이 된다. 기업 중심에서 지역 중심으로의 확장은 단순한 담론이나 패러다임 변화가 아니라, 인구 감소와 지역 불균형, 기후 위기 속에서 사회 전체가 지속 가능성을 확보하기 위해 선택해야 할 필연적인 전환이다.

기업은 이제 지역을 단순한 생산 거점이나 비용 절감 수단이 아니라, 함께 성장해야 할 공동의 파트너로 인식해야 한다. 지역은 기업과의 협력을 통해 자생적 경제 생태계를 구축하고, 일자리·교육·문화가 어우러진 삶의 터전을 만들어가야 한다. 이러한 변화는 '기업의 이익'과 '지역의 발전'을 서로 대립시키는 것이 아니라, 두 요소가 서로의 성장을 촉진하는 상생 구조를 설계하는 과정이다. 기업이 지역과 함께 성장하고, 지역이 기업과 함께 미래를 설계할 때, 우리 사회는 비로소 진정한 의미에서의 균형발전과 지속 가능성을 실현할 수 있을 것이다.

ESG와 SDGs(지속가능발전목표)의 연계

기후변화, 빈곤, 불평등, 자원 고갈 등 인류가 직면한 복합적 위기를 해결하기 위해 전 세계는 '지속 가능한 발전'이라는 새로운 길을 모색하고 있다. 그 중심에는 국제사회가 2015년 채택한 SDGs(Sustainable Development Goals, 지속가능발전목표)와, 기업과 기관의 경영 기준으로 자리 잡은 ESG(Environmental, Social, Governance)가 놓여 있다. SDGs는 2030년까지 빈곤 종식, 지구 환경 보호, 모두를 위한 번영을 이루기 위해 17개 목표와 169개 세부 목표를 제시한, 국가와 사회 전체가 함께 따라가야 할 인류 공동의 약속이다. 이에 비해 ESG는 환경, 사회, 거버넌스 측면에서 조직의 영향을 평가하고 관리하는 틀로, 기업이 SDGs 의 방향성을 실제 경영 활동 속에서 구현하도록 돕는 구체적 행동 기준이라 할 수 있다.

다시 말해, SDGs가 '지속 가능한 세계를 향한 목표'라면 ESG는 '그 목표를 달성하기 위한 기업과 행정의 행동 지침'이다. 두 개념은 출발점은 다르지만, 환경 보호, 사회적 포용, 책임 있는 거버넌스라는 공통된 가치를 바탕으로 상호 보완적 관계를 이룬다. SDGs는 국가·도시·시민사회까지 아우르는 거시적 비전과 방향을 제시하고, ESG는 이를 개별 기업과 기관의 전략, 투자, 운영 수준에서 구체적인 지표와 기준으로 풀어내는 역할을 한다. 따라서 SDGs와 ESG는 어느 하나만으로는 충분하지 않고, SDGs가 제시하는 목표 위에 ESG가 실천의 방식을 제공할 때 비로소 진정한 의미의 지속 가능한 발전이 가능해진다고 할 수 있다.

21세기 기업과 사회의 핵심 화두는 결국 '지속 가능성'이다. 기후 위기와 불평등, 자원 고갈이 심화하는 시대에 경제 성장만을 추구하는 모델은 더 이상 유효하지 않으며, 성장 과정에서 환경 보호와 사회적 책임, 투명한 거버넌스를 함께 고려하는 패러다임 전환이 요구되고 있다. 이러한 흐름 속에서 등장하고 정교화된 개념이 바로 ESG와 SDGs이며, ESG는 기업과 행정기관이 따라야 할 행동 기준, SDGs는 인류 전체가 함께 바라보는 공통의 발전 목표로 자리 잡고 있다. 두 틀이 서로 연결되고 정렬될수록, 기업의 경영과 투자가 단순한 이윤 추구를 넘어 지구와 사회의 미래를 함께 책임지는 방향으로 나아가게 된다는 점에서 그 중요성은 앞으로 더욱 커질 것이다.

2015년 유엔(UN)은 전 세계가 함께 달성해야 할 17개의 '지속가능 발전목표'를 채택했다. 이 목표들은 빈곤 퇴치, 양질의 교육 보장, 성평등 실현, 기후변화 대응, 지속 가능한 산업과 일자리 창출 등 사회·경제·환경 전반에 걸친 균형 있는 발전을 지향하며, 모든 국가가 이를 바탕으로 정책을 수립하고 기업과 시민사회에도 책임 있는 역할을 요구하고 있다. 한편, ESG는 기업이 단순한 이윤 추구를 넘어 환경(Environmental)·사회(Social)·거버넌스(Governance) 측면에서 책임 있는 경영을 실천하는 것을 의미하며, 기업이 지속 가능한 사회를 만드는 주체로서 임무를 수행하는 구체적인 방법론이라고 할 수 있다.

ESG는 기업 차원의 실천 도구이고, SDGs는 국가와 사회 전체의 목표 체계로 기능한다는 점에서 서로 다른 수준을 다루지만, 두 체계는 긴밀하게 연결되어 있다. 예를 들어 기업이 탄소 중립을 목표로 에너지 효율 개선, 재생에너지 전환, 온실가스 감축 전략을 추진하는 것은 ESG의 환경(E) 영역을 실천하는 동시에, SDGs의 목표 13 '기후 행동' 달성에 이바지하는 활동이 된다. 공정한 노동 조건 보장, 직장 내 다양성과 포용성 확대, 지역사회에 대한 투자와 지원은 ESG의 사회(S) 영역에 속하면서, SDGs 목표 8 '양질의 일자리와 경제 성장', 목표 10 '불평등 완화'와 직접적으로 맞닿아 있다. 또한 부패 방지, 투명한 의사결정, 책임 있는 제도 구축을 통해 거버넌스(G)를 강화하는 것은 ESG의 핵심 과제이자, SDGs 목표 16 '평화·정의·제도 구축'을 뒷받침하는 기반이 된다. 이처럼 ESG는 SDGs가 제시한 목표들을 기업의 전략과 일상적 경영 활동 속에 내재화하는 실행 메커니즘으로 작동함으로써, 기업과 사회가 함께 지속 가능한 발전에 다가가도록 만드는 중요한 연결고리 구실을 한다.

유럽연합(EU)을 비롯한 주요 국가들은 ESG 공시 의무화 제도와 SDGs 달성 전략을 긴밀히 연계해 추진하고 있다. EU의 지속가능금융 공시규정(SFDR: Sustainable Finance Disclosure Regulation)과 기업지속가능성보고지침(CSRD: Corporate Sustainability Reporting Directive)은 금융기관과 기업이 환경·사회·지배구조 관련 성과를 의무적으로 공시하도록 규정하고 있으며, 이 공시 체계는 EU 택소노미와 연동되어 SDGs 달성에 이바지하는 활동을 명확히 드러내도록 설계되어 있다. 우리나라 역시 「지속가능발전 기본법」 제정을 통해 국가와 지방자치단체가 지속가능발전 전략과 지표를 수립하도록 하고, 이를 바탕으로 공공기관과 기업의 ESG 경영을 한국형 SDGs 체계에 맞춰 정렬시키려는 움직임을 강화하고 있다. 특히 지방정부들은 지역 지속 가능발전 전략과 '지방 SDGs', 지역 ESG 행정 체계를 마련하며, 지역 차원의 ESG 실천을 통해 지역 지속 가능성(Regional Sustainability)을 높이려는 정책을 추진 중이다.

ESG와 SDGs는 표현 방식과 적용 수준은 다르지만, 궁극적으로 지향하는 바는 지속 가능한 사회와 경제의 구현이라는 점에서 동일하다. SDGs가 국제사회가 함께 나아갈 방향과 목표를 제시하는 '나침반'이라면, ESG는 그 목표를 기업과 행정의 전략·투자·운영에 옮기는 '실행 전략'이자 관리 도구라 할 수 있다. ESG 활동을 체계적으로 추진하면, 탄소 중립 경영, 공정노동, 지역사회 투자, 투명한 거버넌스 등 다양한 영역에서 SDGs 개별 목표 달성에 실질적으로 기여할 수 있으며, 정부는 이를 촉진하기 위해 공시 의무, 인센티브, 평가 · 지원 제도를 정교하게 설계해야 한다. 결국 ESG는 SDGs의 실행 엔진, SDGs는 ESG의 방향을 제시하는 나침반으로 기능하며, 두 체계가 조화를 이룰 때 기업 · 정부 · 지방정부의 성장과 사회 전체의 지속 가능성이 함께 실현되는 미래에 한 걸음 더 가까워질 것이다.

3. 지방 소멸 대응과 ESG 접목의 필요성

ESG를 통한 지방 소멸의 재해석

우리 사회는 급격한 인구 감소와 수도권 집중으로 인해 '지방 소멸'이라는 심각한 위기에 직면해 있다. 특히 청년층의 유출, 급속한 고령화, 산업 기반 약화가 복합적으로 작용하면서 다수의 지방 도시와 농어촌이 생존의 기로에 서 있는 상황이다. 지금까지 지방 소멸 문제는 출산 장려, 인구 유입, 개별적인 지역경제 활성화 같은 인구·경제 정책 중심으로 접근됐지만, 인구 감소와 지역 불균형의 흐름을 근본적으로 바꾸는 데에는 뚜렷한 한계를 드러내고 있다. 이제는 단순히 인구를 늘리고 일자리를 만드는 수준을 넘어, 지속 가능성의 관점에서 지방의 생태계를 다시 바라보고 설계해야 할 시점이며, 이때 ESG는 지방 소멸을 새롭게 해석하고 대응 전략을 구성할 수 있는 유효한 프레임을 제공한다.

지방 소멸은 단순히 인구가 줄어드는 현상이 아니라, 환경·사회·거버넌스 측면의 균형이 무너진 결과로 이해할 수 있다. 환경(E) 측면에서는 지역의 자연 자원과 농어촌 생태계가 기후변화와 산업화, 무분별한 개발로 훼손되거나, 지역의 강점으로 충분히 활용되지 못해 지속 가능한 지역 기반을 약화하고 있다. 사회(S) 측면에서는 양질의 일자리 부족, 교육·의료·돌봄 인프라의 취약성, 문화·복지 서비스 격차로 인해 지역공동체의 결속력이 약해지고, 청년 세대와 생산연령 인구가 대도시로 빠져나가며 사회적 활력과 생활 만족도가 급격히 떨어지고 있다. 거버넌스(G) 측면에서는 중앙집권적 정책 운용과 재정·권한의 집중, 지역 리더십과 행정 역량의 한계로 인해, 지역 스스로 자원을 조정하고 혁신 전략을 설계·실행하는 자율적 구조가 충분히 작동하지 못하고 있다. 결국 지방 소멸은 환경, 사회, 거버넌스 어느 하나만의 문제가 아니라, 세 영역이 함께 취약해진 결과로 나타나는 '지속 가능하지 못한 지역 운영 구조'의 총합이라 할 수 있으며, ESG 관점에서 지역정책과 행정을 재구성할 때 비로소 새로운 해법을 모색할 수 있다.

ESG 관점에서 보면 지방 소멸은 단순한 '인구 감소'가 아니라 지역의 지속 가능성 위기로 이해할 수 있다. 환경(E) 측면에서 많은 지방은 풍부한 자연·농업·에너지 자원을 보유하고 있음에도 이를 지역 내 순환 경제 구조와 제대로 연결하지 못해, 자원이 외부로 빠져나가고 지역에는 부가가치가 남지 않는 구조에 머물러 왔다. ESG 관점에서는 탄소 중립, 재생에너지 전환, 지역 자원 재활용과 순환 경제 구축을 통해 '환경을 비용이 아니라 자산으로 전환하는 지역경제'로 재편하는 것이 핵심 과제가 된다.

사회(S) 측면에서 청년 유출을 막기 위해서는 일자리 숫자 늘리기에 그치지 않고, 교육·의료·돌봄, 문화·여가, 주거 안정 등 삶의 질 전반과 공동체 가치를 높이는 방향으로 지역을 재설계해야 한다. 마을

기업, 사회적기업, 협동조합, 자활기업 등 사회적 경제 조직은 지역 문제를 주민 스스로 해결하면서 일자리와 돌봄, 복지 서비스를 제공하는 방식으로 사회적 자본을 회복하는 역할을 하며, 이는 ESG에서 말하는 'S(사회)'를 지역 차원에서 구현하는 구체적 방식이다. 이러한 사회적 경제 모델은 지역공동체의 신뢰와 참여를 기반으로 해서, 경제적 수익과 함께 포용성·연대·돌봄 같은 비재무적 가치를 동시에 강화하는 효과를 낸다.

거버넌스(G) 측면에서는 지방의 지속 가능성을 위해 지역 주민, 기업, 행정이 함께 의사결정에 참여하는 지역 거버넌스 구축이 필수적이다. 이는 중앙정부가 일방적으로 방향을 정하는 하향식 개발 방식을 넘어서, 주민과 지역 단체, 사회적 경제조직, 지방정부, 기업이 함께 계획을 세우고 실행을 모니터링하는 지역 주도형(bottom-up) ESG 모델로의 전환을 의미한다. 이런 구조 속에서야 비로소 지역의 자원과 필요, 가치가 정책과 사업에 반영되고, ESG 역시 보고서에 그치지 않고 실제 지역의 지속 가능성을 높이는 도구로 작동할 수 있다.

ESG를 지방정책에 접목하면 지방 소멸 대응은 '인구 숫자 맞추기'가 아니라 지역의 질과 구조를 바꾸는 지속 가능성 전략이 된다. 재생에너지, 친환경 농업, 순환 경제 산업을 육성해 지역의 자연·에너지 자원을 활용한 녹색 일자리를 만들면, 환경을 보호하면서도 새로운 지역산업 기반을 세울 수 있다.

두 번째로, 지역 청년과 주민, 사회적 경제기업이 협력해 마을기업·사회적기업·협동조합 등 공동체 기반 경제 생태계를 구축하면,

지역 내 소득 순환과 사회적 연대가 강화된다. 이는 단순한 고용 창출을 넘어, 지역에 머물고 싶게 만드는 삶의 질·관계망을 복원하는 ESG의 사회(S) 실천이라 할 수 있다.

또한 지역 의사결정 과정에 시민 참여를 확대하고, 지방정부가 환경·사회·거버넌스 성과를 공개하는 지방 차원의 지속가능보고서(Local ESG Report)를 도입하면, 행정의 투명성과 책임성을 높이고 주민·기업·지자체가 함께 지역의 미래를 설계하는 거버넌스를 마련할 수 있다. 이런 시도들은 지방정부의 ESG 거버넌스를 강화하려는 국제적 흐름과도 맞물려, 지역 차원의 ESG 행정과 보고 체계를 정착시키는 방향으로 나아가고 있다.

이처럼 ESG는 더 이상 기업만의 경영 원칙이 아니라, 재생에너지와 순환 경제, 사회적 경제, 참여 거버넌스를 아우르는 지역 재생의 철학이자 실행 전략으로 확장될 수 있다. 지방 소멸은 더 이상 '지방만의 문제'가 아니라 국가 전체의 지속 가능성 위기이며, 단기적인 인구 유입이 아니라 환경을 지키고, 사회적 연대가 살아 있으며, 투명하고 자율적인 지역 거버넌스를 갖춘 지역을 만드는 질적 회복이 요구된다. ESG는 이러한 전환을 가능하게 하는 프레임으로, '지속 가능성'이라는 공통 언어를 매개로 기업·정부·지방정부·지역사회가 협력할 때 소멸이 아닌 재생과 혁신의 지역 미래가 열릴 수 있다.

지역 지속 가능성의 핵심 지표

지역사회가 스스로 살아남고 성장하기 위해서는 단순한 경제적 성과를 넘어, 환경 · 사회 · 경제 · 제도 전반의 지속 가능성을 함께 확보해야 한다. '지속 가능한 지역'이란 한 세대의 단기적 번영에 그치지 않고, 미래 세대도 안전한 환경과 안정된 일자리, 건강한 공동체를 기반으로 삶의 터전을 이어갈 수 있는 구조를 의미한다. 이를 위해서는 지역의 현황을 수치화하고, 문제점과 강점을 객관적으로 파악해 개선 방향을 설정할 수 있는 핵심 지표(KPI, Key Performance Indicator)를 설계하는 작업이 필수적이다. 이러한 지표는 단순한 통계 수치가 아니라, 지역의 건강성과 회복탄력성을 진단하고 방향을 제시하는 일종의 '지속 가능성 나침반' 역할을 한다.

환경(E)은 지역 지속 가능성의 가장 기본적인 축이다. 예를 들어 탄소 배출량과 에너지 자립도는 지역 단위에서 탄소 중립 목표에 얼마나 근접해 있는지를 보여주는 핵심 지표로, 총 온실가스 배출량, 인구당 · GDP당 배출량, 재생에너지 비중, 지역에서 생산 · 소비되는 에너지 비율 등을 함께 살펴볼 수 있다. 녹지율과 생태 보전도는 도시화 속에서도 자연환경을 얼마나 보존 · 확대하고 있는지 나타내는 지표로, 1인당 녹지 면적, 도시 내 녹지 비율, 생태복원 면적, 수질 · 대기질 지수 등이 포함될 수 있다. 자원 순환율과 폐기물 감축률은 지역이 순환경제를 얼마나 실천하고 있는지를 보여주며, 생활 · 산업 폐기물 발생량, 재활용 · 재사용 비율, 매립 · 소각 감소 추세 등을 통해 측정할 수 있다. 이처럼 지역의 환경지표는 단순히 친환경 인프라 유무를 넘어,

자원을 순환적으로 활용하고, 위기에 대응할 수 있는 환경적 회복력 (resilience)을 중점적으로 평가해야 한다.

사회적 지속 가능성은 사람 중심의 지역을 만드는 기준으로, 단순히 인구 규모가 아니라 주민이 얼마나 안전하고 존엄하게, 함께 살아갈 수 있는지를 묻는다. 사회(S) 지표에서 인구 구조와 청년 정착률은 지역에 얼마나 다양한 세대가 공존하며 특히 청년층이 머물고 있는지를 보여 주는 가장 기초적인 활력 지표이며, 이는 장기적인 지역 유지 가능성 과 직결된다. 고용률과 일자리의 질 지표에는 전체 고용률뿐 아니라 정 규직 비율, 임금 수준, 산업의 다양성과 안정성이 포함되어, 단순 일자 리 수가 아니라 '지속 가능한 일자리'의 수준을 평가하도록 해야 한다. 교육 · 복지 · 보건 접근성은 학교, 병원, 돌봄 시설 등의 공간적 분포와 이용률, 서비스의 가격과 접근성을 통해 주민 삶의 질과 기본적 권리 보장 수준을 가늠하게 해준다. 사회적 자본 지수는 주민 참여율, 지역 공동체 활동, 자원봉사 참여도, 신뢰 수준 등을 반영하며, 공동체의 결 속과 상호 신뢰, 상호부조 능력을 보여주는 사회적 지속 가능성의 핵심 지표로 기능한다. 이러한 사회 지표는 '얼마나 값은 사람이 사는가?'보 다 '얼마나 함께 잘 사는가?'를 측정하는 데 초점을 맞추어야 한다.

지속 가능한 지역은 또한 투명하고 참여적인 의사결정 구조를 갖춘 다. 거버넌스(G) 영역에서 주민 참여도는 지역 정책 수립과 집행 과정 에서 시민 의견이 얼마나 반영되는지, 주민총회 · 공청회 · 참여예산제 등 참여 제도에 실제로 얼마나 많은 주민이 참여하는지로 측정할 수 있다. 지방정부 재정 자립도는 자체 재원 비율, 지방세 비중 등을 통해 지방정부가 외부 지원에 의존하지 않고 스스로 재정을 운용할 수 있는 능력을 보여주며, 이는 지역의 자율성과 책임 있는 정책 집행 능력과 직결된다. 정책의 ESG 반영도는 지방정부와 공공기관의 계획·예산·사업 평가에 환경·사회·거버넌스 기준이 얼마나 내재화되어 있는지, 예를 들어 환경 영향 평가, 사회적 약자 배려, 공정·투명한 절차 등이 제도화되어 있는지를 통해 평가할 수 있다. 거버넌스 지표는 단순한 행정 효율성만이 아니라, 정보 공개 수준, 시민 참여의 폭과 깊이, 다양한 이해관계자 간 협치(co-governance)의 질을 중시해야 하며, 이를 통해 지역의 민주성과 회복탄력성을 함께 강화하는 것이 중요하다.

경제(Economy) 영역 지표는 지역이 스스로 자립하고 장기적으로 유지될 수 있는 역량을 보여주는 핵심 기준이다. 지역내총생산(GRDP) 성장률은 해당 지역 경제의 전반적인 생산성과 성장 추세를 보여주지만, 단기 성장률만이 아니라 고용·소득·생활 수준과의 연계를 함께 살펴야 한다. 산업 다양성 지수는 특정 산업에 대한 의존도가 높을수록 경기 충격에 취약하다는 점에서 중요하며, 다양한 산업이 고르게 분포할수록 지역 경제는 외부 충격에 더 강한 회복력을 갖게 된다.

중소기업과 사회적 경제기업의 비중은 지역경제의 내재적 자생력을 보여주는 지표로, 지역 기반 기업이 많을수록 지역 내 고용 창출과 혁신, 소득 분산 효과가 커진다. 특히 사회적 경제 조직은 지역에 뿌리를 둔 고용과 서비스 제공을 통해 취약계층 지원과 지역 문제 해결에 기여한다. 지역 내 소비·투자 순환율(Local Circulation Rate)은 지역에서 발생한 소득이 다시 지역 내에서 얼마나 재사용·재투자되는지를 나타내며, 순환율이 높을수록 동일한 금액의 소득이 지역 안에서 여러 차례 돌면서 더 큰 경제 효과를 낳는다. 따라서 경제 지표는 단순한 양적 성장이나 외부 투자유치 규모보다, 지역 내부에서 돈과 자원이 얼마나 오래, 얼마나 넓게 순환하는지, 즉 순환 경제의 구축 여부를 중심으로 설계·해석하는 것이 지속 가능성 관점에서 바람직하다.

지역 지속 가능성의 핵심 지표는 단순한 숫자의 나열이 아니라, 지역의 현재를 진단하고 미래의 방향을 설계하는 도구다. 환경·사회·경제·거버넌스 네 축이 함께 균형을 이뤄야만 진정한 의미의 지속 가능성이 확보되며, 어느 하나만 발전해도 나머지가 취약하면 전체 시스템의 안정성이 흔들릴 수밖에 없다. ESG는 환경(Environmental)·사회(Social)·거버넌스(Governance)라는 세 기둥을 통해 조직의 지속 가능성과 책임성을 평가하는 틀이고, SDGs는 경제 성장, 사회적 포용, 환경 보호라는 세 차원을 포괄하는 글로벌 목표 체계로 설계되어 있다.

ESG 관점에서 환경(E)은 자원 보존과 기후 대응, 사회(S)는 삶의 질과 포용성, 거버넌스(G)는 참여와 투명성, 책임 있는 의사결정을 의미하며, 여기에 지역경제의 자립성과 순환구조를 함께 고려하면 네 가지 축이 통합된 지역 지속 가능성 프레임이 된다. 따라서 지방정부와 지역사회는 핵심 지표를 설정할 때 단순한 정량 지표에 그치지 말고, 그 수치가 의미하는 바를 주민의 삶과 지역 비전의 맥락에서 정성적으로 해석해야 한다. 지표는 '측정하기 위한 수단'이 아니라, 지속 가능한 지역의 비전을 설계하고 공유하는 공통 언어이기 때문이다. 결국 지속 가능성의 중심에는 사람들이 "정말 살고 싶다"라고 느끼는 지역, 즉 환경이 건강하고, 사회가 따뜻하며, 경제가 지역 안에서 순환하고, 의사결정이 투명하고 참여적으로 이루어지는 지역이 자리해야 한다.

지방 소멸은 단순한 인구 감소가 아니라, 지역의 환경·사회·경제·거버넌스 전반이 약화된 지속 가능성의 총체적 위기로 보아야 한다. 따라서 대응 전략 역시 출산 장려나 인구 유입 같은 단편적 처방을 넘어, ESG를 기반으로 한 통합적 접근이 필요하다. ESG를 활용한 지방 연구는 지역의 자원과 가치가 어떻게 순환되는지, 지역 경제가 얼마나 지역 안에서 선순환 구조를 이루는지, 그리고 붕괴한 공동체가 어떤 방식으로 회복될 수 있는지를 함께 살펴보는 데 중요한 틀을 제공한다.

또한 ESG 관점의 지방 연구는 지역 의사결정이 얼마나 투명하고 참여적인지, 지방정부와 기업, 주민이 함께 협력하는 거버넌스가 얼마나 잘 작동하는지를 정량적 지표로 평가하고, 그 결과를 바탕으로 실천적 대안을 제시할 수 있다는 점에서 의미가 크다. 결국 지방 소멸을 피하는 길은 단순히 인구 숫자를 늘리는 데 있지 않고, 환경이 건강하고, 사회가 포용적이며, 경제가 지역 안에서 순환하고, 거버넌스가 자율적이고 참여적인 지역을 만드는 데 있다. ESG는 이러한 변화를 설계하고 추진하는 지속 가능한 지방 재생의 새로운 프레임으로, 지방 소멸의 종착점을 지역 재생과 혁신의 출발점으로 바꾸는 데 핵심 역할을 할 수 있다.

제2장

자치행정과 ESG 거버넌스

양세훈

1. 지방정부의 ESG 역할과 구조 변화

지방정부의 책무와 사회적 가치 실현

현대 사회에서 지방정부는 더 이상 중앙정부 지침을 전달하는 행정 하청 기관이 아니라, 주민의 삶의 질과 지역의 미래를 책임지는 주체적인 행위자로 자리매김하고 있다. 중앙정부 중심의 일괄적인 국가 운영이 저출산, 고령화, 지역 불균형, 기후 위기 같은 복합 위기에 충분히 대응하지 못하면서, 각 지역의 특성과 주민 요구에 맞춘 자율적 행정과 사회적 가치 실현의 중요성이 점점 커지고 있다. 이에 따라 지방정부는 단순한 행정 효율을 넘어, 공공의 이익과 사회적 가치 창출을 핵심 책무로 삼아야 한다는 요구를 받고 있다.

지방자치가 본격화된 이후 지방정부의 역할은 행정 서비스 제공자에서 지역 발전의 조정자이자 협력 파트너로 확대되었다. 지방정부는 시민, 기업, 교육기관, 시민사회 조직 등 다양한 이해관계자와 협력하여 지역 문제를 함께 정의하고 해결하는 '문제 해결형 행정'을 수행해야 한다는 인식이 확산하고 있다. 행정의 목표 역시 예산 집행과 인프라 확충 같은 공급 중심 지표에서 벗어나, 주민의 삶의 질 향상과 지역의 지속 가능한 성장, 사회적 가치와 신뢰의 축적에 두어야 한다는 점이 여러 연구와 국제 논의에서 강조되고 있다.

지방정부의 책무는 현대적 맥락에서 크게 세 가지로 정리할 수 있다. 첫째, 행정의 공정성과 투명성을 확보하고, 모든 주민이 동등한 기회를 누릴 수 있도록 제도를 설계함으로써 공공의 이익을 실현해야 한다. 둘째, 인구 감소와 사회적 단절로 약화된 지역공동체를 회복시키기위해, 마을 단위 네트워크 · 커뮤니티 활동 · 사회적 경제 조직 등을 지원해 사회적 관계망을 재건해야 한다. 셋째, 환경 보전과 지속 가능성 확보를 통해 미래 세대의 삶의 기반을 보호하고, 현재의 정책이 미래 세대에 미칠 영향을 고려하는 책임 있는 의사결정이 필요하다.

사회적 가치(Social Value)는 단순히 행정 효율을 넘어서, 사회 구성원 모두의 행복과 공동선을 지향하는 가치이다. 지방정부가 사회적 가치를 실현한다는 것은, 이러한 철학을 예산 편성, 사업 설계, 집행, 평가까지 행정 전 과정에 녹여내는 것을 의미한다. 이에 따라 다음과 같은 방향이 핵심적이다.

첫째, 사회적 약자 · 소외계층을 먼저 고려하는 포용적 행정: 장애인, 노인, 이주민, 청년층 등 다양한 집단이 배제되지 않도록 맞춤형 정책과 서비스를 설계한다.

둘째, 주민 참여와 협치의 확대: 주민총회, 시민 참여예산, 공론화 제도 등을 통해 주민이 정책의 수혜자를 넘어 '공동 설계자'로 참여하도록 한다.

셋째, 공정하고 투명한 행정 운영: 정보 공개 확대, 예산 · 입찰 · 인사 과정의 투명성 강화, 윤리적·공정한 공공 조달을 통해 행정에 대한 신뢰를 높인다.

넷째, 지속 가능한 지역 발전: ESG 관점의 행정, 녹색 전환, 지역 순환 경제 구축 등을 통해 경제 성장과 환경 보전, 사회적 포용을 동시에 추구한다.

결국 사회적 가치는 지방정부가 행정의 효율성보다 사람 중심의 가치를 우선순위에 둘 때 비로소 구현된다. 이는 단순히 서비스 양을 늘리는 것이 아니라, 정책의 기준과 성과의 잣대를 "주민이 실제로 더 잘 살게 되었는가?"로 전환하는 것이다. 이러한 질적 전환은 주민의 신뢰를 높이고, 지역이 스스로 문제를 해결할 수 있는 자립성과 회복력을 키우는 결정적인 기반이 된다.

지방정부가 사회적 가치를 실질적으로 구현하려면, 먼저 이를 뒷받침할 제도와 문화를 함께 바꾸는 접근이 필요하다. 사회적 가치 실현 기본 조례를 제정하고, 공공기관 경영평가와 부서·공무원 평가 항목에 사회적 가치 지표를 포함하는 것은 그 출발점이다. 이렇게 해야 사회적 가치가 "좋은 말"이 아니라, 예산·인사·성과관리의 기준으로 작동할 수 있다.

둘째, 조직과 인력의 역량 강화가 필수적이다. 공무원 교육에서 사회적 가치·ESG·주민 참여 행정을 핵심 과정으로 다루고, 주민 참여 예산, 공론화, 협치 회의 등을 실제로 설계·운영할 수 있는 실무 역량을 길러야 한다. 주민과 함께 워크숍·공청회·숙의 과정을 운영하는 경험이 쌓일수록, 행정은 '지시와 집행'에서 '조정과 협력' 중심으로 전환된다.

셋째, 행정 성과 측정 방식도 바뀌어야 한다. 단순히 집행률·투자액 같은 경제적 지표뿐 아니라, 사회적 기여도(불평등 완화, 취약계층 지원, 공동체 강화), 환경적 효과(탄소 감축, 녹지·대기 질 개선), 참여·신뢰 수준(주민 만족도, 참여율) 등을 함께 평가하는 다차원 성과지표 체계를 구축해야 한다. 이렇게 해야 정책이 "얼마나 많이 했는가?"가 아니라 "얼마나 잘 바꾸었는가?"를 따질 수 있다.

넷째, 지방정부 운영 전반에 ESG 원칙을 반영하는 ESG 행정 모델이 필요하다. 예를 들어, 모든 중·대형 사업에 환경·사회·거버넌스 영향 검토를 의무화하고, 예산·조달에서 친환경·사회적 경제·공정노동을 우대하는 기준을 두는 방식이다. 또한 정기적으로 '지방 ESG·사회적 가치 보고서'를 발간해 정책의 지속 가능성과 투명성을 주민과 공유하면, 행정 신뢰와 책임성이 함께 높아진다.

결국 지방정부의 책무는 단순히 행정을 관리하는 것이 아니라, 공동체의 지속 가능한 미래를 설계하는 일이다. 사회적 가치는 그 과정에서 지방정부가 붙들어야 할 핵심 원리이자, 주민 삶의 질을 높이는 궁극적 목표다. 지방정부가 참여와 포용, 투명성과 지속 가능성을 예산과 조직, 인사와 평가까지 행정 전반에 내재화한다면, 지역사회는 단순한 행정 단위를 넘어 '삶의 공동체'로 회복될 수 있다. 지방정부의 진정한 책무는 "모든 정책의 중심에 사람을 두는 것"이며, 사회적 가치는 이를 구체적인 제도와 언어로 만들어 주는 도구다. 행정이 사회적 가치를 품을 때, 지방은 소멸이 아니라 공존과 회복, 재생의 공간으로 거듭날 수 있다.

지방 소멸의 위기는 단순히 인구가 줄고 재정이 약해지는 차원을 넘어, 지역 행정의 구조와 가치체계 전반의 전환을 요구하는 심층적 위기다. 지난 수십 년간 지방정부는 중앙정부 정책을 집행하는 행정 단위 역할에 머무는 경우가 많았지만, 인구 감소 · 기후 위기 · 지역 불균형이 심화된 지금은 각 지역이 스스로 지속 가능한 성장 모델을 설계해야 하는 독립적 주체로 자리매김할 것이 요구되고 있다.

이 과정에서 ESG는 지방행정의 새로운 핵심 원리로 부상하고 있다. 과거 행정이 효율성과 속도, 집행률에 초점을 맞추었다면, 이제는 투명성, 책임성, 사회적 가치 실현이 정책 평가의 중요한 기준으로 떠오르고 있다. 지방정부는 더 이상 단순한 행정 수행기관이 아니라, 주민의 신뢰와 지역의 지속 가능성을 관리하는 '공공 거버넌스 기관'으로서의 역할이 강화되고 있으며, 이를 위해서는 의사결정 과정의 공개성과 시민 참여, 책임 있는 집행 구조가 필수적이다.

특히 ESG의 세 축 중 '거버넌스(G)'는 지방행정에 가장 직접적으로 적용되는 영역이다. 거버넌스는 조직과 제도의 틀을 통해 투명성, 참여, 책임성을 확보하는 기능을 하며, 이는 지방정부가 지역공동체와 함께 성장하기 위한 기반이 된다. 주민 참여 제도, 정보 공개와 예산 투명성, 윤리적 의사결정과 책임 있는 집행 구조는 모두 좋은 거버넌스의 핵심 요소로, 지역 수준의 신뢰와 협력을 강화하고 지속 가능한 정책 실행을 가능하게 한다. 이제 지방정부는 공공정책을 단기적인 사업 실적이나 집행 속도가 아니라, ESG 지표에 비추어 장기적 지속 가능성과 사회적 · 환경적 성과 측면에서 평가받아야 하며, 이것이 지방행정이 지방 소멸의 위기를 '전환의 계기'로 바꾸는 출발점이 될 것이다.

지방 소멸 위기 속에서 ESG를 도입한다는 것은 단순히 "환경을 조금 더 고려하는 행정"을 의미하는 것이 아니라, 행정의 구조와 가치체계를 사람과 미래 중심으로 다시 짜는 개혁을 뜻한다. ESG는 지방정부가 어떤 방식으로 지역을 운영할 것인지에 대한 새로운 기준이자, 행정을 효율 · 속도 중심에서 투명성 · 책임성 · 사회적 가치 중심으로 전환하게 만드는 핵심 틀이다.

환경(Environmental) 측면에서 지방정부는 탄소 중립 전략 수립, 공공청사 · 학교 · 복지시설의 에너지 효율화, 도시 · 농촌계획의 생태적 전환 등에서 가장 현장에 밀착된 실행 주체다. 중앙이 기후 목표와 큰 방향을 제시한다면, 실제로 재생에너지 인프라를 어디에 설치하고, 대중교통 · 녹지 · 하천을 어떻게 관리할지는 기초 · 광역 자치단체의 정책 선택과 집행 역량에 달려 있다.

사회(Social) 측면에서 ESG 행정은 포용성과 주민 참여를 강조한다. 인구 감소는 단지 서비스 수요 감소를 넘어 "함께 결정하고 책임지는 주민"의 기반이 약해지는 문제이기도 하므로, 사회적 약자 · 청년 · 고령층이 의사결정 과정에 참여하도록 제도와 문화를 바꾸는 것이 중요하다. 주민총회, 시민 참여예산, 숙의 공론장, 리빙랩 등 참여 기반 지역 행정 모델은 지역을 "정책의 대상"이 아니라 "정책의 공동 설계자"로 만드는 ESG형 사회(S) 실천이라 볼 수 있다.

거버넌스(Governance)는 지방행정과 ESG가 만나는 지점이자, 지방 정부가 가장 직접적으로 혁신해야 할 영역이다. 좋은 거버넌스는 정보 공개, 데이터 기반 의사결정, 윤리적·투명한 예산 집행, 책임 있는 리스크 관리 등을 포함하며, 이는 지역 주민의 신뢰를 높이고 장기적인 정책 일관성을 확보하는 기반이 된다. ESG 관점에서 지방정부는 더 이상 중앙지침을 기계적으로 따르는 조직이 아니라, 자체적인 기준과 사회적 책임성을 갖추고 지역 의제를 관리하는 "공공 거버넌스 기관"으로 평가된다.

결국 지방정부가 ESG를 도입한다는 것은, 환경을 지키고 사회를 포용하며 투명하고 책임 있는 방식으로 지역을 운영하겠다는 약속을 행정 시스템 전체에 새기는 일이다. 이런 변화가 자리 잡을 때, 지방행정은 단기성과 위주의 사업 집행을 넘어, 지방 소멸 위기를 장기적인 지역 재생과 지속 가능성의 계기로 전환할 수 있다.

ESG 행정의 도입과 정책 패러다임 변화

21세기 행정의 핵심 화두는 효율·성장 중심의 관리 행정에서, 지속 가능성과 책임성을 중시하는 거버넌스 행정으로의 전환이다. 기후 위기와 사회적 불평등, 인구 감소 같은 복합 위기가 심화하면서, 정부와 공공기관은 단순한 규제자나 집행자를 넘어 지속 가능한 사회적 가치를 창출하는 주체로 역할을 재정의하고 있다. 이 전환의 중심에 자리한 것이 바로 ESG 행정이다. ESG 행정은 원래 기업 경영의 원칙이던 환경(Environmental), 사회(Social), 거버넌스(Governance)를 공공 영역에 도입해, 정책의 목표 설정부터 집행·평가에 이르기까지 행정 방식을 근본적으로 재구성하는 새로운 행정 패러다임이다.

해외에서는 이런 흐름이 이미 가시화되고 있다. 북유럽 국가들에서는 지방정부 평가에 환경 관리와 사회적 책임 요소를 반영해, 행정 성과를 주민 삶의 질과 연계하려는 시도가 이뤄지고 있으며, 지방정부가 탄소 중립·녹색 전환·사회적 포용의 실행 주체로 자리 잡고 있다. 일본 홋카이도 등에서는 탄소 중립 도시를 목표로 지방정부 간 ESG 연계 네트워크를 구축하고, 공동의 환경지표와 평가 체계를 마련해 정책을 조정하고 있다. 국내에서도 서울시가 공공기관 ESG 평가제를 도입해 투명성과 사회적 책임 활동을 지표화하고, 일부 광역자치단체가 ESG 행정 시범 사업을 추진하는 등, 지방정브 행정을 지속 가능한 사회 운영체계로 진화시키려는 움직임이 나타나고 있다.

이러한 사례들이 보여주는 바는 분명하다. 앞으로의 지방행정은 복지나 산업 지원의 '양'을 늘리는 수준을 넘어, ESG 원칙을 통해 환경 부담을 줄이고, 사회적 약자와 주민 참여를 확대하며, 투명하고 책임 있는 거버넌스를 구축하는 방향으로 나아가야 한다는 것이다. 그렇게 될 때 지방정부는 단기적인 성과관리 조직을 넘어, 지역사회의 지속 가능한 미래를 설계·조정하는 거버넌스 행위자로서 진정한 임무를 수행하게 된다.

ESG 행정은 공공기관이 정책과 행정 전반에 환경적 책임(E), 사회적 포용(S), 투명하고 참여적인 지배구조(G)를 체계적으로 반영하는 행정 운영체계를 뜻한다. 기존의 성과 중심 행정이 "무엇을 얼마나 했는가(집행률, 사업 수, 예산 규모)?"에 초점을 맞췄다면, ESG 행정은 "그 정책이 사회와 환경에 어떤 가치를 창출했는가(불평등 완화, 탄소 감축, 참여 확대 등)"를 중심 기준으로 삼는다. 결국 ESG 행정은 '지속 가능한 공공 가치'를 목표로 정책을 설계·집행·평가하는 새로운 행정 패러다임이라고 할 수 있다.

ESG 행정이 부상한 배경에는 세 가지 큰 변화가 자리 잡고 있다. 첫째, UN SDGs와 파리기후협약 이후 지속 가능한 발전 담론이 확산하면서, 국가와 지방정부도 환경과 사회적 책임, 경제 발전을 통합 관리하는 체계를 갖추어야 할 필요성이 커졌다. 이에 따라 공공부문이 예산·조달·인사·평가 과정에 ESG 원칙을 반영하는 방향으로 제도를 정비하고 있다. 둘째, 행정의 불투명성과 관료주의에 대한 국민 불신이 커지면서, 책임 행정과 주민 참여 확대를 요구하는 목소리가 높아졌고, ESG 행정은 정보 공개와 참여·협치를 제도화함으로써 정책 신뢰 회복의 수단으로 주목받고 있다. 셋째, 기후 위기·인구 감소·복지·지역 불균형 등 복합 위기는 개별 부처나 단일 정책으로 해결하기 어려운 만큼, 부문 간 연계와 협업, 통합적 정책 관리가 필수인데, ESG 행정은 환경·사회·거버넌스를 가로지르는 공통 프레임을 제공해 이런 통합을 촉진하는 기반이 된다.

ESG 행정의 도입은 행정 방식을 조금 조정하는 기술적 변화가 아니라, 행정이 무엇을 위해, 어떤 기준으로 움직여야 하는지에 대한 정책 철학의 전환이다. 기존의 효율성 중심 행정이 예산 집행률, 사업 수, 비용 대비 효과 등 경제적 성과와 관리 효율성을 강조했다면, ESG 행정은 사회적 책임과 지속 가능한 발전, 즉 정책이 환경·사회·거버넌스에 남긴 '가치의 질'을 중심에 둔다.

이러한 전환은 단지 슬로건 수준에 머물지 않고, 행정조직의 운영 원리와 의사결정 기준을 바꾸며, 정책 설계 단계에서부터 예산 배분의 우선순위, 성과 평가 지표 체계 전반에 변화를 촉진한다. 결과적으로 무엇을 "얼마나 빨리, 많이 했는가?"에서 "지역사회와 미래 세대를 위해 무엇을 얼마나 좋게 바꾸었는가?"로 행정의 잣대가 이동하는 그것이 ESG 행정의 핵심이라고 할 수 있다.

<표 2-1> 기존 행정과 ESG 행정 패러다임 구분

구분	기존 행정 패러다임	ESG 행정 패러다임
행정 목표	경제 성장, 효율성 극대화	지속 가능한 사회적 가치 실현
정책 평가	양적 성과 중심	사회적, 환경적 영향 중심
운영 방식	중앙집권, 하향식	협치, 참여, 투명성 강화
행정 주체	관료 중심	시민, 기업, 공공이 함께하는 거버넌스
정책 범위	부문별 단기성과	통합적, 장기적 지속 가능성

ESG 행정이 실질적으로 뿌리내리기 위해서는 제도·역량·참여·성과관리 네 가지 과제가 동시에 추진되어야 한다. 이를 통해 ESG가 일회성 사업이 아니라 행정 전반의 운영 원리로 자리 잡을 수 있다.

첫째, 체계적인 시스템 구축과 제도화가 필요하다. 지방정부와 공공기관의 평가 항목에 ESG 기준을 공식적으로 반영해 예산·조직·인사 평가의 핵심 잣대로 삼아야 한다. 동시에 매년 '공공 ESG 보고서(Public ESG Report)'를 정례화하여 환경, 사회, 거버넌스 성과를 주민에게 투명하게 공개하면, 책임성과 신뢰를 높이는 기반이 된다.

둘째, 공무원과 정책 담당자의 역량 강화가 선행되거나 동시에 진행되어야 한다. ESG와 SDGs에 대한 기본 이해를 높이는 교육, 실제 정책에 어떻게 녹여넣을지에 대한 실무 훈련, 연구·컨설팅 기반 구축을 통해 각 부서가 자기 업무에 맞는 ESG 행정 모델을 설계할 수 있어야 한다.

셋째, 주민총회, 공론장, 시민 참여예산 등 거버넌스형 제도를 활성화하기 위한 시민 참여 확대가 필요하다. 이는 단순한 의견 수렴을 넘어, 정책의 기획－우선순위 설정－집행·점검 과정에 주민을 "공동 설계자"로 참여시키는 구조를 만드는 일이다.

넷째, 성과 평가 체계를 개편해야 한다. 집행률·사업 건수 같은 단기 성과지표 중심에서 벗어나, 탄소 감축·자원 순환·사회적 약자 지원·불평등 완화·참여와 신뢰 수준 등 지속 가능성과 사회적 가치 지표를 포함한 다층적 성과관리체계로 전환하는 그것이 시급하다. 이런 변화가 이뤄질 때 ESG 행정은 구호가 아니라, 실제 정책을 바꾸는 실질적 기준이 될 수 있다.

ESG 행정은 일시적인 유행이나 기업 경영방식을 흉내 내는 수준이 아니라, 공공정책의 지속 가능성과 행정에 대한 신뢰를 회복하기 위한 필연적인 변화라 할 수 있다. 행정이 더 이상 성장과 효율성만을 최우선 가치로 삼을 수 없는 시대에, 환경을 지키고 사회를 포용하며, 의사결정을 투명하고 책임 있게 수행하는 책임 행정으로의 전환은 선택이 아니라 반드시 가야 할 방향이다.

이 변화는 중앙정부만의 과제가 아니다. 지방정부와 각종 공공기관이 정책의 전 과정, 즉 기획 - 집행 - 평가의 모든 단계에 ESG 가치를 실제로 내재화할 때 비로소 완성된다. 어떤 사업을 할지(what)를 정하는 그것에서 멈추지 않고, 그 사업을 어떻게 설계·운영할지, 그리고 누구와 함께할지(how, with whom)를 끊임없이 묻는 태도가 ESG 행정의 핵심 철학이다. 성과 중심 패러다임이 "얼마나 많이 했는가?"에 머물렀다면, 가치 중심 패러다임은 "그 정책이 사람과 지역, 미래에 어떤 좋은 변화를 남겼는가?"를 기준으로 삼는다. 이 전환이 행정 전반에 뿌리내릴 때, 행정은 진정으로 지속 가능한 사회를 떠받치는 힘이 될 수 있다.

주민 참여형 거버넌스 구축

오늘날 지방자치의 핵심은 단순히 중앙의 권한을 나누어 갖는 그것이 아니라, 주민이 스스로 지역 의사결정에 참여하는 민주적 구조를 만드는 데 있다. 행정의 효율성과 전문성만으로는 지역 소멸, 기후 위기, 복지 사각지대 같은 복합 문제를 해결하기 어렵기 때문에, 주민·기업·시민단체·전문가·행정 등이 함께 논의하고 결정을 내리는 참여형 거버넌스(Participatory governance)가 지방행정의 필수 조건으로 부상하고 있다. 특히 이러한 지역 문제는 중앙정부의 일방적·획일적 정책만으로는 해법을 찾기 어려워, 현장을 잘 아는 주민과 지역 주체들이 직접 참여하는 거버넌스 구조가 지속 가능한 지역사회를 만드는 새로운 행정 패러다임으로 자리 잡고 있다.

거버넌스는 정부, 시민사회, 민간 부문이 협력하여 공공문제를 공동으로 해결하는 협치 구조를 의미한다. 여기에 주민 참여가 본격적으로 결합하면, 행정이 주도하던 정책 결정 과정에 주민이 직접 참여해 의견을 제시하고, 예산과 사업의 우선순위 결정에 실질적인 영향을 미치는 구조로 발전한다. 다시 말해 주민 참여형 거버넌스는 "주민을 행정의 수혜자에서, 지역 정책의 공동 설계자이자 실행자로 전환하는 과정"이며, 이를 통해 지역 정책은 더 현실에 밀착되고, 결정 과정은 더 민주적·정당성을 갖추게 된다.

주민이 참여하는 협력적 거버넌스가 필요한 가장 큰 이유는, 지방행정의 민주적 정당성과 신뢰를 강화하는 데 있다. 주민이 정책 형성·집행 과정에 직접 참여하면, 결정 과정이 더 투명해지고 "내가 참여해 만든 정책"이라는 인식 덕분에 정책에 대한 수용성과 책임감도 높아진다.

정책 효율성 측면에서도 참여형 거버넌스는 중요하다. 지역 문제의 원인과 맥락을 가장 잘 아는 주민의 경험과 의견이 정책 설계에 반영되면, 현실과 동떨어진 대책을 줄이고 지역 맞춤형 해결책을 마련할 수 있어 정책 실패 가능성이 낮아진다. 또한 주민 참여는 공동체 회복으로 이어진다. 공론장, 주민총회, 협의체 활동은 주민들이 서로 협력하고 연대하는 경험을 제공하며, 이를 통해 신뢰·상호부조 같은 사회적 자본이 축적된다. 이는 위기 대응 능력과 지역의 회복탄력성을 높이는 중요한 기반이 된다.

마지막으로, 행정에 대한 신뢰 회복이라는 측면에서도 참여형 거버넌스는 필수적이다. 협력적 구조 속에서 행정은 일방적으로 지시하는 권위적 주체가 아니라, 주민과 함께 문제를 정의하고 해결책을 찾는 파트너로 인식된다. 그 결과, 행정 결정에 대한 불신과 거리감이 줄어들고, 지방정부는 단순한 '행정기관'을 넘어 주민 참여와 협력을 매개하는 플랫폼, 즉 지역 거버넌스의 허브로 기능하게 된다.

오늘날 지방자치의 핵심은 단순히 중앙정부로부터 행정 권한을 넘겨받는 데 그치지 않는다. 진정한 지방자치는 주민이 스스로 지역의 의사결정에 참여하고, 다양한 주체와 함께 공공문제를 해결해 나가는 민주적 구조를 갖출 때 비로소 완성된다. 행정의 효율성과 전문성만으로는 지역 소멸, 기후 위기, 복지 사각지대와 같은 복합적 문제를 해결하기 어렵기 때문에, 주민, 기업, 시민단체, 전문가, 행정이 함께 논의하고 결정하는 참여형 거버넌스는 지방행정의 필수 조건이 되고 있다. 특히 중앙정부의 일방적 정책만으로는 해결할 수 없는 지역 문제들 앞에서, 주민 참여형 거버넌스는 지속 가능한 지역사회를 만들기 위한 새로운 행정 패러다임으로 자리 잡고 있다.

거버넌스는 정부와 시민사회, 민간 부문이 협력하여 공공문제를 공동으로 해결하는 협치 구조를 의미한다. 여기에 주민 참여가 결합하면, 그동안 행정이 주도하던 정책 결정 과정에 주민이 직접 참여해 의견을 제시하고, 실제 의사결정에 영향을 미치는 단계로 발전한다. 다시 말해 주민 참여형 거버넌스는 주민을 행정서비스의 수혜자 위치에만 머물게 하지 않고, 지역 정책의 공동 설계자이자 실행자로 전환하는 과정이다. 이러한 구조가 작동할 때 정책은 더 현실에 밀착되고, 결정 과정은 더 민주적 정당성을 얻게 된다.

주민이 참여하는 협력적 거버넌스가 필요한 이유는 여러 측면에서 설명할 수 있다. 우선 민주적 정당성의 강화다. 주민이 직접 정책 과정에 참여하면, 행정의 절차와 정보가 투명해지고 "우리가 함께 만든 정책"이라는 인식이 생기면서 정책의 수용성과 책임감이 높아진다. 다음으로는 정책 효율성의 제고이다. 현장의 문제를 가장 잘 아는 사람은 그 지역에 사는 주민이기 때문에, 이들의 경험과 의견이 정책 설계에 반영되면 탁상행정을 줄이고 지역 맞춤형 대안을 마련할 수 있어 정책 실패 가능성이 줄어든다.

주민 참여는 공동체 회복에도 중요한 역할을 한다. 공론장과 주민총회, 각종 협의체 활동은 주민 간 협력과 연대의 기회를 늘려 공동체 의식을 강화하고, 신뢰와 상호부조 같은 사회적 자본을 축적한다. 마지막으로 이러한 거버넌스 구조 안에서 행정은 일방적 지시자나 권위적 통제자가 아니라 문제 해결의 협력 파트너로 인식되며, 이는 행정에 대한 장기적인 신뢰 회복으로 이어진다. 이런 점에서 지방정부는 단순한 행정기관이 아니라, 다양한 주체가 만나 논의하고 협력하는 플랫폼으로서 역할을 해야 한다.

주민 참여형 거버넌스를 실질적으로 구축하기 위해서는 몇 가지 필수 조건이 있다. 먼저 제도적 기반이 마련되어야 한다. 최근 지방자치법 개정을 통해 주민총회, 주민발안, 주민감사 등 다양한 주민 참여 제도가 확대되었지만, 법 조항만으로는 충분하지 않다. 각 지방정부는 주민 참여 조례를 제정하고, 참여예산제를 활성화하며, 공론화위원회와 숙의 기구를 운용하는 등 참여를 보장하고 절차를 구체화하는 제도적 장치를 강화해야 한다. 두 번째로, 참여 구조의 다양화가 요구된다. 단순히 의견을 듣는 공청회 수준을 넘어, 정책의 설계 · 집행 · 평가 전 과정에 주민이 관여할 수 있는 구조를 만들어야 한다. 주민참여예산제, 마을계획단, 생활권 의제 발굴 워크숍, 시민정책협의체 등은 주민이 실질적으로 의제를 제안하고, 우선순위를 함께 정하며, 사업 결과를 점검할 수 있게 하는 좋은 모델이다.

세 번째는 참여의 질을 높이기 위한 역량 강화와 네트워크 구축이다. 참여가 형식에 그치지 않으려면 주민이 정책과 행정에 대해 이해하고 의견을 구체화하는 힘이 필요하다. 이를 위해 시민교육, 정책 이해력 향상 교육, 예산 읽기 교육, 마을 리더 양성 프로그램 등이 중요하다. 동시에 지방정부는 주민 조직, 기업, 대학, 사회단체 등과의 협력 네트워크를 구축해, 특정 사업에 그치지 않고 장기적으로 협치 기반을 유지해야 한다. 이러한 지역 거버넌스 네트워크는 하나의 이슈를 넘어 다양한 분야에서 지속적인 대화와 협력을 가능하게 한다. 네 번째는 피드백과 평가 체계의 강화다. 주민 참여가 신뢰를 얻으려면, 참여 과정에서 나온 의견과 제안이 실제 정책에 어떻게 반영되었는지를 투명하게 알려야 한다. 참여 전 · 후의 변화를 비교해 공개하고, 참여 제도 자체에 대한 평가와 개선을 반복하는 시스템이 구축될 때, 주민들은 "참여해도 달라지지 않는다"라는 무력감에서 벗어나고, 참여 문화가 지역사회에 자연스럽게 뿌리내릴 수 있다.

종합하면, 주민 참여형 거버넌스는 지방자치의 형식을 넘어 내용을 채우는 핵심 장치이다. 주민이 행정의 대상에서 파트너로, 정책의 소비자에서 공동 설계자이자 실행자로 전환될 때, 지방자치는 단순한 권한 분산을 넘어 지속 가능한 지역공동체를 만드는 실질적 힘을 갖게 된다.

주민 참여형 거버넌스는 ESG 행정의 G(거버넌스) 영역을 실제로 구현하는 가장 핵심적인 방식이다. 거버넌스가 투명성, 참여, 책임을 중시한다면, 주민 참여형 거버넌스는 이를 구체적인 행정 구조와 절차로 옮기는 역할을 한다. 행정정보를 적극적으로 공개해 주민이 쉽게 접근할 수 있도록 하고, 중요한 정책과 예산 결정 과정에 시민 참여를 제도적으로 보장하며, 정책 집행 이후에는 그 결과를 주민과 함께 점검·평가하고 개선 방향을 논의하는 것이 그 내용이다. 이런 점에서 주민 참여형 거버넌스는 지속 가능한 지역사회를 구축하기 위한 핵심 메커니즘이자, ESG 행정의 출발점이라고 할 수 있다. 이는 행정의 효율성을 떨어뜨리는 '절차적 부담'이 아니라, 정책의 품질을 높이고 민주적 정당성을 강화하는 과정으로 이해되어야 한다.

따라서 지방정부는 주민을 더 이상 '정책의 대상'이나 서비스 수혜자에 머무르게 해서는 안 되며, 정책의 기획·결정·집행·평가 전 과정에 참여하는 주체로 인정해야 한다. 참여가 일회성 행사에 그치지 않고, 주민총회, 참여예산, 공론화위원회, 시민협의체 등 제도화된 장치를 통해 상시로 이뤄질 때 비로소 '협치 행정'이 구현된다. 이 관점에서 보면, 앞으로 행정의 성공은 얼마나 많은 사업을 추진했는가가 아니라, 그 과정에 얼마나 많은 주민과 이해관계자가 함께했는가, 그리고 그 참여가 실제 결정을 얼마나 바꾸었는가로 평가되어야 한다. 참여를 통한 거버넌스는 단순히 의사결정 방식의 기술적 변화가 아니라, 지역의 신뢰와 연대, 공동체성을 회복하고 장기적인 지속 가능성을 높이는 근본적 변화의 출발점이다.

결국 주민 참여형 거버넌스는 지방자치의 완성형이자, 지속 가능한 지역 발전의 가장 강력한 기반이라고 할 수 있다. ESG 행정을 실현하기 위해서는 지침과 계획을 만드는 수준을 넘어, 행정 전반의 평가 체계, 공무원 교육, 주민 참여 제도와 절차를 ESG 관점에 맞게 재설계해야 한다. 그럴 때 ESG의 G(거버넌스)는 문서 속 원칙이 아니라, 지역 주민과 함께 살아 움직이는 실제 행정의 얼굴이 될 수 있다.

행정을 ESG 관점에서 재설계하기 위해서는 평가 · 역량 · 참여 구조를 함께 바꾸는 노력이 필요하다. 이를 위해 서 가지 방향에서 전환을 모색할 수 있다. 우선 ESG 행정 평가제의 도입이 필요하다. 지방정부의 정책과 사업을 환경적 책임(E), 사회적 포용성(S), 지배구조의 투명성과 책임성(G)이라는 세 기준으로 평가하고, 이를 성과 기반 예산제와 연동하면 단순 집행률이 아닌 정책의 질과 지속 가능성을 중심으로 행정을 운영할 수 있다. 예를 들어, 탄소 감축 효과가 크거나 사회적 약자에게 실질적인 도움이 되는 사업, 주민 참여와 투명한 절차를 잘 구현한 정책에 더 높은 평가와 예산 인센티브를 부여함으로써 ESG 가치를 행정의 실질적 기준으로 만들 수 있다.

둘째, 공공기관의 ESG 역량을 강화하는 교육 체계가 중요하다. 지방공무원을 대상으로 ESG 행정 아카데미를 운영하거나, ESG · 사회적 가치 · 주민 참여 행정을 핵심 과정으로 포함한 교육 프로그램을 체계화해야 한다. 동시에 행정혁신과 사회적 가치 실현에 이바지한 부서와 공무원에게 인사·평가 상의 인센티브를 제공하면, ESG 행정이 '추가 업무'가 아니라 행정의 본령으로 자리 잡게 할 수 있다. 이를 뒷받침하기 위해 연구용역, 안내서, 우수사례 공유 등 지식 기반을 축적하는 것도 필수적이다.

셋째, 주민 참여형 거버넌스 모델을 구체적으로 구축해야 한다. 주민참여예산제를 통해 예산 편성과 우선순위 결정 과정에 주민이 직접 참여하게 하고, 온라인 공청회와 숙의형 공론장, 시민평가단 등을 통해 시간·공간 제약을 줄이면서 다양한 계층의 참여를 보장하는 구조가 필요하다. 정책 집행 후에는 시민평가단, 주민 모니터링단 등이 사업의 실제 효과를 평가하고 개선 의견을 제시하도록 함으로써, 참여가 단순한 형식이 아니라 정책 품질을 높이는 과정이 되도록 해야 한다.

이러한 정책들은 단기적으로는 행정 절차를 다소 복잡하게 만드는 그것처럼 보일 수 있지만, 장기적으로는 지역에 대한 신뢰를 회복하고 주민 간, 주민과 행정 간의 사회적 자본을 축적하는 결과로 이어진다. 결국 ESG 행정 평가, 역량 강화, 주민 참여 거버넌스는 지방정부가 효율성 중심 행정을 넘어, 지속 가능성과 책임을 중심에 둔 새로운 행정 모델로 전환하는 핵심 수단이 된다.

2. ESG 행정의 추진 전략

투명성과 책임성 중심의 행정 구조 개편

21세기 행정에서 중요한 가치 중 하나는 국민과 주민의 신뢰 회복이다. 행정은 더 이상 일방적으로 지시하고 규제하는 권위적 명령 체계에 머물 수 없으며, 정책의 결정과 집행 전 과정에서 투명성과 책임성을 확보하는 것이 공공 신뢰를 지탱하는 절대 조건이 되었다. 정보기술의 발달로 행정의 자료와 절차가 실시간으로 공개될 수 있는 시대가 된 만큼, 정부와 지방정부는 정책의 효율성만이 아니라 "정당한 과정"과 "책임 있는 운영"을 중심에 둔 새로운 행정 구조로 전환해야 한다는 요구에 직면해 있다. 행정개혁의 방향도 이제 "얼마나 빨리 일하느냐"보다 "얼마나 투명하고 책임 있게 일하느냐"를 기준으로 삼아야 한다는 인식이 확산하고 있다.

이 과정에서 투명성과 책임성은 행정의 신뢰를 떠받치는 두 축으로 작동한다. 투명성(Transparency)은 행정 과정과 정보를 국민에게 공개하고, 의사결정의 근거와 과정을 명확히 드러내는 것을 의미한다. 이는 부패를 예방하고, 정책이 공정하게 집행되고 있다는 확신을 주는 기초가 되며, 시민이 정부의 예산 사용과 정책 선택을 감시하고 평가할 수 있는 토대를 마련한다. 책임성(Accountability)은 행정조직과 공무원이 자신이 내린 결정과 그 결과에 대해 시민과 사회에 설명하고, 평가와 통제를 받아들일 의무를 뜻한다. 두 원리는 상호 보완적이다. 충분한 정보 공개와 절차의 투명성이 전제될 때 비로소 실질적인 책임 행정이 가능하며, 책임성을 제도화하는 감사·평가·견제 장치는 다시 투명성을 강화하는 동력이 된다. 이런 의미에서 투명성과 책임성은 단순한 도덕적 이상이 아니라, 행정이 민주사회에서 정당성과 신뢰를 유지하기 위해 갖추어야 할 최소한의 운영 원리라고 할 수 있다.

따라서 앞으로의 행정 개편은 투명성과 책임성을 축으로 한 구조 변화에 초점을 맞춰야 한다. 행정 결정 과정이 불투명하거나 정보 접근이 제한되면, 정책의 타당성이 아무리 높더라도 주민 처지에서는 그 정당성을 신뢰하기 어렵다. 주민이 어떤 논의와 기준을 통해 결정이 내려졌는지 알지 못하면 결과에 대한 신뢰는 약해지고, 행정은 쉽게 "밀실 행정"이나 "탁상행정"으로 인식된다. 책임 없는 예산 집행은 낭비를 초래할 뿐만 아니라, 정책 효과에 대한 객관적 평가를 어렵게 만들어 잘못된 정책이 반복되는 악순환을 낳는다. 반대로 재정과 정책 정보를 투명하게 공개하고, 평가 시스템을 통해 결과를 꾸준히 점검한다면, 갈등을 예방하고 이해관계자 간 협의의 기반을 넓힐 수 있다. 결국 행정 구조의 개편은 단순한 절차 정비를 넘어, 신뢰를 기반으로 한 민주적 행정 체계를 구축하는 것을 목표로 해야 한다.

이러한 방향에서 행정 구조 개편은 두 축, 즉 정보 공개 강화와 데이터 기반 행정, 그리고 성과 중심에서 책임 중심으로의 전환을 중심으로 추진될 수 있다. 첫째, 정보 공개와 오픈 거버넌스(Open Government)를 강화해야 한다. 정책 결정의 배경, 예산 편성·집행 내용, 사업별 평가 결과를 가능한 한 원자료와 함께 공개함으로써, 누구나 행정의 과정을 추적하고 질문할 수 있는 환경을 조성해야 한다. 이를 위해 국민 누구나 접근할 수 있는 공공데이터 플랫폼을 활성화하고, 예산·입찰·평가 관련 데이터를 기계 판독 가능한 형태로 제공하면 정보 비대칭이 줄어들고 시민 감시와 참여가 쉬워진다. 동시에 데이터 기반 행정(Data-driven Governance)을 통해 의사결정의 근거를 강화하는 것이 중요하다. 통계와 분석, 현장 데이터에 기반해 정책을 설계·수정함으로써, 정치적·직관적 판단에 치우치지 않고 객관성과 합리성을 높일 수 있다.

둘째, 성과 중심 평가에서 책임 중심 평가로의 전환이 필요하다. 그동안 행정 평가는 얼마나 많은 예산을 집행했는지, 몇 개의 사업을 추진했는지 같은 양적 성과에 집중하는 경향이 강했다. 앞으로는 단기 실적 대신 정책이 사회에 미친 영향, 불평등 완화와 환경 보호, 윤리적 기준 준수 여부 등을 함께 묻는 다층적 평가가 필요하다. 이를 위해 공공기관 책임경영제, 공직자 윤리 평가, 부패 방지 지수 등 다양한 지표를 활용해 책임 행정의 문화가 조직 내부에 뿌리내리도록 해야 한다. 즉 "성과가 좋으면 된다"가 아니라 "성과를 내는 고정이 투명하고 정당했는가?", "그 성과가 사회 전체에 어떤 가치를 남겼는가?"를 함께 따지는 구조로 바뀌어야 한다. 이런 전환이 이뤄질 대 행정은 단순히 일을 '빨리 많이' 하는 조직을 넘어, 주민과 함께 신뢰할 수 있는 미래를 설계하는 책임 있는 공공기관으로 자리매김할 수 있다.

행정의 신뢰를 높이기 위해서는 참여와 감시가 일상적으로 구조화된 시스템을 갖추는 것이 중요하다. 주민감사 청구제, 시민감시단, 참여예산제와 같은 제도를 활성화하면, 주민은 정책 수립 단계뿐 아니라 집행 이후의 과정까지 직접 견제하고 평가할 수 있다. 특히 정책 집행 이후 사후 평가(Post Evaluation)와 피드백 공개 제도를 통해, 주민이 결과에 대한 평가와 개선 의견 제시에 참여하도록 하면 행정은 스스로를 점검받는 구조 속에서 더 책임 있게 운영될 수 있다. 이는 "정책이 어떻게 결정되었는가, 집행 결과가 어떠했는가?"를 주민과 함께 따지는 문화로 이어지며, 행정 신뢰의 중요한 기반이 된다.

이러한 참여·감시 구조가 효과를 발휘하려면, 공직윤리와 조직문화의 혁신이 병행되어야 한다. 내부적으로는 상명하복식 '지시 중심' 조직문화를 벗어나, 각 공무원이 스스로 자신의 업무에 책임을 지는 자율적 책임(Self-accountability)을 장려해야 한다. 윤리경영을 행정의 기본 원리로 삼고, 내부고발자 보호제도를 강화하며, 청렴 리더십 프로그램과 정기적인 윤리교육을 통해 공직사회에 청렴성과 책임성을 내재화하는 노력이 필요하다. 조직 안에서 "시킨 대로만 한다"가 아니라 "옳은 방식으로 한다"가 당연한 기준이 될 때, 참여와 감시는 형식이 아니라 실제 작동하는 안전장치가 된다.

행정 구조 전환의 방향을 분명히 하기 위해서는 ESG 행정과의 연계가 필수적이다. 투명성과 책임성을 강화하는 행정은 곧 ESG 행정의 G(거버넌스) 영역을 구체적으로 실행하는 것이기 때문이다. 투명성 강화는 정책 정보와 의사결정 과정을 공개하고, 이해관계 충돌을 관리하며, 공정한 절차를 보장하는 ESG 행정의 출발점이다. 책임성 제고는 행정조직이 단기 실적보다 사회적 가치와 지속 가능성을 우선하도록 만드는 동력이다. ESG 원칙을 예산, 조직, 평가 체계에 내재화하면, 행정은 자연스럽게 '얼마나 많이 했는가?'를 묻는 성과 중심에서 '얼마나 올바르게, 누구와 함께, 어떤 가치를 만들었는가?'를 묻는 가치 중심 행정으로 구조적 전환을 이룰 수 있다.

투명성과 책임성은 행정이 선택적으로 채택할 수 있는 부가적 미덕이 아니라, 공공 신뢰와 민주주의를 유지하기 위한 최소한의 필수 조건이다. 행정 구조 개편의 목표 역시 단순히 업무 효율을 끌어올리는 데 그쳐서는 안 되며, 정책이 어떻게 만들어지고 집행되는지, 그 과정이 얼마나 공정하고 신뢰할 만한지 자체를 제도 안에 박아 넣는 데 있어야 한다. 다시 말해 "빨리하는 행정"이 아니라 "공정하고 설명할 수 있는 행정"을 제도화하는 그것이 개편의 핵심 방향이어야 한다.

이를 위해서는 몇 가지 요소가 동시에 추진될 필요가 있다. 첫째, 행정정보 공개를 확대해 예산, 정책 결정 과정, 평가 결과를 국민 누구나 알 수 있도록 해야 한다. 둘째, 시민 참여를 제도적으로 보장해 주민이 의사결정 과정에 목소리를 내고 정책을 함께 설계·평가할 수 있는 구조를 갖추어야 한다. 셋째, 공직윤리와 책임 문화를 강화해 잘못된 결정과 집행에 대한 설명과 시정 책임을 분명히 하는 체계를 마련해야 한다. 넷째, 이러한 흐름을 체계화하기 위해 ESG 행정을 본격적으로 도입해, 환경(E), 사회(S), 거버넌스(G) 관점을 행정 기획·집행·평가 전 과정에 녹여내야 한다.

이와 같이 투명하고 책임 있는 행정 구조는 국민이 신뢰할 수 있는 정부의 기본 토대가 된다. 중앙정부와 지방정부 모두가 "보이는 행정, 설명할 수 있는 행정"을 표어가 아니라 실제 운영 원리로 삼을 때, 비로소 행정은 시민의 신뢰 위에서 작동하는 공적 시스템으로 거듭날 수 있다. 이러한 변화야말로 지속 가능한 행정, 그리고 사회적 가치를 실질적으로 실현하는 출발점이 된다.

공공기관 ESG 평가제 도입 방안

기후 위기, 인구 구조 변화, 사회적 불신이 심화하는 시대에 공공부문도 더 이상 전통적인 성과·집행 중심 행정에 머물 수 없다. 공공기관 역시 ESG(환경·사회·거버넌스) 관점을 행정의 기획 – 집행 – 평가전 과정에 내재화하고, 개별 사업의 성과를 넘어 기관 운영 자체의 지속 가능성과 책임성을 점검·개선하는 제도적 장치를 갖추어야 한다. 이러한 맥락에서 공공기관 ESG 평가제의 도입은 선택이 아니라 필요에 가까운 과제로 떠오르고 있다.

공공기관 ESG 평가제의 핵심 목표는 공공기관의 정책, 사업, 경영 전반에 ESG 원칙을 스며들게 함으로써 지속 가능성과 사회적 신뢰를 함께 높이는 데 있다. 이를 위해서는 몇 가지 기본 원칙이 중요하다. 첫째, 공정성이다. 동일한 기준과 동일한 검증 절차를 적용해 기관 간 비교 가능성을 확보해야 하며, 평가 주체의 자의성이 최소화되어야 한다. 둘째, 투명성이다. 평가 방식, 세부 지표, 점수 산정 근거, 결과를 공개해 평가 자체가 다시 시민과 이해관계자의 검증을 받을 수 있게 해야한다. 셋째, 참여성이다. 시민, 전문가, 이해관계자 의견을 지표 설계와 평가 과정에 반영함으로써, 평가가 현장의 눈높이와 사회적 기대를 반영하도록 해야 한다. 넷째, 현장성이다. 중앙부처, 지방공기업, 교육·문화기관, 복지기관 등 기관 유형과 역할이 다른 만큼, 일률적인 잣대가 아니라 유형별 특성을 고려한 차등 설계가 필요하다. 다섯째, 개선지향성이다. 평가는 낙인찍기가 아니라 학습과 개선을 위한 도구여야하며, 피드백과 성과 개선계획 수립이 평가제도의 필수 요소로 포함되어야 한다.

평가 범위는 기관 운영과 정책·서비스, 지역 연계를 포괄할 수 있다. 운영 측면에서는 경영 전반, 조달·입찰 과정의 친환경·사회적 기준 반영 여부, 인사·조직에서 다양성과 포용성, 윤리와 청렴을 어떻게 구현하고 있는지를 본다. 정책·서비스 측면에서는 사업의 기획 – 집행 – 평가 전 단계에 환경 보호, 사회적 가치, 참여와 투명성이 어떻게 반영되는지 평가한다. 예를 들어, 기후·환경 영향 평가, 취약계층 접근성, 주민 참여 절차 등이다. 지역 연계 측면에서는 지역사회와의 협력, 사회적 경제·지역 기업과의 상생, 지역 문제 해결 기여도 등을 지표화할 수 있다.

이 모든 요소를 반영하기 위해서는 가중치를 적용한 지표체계가 요구된다. 일반적으로 환경(E), 사회(S), 거버넌스(G) 세 축을 모두 포함하되, 예를 들어 환경 35%, 사회 35%, 거버넌스 30%와 같이 균형 잡힌 비율을 설정하고, 기관 유형에 따라 세부 가중치를 조정하는 방식을 생각해 볼 수 있다. 혁신적인 ESG 사례를 발굴 · 확산하기 위해 가점 제도를 두고, 반대로 법 · 윤리 위반, 중대한 환경 · 인권 침해, 부패 사건 등은 강력한 감점과 등급 하향 사유로 규정해야 한다. 이렇게 해야 ESG 평가는 형식적인 체크리스트를 넘어, 공공기관이 스스로 운영을 돌아보고 바꾸게 만드는 실질적인 동인이 될 수 있다.

ESG 공공기관 평가제가 실질적인 변화로 이어지기 위해서는, 기획 – 수집 – 검증 – 점수화 – 공시 – 피드백으로 이어지는 6단계 평가 프로세스가 체계적으로 설계될 필요가 있다.

우선 1단계는 기관별 기준선(Baseline) 진단과 목표 설정 단계다. 각 기관의 현재 환경(E), 사회(S), 거버넌스(G) 수준을 진단하고, SMART 원칙(구체적 · 측정 가능 · 달성 가능 · 관련성 · 기한)을 적용한 중장기 목표를 설정하는 사전 기획이 이루어져야 한다. 2단계는 자료수집 단계로, 표준 양식과 메타데이터 형식을 통일하고, 정량 지표(수치 데이터)와 정성 지표(사례, 설명)를 뒷받침할 수 있는 원천 증빙을 함께 확보해야 한다. 이 과정에서 어떤 데이터가 어떤 방식으로 산출되었는지에 대한 설명을 남기는 것이 이후 검증과 비교 가능성을 높이는 핵심이다.

3단계는 제3자 검증과 이해관계자 검토 단계다. 외부 평가기관이나 감사 기구가 수집된 데이터를 검증하고, 시민 · 전문가 · 노사 등 이해관계자가 참여하는 검토회의를 통해 왜곡이나 누락이 없는지 점검해야 한다. 4단계에서는 점수화와 등급화가 이뤄진다. 예를 들어 S에서 D까지 등급 구간을 설정하고, 환경 · 사회 · 거버넌스별 점수와 함께 중대 리스크에 대한 경고 표시를 함께 적음으로써 단순 종합 점수뿐 아니라 위험 요인까지 드러낼 수 있다. 5단계는 공시 의무 단계로, 연 1회 이상 공공 ESG 보고서를 발간하고, 주요 지표와 추세를 누구나 확인할 수 있는 오픈 데이터 대시보드로 공개해야 한다. 마지막 6단계는 피드백과 개선 단계로, 평가 결과에 따른 권고사항과 기관별 개선계획을 수립하고, 이를 다음 연도 예산 배분과 추가 평가에 연동함으로써 '평가 – 개선 – 재평가'의 선순환 구조를 만드는 것이 중요하다.

이러한 평가체계를 안정적으로 운영하기 위해서는 광역 및 중앙 단위의 전담 조직, 예를 들어 '공공 ESG 센터'를 설치할 필요가 있다. 이센터는 지표와 양식의 표준화, 교육 프로그램 개발과 운영, 데이터 · 검증 시스템 관리 등을 담당하며, 각 기관의 ESG 담당자 네트워크를 지원하는 허브 역할을 하게 된다. 동시에 학계, 시민사회, 노사 대표, 분야별 전문가로 구성된 시민 참여형 평가위원회를 통해 이해충돌을 최소화하고, 평가의 전문성과 공정성을 높여야 한다. 주민참여예산제, 주민감사, 제보 · 제안 시스템 등에서 나온 시민 참여 결과와 의견은 거버넌스(G) 영역의 중요한 평가 요소로 반영할 수 있다.

평가 지표는 기관 유형별로, 모듈형으로 설계할 필요가 있다. 공사 · 공단, 연구 · 문화기관, 교육 · 의료기관, 기초 · 광역 지방정부 등은 역할과 책임이 달라서 공통 지표(E · S · G 기본 항목)에 더해, 유형별 특성을 반영한 세부 모듈을 두는 방식이 적절하다. 전체 지표체계에서는 예를 들어 환경 35%, 사회 35%, 거버넌스 30% 등으로 가중치를 설정하되, 법 · 윤리 위반, 중대한 환경 · 인권 침해. 부패 등은 강력한 감점과 등급 하향 사유로 규정하고, 반대로 혁신적인 ESG 실천 사례와 협력 모델은 가점 요인으로 설계할 수 있다.

이처럼 설계된 공공기관 ESG 평가제는 '몇 점을 받았는가?'를 겨루는 성과 경쟁 도구가 아니라, 기관이 어느 지점에서 취약한지, 무엇을 어떻게 개선해야 하는지 알려주는 지속 가능성 개선 가이드로 기능할 수 있다. 표준화된 지표, 투명한 공시, 시민 참여, 외부 검증이 결합하면 평가는 형식이 아니라 변화를 이끄는 압력과 지원 수단이 된다. 단계적 도입과 함께 인센티브(예산·포상)와 규율(공시 의무, 등급 공개)을 균형 있게 설계한다면, 신뢰받는 공공 거버넌스를 구현하고, 지역사회와 함께 ESG 기반의 지속 가능한 변화를 가속하는 데 중요한 발판이 될 것이다.

데이터 기반 행정 및 디지털 거버넌스

4차 산업혁명 시대의 행정은 더 이상 경험과 직관에만 의존해 결정을 내릴 수 없다. 복잡해지는 사회 문제와 방대한 정보 환경 속에서 정책 결정과 공공서비스는 데이터 속에서 근거를 찾아야 하며, 이는 곧 데이터 기반 행정(Data-driven Administration)으로의 전환을 뜻한다. 동시에 행정의 디지털 전환은 단순히 전자문서나 온라인 민원을 도입하는 수준이 아니라, 데이터를 행정의 핵심 자산으로 보고 이를 중심으로 거버넌스 구조를 재편하는 과정, 즉 디지털 거버넌스(Digital Governance)로 나아가는 것을 의미한다. 이러한 변화는 행정의 투명성과 신속성을 높이고, 국민 참여형 행정을 실현하기 위한 필수적인 혁신 과제로 인식되고 있다.

데이터 기반 행정이란 정책의 기획, 집행, 평가 전 과정에서 데이터 분석을 근거로 의사결정을 수행하는 행정 방식을 말한다. 이는 단순히 통계 몇 개를 참고하는 수준을 넘어, 데이터의 수집·저장·분석·활용·공유를 통합적으로 관리하는 체계적 행정 구조를 구축하는 그것을 포함한다. 이런 방식은 주관적 판단이나 관행 대신 객관적 데이터에 근거해 정책을 수립함으로써 결정의 정확성을 높이고, 중복된 사업과 비효율을 줄여 예산 집행의 합리성을 높이는 효과를 가져온다. 더 나아가 사회 변화와 위험 요인을 사전에 분석해 정책 대응력을 강화하는 예측성, 개인과 지역 단위에 맞춤화된 서비스를 제공할 수 있는 정교함까지 추구하게 만든다. 이런 의미에서 데이터 기반 행정은 증거 중심 행정(Evidence-based Policy)을 구체적으로 실천하는 방식이자, 행정의 질적 전환을 이끄는 핵심 동력으로 평가된다.

디지털 거버넌스(Digital Governance)는 데이터, 인공지능(AI), 클라우드, 블록체인 등 디지털 기술을 활용해 정부·지방정부와 시민사회, 민간 영역이 정보를 공유하고 공동으로 의사결정을 수행하는 새로운 협치 체계를 의미한다. 이는 행정 내부의 전산화 수준을 넘어, 디지털 기술을 매개로 공공과 민간, 시민이 서로 연결되고 함께 문제를 해결하는 거버넌스 구조를 지향한다는 점에서 기존의 위계적·폐쇄적 행정과 구별된다. 디지털 거버넌스의 핵심 가치는 개방(Open), 참여(Participation), 연결(Connectivity)로, 이는 오픈 데이터와 정보 공개, 시민 참여형 플랫폼, 기관 간·부문 간 네트워크를 통해 구체화한다.

이러한 디지털 거버넌스는 여러 측면에서 특징을 보인다. 첫째, 정책 자료와 행정정보를 실시간 또는 주기적으로 공개해 시민 감시와 참여를 가능하게 하는 데이터 투명성 강화 기능이 있다. 개방형 공공데이터 포털과 시각화된 대시보드는 시민과 언론, 연구자가 정책을 분석하고 제안·비판할 수 있는 기반을 제공한다. 둘째, 공공데이터 분석과 AI 기반 정책 지원이다. 방대한 행정 데이터를 분석해 정책 효과를 예측하거나, 위험 요인을 사전에 식별함으로써 더욱 정교한 정책 설계와 의사결정을 지원할 수 있으며, 예측형 복지, 교통·환경 관리, 실시간 민원 분석 등에 활용되고 있다. 셋째, 주민 참여예산, 온라인 공론장, 디지털 설문·토론 플랫폼 등 시민 중심 협업 플랫폼을 통해, 물리적 제약을 넘어선 참여와 협치를 확대할 수 있다. 이를 통해 주민은 단순한 의견 제출자를 넘어 디지털 공간에서 정책의 공동 설계자 역할을 할 수 있다. 넷째, 민원, 복지, 교통, 환경 등 공공서비스를 데이터와 AI를 활용해 맞춤형·예측형으로 제공함으로써, 필요를 미리 파악해 선제적으로 서비스를 제공하는 '프로 액티브 행정'이 가능해진다.

결국 디지털 거버넌스는 "정부가 데이터를 관리하는 구조"에서 "사회가 데이터를 함께 공유·활용하며 공공문제를 공동으로 해결하는 구조"로의 전환을 의미한다. 이는 기술 중심의 디지털 전환이 아니라, 투명성과 참여, 신뢰를 강화하는 방향으로 행정과 거버넌스를 재구성하는 과정이며, 21세기 지속 가능한 민주 행정의 중요한 기반으로 자리 잡아가고 있다.

디지털·데이터 행정을 정착시키기 위해서는 인프라, 제도, 기술 활용, 시민 참여, 조직문화 다섯 축이 함께 바뀌어야 한다. 우선, 중앙부처와 지방정부, 그리고 민간 부문에 흩어져 있는 데이터를 연계하는 통합 데이터 플랫폼, 이른바 데이터 허브(Data Hub) 구축이 필요하다. 이를 위해서는 부처·기관별로 제각각인 데이터 형식을 표준화하고, 시스템 간 연계를 위한 API 체계를 마련해 행정 내부의 칸막이를 해소해야 한다. 이렇게 통합된 데이터 인프라는 중복 행정을 줄이고, 하나의 문제를 여러 기관이 함께 바라보고 해결책을 모색하는 기반이 된다.

두 번째로, 데이터 거버넌스의 제도화가 뒤따라야 한다. 각 기관에 데이터 전담 책임관(CDO, Chief Data Officer)을 지정해 데이터 전략과 관리의 컨트롤타워 역할을 맡기고, 데이터 품질 관리, 보안, 개인정보 보호, 알고리즘 윤리 등을 포괄하는 데이터 거버넌스 규정을 마련해야 한다. 이를 통해 어떤 데이터를 어떤 목적과 절차로 수집·활용할 수 있는지 법적·제도적 근거를 명확히 하고, 개인정보 보호와 공익적 활용 사이에서 균형을 확보하는 것이 중요하다.

세 번째는 AI·빅데이터 기반 정책 혁신이다. 교통, 복지, 환경, 안전 등 주요 사회 이슈를 대상으로 예측 모델을 활용한 정책 실험(Pilot)을 진행하고, 그 결과를 실제 정책 설계에 반영하는 지능형 행정 의사결정 시스템, 일종의 AI-Policy Lab을 운영할 수 있다. 이 과정에서 인공지능이 사람을 대신해 결정하는 것이 아니라, 정책 담당자가 더 나은 선택을 할 수 있도록 리스크와 효과를 사전에 시뮬레이션해 주는 보조 도구로 활용하는 것이 중요하다.

네 번째는 디지털 시민 참여 플랫폼 구축이다. 주민이 실시간으로 행정정보를 열람하고, 제안과 의견을 제출하며, 설문·토론·공론장에 참여할 수 있는 온라인 행정 참여 포털을 활성화해야 한다. 더 나아가 공공데이터를 개방해 시민과 기업, 연구자가 이를 활용해 새로운 서비스와 해결책을 만들 수 있는 오픈데이터 생태계를 조성하면, 공공과 민간이 함께 문제 해결에 나서는 협력 구조가 가능해진다.

다섯 번째는 공무원 역량 강화와 조직문화 혁신이다. 데이터를 읽고 해석하며, 정책에 적용할 수 있는 능력은 별도의 전문가 집단만이 아니라 모든 공직자에게 필요한 기본 역량이 되어야 한다. 이를 위해 데이터 문해력과 AI 행정교육을 의무화하고, 데이터 기반 의사결정을 시도한 부서와 공무원에게 평가 · 인사 · 예산 측면에서 인센티브를 부여하는 제도를 마련할 필요가 있다. "경험과 직관"이 아니라 "데이터와 근거"를 중시하는 조직문화를 만드는 것이 디지털 거버넌스 전환의 마지막 관문이다. 이러한 다섯 가지 과제가 함께 추진될 때, 디지털 거버넌스는 기술 도입을 넘어, 데이터를 매개로 행정과 시민, 민간이 함께 문제를 정의하고 해결하는 새로운 공공 운영체계로 자리 잡을 수 있다.

데이터 기반 행정과 디지털 거버넌스는 ESG 행정의 G(거버넌스)를 "실제 작동하는 시스템"으로 만드는 역할을 한다. 투명성은 행정정보와 데이터를 가능한 한 실시간에 가깝게 공개하고 공유하는 데서 구현된다. 예산 집행, 사업 진행 상황, 정책 효과 지표를 데이터 형태로 공개하면, 시민과 언론, 연구자가 행정을 감시하고 분석할 수 있는 기반이 마련된다. 책임성은 이렇게 축적 · 공개된 데이터를 바탕으로 정책 결과를 검증하고, 그에 따른 피드백과 개선을 제도화하는 과정에서 구체화한다. 단순히 "사업을 했다"로 끝나는 그것이 아니라, "데이터로 보니 어떤 효과와 부작용이 있었는가?"를 따지고, 그 결과를 다시 정책 조정에 반영하는 순환 구조가 필요하다. 참여성은 시민이 단순한 정보 수요자를 넘어, 공개된 데이터를 활용해 문제를 진단하고, 정책 설계와 평가 과정에 직접 참여하는 단계에서 실현된다. 이런 점에서 디지털 거버넌스는 ESG 행정을 기술과 데이터에 기반해 실행하는 체계라 할 수 있다.

이러한 변화는 기술을 하나 더 도입하는 수준이 아니라, 행정철학의 전환을 의미한다. 데이터를 행정의 중심에 두면, 정부는 추상적 구호나 직관에 의존하기보다 증거와 근거에 기반한 정책을 설계하고 집행하게 된다. 무엇을 할지 뿐만 아니라, 왜 그렇게 해야 하는지를 설명할 수 있는 행정으로 바뀌는 것이다. 디지털 거버넌스를 통해 행정은 폐쇄적·위계적 구조에서 벗어나, 시민과 정보를 공유하고 함께 해법을 찾는 열린 정부(Open Government)로 진화한다. 앞으로의 행정은 "정보를 움켜쥐고 관리하는 정부"가 아니라, "데이터를 매개로 사회와 함께 문제를 해결하는 파트너"가 되어야 한다. 이러한 변화가 제도와 문화로 정착될 때, 행정은 신뢰(Trust), 혁신(Innovation), 지속 가능성(Sustainability)이라는 세 가지 가치를 동시에 추구할 수 있는 기반을 갖추게 될 것이다.

3. 지역 사례와 정책 제언

국내외 선도 지방정부의 ESG 정책 사례

서울특별시는 「2050 서울시 기후행동계획」을 통해 2050년 탄소 중립을 목표로 건물, 교통, 폐기물 등 주요 배출 부문에서 대대적인 전환 정책을 추진하고 있다. 특히 건물 부문에서는 공공건물부터 단계적으로 제로 에너지화(ZEB)를 확대하고, 교통 부문에서는 대중교통·친환경 차 중심의 녹색교통 체계를 강화하며, 폐기물 부문에서는 직매립 제로를 지향하는 순환 경제 정책을 주요 과제로 설정하고 있다. 더불어 주민참여예산제와 같은 제도를 통해 시민이 예산 편성과 사업 선정 초기 단계에 참여하도록 함으로써, 환경(E)뿐 아니라 사회(S)와 거버넌스(G) 영역에서도 주민 참여 구조를 강화하고 있다. 이러한 점에서 서울의 정책은 탄소 중립을 향한 강력한 환경 전환 정책 위에, 시민 참여와 협치 구조를 결합한 비교적 균형 잡힌 ESG 적용 사례로 평가할 수 있다.

부산광역시는 「2050 탄소 중립을 위한 부산광역시 기후변화대응계획」을 수립하고, 산업, 건물, 수송, 폐기물, 에너지 등 7개 부문에서 총 104개의 세부 이행과제를 마련해 온실가스 감축을 추진하고 있다. 이

계획은 특히 2030년까지 2018년 대비 47%의 온실가스 감축을 중간 목표로 설정하고, 장기적으로 2050년 탄소 중립을 달성하는 것을 비전으로 제시한다. 부산은 항만·제조업 중심의 지역 산업구조를 고려해, 산업 부문의 에너지 효율 개선과 친환경 전환, 항만과 물류 부문의 저탄소화, 도시·건물 부문의 에너지 절감 등 지역 특성에 맞춘 환경 전략을 강조하고 있다. 동시에 지역사회와 산업계, 시민을 대상으로 한 인식 제고와 협업 프로그램, 참여 플랫폼 등을 통해 민·관·산이 함께 실행하는 모델을 지향하고 있다는 점에서, 지역 산업구조와 연계한 환경 전략이 돋보이는 사례라 할 수 있다.

미국 뉴욕시는 「Local Law 97(LL97)」을 통해 2024년부터 일정 규모 이상의 건물에 대해 온실가스 배출 한도를 설정하며, 강력한 기후 정책을 시행하고 있다. 이 법은 대체로 총면적 2만 5천 제곱피트(약 2,300㎡)를 초과하는 대형 건물을 대상으로 배출 강도 상한을 부과하고, 2024~2029년 1단계, 2030년 이후 더 엄격한 기준을 순차적으로 적용해 2050년까지 건물 부문의 탄소 중립을 목표로 하고 있다. 뉴욕시 건물은 도시 온실가스 배출의 약 70%를 차지하기 때문에, LL97은 에너지 효율 개선, 연료 전환, 전기화(heat pump 도입) 등을 강제하는 강력한 환경(E) 규제 기반 정책으로 평가된다. 동시에 제도 설계와 시행 과정에서 명확한 기준, 단계적 규제, 벌칙 체계 등을 규정함으로써, 거버넌스(G) 측면에서 강한 규범적 틀을 구축한 사례라 할 수 있다. 사회(S) 영역에서는 특히 공공·저소득 주택에 대한 에너지 효율 개선 지원, 임대주택에 대한 별도 가이드라인과 지원 프로그램을 통해 에너지 비용 부담을 줄이려는 시도가 이어지고 있다.

네덜란드 암스테르담은 경제모델 차원에서 케이트 레이워스(Kate Raworth)의 도넛 경제학(Doughnut Economics)을 도시 전략에 도입한 대표적 사례다. 도넛 경제학은 안쪽 원을 사회적 기반(주거, 교육, 건강, 소득, 정치참여 등 모두가 인간다운 삶을 누리기 위한 최소 조건), 바깥 원을 기후변화, 생물다양성 손실, 오염 등 지구 생태계가 감당할 수 있는 한계로 설정한 뒤, 두 원 사이의 '달콤한 구역(safe and just space)'에서 경제를 운영해야 한다는 관점을 제시한다. 암스테르담은 이 모델을 도시 차원으로 축소 적용해, 주거 · 에너지 · 자원 순환 · 모빌리티 · 복지 등 정책 전반을 설계할 때 사회적 최소 기준과 생태적 상한선을 동시에 고려하는 프레임으로 활용하고 있다. 이는 경제 성장만을 목표로 하기보다, 사회(S)와 환경(E)의 균형을 도모하고, 시민 참여와 공동 설계를 통해 정책의 투명성과 정당성을 확보하려는 거버넌스(G) 차원의 노력과도 맞물려 있다. 이런 점에서 암스테르담은 ESG 관점에서 사회와 환경의 통합적 접근 위에, 시민 참여를 통한 거버넌스 혁신을 결합한 선도적 도시 사례로 볼 수 있다.

일본 요코하마시는 「Y-SDGs 인증제」를 통해 지역 차원의 SDGs와 ESG 이행을 체계적으로 뒷받침하고 있다. 요코하마시는 '요코하마 SDGs 디자인센터'를 설립해 지역 기업, 시민단체, 행정이 함께 SDGs를 추진하는 허브 역할을 하도록 하고, 이와 연계해 Y-SDGs 인증제도를 운영한다. 이 제도는 기업과 시민단체, NPO 등을 대상으로 환경(E), 사회(S), 거버넌스(G), 지역(Local) 등 4개 영역 30개 항목을 기준으로 평가하여, Supreme · Superior · Standard 등급으로 인증하는 방식이다. 2024년 기준 수백 개 이상의 기업 · 조직이 인증을 받았고, 인증 기관에는 금융기관 우대, 입찰 가점, 교육 프로그램 등 다양한 인센티브가 제공되며, 이를 통해 지역 차원의 지속 가능 경영과 사회적 책임 활동을 촉진하고 있다. 이러한 구조는 ESG의 사회(S)와 거버넌스(G) 측면에서, 지역사회 구성원 참여와 제도화된 인증 · 평가 체계를 결합한 좋은 모범 사례로 평가할 수 있다.

이와 같은 국내외 사례가 주는 시사점은 분명하다. 첫째, 지속 가능성은 환경(E)만의 과제가 아니라 사회(S), 거버넌스(G)와 함께 가야 한다는 점이다. 탄소 중립이나 자원 순환 같은 환경 목표도 사회적 포용과 참여, 투명하고 책임 있는 거버넌스가 뒷받침될 때 비로소 실질적인 성과를 낼 수 있다. 둘째, 제도화된 거버넌스의 중요성이다. 요코하마의 Y-SDGs처럼 인증제도와 전담 조직, 평가 · 인센티브 체계를 마련하면, ESG · SDGs 이행이 개별 기관의 자발성에만 의존하지 않고 지역 전체의 구조적 노력으로 확장될 수 있다. 셋째, 각 도시와 지역의 특성을 반영한 맞춤형 전략이 필수적이다. 산업구조, 인구구성, 환경 여건이 다른 만큼, 서울 · 부산 · 뉴욕 · 암스테르담 · 요코하마의 사례처럼 각 지역은 자신만의 강점과 과제를 중심으로 ESG · SDGs 전략을 설계해야 한다는 점을 보여준다. 넷째, 시민 참여와 정보 공개를 통한 투명성 강화가 공통된 성공 요인이라는 점이다. 참여예산, 공개 데이터, 시민협의체, 인증제도 등 다양한 방식으로 시민과 이해관계자를 참여시키고, 과정과 결과를 투명하게 공유할 때 정책의 신뢰성과 지속 가능성이 함께 높아진다는 것이 여러 국제 평가와 연구에서 반복해서 확인되고 있다.

주민참여예산제와 사회적 합의 모델

지방자치의 본질은 주민이 자신의 지역 문제를 스스로 결정하는 데 있다는 점에서 출발한다. 그러나 현실의 지방행정은 오랫동안 행정기관과 의회 중심의 하향식(top-down) 구조로 운영되며, 주민의 의사가 예산 과정에 직접적으로 반영되기 어려웠다. 이 한계를 극복하기 위해 등장한 제도가 바로 주민참여예산제(Participatory Budgeting)이다. 주민참여예산제는 주민이 예산 편성과 배분 과정에 직접 목소리를 내고 선택에 참여함으로써, 재정민주주의를 실현하고 사회적 합의의 구조적 기반을 마련하는 핵심 도구로 평가된다. 다시 말해, 주민참여예산제는 단순한 예산 배분 방식의 변화가 아니라, 사회적 신뢰와 협치 문화를 형성하는 민주적 거버넌스 모델이라고 할 수 있다.

주민참여예산제란 지방정부의 예산 편성 과정에 주민이 제안·심의·평가 단계에 참여하여 행정의 투명성을 높이고 재정 운영의 민주성을 확보하는 제도이다. 이 제도는 1980년대 말 브라질 남부 도시 포르투알레그리(Porto Alegre)에서 처음 본격적으로 시작되었으며, 1989년 이후 주민들이 동·지구·시 단위 총회를 통해 우선순위를 정하고 예산을 직접 배분하는 모델로 발전했다는 점에서 세계적인 주목을 받았다. 포르투알레그리의 경험은 대의민주주의의 한계를 넘어, 저소득층과 노동자, 여성, 청년 등 다양한 계층이 예산 편성 과정에 참여해 공공

투자의 방향을 바꿀 수 있음을 보여주었다. 이후 주민참여예산제는 라틴아메리카와 유럽, 아시아 등으로 확산하여 수천 개 지방정부가 도입한 대표적인 참여민주주의 제도로 자리를 잡았으며, 우리나라에서도 2011년 「지방재정법」 개정을 통해 법적 근거가 마련되면서 전국 지자체로 확대되었다.

이러한 점에서 주민참여예산제는 지방자치가 "주민을 위해 하는 행정"에서 "주민과 함께하는 행정"으로 전환되기 위한 핵심 장치이며, 예산을 둘러싼 의사결정 구조를 보다 투명하고 민주적으로 만드는 제도적 기반이라 할 수 있다.

주민참여예산제의 핵심 의의는 네 가지로 정리할 수 있다. 첫째, 주민을 행정의 대상이 아니라 의사결정의 주체로 전환하는 참여민주주의 실현이다. 예산 편성 과정에 주민이 직접 제안·토론·우선순위 결정에 참여함으로써, 대표 민주주의의 한계를 보완하는 숙의 민주주의의 장이 만들어진다. 둘째, 주민의 생활밀착형 제안이 실제 예산에 반영되면서, 정책 수요와 공급의 틈을 줄이고 정책의 실효성을 높인다는 점이다. 주민이 체감하는 골목길, 복지, 교육, 안전 등의 문제를 중심으로 의제가 설정되기 때문에, 행정이 놓치기 쉬운 현장의 필요가 예산에 반영된다. 셋째, 예산 과정과 결정 기준을 공개함으로써 부패 가능성을 줄이고 행정의 투명성을 강화한다는 점이다. 어떤 사업이 어떤 이유로 선택·탈락했는지 주민과 함께 검토하는 과정은, 예산이 특정 이해관계에 좌우될 여지를 줄이고 공정성에 대한 신뢰를 높인다. 넷째, 참여와 협의 과정을 통해 지역 내 갈등을 완화하고 공동체 의식을 강화하는 사회적 신뢰 형성 효과다. 서로 다른 이해와 요구를 가진 주민들이 한자리에서 토론하고, 제한된 재원을 어떻게 나눌지 함께 결정하는 경험은, 갈등을 조정하고 타협을 학습하는 민주적 문화를 키운다.

이처럼 주민참여예산제는 단순한 '주민 의견 청취' 절차가 아니라, 참여 – 숙의 – 합의 – 평가가 반복되는 순환구조를 통해 지속적인 사회적 합의 모델을 형성하는 데 중요한 의미를 지닌다.

<표 2-2> 지방정부의 주민참여예산제 단계별 내용

단계	주요 내용	참여 주체
1단계(사업 제안)	주민이 생활 속 필요 사업 제안	개인 · 단체 · 마을위원회
2단계(숙의 및 심사)	주민 참여예산위원회 구성 → 사업의 우선순위 조정 · 심사	주민대표 · 전문가 · 공무원
3단계(편성 및 집행)	선정된 사업을 본예산에 반영, 집행 과정 공개	지방의회 · 행정부
4단계(평가 및 환류)	사업 효과 분석 및 개선 방안 도출	주민 · 행정 공동 평가

주민참여예산제는 지역 내 다양한 이해관계자들의 갈등을 조정하고, 사회적 합의(Social Consensus)를 제도화한다는 점에서 큰 의미가 있다. 예산 제안과 논의 과정에서 주민들은 한정된 재원을 놓고 서로 다른 요구를 조율하며, '나에게 유리한 사업'보다 '지역 전체에 필요한 사업'이 무엇인지 고민하게 된다. 이 과정에서 자연스럽게 개인 이익보다 공동의 이익을 고려하는 문화가 형성되고, 공공의 우선순위에 대한 집단적 학습과 합의가 축적된다. 예산이 행정 내부에서만 결정되는 것이 아니라 주민의 손을 거쳐 결정될 때, 정책 형성 과정의 투명성과 정당성이 높아지고, 합의를 거친 사업은 시행 이후 주민 반발이 적으며 정책 효과도 상대적으로 높게 나타난다.

이처럼 참여를 통해 주민은 행정에 대한 신뢰를 회복하고, 정부는 정책의 정당성과 지속 가능성을 확보할 수 있다. 결국 주민참여예산제는 단순한 '재정 운영 방식'이 아니라, 지속적으로 사회적 대화를 이어가는 공론장이며, 공동체 회복의 플랫폼이라고 볼 수 있다. 앞으로 주민참여예산제가 발전하기 위해서는 몇 가지 방향이 중요하다. 우선, 단순히 완성된 사업 목록을 주민에게 보여주고 '선택'만 맡기는 수준을 넘어, 정책기획 초기 단계부터 주민이 의제 발굴과 설계 과정에 참여할 수 있도록 구조를 확대해야 한다. 또한 온라인 제안·토론·투표 시스템을 적극 도입해 시간과 공간의 제약을 줄이그, 특히 청년층과 돌봄·노동 등으로 오프라인 참여가 어려운 취약계층의 참여를 유도할 필요가 있다.

주민참여예산제의 투명성(G)과 포용성(S)은 ESG 행정의 핵심 요소와 정확히 맞닿아 있다. 예산 과정·기준·결과를 공개하고, 다양한 주민이 참여할 수 있도록 설계하는 그것은 행정의 사회적 책임(S)을 다하고, 투명한 거버넌스(G)를 구현하는 대표적인 실천 모델이라 할 수 있다. 마지막으로, 참여 결과와 예산 집행 성과를 주민에게 정기적으로 공개하여 "참여 → 집행 → 성과 → 평가·개선'으로 이어지는 선순환 구조를 완성해야 한다. 이렇게 될 때 주민참여예산제는 일회성 참여 이벤트가 아니라, 지역 민주주의와 ESG 행정을 동시에 심화시키는 제도로 자리 잡을 수 있다.

주민참여예산제는 예산의 일부를 주민에게 "나눠주는" 기술적 제도가 아니라, 행정과 시민이 공공의 문제를 함께 논의하고 해결 방안을 찾아가는 사회적 합의의 장치다. 이 제도 안에서 예산은 단순한 돈의 배분이 아니라, 지역의 우선순위를 함께 정하고 미래 방향을 함께 선택하는 과정이 된다. 그런 의미에서 주민참여예산제는 지속 가능한 지역 거버넌스를 떠받치는 핵심 축이라고 할 수 있다.

참여 과정에서 주민은 행정서비스를 소비하는 수동적 존재를 넘어, 정책을 직접 제안하고 설계하는 '정책의 생산자'로 전환된다. 반대로 행정은 계획을 일방적으로 지시·집행하는 '명령하는 정부'에서, 주민과 함께 정보와 권한을 나누고 조정하는 '협력하는 정부'로 변화하게 된다. 이 구조 변화가 바로 지방자치의 내용을 채우는 민주적 진전이다.

결국 주민참여예산제는 투명성, 신뢰, 협력이라는 사회적 가치를 구체적으로 실현하는 제도다. 예산과 의사결정 과정을 공개함으로써 투명성이 높아지고, 토론과 합의를 거친 결정은 행정과 주민 사이의 신뢰를 쌓게 하며, 서로 다른 이해관계자들이 함께 논의·타협하는 과정에서 협력의 문화가 형성된다. 이런 점에서 주민참여예산제는 지속 가능한 지방자치의 미래를 여는 가장 민주적인 합의 모델이자, 지역공동체가 자신의 운명을 함께 설계하는 제도적 기반이라 할 수 있다.

지속 가능 행정을 위한 인재 양성 체계

지속 가능한 행정은 단기성과보다 미래 세대와 지역사회의 균형발전을 우선에 두는 새로운 행정 패러다임이다. 기후 위기, 불평등, 인구구조 변화 속에서 환경(E), 사회(S), 거버넌스(G) 요소가 공공정책 전반에 요구되면서, 행정조직은 더 이상 지시 · 집행 위주의 관리 기능에만 머물 수 없다. 공직자는 복잡한 사회 문제 속에서 데이터를 읽고 해석하는 능력, ESG 가치에 대한 이해, 다양한 주체와 협력하는 역량, 그리고 윤리적 리더십을 갖춘 '지속 가능 행정 인재'로 성장해야 한다는 요구가 커지고 있다. 이에 따라 행정은 지속 가능한 행정을 구현하기 위한 체계적 인재 양성 시스템을 구축해야 하며, 이는 교육 · 훈련 · 평가 · 인사 전 과정에 반영되어야 한다.

지속 가능 행정 인재는 전통적인 법 · 제도 지식과 행정 기술을 넘어, 사회적 가치와 혁신을 결합한 복합 역량형 인재를 뜻한다. 이러한 인재에게 요구되는 핵심 역량은 크게 네 가지로 요약할 수 있다. 첫째, 시스템 · 미래지향적 사고 능력이다. 복잡한 혼경 · 사회 · 경제 이슈를 개별 부처 과제가 아니라 상호 연결된 시스템으로 이해하고, 장기적인 영향과 미래 세대까지 고려해 정책을 설계하는 역량이 필요하다. 둘째, 데이터 기반 · 증거 기반 정책 역량이다. 객관적 데이터와 분석 결과를 바탕으로 정책을 기획 · 평가하고, 디지털 · 데이터 전환 흐름 속에서 데이터를 전략적으로 활용할 수 있어야 한다. 셋째, 협치와 참여를 이끄는 거버넌스 역량이다. 시민, 기업, 시민사회, 다른 부처와의 협력 구조를 설계하고, 갈등을 조정하며, 참여 과정을 통해 더 나은 합의를 만들어내는 능력이 요구된다. 넷째, ESG 원칙과 연결된 윤리적 지도력이다. 조직 내에서 투명성과 책임, 공정성과 청렴을 실천하며, ESG 가치가 형식이 아니라 조직문화와 의사결정의 기준으로 자리 잡도록 이끄는 역할이 중요하다. 이 네 가지 역량은 행정조직이 지속 가능성을 실제로 구현하는 데 필요한 인적 기반으로, 공무원 한 사람 한 사람의 역량이 모여 지속 가능한 거버넌스를 떠받치는 기반이 된다.

<표 2-3> 지속 가능한 행정 인재의 핵심 역량 내용

구분	핵심 역량	주요 내용
1. 지속 가능성 이해 역량	ESG · SDGs 개념 이해, 정책 연계 능력	환경 보전, 사회적 책임, 투명한 행정 등 지속 가능 가치 내재화
2. 데이터 · 디지털 역량	데이터 분석 · 활용, AI · 디지털 행정 이해	증거 기반 행정(Data-driven Policy) 수행
3. 협치 · 소통 역량	주민 참여, 민관 협력, 사회적 합의 도출 능력	참여형 거버넌스 실천
4. 윤리 · 책임 리더십	공공 윤리, 청렴, 지속 가능성 리더십	투명성과 신뢰를 기반으로 한 의사결정 수행

인재 양성 체계를 구축하기 위해서는 무엇보다도 교육 체계의 통합화가 필요하다. 지금까지의 단편적인 행정 · 법령 중심 교육에서 벗어나, ESG 행정, 지속 가능 정책, 데이터 분석, 윤리 리더십을 하나의 흐름 속에서 학습할 수 있는 통합 커리큘럼으로 개편해야 한다. 이를 위해 중앙정부의 인사 · 교육 관련 기관과 지방자치단체 인재개발원이 긴밀한 교육 연계망을 구축하고, 모든 공직자가 공통으로 이수해야 할 기본 교육과 각 지역의 특성과 현안을 반영한 지역 맞춤형 심화 과정을 함께 설계 · 운영하는 방향이 요구된다. 이렇게 되면 공직자는 어디서 근무하든 일정 수준의 공통 역량을 갖추면서도, 각 지역에 특화된 지속 가능 행정 역량을 함께 기를 수 있다.

둘째로, 실무 기반 학습을 강화하는 그것이 중요하다. 이론 전달 위주의 강의형 교육을 중심에 두는 방식에서 벗어나, 실제 문제를 해결해

가는 과정에서 배우는 프로젝트 기반 학습(PBL)이나 사례 분석형 교육으로 전환해야 한다. 예를 들어 기후 위기 대응, 청년 인구 감소, 복지 사각지대, 지역경제 침체와 같은 구체적인 지역 현안을 과제로 설정하고, 공직자들이 팀을 이루어 정책을 설계하고 실행 방안을 모의로 수립해 보며, 그 과정과 결과를 함께 평가하도록 하는 것이다. 이러한 경험은 종이 위의 지식이 아니라 실제 행정 현장에서 적용할 수 있는 정책 역량을 키우는 데 직접적으로 이바지한다.

셋째는 공직자 ESG 역량을 체계적으로 평가하고 인정하는 '공공 ESG 역량 인증제'의 도입이다. 이는 공직자가 ESG 행정과 지속 가능 정책을 수행할 수 있는 역량을 어느 정도 갖추었는지를 객관적으로 보여주는 장치가 될 수 있다. 개인별 교육 이수 이력, 교육 과정에서의 평가 결과, 실제 현장에서의 적용 사례 등을 종합적으로 반영해 일정 기준을 충족하면 인증을 부여하고, 이 인증을 승진이나 보직과 연계함으로써 공직자들이 자발적으로 ESG 관련 역량을 개발하도록 실질적인 동기를 부여할 수 있다. 이렇게 되면 ESG와 지속 가능성이 단순한 구호를 넘어 공직사회 인사 시스템에 내재화된다.

넷째로, 디지털 학습 플랫폼 구축이 필요하다. 전국의 공무원이 시간과 장소에 구애받지 않고 학습할 수 있도록 온라인 기반의 ESG 행정 아카데미를 운영하고, 다양한 수준과 분야의 강좌를 상시 제공해야 한다. 여기에 인공지능 기술을 접목해 공직자의 직무, 직급, 현재 역량 수준에 따라 필요한 교육 과정을 자동으로 추천하는 맞춤형 학습 시스템을 도입하면, 개인별 성장 경로에 맞춘 효율적인 학습이 가능해진다.

나아가 학습 이력을 체계적으로 축적·분석함으로써 조직 차원의 역량 현황을 파악하고, 향후 교육 정책을 설계하는 데에도 활용할 수 있다.

다섯째는 민·관·학 협력형 인재 개발이다. 지속 가능 행정은 행정 조직 내부의 노력만으로는 충분하지 않기 때문에, 지방대학, 연구기관, 민간기업, 사회적 경제 조직, 시민단체 등과 협력하는 인재 양성 모델이 요구된다. 이를 위해 지방자치단체와 지역 대학이 함께 '지속 가능 행정 리더 과정'을 개설하고, 강의뿐 아니라 현장 실습, 공동 프로젝트, 리빙랩과 같은 프로그램을 통해 공직자가 실제 협치와 파트너십을 경험할 수 있도록 해야 한다. 특히 지역 거버넌스 전문가, 사회적 경제기업, 시민단체와 함께 지역 현안을 다루는 실습형 프로그램을 운영하면, 공직자는 정책 수립 과정에서 다양한 이해관계자의 관점을 이해하고, 갈등을 조정하며, 공동 해결책을 모색하는 실질적인 역량을 기를 수 있다. 이러한 통합적 인재 양성 체계가 구축될 때, 지속 가능 행정을 떠받치는 인적 기반이 비로소 탄탄해질 것이다.

지속 가능한 행정과 인재를 육성하기 위한 실행 및 평가 체계를 구축하기 위해서는 먼저 기초, 심화, 리더 과정으로 이어지는 단계별 교육 로드맵을 명확히 설정해야 한다. 기초 단계에서는 모든 공직자가 공통으로 갖춰야 할 ESG 행정, 데이터 기반 사고, 협치와 윤리의 기본 개념을 학습하고, 심화 단계에서는 각 부서·직무별 특성을 반영해 정책 설계와 집행 역량을 강화하며, 리더 과정에서는 조직을 변화시키는 전략적 관점과 리더십을 중점적으로 다루는 구조가 필요하다. 이렇게 단계가 분명할수록 공직자는 자신의 경력 단계와 역할에 따라 어떤 역량을 언제, 어떻게 키워야 하는지 경로를 분명히 인식할 수 있다.

교육 성과 평가 역시 단순한 수료 여부나 시험 점수에 머물러서는 안 된다. 교육을 통해 실제 정책이 어떻게 개선되었는지, 조직문화가 얼마나 ESG와 지속 가능성에 친화적으로 변화했는지, 그리고 주민 만족도와 신뢰가 어느 정도 향상되었는지를 핵심 기준으로 삼아야 한다. 예를 들어 교육 이수 이후 추진된 사업에서 참여·투명성·환경·사회적 가치가 구체적으로 어떻게 반영되었는지, 부서 내 의사결정 과정이 얼마나 개방적·협력적으로 바뀌었는지, 주민 설문이나 민원 패턴에서 신뢰도와 만족도가 어떤 변화를 보였는지를 연계해 평가하는 방식이다. 이렇게 해야 교육이 "형식적인 의무"가 아니라 "행정 성과와 주민 체감 변화로 이어지는 투자"라는 인식이 자리 잡는다.

중앙정부는 지방정부의 인재 양성 프로그램을 핵심 성과지표(KPI)로 관리하고, 이를 단순한 점검이 아니라 지원과 학습의 관점에서 운영할 필요가 있다. 지방 정부별로 우수한 교육 프로그램, 실습 사례, ESG 내재화 성과를 발굴해 공유하는 '지속 가능 행정 인재 포럼'을 정례화하면, 각 지자체가 서로의 경험에서 배우고 협력하는 생태계가 형성될 수 있다. 이 포럼은 단발성 행사에 그치지 않고, 정책 아이디어·교육 콘텐츠·평가 도구를 함께 개발·개선하는 공동 플랫폼이 되어야 한다.

지속 가능 행정 인재 양성은 곧 ESG 행정을 행정조직 내부에 깊이 뿌리내리게 하는 과정이다. 공직자가 갖추는 역량이 환경(E), 사회(S), 거버넌스(G)라는 세 축과 직접 연결될 때, 조직 전체의 전략, 사업, 일하는 방식이 자연스럽게 지속 가능성의 관점으로 재편된다. 제도와 매뉴얼이 아무리 잘 설계되어 있어도, 이를 이해하고 실행하며 개선할 사람이 없다면 지속 가능성은 선언에 그칠 수밖에 없다. 결국 변화의 출발점은 제도가 아니라 사람이며, 특히 현장에서 정책을 만들고 집행하는 공직자의 인식과 능력이다.

따라서 중앙정부와 지방정부는 공직자 교육을 비용이 아닌 행정 혁신을 위한 전략적 투자로 인식해야 한다. 데이터 기반 사고를 바탕으로 문제를 분석하고, ESG 가치를 기준으로 정책의 방향을 잡으며, 다양한 이해관계자와 협치할 수 있는 능력, 그리고 윤리적 리더십을 갖춘 인재야말로 미래 행정의 핵심 경쟁력이다. "지속 가능 행정을 위한 인재 양성 체계"는 단지 교육 과정을 하나 더 만드는 일이 아니라, 행정의 문화와 가치, 일하는 방식을 지속 가능성이라는 언어로 새롭게 재구성하는 장기적 과정이다. 이 체계가 안정적으로 정착될 때, 우리 행정은 국민의 신뢰를 바탕으로 현재의 세대와 미래 세대가 함께 성장할 수 있는 진정한 의미의 지속 가능 정부로 발전할 수 있을 것이다.

제3장

산업 경제와 지역의 지속 가능성

양세훈

1. 지방산업의 변화와 위기

전통 제조업의 한계와 쇠퇴

제조업은 오랫동안 한 나라의 경제 성장을 이끄는 핵심 엔진이자, 지역 발전을 떠받치는 중요한 동력으로 기능해 왔다. 특히 한국의 산업화 과정에서 제조업은 수출을 확대하고 양질의 일자리를 창출하며, 기술을 축적하는 데 결정적인 임무를 수행했다. 전국 곳곳에 조성된 지방산업단지는 이러한 제조업의 성장 기반이자 지역경제를 지탱하는 뿌리가 되었으며, 생산·고용·인구 유입이 집중되는 공간으로서 지역 발전의 핵심 축으로 자리매김했다.

그러나 21세기에 들어 세계 경제 구조와 산업 패러다임이 급변하면서, 전통적인 방식에 머무른 제조업은 점차 구조적 한계와 쇠퇴의 압력에 직면하고 있다. 디지털 기술의 비약적 발전과 자동화·스마트화의 확산은 생산 방식과 경쟁 기준을 근본적으로 바꾸고 있으며, 글로벌 공급망 재편은 저비용·대량생산에 기반한 경쟁 전략의 유효성을 약화하고 있다. 여기에 인구 구조 변화로 인한 인력 부족과 수요 패턴 변화, 환경 규제와 탄소 중립 압력의 강화는 에너지 다소비·오염 집약적 업종이 많은 전통 제조업에 추가적인 부담으로 작용하고 있다.

이러한 복합적 변화 속에서 전통 제조업은 더 이상 단순한 설비 확장과 생산량 증가만으로 성장과 생존을 담보하기 어려운 국면에 들어섰다. 과거처럼 양적 확장을 목표로 비용을 낮추고 수출 물량을 늘리는 전략으로는 글로벌 경쟁에서 우위를 유지하기 힘들고, 지역 경제 또한 기존 산업단지의 노후화와 산업 공동화 위험에 직면해 있다. 이제 제조업에는 생산성 향상과 고부가가치 창출, 친환경 전환, 디지털 전환을 포괄하는 질적 전환이 요구되며, 기업·지역·국가 차원에서 이를 뒷받침할 혁신 생태계의 구축이 필수 과제로 떠오르고 있다.

따라서 전통 제조업은 과거의 성장 모델을 유지·보완하는 수준을 넘어, 기술 혁신과 산업구조 재편, 인력·지역·환경 정책이 유기적으로 결합한 새로운 발전 경로를 모색해야 하는 시점에 서 있다. 이는 단순히 개별 업종의 경쟁력 제고를 넘어, 국가 경제의 지속 가능한 성장 전략과 지역 균형발전의 방향을 재설계하는 작업과 직결된다는 점에서, 제조업의 질적 전환과 혁신 생태계로의 이행은 앞으로의 경제·사회 정책에서 가장 중요한 과제 중 하나로 부상하고 있다.

전통 제조업의 구조적 한계는 크게 네 가지 원인으로 정리될 수 있다. 첫째, 저부가가치 산업구조의 고착화이다. 전통 제조업은 오랜 기간 대량생산과 가격 경쟁을 중심으로 성장해 왔지만, 이 과정에서 기술·서비스가 결합한 고부가가치 영역으로의 업그레이드에는 상대적으로 소홀했다. 그 결과 원자재와 인건비가 꾸준히 상승하는 가운데 생산성은 정체되거나 완만하게만 개선되었고, 많은 기업이 낮은 이윤에 의존하는 '수익성의 함정'에서 벗어나지 못한 처 경쟁력을 소진해 왔다. 특히 중소 제조기업의 경우 단순 하청이나 저가 납품 구조에 머무르며 부가가치 창출 능력이 취약한 상태가 지속되고 있다.

둘째, 기술 혁신에 대한 대응력이 부족하다는 점이다. 4차 산업혁명으로 상징되는 디지털 기술, 인공지능, 로봇, 사물인터넷 등의 발전 속도에 비해, 다수의 전통 제조업체는 자동화와 데이터 기반 경영으로의 전환이 더디게 진행되고 있다. 특히 자본과 전문 인력이 부족한 중소기업 중심 산업구조에서는 연구개발 역량이 취약하고, 이에 따라 스마트팩토리(지능형공장)와 같은 디지털 인프라 도입률도 낮은 수준에 머물러 혁신이 일부 대기업에 국한되는 양극화가 나타난다. 이처럼 기술 변화에 능동적으로 대응하지 못하는 기업들은 품질 · 납기 · 유연성 경쟁에서 점차 뒤처질 수밖에 없다.

셋째, 글로벌 경쟁 심화와 공급망 불안의 영향이다. 저임금 신흥국이 빠르게 성장하면서 전통 제조업은 더 이상 낮은 인건비와 대량생산만으로 비교우위를 유지하기 어렵게 되었다. 여기에 팬데믹 이후 원자재와 부품의 수급 불안, 물류비 상승 등이 겹치면서 생산비용이 많이 증가했고, 이를 판매가격에 충분히 전가하지 못한 기업들은 수익성 악화와 투자 여력 축소에 직면했다. 특히 글로벌 공급망에서 협상력이 약한 중소 제조업체들은 비용 상승, 수익 감소, 설비 투자 지연이 반복되는 악순환 속에서 체질 개선의 기회마저 놓치고 있다.

넷째, 인력 고령화와 기술 단절 문제이다. 제조업 현장에서 축적된 숙련 기술은 여전히 생산성과 품질을 좌우하는 핵심 자산이지만, 해당 인력의 상당수가 고령화 단계에 접어들고 있지만 젊은 세대의 제조업

기피 현상은 심화하고 있다. 그 결과 숙련 인력의 은퇴와 함께 암묵지 형태의 노하우가 충분히 이전되지 못하고 사라지면서, 일부 업종에서는 기술 전승의 공백이 실제 생산성 저하와 품질 저하로 연결되고 있다. 이는 지역 산업단지를 기반으로 한 전통 제조업 지역의 경쟁력 약화와 인구 유출을 가속하며, 장기적으로는 제조업 기반 자체를 잠식하는 요인으로 작용하고 있다.

산업 환경 변화는 기술, 규제, 소비, 지역 구조에서 동시에 가속화되고 있으며, 이러한 변화는 전통 제조업의 취약성을 더욱 부각하고 있다. 글로벌 산업은 이미 데이터 기반 생산관리, 자동화, 인공지능을 결합한 스마트 제조 시대로 이동하고 있지만, 다수의 전통 제조업체는 여전히 노동집약적 공정과 경험 의존적 관리 방식에 머물러 있다. 이에 따라 공정 효율, 품질 관리, 납기 대응력에서 스마트 제조를 도입한 기업과의 격차가 점점 더 벌어지고 있으며, 특히 디지털 전환 역량이 부족한 중소 제조업체의 경쟁력 약화가 두드러진다.

한편, 탄소 중립과 ESG 경영이 글로벌 공급망의 새로운 규범으로 자리 잡으면서, 에너지 다소비 · 오염 집약적 업종을 중심으로 기존 제조 구조에 대한 구조적 압박이 크게 확대되고 있다. 대기업에 비해 자본 여력이 부족한 중소기업은 친환경 설비 교체와 공정 개선, 온실가스 모니터링 · 인증 체계 구축에 필요한 비용과 기술적 요구 수준을 감당하기 어려워, 탈탄소 규제가 실질적인 진입 장벽이자 생존 리스크로 작용하고 있다.

소비 측면에서도 대량생산 · 표준화 제품 중심 수요에서 개인 맞춤형, 고부가가치 제품을 선호하는 경향이 확산하면서, 시장은 보다 다품종 · 소량 생산과 짧은 제품 수명주기를 요구하고 있다. 그러나 전통 제조업은 경직된 생산설비, 장기 납품 계약 구조, 제한된 설계 · 개발 역량으로 인해 이러한 수요 변화에 유연하게 대응하지 못하며, 결과적으로 고부가가치 시장 진입이 지연되거나 가격 경쟁에 다시 매몰되는 한계를 드러낸다.

공간적 · 지역적 차원에서는 산업단지의 노후화가 전통 제조업 쇠퇴를 가속하는 요인으로 작용하고 있다. 오래된 지방 산업단지는 시설과 기반 인프라가 시대 변화에 맞게 업그레이드되지 못해 교통 · 물류 · 주거 · 문화 환경이 열악해지고, 이는 신규 기업 입주와 청년 인재 유입을 가로막는 요인이 된다. 자동화 확대와 경기 둔화 속에서 제조업 일자리가 줄어드는 가운데, 청년층의 제조업 기피와 외부 유출이 심화하면서 지역 상권 쇠퇴, 인구 감소, 나아가 지역 소멸 위험이 함께 증폭되고 있다.

이러한 위기를 돌파하기 위해서는 전통 제조업의 생산 방식, 비즈니스 모델, 지역 · 인력 시스템 전반에 걸친 입체적 전환이 요구된다. 우선 공장 내부의 생산 · 관리 체계를 디지털 기반으로 재구성하는 스마트 전환이 필수적이다. IoT, 빅데이터, AI를 활용한 생산관리 시스템을 도입해 설비 상태, 공정 데이터, 품질 정보를 실시간으로 수집 · 분석함으로써, 불량률을 줄이고 에너지 · 원자재 사용을 최적화하며, 수요 변동에 기민하게 대응할 수 있는 구조로 바꿔야 한다. 이를 위해 특히 중소기업을 대상으로 장비 · 솔루션 도입 지원, 표준 플랫폼 제공, 데이터 인력 양성 등을 결합한 디지털 전환 지원 정책이 강화될 필요가 있다.

둘째, 산업구조 자체를 단순 가공·조립 중심에서 기술·디자인·서비스가 결합한 고부가가치 산업으로 전환해야 한다. 제품에 소프트웨어, 연결 서비스, 유지보수·컨설팅 등 서비스를 결합해 '제품+서비스' 형태의 수익 구조를 만들고, 설계 단계부터 고객 맞춤형 기능과 사용 경험을 고려하는 방식으로 부가가치를 높일 필요가 있다. 이는 대량 생산 체계에 익숙한 전통 제조업이 생산설비의 유연성을 높이고, 소량 다품종 생산과 빠른 개발·출시가 가능하도록 조직과 프로세스를 재설계하는 것과 맞물려야 한다.

셋째, 에너지·환경 측면에서 ESG를 내재화한 친환경 제조 혁신이 선행돼야 한다. 재생에너지의 활용 비중을 점진적으로 확대하고, 공정 내 에너지 효율을 개선하며, 폐기물·부산물의 순환 자원화를 통해 자원 사용을 최소화하는 노력이 필요하다. 저탄소 공정 기술 도입과 함께, 공급망 전반에서 탄소·환경 정보를 관리하는 시스템을 구축함으로써 글로벌 바이어의 ESG 요구에 대응하고, 장기적으로는 비용 절감과 브랜드 신뢰 제고까지 도모할 수 있다. 이 과정에서 중소기업이 감당하기 어려운 설비 투자·인증 비용을 분담할 수 있도록 공동 인프라, 클러스터 단위의 환경·에너지 지원 체계가 마련되어야 한다.

넷째, 지역 차원의 혁신 클러스터 조성이 중요하다. 지역 대학, 공공 연구소, 기업, 지방정부가 연계된 협력 생태계를 구축해, 연구개발, 시험·인증, 인력 양성, 창업·스케일업이 한 공간과 네트워크 안에서 이루어지도록 해야 한다. 노후 산업단지는 단순한 공장 집적지에서, 테스트베드, 공동 장비센터, 스타트업·중소기업 혁신 허브 기능을 갖춘 '스마트·친환경 산업 클러스터'로 재편함으로써, 기업 입주 매력을 높이고 청년 인재가 유입될 수 있는 생활·문화 환경까지 함께 개선할 필요가 있다.

다섯째, 인력 재교육과 세대교체 지원이 전환의 핵심 고리다. 숙련 기술을 보유한 고령 인력의 경험을 체계적으로 기록·표준화하고, 이를 바탕으로 현장 중심의 교육 프로그램, 도제식·멘토링식 훈련을 통해 청년·전직자에게 기술을 전수해야 한다. 동시에, AI·데이터 분석, 로봇 운영, 공정 시뮬레이션 등 첨단 직무를 중심으로 한 교육·훈련 체계를 구축해, 제조업 일자리를 '낙후·3D 업종'이 아니라 '첨단 기술 직무'로 인식할 수 있도록 만드는 그것이 중요하다. 이러한 인력 전략은 학교 교육, 직업훈련, 기업 내 교육이 연계된 형태로 설계될 때 효과를 극대화할 수 있다.

결국 전통 제조업의 쇠퇴는 단순한 설비 노후화나 특정 업종의 문제를 넘어, 경제·기술 패러다임 전환에 제때 적응하지 못한 체계적 위기라 할 수 있다. 따라서 제조업은 이제 '공장을 많이 가진 산업'이 아니라, 기술·데이터·환경 역량을 결합해 새로운 가치를 창출하는 산업으로 재정의되어야 한다. 디지털 전환과 ESG 경영, 고부가가치 혁신을 통해 새로운 경쟁력을 확보하지 못한다면, 전통 제조업은 지역경제와 함께 구조적 쇠퇴를 피하기 어렵다. 결국 제조업의 미래를 좌우하는 그것은 기술 그 자체가 아니라, 사람과 제도가 변화와 위험을 감수하고 기존 성공 모델을 내려놓을 수 있는 전환 의지이다. 이러한 의지를 바탕으로 지속 가능성과 혁신성을 동시에 추구하는 산업생태계를 구축할 때, 전통 제조업은 다시 한번 국가 경제와 지역사회의 성장 축으로 부활할 수 있을 것이다.

지방 소멸과 지역산업 공동화

지방 소멸의 핵심 원인은 단순한 인구 감소가 아니라, 일자리와 산업 기반이 붕괴하면서 지역경제가 지속 가능성을 잃어가는 데 있다. 지방의 산업은 한때 제조와 농업·공업이 결합한 구조를 바탕으로 국가 경제를 떠받쳤지만, 지금은 인력 부족, 기술 격차, 내수 위축 등 복합적인 요인으로 급속히 약화하고 있다. 특히 제조업 중심으로 형성된 지방 산업 구조는 글로벌 공급망 재편과 첨단·기술집약 산업의 수도권 집중으로 인해 생산시설과 인구가 빠져나가는 공동화 현상을 겪고 있으며, 이를 떠받치던 중소기업은 인력난과 자금조달 여건 악화라는 이중의 부담 속에서 생존 자체를 위협받고 있다.

청년층은 지역에 남아 경력을 쌓고 삶을 이어갈 수 있는 양질의 산업 기반과 일자리를 찾기 어려워지자, 자연스럽게 수도권과 대도시로 이동하게 되고, 이 과정에서 지방은 생산가능인구와 소비 주체를 동시에 잃게 된다. 그 결과 지역 내 총생산(GRDP)과 고용률은 장기적으로 하락 추세를 보이고, 산업 침체는 다시 인구 유출과 소비 위축을 부추기며 '일자리 감소 → 인구 감소 → 지역경제 위축 → 다시 일자리 감소'로 이어지는 지방 소멸의 악순환 구조가 굳어진다. 이러한 상황에서 지방산업 정책은 단기적인 경기부양이나 인구 유입 캠페인 수준을 넘어, 산업의 지속 가능성과 사회적 책임을 동시에 추구하는 새로운 생태계로의 전환을 목표로 삼아야 하며, 이때 중요한 기준이 되는 그것이 바로 환경 · 사회 · 거버넌스를 포괄하는 ESG 관점이다.

현재 우리나라의 지역사회는 인구 감소와 산업 공동화라는 이중의 위기에 동시에 노출되어 있다. 여기서 '지방 소멸'이란 일정 지역의 인구, 특히 생산연령인구와 젊은 세대가 급격히 줄어들어, 학교 · 병원 · 상점 · 행정서비스 등 지역사회를 지탱하는 기본 기능을 유지하기 어려운 상태에 이르는 현상을 의미한다. 한편 '산업 공동화'는 지역의 주력 산업과 기업이 경쟁력 약화, 해외 이전, 수도권 집중 등으로 축소 · 이탈하면서, 지역경제의 일자리 · 소득 · 투자 기반이 붕괴하는 과정을 가리킨다.

이 두 가지 위기는 서로를 가속하는 악순환 구조를 형성한다. 먼저 젊은 세대가 더 나은 일자리와 교육 · 문화 인프라를 찾아 수도권으로 빠져나가면, 지역의 노동력과 소비 기반이 동시에 약화되어 지역 산업이 위축된다. 산업이 축소되거나 외부로 이전하면 지역 내 양질의 일자리가 줄어들고, 이는 다시 청년층과 생산인구의 추가적인 유출을 불러와 인구 감소를 심화시킨다. 결국 지방 소멸은 지역산업의 공동화로 인해 더욱 가속되고, 산업 공동화는 지방 소멸의 주요 원인이 되는 상호 순환적 위기라 할 수 있다.

지역산업 공동화는 수도권 집중, 전통 제조업 쇠퇴, 기술 · 인재 유출, 정책 실패가 복합적으로 작용해 발생한 구조적 현상으로 볼 수 있다. 첫째, 수도권 집중화다. 기업 본사와 연구소, 대학, 금융기관, 문화 환경 등이 수도권에 밀집되면서, 지방은 연구·금융·전문 서비스와 같은 고부가가치 기능을 충분히 갖추지 못했다. 그 결과 지역 내에서 생산-고용-소득-소비가 선순환하는 산업생태계가 약화하고, 지방 기업은 수도권 대기업에 의존하거나 하도급 구조에 머무르면서 자생력이 떨어졌다.

둘째, 전통 제조업의 쇠퇴다. 지방산업의 상당 부분을 차지하던 제조업은 기술 혁신 부진, 인건비 상승, 자동화·해외 이전 확산 등으로 가격·품질 경쟁력을 점차 상실했다. 노후 산업단지는 인프라와 주거·문화 환경이 뒤처지면서 기업과 청년층 모두에게 매력적인 입지가 아니게 되었고, 그 결과 노동력 고령화와 생산성 저하가 동시에 진행되는 악순환이 심화하였다.

셋째, 기술과 인재 유출이다. 지역 대학과 연구기관에서 배출된 우수 인재가 지역 내 양질의 일자리와 생활 여건을 찾지 못해 수도권과 해외로 이동하면서, 지역에 남는 그것은 주로 저임금·저숙련 일자리라는 인식이 굳어졌다. 이에 따라 지역에 축적되던 기술력과 창의성이 외부로 빠져나가고, 남은 기업들도 연구개발 인력 확보에 어려움을 겪으면서 혁신 역량이 약화하여 산업 공동화가 가속되었다.

넷째, 정책의 단기성과 분절성이다. 중앙·지방정부의 지역산업 육성 정책은 개별 사업 위주의 단기 지원, 시설·보조금 중심 접근에 머무르는 경우가 많아, 산업구조와 인력·정주 환경을 함께 바꾸는 장기 전략으로 이어지지 못했다. 산업생태계 전체를 브는 관점보다는 특정 업종·프로젝트에 예산을 투입하는 방식이 반복되면서, 지역이 스스로 성장 동력을 만들어내는 지속 가능한 산업 체계를 구축하는 데 실패한 것이다.

지방 소멸과 지역산업 공동화는 인구·산업·공공서비스가 서로를 약화하는 단계적 악순환 구조로 진행된다. 먼저 1단계에서는 청년층 유출과 고령화로 인해 지역의 노동력이 급격히 약화하고, 출생 감소와 더불어 인구 규모와 인구 구조 모두가 지역사회 유지에 불리한 방향으로 변한다. 이어지는 2단계에서는 인력 부족과 수요 기반 약화로 인해 기업이 투자를 축소하거나 외부로 이전하면서, 산업단지가 비어가고 지역의 생산 기반이 붕괴하는 산업 공동화가 진행된다. 3단계에서는 일자리와 생산이 줄어든 결과로 지역경제가 침체하고, 소비가 위축되며 상권이 붕괴하고, 지방세 수입 등 세수 기반도 축소된다. 4단계에서는 재정 여력이 약화한 지방정부가 교육, 의료, 교통, 문화 같은 공공서비스와 생활 인프라를 충분히 유지·확충하지 못하게 되면서, 지역의 정주 여건이 더 열악해진다. 마지막 5단계에서는 이러한 열악한 생활·고용 환경이 다시 추가적인 인구 유출을 불러와, 소멸 위험을 상시로 가속하는 '소멸의 순환고리'가 굳어지게 된다. 이런 구조 속에서는 인구정책과 산업정책을 각각 따로 추진할 경우, 어느 한 축이 보완되더라도 다른 축의 취약성이 개선을 상쇄해 근본적인 해결이 어렵다.

지역산업 공동화가 초래하는 영향은 경제·사회·행정·공간 전반에 걸쳐 나타난다. 경제적 측면에서는 지역내총생산(GRDP)이 감소하고, 법인세·지방세 등 세수 기반이 축소되며, 제조·서비스 전반에서 일자리 감소가 지속된다. 사회적 측면에서는 청년층 이탈로 세대 구조가 불균형해지고, 학교·마을 단위의 공동체 기능이 약화하며, 고령층만 남는 '돌봄 공백 지역'이 확대된다. 행정적 측면에서는 재정 자립도 악화로 인해 지방정부의 정책 선택 폭이 줄고, 필수 공공서비스조차 축소되거나 민간에 의존하게 되는 현상이 나타난다. 공간적 측면에서는 산업단지와 상권의 폐쇄, 빈 상가·빈집 증가로 도시와 농촌 공간이 물리적으로 황폐해져, 외부 인구·기업 유치가 더욱 어려운 악순환이 이어진다. 이처럼 지역산업 공동화는 단순한 경제 지표의 악화에 그치지 않고, 지역의 생존 가능성과 국가 차원의 균형발전을 동시에 위협하는 구조적 위기로 확산한다.

지역산업 공동화를 막기 위해서는 무엇보다도 지역이 이미 보유한 산업과 자원을 토대로 새로운 성장 동력을 만들어내는 전략적 전환이 필요하다. 전통 제조업과 농업, 서비스업 위에 첨단 기술, 바이오, 스마트농업, 재생에너지와 같은 신기술·신산업을 융합해 지역 특화형 신산업 생태계를 조성해야 한다. 이렇게 형성된 융합 산업은 단순한 일자리 제공을 넘어, 지역이 스스로 기술과 서비스를 축적하며 장기적으로 경쟁력을 유지할 수 있는 기반이 된다.

특히 청년층이 지역에 머물 수 있도록 양질의 일자리와 더불어 주거, 문화, 교통 등 정주 여건을 패키지로 지원하는 그것이 중요하다. 안정적인 일자리와 함께 살기 좋은 주거 환경, 문화·여가 인프라, 지역공동체 활동이 결합할 때, 청년은 지역을 '잠시 머무는 곳'이 아니라 '삶의 기반'으로 인식하게 된다. 여기에 지역창업 생태계를 활성화해 청년과 주민이 스스로 일자리를 만들 수 있도록 지원하면, 일자리·생활·공동체가 선순환하는 구조를 형성할 수 있다.

지역 대학, 연구소, 기업이 긴밀히 협력하는 산학연 혁신 클러스터의 구축도 핵심 과제다. 대학과 연구소는 기술개발과 인력 양성을 담당하고, 기업은 이를 바탕으로 제품과 서비스를 사업화하며, 지방정부는 인프라와 제도적 지원을 제공하는 구조가 필요하다. 이러한 클러스터를 통해 연구개발, 실증, 생산, 창업이 한 흐름으로 이어질 때, 지역은 외부로 빠져나가던 인재와 기술을 내부에서 흡수·확산하는 혁신 거점으로 자리매김할 수 있다.

지역산업의 회생은 단순히 공장을 늘리고 생산량을 확대하는 차원을 넘어, 친환경성과 사회적 가치를 중심에 둔 산업구조 개편을 통해 이뤄져야 한다. 재생에너지 활용, 탄소 배출 저감, 자원 순환, 지역사회 기여와 같은 ESG 요소를 산업 전략에 내재화하면, 지역의 지속 가능성이 높아질 뿐 아니라 대외적으로도 책임 있는 지역 브랜드 이미지를 구축할 수 있다. 이는 투자와 관광, 인재 유입에도 긍정적 영향을 미치는 장기적 자산이 된다.

이 과정에서 지방정부의 역할 또한 달라져야 한다. 지방정부는 더 이상 중앙정부 정책의 단순 집행자가 아니라, 지역산업 전략을 설계하고 민간·공공·시민을 연결하는 조정자로서 거버넌스를 주도해야 한다. 지역 고유의 자원과 여건을 분석해 맞춤형 산업 비전을 제시하고, 규제 완화, 인프라 투자, 인력·복지 정책을 통합적으로 조율하는 역할이 요구된다. 이를 통해 지방정부는 산업정책, 인구정책, 교육·복지정책을 하나의 프레임 안에서 연계하는 총괄 전략 기획자의 위치에 서야 한다.

결국 지방 소멸과 지역산업 공동화는 단순히 특정 지역의 경제가 약해진 문제가 아니라, 국가 균형발전 구조가 흔들리고 있다는 경고 신호라 할 수 있다. "지방이 살아야 나라가 지속 가능하다"라는 말처럼, 인구정책과 산업정책, 교육과 복지정책을 분절적으로 다루지 않고 통합적 관점에서 재설계하는 노력이 필수적이다. 지역산업의 혁신과 청년의 정착, 지속 가능한 생태계 조성이 동시에 추진될 때야 비로소 지방은 소멸의 악순환에서 벗어나 재생의 선순환으로 전환할 수 있다. 지역산업 공동화의 극복은 결국 단순한 경제 지표 회복이 아니라, 지역이 사람과 산업, 자연환경이 함께 조화를 이루며 살아 숨 쉬는 공간으로 회복되는 과정이며, 이것이 지방 소멸 시대에 요구되는 지속 가능한 지역의 새로운 비전이다.

지속 가능성을 위한 정책 수단으로서의 ESG는 이제 개별 기업의 윤리경영을 넘어서, 지역경제 전반의 성장 방식을 재설계하는 핵심 프레임으로 자리 잡고 있다. 지역 산업이 단기적인 생산성과 비용 절감만을 좇는 방식에서 벗어나, 환경 보전, 사회적 가치, 투명하고 책임 있는 운영 원칙을 수용할 때 비로소 그 산업은 단순한 생산 단위를 넘어 지역사회와 공존하는 지속 가능한 시스템으로 전환될 수 있다.

환경(Environmental) 측면에서 ESG는 지방산업의 녹색 전환을 강하게 요구하고 촉진한다. 탄소 배출을 줄이는 저탄소 공정과 재생에너지 활용, 오염물질·자원 사용을 관리하는 친환경 인증체계는 규제 대응을 넘어, 에너지 비용 절감과 해외 바이어 요구 충족을 통해 중소기업의 경쟁력 강화 요인으로 작용할 수 있다. 특히 산업단지 차원에서 태양광 · 바이오에너지 등을 활용한 에너지 자립형 구조나, 사업장 간 폐열 · 폐자원을 서로 연계 활용하는 순환 경제형(에코-산업) 클러스터를 구축하면, 환경적 지속 가능성과 운영 비용 절감, 지역 이미지 제고를 동시에 기대할 수 있다.

사회(Social) 측면에서 ESG는 기업과 지역사회의 관계를 회복하고 재구성하는 역할을 한다. 지역 기업이 안정적인 고용, 안전한 근무 환경, 공정한 처우를 보장하고, 교육 · 돌봄 · 문화 등 사회공헌 활동을 확대할수록 지역 주민의 신뢰가 높아지고, 청년과 여성 인재가 지역에 정착할 유인도 커진다. 나아가 청년 · 여성 고용 확대, 마을기업 · 사회적 기업 · 협동조합 등 사회적 경제 주체의 육성은 이윤 극대화 중심이 아닌 사회적 가치 중심 산업정책으로 이어지며, 이는 장기적으로 지역공동체의 회복력과 포용성을 높이는 기반이 된다.

거버넌스(Governance) 측면에서 ESG는 지방산업 전반의 투명성과 책임경영을 강화하는 핵심 메커니즘이다. 지역 기업이 재무 · 비재무 정보를 적극적으로 공시하고, 이사회 구조와 의사결정 과정의 책임성을 높이면, 지역 금융기관과 투자자는 ESG 평가를 바탕으로 보다 건전한 기업과 프로젝트에 자금을 공급할 수 있다. 동시에 지방정부가 ESG 기준을 반영한 지원 · 조달 · 인허가 정책을 운용하고, 기업 · 시민 · 금융 · 행정이 함께 참여하는 협력적 의사결정 구조를 구축하면, 이는 지역 차원의 '신뢰 자본'을 축적하는 과정이 된다.

　이처럼 ESG는 환경 보호, 사회 통합, 책임 있는 거버넌스를 하나의 틀 안에서 결합함으로써, 지역산업을 단기 이윤 중심 구조에서 벗어나 지속 가능성과 공공성을 겸비한 방향으로 이끄는 정책 언어이자 실천 도구로 기능할 수 있다.

산업 기반 인구의 이탈

　산업화 시대의 지역 발전은 공장과 기업, 그리고 이들을 떠받치는 노동력의 집적을 중심으로 이뤄졌다. 전국 곳곳에 조성된 산업단지와 제조업 기반은 일정 수준의 고용과 소득을 보장하며 지역사회의 경제·사회적 기반을 형성했고, 이러한 산업 기반 인구의 존재가 지역공동체 유지의 핵심 축이었다. 그러나 지난 수십 년간 산업구조 변화와 수도권 중심의 인구 이동이 겹치면서, 산업 기반을 이루던 인구가 빠져나가는 '산업 기반 인구 이탈' 현상이 점차 구조화되고 있다. 이는 단순한 전체 인구 규모의 감소를 넘어, 지역의 경제적 활력과 사회적 지속 가능성을 동시에 약화하는 심각한 구조적 문제다.

　특히 지방 중소도시와 산업단지를 중심으로 한 전통 제조업 지역은 청년층 유출, 기술 인력 감소, 생산 인프라 약화라는 삼중고에 직면해 있다. 대표적인 공업도시들조차 청년 인구가 빠르게 줄어들고 있으며, 주요 제조 허브가 위치한 영남권 등에서도 20~30대의 순유출이 크게 나타나고 있다. 청년과 숙련 기술 인력이 이탈한 자리는 비숙련·고령 노동이 메우는 구조가 고착되고, 이는 다시 혁신 역량 저하와 산업 경쟁력 약화로 이어진다.

　여기서 말하는 '산업 기반 인구'란 단순 거주 인구가 아니라, 산업 생산과 직간접으로 연결된 근로자, 엔지니어 · 숙련 기술 인력, 협력업체 종사자 등 산업생태계를 유지하는 인적 기반을 의미한다. 이들의 이탈은 단지 통계상의 인구 감소를 뜻하는 것이 아니라, 공장 가동, 연구 개발, 부품 · 서비스 공급망을 떠받치던 기반이 붕괴하는 과정을 의미한다. 더 나아가 이러한 이탈은 대체로 수도권과 대도시로의 이동과 맞물려, 산업 기능과 고부가가치 일자리가 점점 수도권에 집중되고 지방 경제는 공동화되는 양극화 구조를 심화시키고 있다.

　산업 기반 인구 이탈은 산업구조 변화, 수도권 집중, 생활 인프라 격차, 기업 이전이 복합적으로 작용한 결과로 볼 수 있다. 첫째, 산업구조 변화와 자동화의 확산이다. 4차 산업혁명과 디지털 전환이 가속되면서 노동집약적 제조업 공정이 자동화 · 로봇 기술로 대체되고, 특히 지방 제조업의 단순 · 반복 업무 일자리가 줄어들었다. 생산성 향상과 비용 절감을 위해 자동화 설비를 도입한 기업들이 많아지면서, 기존 산업단지는 과거만큼의 고용 흡수력을 가지지 못하게 되었고, 이는 지역에 머물 이유를 잃은 근로자와 청년층의 이탈을 촉진했다.

　둘째, 수도권 집중과 지역 불균형 문제다. 수도권에는 기업 본사, 연구소, 대학, 스타트업, 금융 · 서비스업 등 고임금 · 고숙련 일자리가 몰려 있지만, 지방 산업단지는 하청 · 단순 제조 중심의 구조에 머무는 경우가 많다. 실제로 비수도권에서 수도권으로 이동한 청년의 연평균 소득이 20% 이상 증가하는 등 임금과 경력 기회의 격차가 확인되면서,

많은 청년 · 기술 인력이 수도권으로 이동하고, 지방은 고령화와 노동력 공백을 동시에 겪고 있다.

셋째, 지역 생활 인프라의 부족이다. 교육, 의료, 문화, 교통, 주거 여건이 수도권에 비해 열악한 지역이 많아, 설령 일자리가 있더라도 "사는 삶"의 질이 낮다고 인식되면 장기 정착을 꺼리게 된다. 청년들은 임금 수준뿐 아니라 생활 · 문화 인프라, 여성 친화적 일자리 유무 등을 종합적으로 고려해 수도권을 선호하며, 이는 지방산업 기반 인구의 이탈을 구조화하는 요인으로 작용한다.

넷째, 기업의 수도권 · 해외 이전이다. 인건비와 물류비를 낮추고, 더 큰 시장과 인재 창고에 접근하기 위해 많은 제조업체와 협력업체가 수도권이나 해외로 생산기지를 옮겨 왔다. 이 과정에서 본사나 핵심 생산 설비가 빠져나가면, 지역에 남은 하청 · 협력업체는 일감 감소와 수익 악화로 타격을 입고, 연쇄적인 구조조정과 폐업이 발생해 산업 기반 자체가 붕괴한다. 그 결과 남아 있던 산업 기반 인구마저 다른 지역으로 이동하면서, 인구 유출과 산업 공동화가 동시에 가속화되는 악순환이 심화하고 있다.

산업 기반 인구 이탈은 지역의 경제, 사회, 공간 구조 전반에 걸쳐 복합적인 부정적 영향을 미친다. 우선 경제적 측면에서 지역내총생산(GRDP)이 감소하고, 제조 · 서비스업 전반의 고용이 축소되며, 지방세 등 세수 기반이 약해지는 흐름이 뚜렷하다. 주력 산업과 기업이 빠져나간 도시는 생산과 일자리가 줄어드는 데 그치지 않고, 소비와 민간 · 공공 투자가 동시에 위축되면서 인프라 유지 · 보수조차 어려워지는 장기적 경기 침체에 빠지기 쉽다. 이는 한 번 하락한 지역경제를 다시 회복하기 어렵게 만드는 구조적 요인으로 작용한다.

사회적 측면에서는 젊은 세대의 유출로 노동력의 고령화가 심화하고, 학교·직장·지역 모임 등에서의 세대 간 교류가 약해지면서 사회적 활력도 떨어진다. 청년 인구가 줄어드는 지역에서는 학생 수 감소로 인해 학교 통폐합이 잦아지고, 공연장·서점·영화관·문화센터 등 문화 환경이 유지되기 어려워 '사회적 공백'이 확대된다. 이는 다시 청년과 가족 단위의 정착을 더욱 어렵게 만들어 인구 유출을 가속하는 요인이 된다.

공간적 측면에서도 공장과 상가의 폐업, 인구 감소로 인한 주거지 공동화, 빈집·빈 점포 증가가 겹치면서 도시와 산업단지의 공간적 활력이 빠르게 소진된다. 실제로 일부 산업단지는 가동 중단 공장과 빈 부지 비율이 높아지며, 야간·주말에는 인적이 끊긴 '유령 산업단지'에 가깝다는 지적이 나올 정도로 공동화가 심각해지고 있다. 이러한 경제·사회·공간의 동시적 붕괴는 단순한 경기 침체를 넘어, 지역의 회복 능력과 국가 전체의 균형발전을 위협하는 구조적 위기로 이어진다.

지속적인 산업 기반 인구 이탈에 대응하기 위해서는 지역산업 구조, 청년 정착, 인재·기업·거버넌스를 함께 묶는 종합 전략이 필요하다. 첫째, 지역산업의 고부가가치화가 선행되어야 한다. 단순 조립·하청 위주의 제조 구조에서 벗어나, 첨단 기술·친환경 산업·스마트 제조 등으로 산업단지를 재편해야 청년과 기술 인재가 머물 유인이 생긴다. 이를 위해 지역별로 강점 산업을 선정하고, AI·디지털·녹색기술을 접목한 특화 전략과 클러스터 조성이 함께 추진될 필요가 있다.

둘째, 청년 정착 생태계를 구축해야 한다. 전문가들이 지적하듯, 청년은 임금만이 아니라 자기 성장, 문화·여가, 교육·돌봄이 가능한 생활환경 전체를 보고 지역을 선택한다. 따라서 양질의 일자리와 함께 청년 주거 지원, 문화·창업 공간, 돌봄·복지 인프라를 패키지로 제공하는 정착 지원 정책이 필요하다.

셋째, 산학연 연계와 기술인재 육성을 통해 교육 – 취업 – 정착의 선순환을 만들어야 한다. 지역 대학·연구소·기업이 함께 산업 수요 기반의 맞춤형 교육 과정을 설계하고, 인턴십·현장학습·채용 연계를 통합한 시스템을 구축하면, 공장이나 연구시설 완공 시점에 바로 투입 가능한 인재를 지역 안에서 길러낼 수 있다. 이런 구조가 정착될수록 청년은 "배운 그곳에서 일하고 사는" 선택을 할 가능성이 높아진다.

넷째, 기업 유턴(reshoring) 및 지역 유입 유도 전략이 필요하다. 현재 정부는 국내 복귀 기업과 위기 지역 투자 기업에 대해 법인세·지방세 감면, 설비 투자 지원 등 다양한 세제 인센티브를 확대하고 있으며, 지방 이전 기업에 대한 취득세·재산세 감면 제도도 정비하고 있다. 앞으로는 단순 세제 혜택을 넘어, 에너지·교통 인프라 선투자, 인력 매칭, 지역 클러스터와 연계된 지원을 패키지로 제공해 "이전 후에도 지속적으로 성장할 수 있는 환경"을 만드는 것이 중요하다.

다섯째, ESG 도입과 지속 가능성 관점의 대응이 필요하다. 산업 기반 인구 이탈은 단순한 일자리 부족이 아니라, 지역의 환경·사회·거버넌스 전반이 매력과 신뢰를 잃었다는 신호이기도 하다. 지방정부는 탄소 중립·친환경 공정 전환(E), 청년·여성 고용과 사회적 경제 육성 (S), 투명한 정책·기업 거버넌스 체계(G)를 통합한 포용적 산업정책을 설계함으로써, 지역산업의 경쟁력과 정주 여건을 함께 끌어올려야 한 다. 이런 접근이 뿌리내릴 때 비로소 지역은 인구와 산업이 함께 지속 가능한 방향으로 재편될 수 있다.

산업 기반 인구의 이탈은 개별 지역의 경제 침체를 넘어, 국가 전체 산업생태계의 불균형과 취약성을 심화시키는 구조적 문제로 이어지고 있다. 일자리의 질, 삶의 질, 산업 경쟁력은 서로 긴밀하게 연결되어 있 어, 이 가운데 어느 하나라도 심각하게 약화하면 지역의 지속 가능성 은 곧바로 흔들릴 수밖에 없다. 따라서 산업 기반 인구 유출 문제는 단 기적인 출산 장려나 이주 지원 같은 인구정책만으로는 해결될 수 없으 며, 산업 전략, 교육·인력 정책, 복지·돌봄, 주거·생활 기반이 통합 된 종합 정책으로 접근해야 한다는 점이 분명해지고 있다. 결국 기업이 안정적으로 머물고 성장할 수 있는 기반 위에, 청년이 지역에서 일하며 경력을 쌓고, 주민이 "살고 싶다"라고 느낄 수 있는 환경을 갖추는 것 이야말로 인구 이탈을 막고 지방 경제를 재생시키는 근본 해법이다. 산 업이 떠난 자리를 방치하는 대신, 새로운 혁신 산업과 사회적 가치, 친 환경 전환으로 채워 넣을 수 있다면, 산업 기반 인구의 이탈은 단순한 쇠퇴가 아니라 지역 재생을 촉발하는 전환점으로 활용될 수 있다.

이 과정에서 ESG는 기업 차원의 윤리경영을 넘어, 지역경제 전반 의 지속 가능한 성장 구조를 설계하는 핵심적인 프레임으로 자리 잡 고 있다. 지역 산업이 단기적인 생산성과 비용 절감 중심의 사고에서 벗어나, 환경 보전(E), 사회적 가치(S), 투명하고 책임 있는 기업 운영 (G)을 중시할 때, 그 산업은 더 이상 단순한 생산 단위에 머물지 않고 지역사회와 공존하는 지속 가능한 시스템으로 진화할 수 있다. 이는 산업 기반 인구가 떠나지 않고, 오히려 돌아오고 싶은 지역을 만드는 새로운 조건이자, 지방과 국가 전체의 균형발전을 위한 장기 전략이 된다.

ESG의 핵심 원칙은 환경, 사회, 거버넌스라는 세 축을 통해 기업과 경제 활동의 지속 가능성을 평가하고 설계하는 데 있다. 환경 (Environmental) 영역은 온실가스 감축, 에너지 효율화, 재생에너지 사용, 자원 순환, 친환경 제품·공정 개발 등을 통해 기업 활동 전 과정에서 환경 발자국, 즉 탄소발자국을 최소화하는 것을 목표로 한다. 이는 생산 공정뿐 아니라 물류, 공급망, 제품 사용·폐기 단계까지 포함해 에너지 사용, 배출, 폐기물 등을 체계적으로 줄이려는 노력이다.

사회(Social) 영역은 인권 보호, 공정한 노동, 다양성과 포용, 고객 안전, 지역사회 공헌 등 기업이 이해관계자와 맺는 관계 전반을 책임 있게 관리하는 것을 뜻한다. 단순히 복지를 제공하는 수준을 넘어, 노동 조건, 차별 금지, 안전한 제품·서비스, 지역사회와의 상생을 통해 직원·고객·지역사회 등 모든 이해관계자의 신뢰를 구축하는 사회적 책임 경영이 핵심이다.

거버넌스(Governance) 영역은 이사회 독립성과 구성, 윤리경영, 내부 통제, 정보 공시의 투명성, 반부패 시스템 등 기업 의사결정 구조의 공정성과 책임성을 확보하는 데 초점을 둔다. 이는 리더십의 윤리성, 이해 상충 방지, 투명한 보고와 감시 체계 등을 통해 장기적으로 신뢰받는 경영 구조를 만드는 제도적 기반이다.

이처럼 E · S · G는 각각 독립적인 체크리스트가 아니라, 함께 작동할 때 비로소 지속 가능 경영을 이루는 유기적 삼각 축을 이룬다. 환경을 보호하고, 사회적 책임을 다하며, 투명하고 책임 있게 운영하는 기업일수록 이해관계자의 신뢰와 투자자 관심을 얻어 장기적으로 성장할 가능성이 높다는 점에서, ESG는 곧 신뢰받는 기업으로 가는 핵심 프레임으로 자리 잡고 있다.

국내 ESG 경영은 아직 대기업 중심 단계에 머물러 있고, 지방의 중소 · 중견기업으로의 확산은 구조적 제약 속에서 더디게 진행되고 있다. 상장 대기업과 자산 1조 원 이상 기업은 공시 의무와 글로벌 투자자 요구에 대응하기 위해 ESG 보고와 평가에 적극적이지만, 지방 중소기업 상당수는 필요성을 인식하면서도 실제 도입 수준은 대기업의 절반에도 미치지 못한다는 조사 결과가 이를 뒷받침한다.

일부 선도 지방정부와 산업단지는 탄소 중립형 산업단지, 친환경 공정 전환, ESG 컨설팅 지원 등 다양한 사업을 추진하고 있지만, 평가 기준의 불명확성과 재정 부담, 기업 내부 역량 부족 탓에 현장 실행력은 제한적이다. 예를 들어 전북 새만금 산업단지는 대규모 재생에너지 · 수상 태양광, 그린에너지 기반 공정 도입 등을 내세워 '탄소 중립형 · 스마트 그린 산업단지'를 지향하고 있으나, 실제 입주 기업들의 설비 전환 · RE100 참여 · ESG 경영 도입은 계획 대비 낮은 수준에 머물고 있다는 지적이 나온다. ESG가 기업으로서는 규제와 비용이 먼저 보이고, 에너지 비용 절감·수출 경쟁력 제고·금융 접근성 향상 같은 실질 이익이 충분히 체감되지 못하면 참여율이 낮을 수밖에 없다.

지방 중소기업은 특히 ESG 정보 공시, 평가 대응, 인력 교육에서 구조적인 어려움을 겪고 있다. 전담 조직이나 전문가를 갖춘 대기업과 달리, 다수의 중소기업은 재무·비재무 데이터를 체계적으로 관리하는 시스템이 부족하고, 보고서 작성·외부 인증·평가 대응에 들어가는 비용과 시간을 큰 부담으로 인식한다. 이 때문에 공급망 상위 기업이나 금융기관의 요구를 알고도 "어떻게, 어디까지 준비해야 하는지"조차 어려워하는 경우가 많아, 개별 기업의 자발적 도입만으로는 확산에 한계가 있다.

따라서 ESG를 지역경제 전환의 실질적인 수단으로 만들기 위해서는 제도적 기반, 인센티브 체계, 지역 금융 연계가 함께 갖춰져야 한다. 첫째, 업종·규모별로 적용할 수 있는 표준 지침과 간이 공시 모델을 제시해, 중소기업도 감당할 수 있는 수준에서 단계적으로 ESG를 도입할 수 있도록 제도 설계를 정교화해야 한다. 둘째, 설비 투자·컨설팅·인증 비용을 완화해 주는 세제 혜택과 보조금, 공공 조달 가점 등 구체적인 인센티브를 마련해 "ESG를 하면 손해가 아니라 이익이 된다"라는 인식을 실감하게 해야 한다. 셋째, 지역 금융기관이 ESG 평가를 여신·투자 조건에 연계하되, 중소기업을 위한 전용 녹색·지속 가능 금융 상품과 컨설팅을 함께 제공하는 방식으로, ESG 전환을 자금조달의 제약이 아니라 기회로 전환할 필요가 있다.

이 세 요소가 맞물려 돌아갈 때, ESG는 지방 중소기업과 산업단지에

“환경 개선 프로젝트”를 넘어, 경쟁력 강화와 생존 전략으로 받아들여
질 수 있으며, 지역 산업 구조 전환의 실질적인 레버로 작동할 수 있다.

2. ESG 경영의 도입과 지역경제 회복

ESG 경영의 기본 원칙과 기업 변화

21세기의 기업은 더 이상 이윤 극대화만을 목표로 하는 경제 주체에 머물 수 없다는 인식이 확산하고 있다. 기후 위기, 사회 불평등, 각종 윤리 · 지배구조 문제가 전 세계적으로 드러나면서, 기업의 생존과 평판은 "얼마나 지속 가능한 방식으로 경영하느냐"에 의해 좌우되는 시대가 된 것이다. 이러한 흐름 속에서 부상한 개념이 바로 ESG 경영이다.

ESG는 환경(Environmental), 사회(Social), 거버넌스(Governance)를 의미하며, 기업이 환경 보호, 사회적 책임, 투명하고 책임 있는 지배구조를 균형 있게 실천해야 한다는 새로운 경영 패러다임을 제시한다. 이는 단순히 재무적 성과만을 중시하는 관점에서 벗어나, 기업의 지속 가능성과 사회적 신뢰를 핵심 가치로 삼는 경영 철학으로 이해할 수 있다. 다시 말해, ESG 경영은 "돈을 어떻게 버느냐"까지 포함해 평가받는 시대에 기업이 갖춰야 할 기본 규범으로 자리 잡고 있다.

이러한 ESG 경영은 과거의 CSR(기업의 사회공헌 활동)이나 이미지 개선 차원의 캠페인과는 성격이 다르다. CSR이 종종 본업과 분리된 기부 · 봉사 활동에 머물렀다면, ESG는 투자 · 조달, 사업 전략, 제품 개발, 인사·조직, 정보 공시 등 기업의 의사결정 구조와 운영 방식 전반에 지속 가능성의 원칙을 내재화하는 전략적 접근이다. 투자자들도 이제 ESG 정보를 중요한 투자 판단 기준으로 삼고 있어, ESG는 "사회적 책임"을 넘어 "자본시장과 연결된 경영 요건"이 되고 있다.

ESG 경영이 가져온 큰 변화 중 하나는 경영 패러다임의 전환이다. 과거 기업 경영이 주로 주주 이익 극대화를 목표로 하는 주주자본주의에 기반했다면, 이제는 고객, 직원, 협력사, 지역사회, 환경 등 다양한 이해관계자를 고려하는 이해관계자 자본주의(Stakeholder Capitalism)가 새로운 표준으로 자리 잡아가고 있다. 기업은 이들 이해관계자의 요구와 기대를 반영하지 못하면 장기적으로 시장과 투자자, 사회로부터 신뢰를 잃고 리스크에 노출될 수 있기 때문에, 포용적 경영과 책임 있는 의사결정이 곧 경쟁력의 중요한 구성 요소가 되었다.

글로벌 금융·경영 환경의 변화는 ESG를 '선택적 이슈'가 아니라 기업 전략의 전면에 등장시키고 있다. 먼저 투자 환경에서 큰 변화가 나타났다. 블랙록, 노르웨이 국부펀드와 같은 글로벌 대형 투자기관들은 투자 심사에서 ESG 리스크를 핵심 지표로 반영하며, 인권 침해나 심각한 환경 훼손, 지배구조 문제가 있는 기업은 투자 대상에서 제외하거나 보유 지분을 축소·철회하는 기준을 운영하고 있다. 이처럼 ESG 평가는 자본 조달 비용과 투자 접근성, 나아가 글로벌 시장에서의 브랜드 가치와 신뢰도에 직접적인 영향을 미치는 요소가 되었다.

ESG는 경영 구조의 제도화도 촉진하고 있다. 많은 기업이 이사회 산하에 ESG위원회, 지속 가능경영위원회 등을 설치해, 기후 리스크,

인권·노동, 윤리·준법 이슈를 이사회 차원의 핵심 안건으로 다루기 시작했다. 동시에 TCFD, GRI, SASB 등 국제 기준에 따른 ESG 공시와 지속가능경영보고서 발간이 보편화되면서, 재무 정보뿐 아니라 기후 리스크, 사회·지배구조 이슈에 대한 비재무 정보의 투명성이 기업 경쟁력과 투자 매력도를 좌우하는 중요한 기준이 되고 있다.

ESG는 규제가 아니라 제조·서비스 혁신을 촉진하는 촉매로도 작용한다. 친환경 소재 개발, 에너지 효율이 높은 공정, 재사용·재활용을 전제로 한 순환 경제 비즈니스 모델, 사회적 가치와 연결된 상품·서비스 등은 ESG 요구에 대응하면서 동시에 새로운 시장과 수익원을 창출하는 대표적인 혁신 경로로 주목받고 있다. 연구에서도 녹색기술·친환경 제품 개발 같은 '그린 혁신'이 기업의 환경성과뿐 아니라 장기 경쟁력과 ESG 평가를 함께 끌어올리는 핵심 요인으로 작용한다는 결과가 보고되고 있다.

조직문화 차원에서도 변화가 요구된다. 단순히 보고서를 한 번 더 쓰는 수준으로는 ESG가 작동하지 않고, 경영진의 윤리적 리더십과 구성원들이 공유하는 공동체적 가치가 함께 뒷받침되어야 한다는 인식이 확산하고 있다. 구성원들이 환경 보호, 인권·다양성, 공정성과 같은 ESG 가치를 스스로 중요한 기준으로 받아들일 때, 기업의 지속 가능성 전략은 일회성 캠페인이 아니라 일하는 방식과 의사결정 문화에 녹아든 현실이 될 수 있다.

지방의 산업 경제를 지속 가능하게 만들기 위해서는 개별 기업 지원을 넘어, 지역 전체 산업생태계를 ESG 관점에서 설계·전환하는 접근이 필요하다. 이를 위해 중앙정부의 ESG 산업전환 정책을 지방정부 단위로 세분화해, '지역산업 ESG 진단 → 컨설팅 → 인증 및 금융 지원'이 하나의 패키지로 작동하는 제도를 구축할 필요가 있다. 이러한 체계가 갖춰져야 지역 기업들이 ESG를 규제나 비용이 아니라, 기술 고도화 · 수출 경쟁력 · 금융 접근성 향상을 돕는 성장 동력으로 인식하게 된다.

지역별 산업단지나 특화 산업군에는 ESG 통합 관리 체계를 도입하는 것이 효과적이다. 예를 들어 "ESG형 농공단지", "순환경제형 제조 클러스터"를 지정해, 단지 차원에서 에너지 · 자원 사용과 온실가스 배출을 관리하고, 기업 간 폐기물 · 부산물의 자원 순환, 공동 에너지 공급 · 관리, 공동 ESG 인증 지원을 추진한다면, 개별 기업의 부담은 줄이면서 지역 산업 네트워크 전체의 지속 가능성을 크게 높일 수 있다. 이는 이미 논의되고 있는 에코-산업단지, 그린뉴딜형 산업단지 모델과도 연결되는 방향이다.

지방 금융기관과 공공 보증 · 진흥기관의 역할도 중요하다. 시중 은행과 지방 금융그룹들이 재생에너지 · 친환경 인프라 · 녹색 건축 등에 대한 전용 대출과 ESG 채권 발행을 확대하고 있는 것처럼, 지역 금융기관이 ESG 기준을 적용한 대출 · 보증 · 투자를 적극 운용하면 지역 기업의 전환을 뒷받침할 수 있다. 이미 신용보증기금 등은 ESG 역량 우수 기업에 보증 한도 확대 · 보증료 인하 등의 인센티브를 제공하는 제도를 운용하고 있는데, 이를 지역 신용보증재단, 산업진흥원, 지방 공사 등으로 확산해 지역 단위의 ESG 평가와 연계한다면, 지속 가능 경영을 실천하는 기업이 실제로 더 낮은 금융비용과 더 높은 투자 기회를 누릴 수 있는 구조가 된다.

이처럼 제도적 기반(표준·지침·인증), 인센티브 체계(세제·보조금·조달·금융 우대), 지역 금융 연계(ESG 대출·보증·채권)가 삼박자로 맞춰질 때, 지방의 중소·중견기업과 산업단지는 ESG를 부담이 아닌 기회로 받아들이고, 지역산업 전체가 지속 가능성과 경쟁력을 동시에 높이는 방향으로 전환할 수 있다.

ESG 전환은 지방에서 새로운 산업 수요와 전문 직업군을 만들어낼 수 있는 중요한 기회다. 기업의 지속 가능 경영을 지원하는 ESG 경영 컨설턴트, 친환경 공정·에너지 효율화를 설계하는 공정 기술 전문가, GRI·IFRS S1·S2·CSRD 등 국제 기준에 맞춰 데이터를 수집·분석·공시하는 지속 가능성·ESG 보고 담당자 등은 이미 글로벌 노동 시장에서도 수요가 빠르게 늘고 있는 직무들이다. 이러한 직종을 지역 대학의 산학 연계 프로그램과 연계해 양성한다면, 지역 내 청년에게 미래지향적인 양질의 일자리를 제공하면서 동시에 지역 기업의 ESG 역량도 함께 높일 수 있다.

ESG 확산 과정에서 가장 경계해야 할 것은 '그린워싱'이다. 기업이 실질적인 개선 노력 없이 ESG·친환경이라는 용어만 홍보 수단으로 사용하는 경우, 이해관계자의 신뢰를 잃고 규제·평판 리스크에 직면할 수 있다. 이를 방지하려면 GRI, IFRS S1·S2, CSRD, ESRS 등 국제적으로 인정받는 공시·보고 기준에 부합하는 평가·공시 체계를 구축해, 측정할 수 있고 검증할 수 있는 데이터에 기반한 ESG 보고가 이루어지도록 해야 한다. 특히 자본과 인력이 부족한 중소기업을 위해서는 기본 지표를 줄여 단계적으로 도입할 수 있는 간이 모델과 함께, 맞춤형 컨설팅·교육과 비용 지원 인센티브가 병행되어야 현실적인 전환이 가능하다.

궁극적으로 정부, 공공기관, 민간이 함께 ESG 생태계를 조성할 때 비로소 지속 가능한 변화가 가능하다. 중앙정부는 표준과 제도·규제를 정비하고, 지방정부는 지역 산업의 특성과 여건에 맞는 실행 전략을 설계하며, 금융기관과 기업, 대학·시민사회는 투자·혁신·인재 양성의 주체로 참여해야 한다. 이런 구조가 갖춰지면 ESG는 일시적 유행이 아니라, 기업 생존과 지역·국가의 지속 가능성을 떠받치는 기본 인프라로 자리매김할 수 있다.

결국 ESG 경영은 "무엇을 얼마나 많이 생산했는가?"보다 "어떤 방식으로 환경과 사회, 이해관계자와 미래 세대에 이바지했는가?"로 기업을 평가하는 시대에 대응하는 필수 조건이다. 환경, 사회, 거버넌스라는 세 축을 경영의 중심에 두는 기업은 단순한 이윤 창출자를 넘어, 지속 가능한 사회의 동반자로서 신뢰와 가치를 축적할 수 있다. 이러한 변화는 개별 기업의 전략을 넘어, 우리 사회 전체가 "미래 세대와 공존하는 기업·지역 생태계"로 전환해 가는 출발점이라는 점에서 중요한 의미를 지닌다.

중소기업과 사회적 경제기업의 ESG 실천 모델

ESG 경영은 이제 대기업만의 옵션이 아니라, 공급망 전체가 ESG

기준을 요구받는 환경에서 모든 기업의 생존 전략으로 자리 잡고 있다. 글로벌 대기업과 공공기관이 납품업체·협력사에도 인권, 안전, 탄소 배출, 데이터 공시 등을 요구하면서, 중소기업과 사회적 경제기업 역시 단순한 '하청'이 아니라 지속 가능한 공급망과 지역 생태계의 핵심 주체로 인식되고 있다.

이제 중소기업과 사회적 경제기업은 제한된 자원 속에서도 현실적인 ESG 실천 모델을 구축해야 하는 과제에 직면해 있다. 이들은 대기업에 비해 자본·인력이 부족하지만, 의사결정이 빠르고 조직이 유연하며, 지역사회와 밀접하게 연결돼 있다는 강점이 있다. 따라서 처음부터 완벽한 시스템을 갖추기보다, 에너지 절감·폐기물 감축·공정한 인사제도·지역사회 연계 활동처럼 '작지만, 실질적인 변화(Small but Significant Change)'에 초점을 맞춘 단계적 접근이 효과적이다.

이러한 작은 변화는 공급망에서의 신뢰도와 거래 안정성, 비용 절감, 직원 만족도 향상 등 구체적인 성과로 이어질 수 있다. 결국 ESG는 중소기업에도 부담이 아니라, 잘 설계하면 위험을 줄이고 새로운 기회를 여는 전략적 수단이 될 수 있으며, 이를 통하 지역사회와 함께 성장하는 지속 가능한 기업 생태계의 중요한 축으로 자리매김할 수 있다.

중소·지역 기업도 환경·사회·거버넌스 각 영역에서 작지만, 실질적인 ESG 실천을 통해 경쟁력과 신뢰를 동시에 높일 수 있다. 환경(E) 측면에서는 생산·운영 과정의 친환경 전환이 핵심이다. 에너지 절감형 설비 도입, 폐기물 최소화, 원자재 절약 등은 비용을 크게 늘리지 않고도 저비용·고효율을 달성할 수 있는 대표적 수단이다. 예를 들어,

전 사업장의 조명을 LED로 교체하고, 공정 내 재활용 라인·재사용 시스템을 구축하며, 간단한 계측기로 전기·가스 사용과 탄소 배출을 모니터링하는 그것만으로도 에너지 비용과 환경 부담을 함께 줄일 수 있다. 또한 대기업·공공기관이 운영하는 '탄소 중립 동반 프로그램'이나 상생형 ESG 프로젝트에 참여하면, 컨설팅·설비 지원을 통해 중소기업의 초기 투자 부담을 완화할 수 있다.

사회(S) 측면에서는 지역과 함께 성장하는 기업의 역할이 중요하다. 지역 일자리 창출, 청년·여성·고령자·장애인 등 사회적 약자의 고용, 협력업체와의 공정거래, 지역 봉사와 기부 활동은 기업에 대한 사회적 신뢰 자산을 쌓는 직접적인 방법이다. 예컨대, 지역 청년 인턴제 운영, 장애인 고용 연계 프로그램 참여, 인근 마을기업·사회적기업과의 공동 프로젝트는 ESG 사회 영역을 실천하면서 동시에 지역경제에도 이바지하는 사례가 될 수 있다. 더불어 직원 복지와 안전보건 수준을 강화해 산업재해를 줄이고, 일·가정 양립을 지원하는 것도 ESG 사회 영역의 핵심 과제다.

거버넌스(G) 측면에서는 규모와 상관없이 투명성과 윤리경영을 일상화하는 것이 출발점이다. 기본적인 내부 회계 관리와 정보 공개 절차를 갖추고, 윤리경영 선언과 행동강령을 마련해 전 직원이 공유하도록 하는 것만으로도 '신뢰받는 작은 조직문화'를 형성할 수 있다. 직원이 참여할 수 있는 회의체나 제안 제도를 도입해 의사결정 과정을 더 개방적으로 만들고, 이해 상충·부정 방지를 위한 간단한 체크리스트를 운영하는 것도 효과적이다. 여기에 연 1회 수준의 간단한 ESG 보고서나 지속 가능성 리포트를 정기적으로 발행해, 환경 · 사회 · 거버넌스 관련 활동과 데이터를 외부에 공유하면 거래처 · 금융기관 · 지역사회로부터의 신뢰도를 크게 높일 수 있다.

마을기업, 사회적기업, 협동조합, 자활기업과 같은 사회적 경제기업은 애초부터 사회적 가치 창출을 경영의 중심에 두고 있기 때문에, ESG의 S(사회) 영역을 가장 앞에서 실천해 온 주체라 할 수 있다. 최근에는 여기에 환경(E)과 거버넌스(G) 요소를 결합하여, 사회적 가치 · 환경 책임 · 민주적 운영이 통합된 '사회적 경제기업형 ESG 모델'로 발전하는 흐름이 뚜렷하다.

환경(E) 측면에서 사회적 경제기업은 환경을 고려한 사회적 가치 창출에 집중한다. 자원순환과 친환경 제품 생산, 지역 폐기물 재활용 사업 등은 전형적인 '그린 소셜 비즈니스' 사례다. 버려진 플라스틱 · 섬유 · 생활용품을 활용한 업사이클링 제품 개발, 지역농산물의 나머지 자원을 가공식품 · 생활용품으로 재탄생시키는 모델은 환경 부담을 줄이면서 동시에 지역 일자리와 부가가치를 창출하는 방식이다.

사회(S) 영역에서는 지역사회 공헌과 포용적 고용이 핵심이다. 사회적 경제기업은 장애인, 청년, 경력 단절 여성, 고령자 등 취약계층에 일자리와 직업훈련 기회를 제공함으로써, 사회적 배제를 완화하고 포용적 성장을 실천한다. 동시에 돌봄 · 교육 · 문화 · 환경 등의 사회 문제를 비즈니스 모델로 해결하는 구조를 통해, 지역 주민의 삶의 질 향상과 공동체 복원에 이바지한다.

거버넌스(G) 측면에서 사회적 경제기업은 민주성과 투명성을 중시하는 운영 구조를 지향한다. 구성원·조합원·지역 주민이 의사결정에 참여하는 민주적 거버넌스를 구축하고, 이사회와 운영진의 책임성을 강화하는 그것이 중요하다. 재무 성과뿐 아니라 사회적 성과를 함께 공개하는 이중 보고(Double Reporting) 체계를 도입하면, 공익성과 경제성을 동시에 설명할 수 있어 이해관계자와의 신뢰를 높일 수 있다.

이처럼 사회적 경제기업은 본질적으로 ESG의 S를 선도하면서, E와 G까지 포괄하는 통합 모델로 진화할 수 있는 잠재력을 가지고 있으며, 이는 지역 기반의 지속 가능한 산업·고용 생태계를 만드는 데 중요한 토대가 된다. 중소기업과 사회적 경제기업이 ESG를 실질적으로 도입하려면, 몇 가지 공통 과제를 함께 해결해야 한다. 무엇보다 ESG를 규제와 비용이 아닌 경영 혁신의 기회로 인식하는 문화가 필요하다. 이를 위해 정부와 지방정부가 기본 교육, 실무 컨설팅, 업종별·규모별 ESG 평가 가이드라인을 제공해 "어디서부터, 무엇을, 어느 수준까지" 해야 하는지 분명히 해줄 필요가 있다.

또한 대기업·공공기관과의 상생형 ESG 협력 모델을 활성화하는 것이 중요하다. 공동 인증, 기술·데이터 지원, 공동 공시 체계를 통해 중소·사회적 경제기업이 공급망 차원의 ESG 요구에 대응하면서도 역량을 키울 수 있도록 해야 한다. 이와 함께 소규모 기업도 부담 없이 활용할 수 있는 간소화된 ESG 지표와 서식을 개발해, 에너지 사용·고용 구조·지배구조 기본 정보 정도는 정량화·공시할 수 있게 해야 시장과 금융, 지역사회와의 신뢰를 쌓을 수 있다.

〈표 3-1〉 기업 유형별 ESG 실천 내용 비교

구분	기업명 / 지역	ESG 실천 내용	비고
중소기업	○○테크 (경남 창원)	공정 내 에너지 사용 절감, 폐수 재활용, ESG 보고서 발간	환경 중심형 모델
사회적 경제기업	△△협동조합 (전북 완주)	로컬푸드 기반 순환 경제 구축, 청년·여성 고용 창출	사회적 포용형 모델
상생형 모델	대기업 + 중소 파트너사	협력사 ESG 역량 평가 및 교육 지원, 공동 그린 인증	협력 네트워크형 모델

중소기업과 사회적 경제기업의 ESG 실천은 거창한 선언이 아니라, 작은 변화를 꾸준히 쌓아 큰 지속 가능성을 만들어가는 과정이다. 이들 기업은 자본력은 제한적이지만, 의사결정이 빠른 유연성, 현장을 잘 아는 실천력, 지역·이웃과 긴밀히 연결된 사회적 연대라는 강점을 지니고 있어, 규모에 맞는 현실적인 ESG 경영을 충분히 구현할 수 있다.

이들이 에너지 절감, 포용적 고용, 투명한 운영 같은 실질적 변화를 지속적으로 축적해 나가면, 지역경제 전반에도 책임성과 포용성이 확산하며 지속 가능한 발전의 토대가 마련된다. 그런 의미에서 ESG는 단순한 "책임 있는 경영"을 넘어, 기업과 지역사회, 이해관계자가 함께 성장하는 "공동 번영의 경영"으로 나아가야 한다. 중소기업과 사회적 경제기업은 바로 그 변화를 현장에서 현실로 만드는 지속 가능 경제의 핵심 동력이자, 지역 기반 ESG 생태계의 중심축이라 할 수 있다.

녹색산업 · 순환 경제 중심의 지역 전략

기후 위기와 자원 고갈 심화로 세계 경제는 성장 위주 구조에서 점차 지속 가능성 중심 구조로 전환하고 있으며, 이 과정에서 녹색산업과 순환 경제는 지역 차원의 핵심 전략으로 부상하고 있다. 지방정부와 지역산업은 더 이상 환경 보호를 부수적 과제로 둘 수 없고, 녹색산업 전환을 통해 산업 경쟁력 회복, 양질의 일자리 창출, 지속 가능한 성장 기반 구축을 동시에 달성해야 하는 상황에 놓여 있다. 이런 맥락에서 녹색산업과 순환 경제는 지방 소멸과 산업 공동화 위기를 극복하고, '지속 가능한 지역경제 생태계'를 만드는 실질적 해법으로 주목받는다.

녹색산업은 환경 보전을 전제로 한 경제 활동으로, 에너지 효율 향상, 친환경 기술 개발, 저탄소 생산 시스템 구축 등을 중심으로 전개된다. 재생에너지(태양광·풍력), 수소경제, 전기차·배터리, 스마트그리드, 친환경 농식품과 같은 분야는 이미 미래 산업 경쟁력의 핵심 축으로 자리 잡았고, 한국 역시 배터리·수소·재생에너지 연계 정책을 통해 관련 수출과 투자를 확대하고 있다. 지역 차원에서는 낡은 제조 도시·산업단지를 에너지 효율화, 재생에너지 도입, 저탄소 공정 전환 등을 통해 '녹색 전환형 산업도시'로 재편함으로써, 탄소 감축과 동시에 신시장 창출, 녹색 일자리 확대, 지역 자립경제 강화 효과를 기대할 수 있다.

순환 경제는 한 번 쓰고 버리는 선형 경제에서 벗어나, 자원의 재사용·재활용·재생을 통해 가치를 계속 순환시키는 경제 체제다. 즉 생산－소비－폐기의 한 방향 흐름을 끊고, 폐기물을 다시 자원으로 활용하는 '순환의 고리'를 만드는 구조이며, 이 과정에서 제로웨이스트와 자원 선순환이 핵심 가치로 작동한다.

지역 전략 차원에서 순환 경제는 매우 구체적인 실천 요소를 가진다. 산업단지 내에서 기업 간 공정 부산물·폐자원을 서로 주고받는 재활용 네트워크(산업공생·에코산업단지)를 구축하면, 한 기업의 폐기물이 다른 기업의 원료가 되어 비용 절감과 환경 부담 완화를 동시에 달성할 수 있다. 음식물·농산물 폐기물을 바이오가스와 퇴비로 전환하는 설비를 도입하거나, 지역 차원의 업사이클링 클러스터를 조성해 재사용·수리·재제조·재판매를 묶은 산업을 육성하는 그것도 대표적인 전략이다. 여기에 시민 참여형 재활용·분리배출·제로웨이스트 캠페인을 병행하면, 주민의 인식과 행동 변화가 뒷받침된 지역 순환 경제 생태계를 구축할 수 있다.

순환 경제는 단순한 환경 정책이 아니라, 지역 자원을 효율적으로 활용해 경제 구조를 혁신하는 전략이다. 특히 폐자원 재활용·업사이클링·수리·공유 서비스 등을 지역 기업의 신사업으로 연계하면, 기존에 버려지던 자원에서 새로운 부가가치와 일자리를 만들어낼 수 있다. 이는 '환경 보전과 지역 일자리 창출'을 동시에 달성할 수 있는 모델로, 지방 소멸과 산업 공동화에 직면한 지역에 매우 현실적인 해법이 될 수 있다.

녹색산업·순환 경제 중심의 지역 전략은 지역 자원에 맞는 산업전환, 순환형 클러스터 구축, ESG·주민 참여·인재 양성을 한 세트로 묶는 방향이 바람직하다. 첫째, 지역 자원·특성 기반 산업전환이 필요하다. 각 지역이 가진 자연·산업 자원에 따라 해안 도시는 해상풍력·해양 바이오, 농촌은 스마트농업·바이오 순환자원, 공업도시는 폐자원 재활용·탄소 저감 공정 혁신 등으로 녹색 특화모델을 설계해야 한다.

둘째, 녹색 클러스터 및 순환 네트워크를 조성해야 한다. 기존 산업단지를 '그린 산업단지'로 전환해, 공정 간 부산물·에너지·열을 서로 교환하는 산업공생(Industrial Symbiosis) 시스템을 구축하는 방식이다. 덴마크 칼룬보르(Kalundborg) 사례처럼 한 기업의 폐열·폐수·부산물이 다른 기업의 원료가 되는 구조는, 자원·에너지 비용을 줄이면서 환경 성과와 경쟁력을 동시에 높이는 대표 모델이다.

셋째, 지역 단위 ESG 정책 연계가 필요하다. 지방정부가 기후·환경(E), 지역 일자리·포용(S), 투명한 행정·참여 거버넌스(G)를 통합한 ESG 행정을 펴고, 산업·도시·복지 정책을 이 프레임 안에서 조정할 때 녹색산업·순환 경제 전략의 일관성이 확보된다.

넷째, 주민 참여형 순환 경제 활성화가 중요하다. 재활용·제로웨이스트 캠페인, 로컬푸드 순환 시스템, 마을 단위 에너지협동조합 등 시민이 직접 주체가 되는 구조를 설계해야 순환 경제가 행정·기업 중심의 일회성 사업이 아니라 일상적 행동으로 자리 잡는다.

다섯째, 녹색기술 인재 양성과 창업지원이 필수다. 지역 대학·연구기관과 연계한 그린 인재 교육, 재생에너지·배터리·순환자원·친환경 농식품 분야 스타트업 인큐베이팅을 통해 청년이 지역을 떠나지 않고 미래산업을 이끌 수 있는 경로를 만들어야 한다. 이런 요소들이 함께 작동할 때, 녹색산업과 순환 경제는 지방 소멸 위기를 완화하고 지속 가능한 지역경제 생태계를 구축하는 실질적 전략이 될 수 있다.

지역 차원에서 녹색산업과 순환 경제가 자리 잡으면, 환경과 경제, 공동체를 동시에 살리는 다층적인 효과를 기대할 수 있다. 재생에너지·저탄소 제조·자원 순환 산업이 성장하면서 신성장 산업 육성을 통한 지역 경제 활성화와 일자리 창출이 가능해지고, 에너지 효율 향상과 자원 재사용·재활용을 통해 탄소 중립 실현, 폐기물 감축, 생태계 보전에도 이바지할 수 있다.

또한 지역 자원을 지역 안에서 순환시키고, 주민·사회적 경제 주체가 참여하는 순환구조를 만들면 공동체 기반이 회복되고, 안정된 일자리와 쾌적한 환경을 토대로 주민들의 삶의 질이 향상된다. 지방정부가 이를 ESG 관점의 정책·행정과 결합하면, 환경(E)·사회(S)·거버넌스(G)가 통합된 민관 협력 네트워크가 강화되고 정책에 대한 주민 신뢰도도 높아진다.

결국 녹색산업과 순환 경제는 더 이상 '환경 정책'에 그치지 않고, 지역 생존과 경제 회복을 이끄는 새로운 발전 패러다임이다. 자원의 효율적 사용, 지역 맞춤형 녹색 전환, 주민 참여형 순환구조를 결합하면, 지방은 단순한 산업도시를 넘어 '지속 가능한 녹색도시'로 재탄생할 수 있다. 이는 "환경을 지키는 산업"을 넘어 "환경이 산업을 키우는 구조"로의 전환을 의미하며, 이러한 전환이 이루어질 때 지역은 소멸이 아니라 지속 가능한 번영의 생태계로 나아갈 수 있다.

3. 지속 가능 산업생태계 구축

지역 자원의 활용과 산업 융합

지역경제의 지속 가능한 성장은 외부 자본을 유치하는 데서가 아니라, 지역 내부의 자원을 어떻게 발굴하고 융합해 새로운 가치를 만들어 내느냐에서 출발한다는 인식이 점점 강화되고 있다. 과거 지방 발전 전략이 제조업 유치와 도로 · 산단 등 하드 인프라 확충에 초점을 맞췄다면, 이제는 각 지역이 가진 자연환경, 역사 · 문화, 사람과 기술 같은 고유 자원을 기반으로 부가가치를 창출하는 방향으로 패러다임이 전환되고 있다.

특히 디지털 전환과 ESG 경영 확산은 이러한 흐름을 가속화하고 있다. 데이터 · 플랫폼 · 스마트 기술을 활용해 농업 · 제조 · 관광 · 문화 산업을 서로 엮는 산업 융합은, 지역 산업의 혁신과 재생을 동시에 이끄는 핵심 전략으로 주목받는다. 이때 말하는 '지역 자원(Local Resources)'은 단순한 천연자원만을 의미하지 않고, 자연 · 경관, 전통 · 문화 콘텐츠, 지역 인재와 기술 역량, 사회적 관계망과 공동체 자본 등 지역이 지닌 경제 · 사회 · 문화적 잠재력을 포괄한다. 이러한 자원들은 한편으로는 지역의 정체성을 규정하고, 다른 한편으로는 디지털 · ESG

와 결합한 산업 융합의 동력으로 작용하면서, 지속 가능한 지역경제 생태계를 구축하는 기반이 된다.

<표 3-2> 지역 자원의 유형별 내용

구분	주요 내용
자연 자원	농산물, 해양자원, 산림, 생태 경관, 청정에너지 자원 등
인문 · 문화 자원	전통문화, 역사 유산, 지역축제, 지역 브랜드 등
기술 · 산업 자원	지역 기업의 전문 기술력, 산업단지 인프라
인적 자원	숙련 인력, 청년 창업 인재, 사회적 경제기업 네트워크 등

산업 융합은 서로 다른 산업의 경계를 허물고 기술 · 서비스 · 가치를 결합해 새로운 산업을 만드는 과정으로, 지역 자원의 잠재력을 극대화하는 데 특히 유효하다. 농업과 가공 · 유통 · 관광이 결합한 농촌 융복합(6차 산업), 문화 · 콘텐츠와 ICT가 결합한 스마트 콘텐츠 산업, 에너지와 ICT가 결합한 스마트그리드 · 스마트시티 산업 등이 대표적인 예로, 전통 산업의 한계를 넘어 지속 가능한 성장 기반을 마련하는 수단이 되고 있다. 이런 의미에서 '지역 자원을 기반으로 한 융합 산업'은 산업 경쟁력, 지역정체성, 주민 참여를 동시에 강화하는 핵심 혁신 전략이다.

이를 실질적으로 구현하려면, 단순히 지역 자원을 나열하는 수준을 넘어 각 자원의 핵심 가치(core value)를 재정의하는 작업이 필요하다. 예를 들어, '그냥 농산물'을 '친환경 · 건강 이미지를 가진 지역 브랜드 식품'으로, '전통문화 · 축제'를 '관광 · 체험형 콘텐츠 산업'으로, '산림 · 해안 자원'을 '바이오 소재 · 자연생태 관광'으로 확장하는 식의 재해석이 요구된다. 이를 뒷받침하려면 지역 자원 데이터베이스(DB)를 구축해 자연·문화·인적 자원 등을 체계적으로 파악하고, 자원별로 경제·사회·환경 가치를 평가하는 시스템을 마련할 필요가 있다.

또한 기존의 산업단지 중심 물리적 집적 모델에서 벗어나, 산학연, 기업, 공공기관, 시민이 함께 참여하는 개방형 산업생태계로 전환하는 것이 중요하다. 로컬푸드와 사회적 경제기업, 관광·문화 콘텐츠를 연계한 모델, 산림자원과 바이오 소재·웰니스 산업을 융합하는 강원도 사례처럼, 지역 자원 – 혁신 주체 – 시장 수요를 연결하는 융합 구조가 자리 잡을 때 지속 가능한 지역 산업 재생이 가능해진다.

디지털 전환과 ESG 관점에서 지역 자원을 고도화하면, 산업 융합과 지속 가능한 지역 발전이 동시에 가능하다. AI·빅데이터·IoT를 활용한 스마트농업, 디지털 관광 플랫폼, 지역 에너지관리 시스템(EMS) 구축은 생산·가공·유통 전 과정의 효율을 높이고, 서로 다른 산업을 데이터와 플랫폼으로 연결해 확장성을 키운다. 동시에 지역 자원을 단순 생산품이 아닌 '스토리가 있는 브랜드 자산'으로 재해석해, 지역명과 문화 정체성을 반영한 브랜드 전략을 펼치고, 공공과 민간 협력으로 지역 공동 브랜드를 육성하면 국내외 시장에서 신뢰와 인지도를 높일 수 있다. 주민이 자원 발굴, 창업, 관광·서비스 등 가치사슬 전 과정에 참여하도록 지원하면, 산업 활성화를 넘어 공동체 회복과 사회적 가치 창출로 이어진다.

이러한 지역 자원 활용과 산업 융합은 ESG 행정 및 지속 가능 지역 발전과도 밀접히 연결된다. 환경(E) 측면에서는 자원 재활용·친환경 활용을 통해 지속 가능한 지역 생태계를 조성하고, 사회(S) 측면에서는 지역 일자리 창출, 주민 참여, 사회적 경제기업과의 협력을 통해 포용성을 높이며, 거버넌스(G) 측면에서는 다양한 주체가 참여하는 지역 거버넌스를 통해 투명한 의사결정과 상생 구조를 형성한다. 결국 지역 자원을 전략적으로 활용하는 것이 곧 ESG 관점을 내재한 지속 가능 지역 모델을 구축하는 출발점이라 할 수 있다.

지역 자원의 활용과 산업 융합은 지방 소멸 위기에 대응하는 새로운 지역경제 패러다임으로, 외부 자본 의존에서 벗어나 내부 자산을 재해석·재조합하는 전략이다. 과거처럼 공장 유치와 외부 투자에 기대는 방식이 아니라, 각 지역이 보유한 자연·문화·인재·기술을 스스로 연결하고 융합 산업으로 발전시켜야 '자원 의존형 경제'에서 '자원 창조형 경제'로 전환할 수 있다.

이때 지역의 미래 경쟁력은 "무엇을 얼마나 가지고 있느냐"보다, "그 자원을 어떤 방식으로 연결하고 재창조하느냐"에 의해 좌우된다. 농업·관광·문화·디지털·에너지 등을 결합한 산업 융합은 경제 성과뿐 아니라 지역의 정체성과 공동체를 함께 살리는 효과를 가져오며, ESG와 결합하면 환경 보전과 사회적 포용까지 아우르는 지속 가능한 발전 모델이 될 수 있다. 결국 지역 자원을 기반으로 한 산업 융합은 단순한 경제 전략을 넘어, 지방 소멸 시대에 지역정체성과 지속 가능성을 동시에 회복하는 혁신적 발전 경로라 할 수 있다.

지역혁신 클러스터와 일자리 창출

지역혁신 클러스터는 급속한 산업구조 변화와 인구 감소로 활력을 잃어가는 지방 경제를 회복하기 위한 핵심 전략으로 부상하고 있다. 청년층의 수도권 유출과 중소기업 경쟁력 약화가 지역 일자리 붕괴와 지방 소멸 위험으로 이어지자, 단순히 공장을 유치하는 방식이 아니라 기업 · 대학 · 연구기관 · 지방정부가 함께 혁신 생태계를 만드는 지역혁신 클러스터 정책이 중요한 대안으로 주목받는 것이다.

'지역혁신 클러스터'는 특정 지역에 밀집한 기업, 대학, 연구소, 공공기관 등이 지식 · 기술 · 인적 자원을 공유하고 협력해, 해당 지역의 혁신 역량과 산업 경쟁력을 높이는 협력 네트워크를 의미한다. 이는 산업 · 기술 · 인재 · 정책이 융합된 복합 생태계를 기반으로 하며, 기업 간 협력은 물론 공공과 민간의 상호연계, 지역 맞춤형 혁신 전략 추진이 특징이다. 대구 의료기기 · 바이오 클러스터, 전북 농생명 산업클러스터, 광주 친환경 모빌리티 · 에너지 클러스터처럼 지역의 기존 자원을 기반으로 신산업을 육성하고, 이를 통해 지역 일자리와 기술 기반을 만들어 가는 사례가 이러한 모델에 가깝다.

연구에 따르면, 강한 클러스터가 형성된 지역의 산업은 고용과 특허 등 혁신 성과가 더 높고, 새로운 산업도 기존 클러스터가 강한 곳에서 등장할 가능성이 크다. 이는 지식 · 기술 · 인력 · 공급망이 한곳에 모여 서로 작용할수록, 개별 기업이 단독으로는 얻기 어려운 시너지와 외부 효과가 발생하기 때문이다. 이런 점에서 지역혁신 클러스터는 단일 산업단지가 아니라, 지식과 기술, 사람이 연결된 지역혁신 생태계로 이해하는 것이 적절하다.

〈표 3-3〉 지역혁신 클러스터 역할과 기능

구성 요소	지역혁신 클러스터의 주요 역할
기업(산업계)	혁신의 실행 주체, 기술 개발 및 상용화, 지역 일자리 제공
대학·연구기관	R&D 및 인재 양성, 기술이전·산학연 협력의 허브
지방정부	제도적 지원, 인프라 조성, 클러스터 거버넌스 구축
금융·공공기관	투자, 자금 지원, 혁신 펀드 운용
지역사회	사회적 합의 기반 형성, 생활 인프라 지원

지역혁신 클러스터는 단순히 일자리 수를 늘리는 데 그치지 않고, 질 높은 일자리가 순환적으로 만들어지는 구조를 형성한다. 클러스터 안에서는 재생에너지, 바이오 소재, AI·스마트 제조 등 신기술·신제품 개발이 활발해지면서 고숙련 인력을 중심으로 한 새로운 고용 수요가 발생한다. 동시에 지역 대학·연구기관과 기업이 연계한 교육 프로그램(지역 특화 인재 양성, 계약학과, 현장 맞춤형 실습 등)을 통해, 지역 청년이 지역 내 양질의 일자리로 자연스럽게 이어지는 인재 파이프라인이 구축된다.

클러스터 내 협업 네트워크는 중소기업의 기술·인력·시장 접근성을 높여, 개별 기업이 감당하기 어려웠던 연구개발·판로 개척·전문 인력 확보를 공동으로 해결할 수 있게 한다. 창업보육센터, 스타트업 캠퍼스, 혁신 허브 등은 청년 창업과 신생기업 유입을 촉진해, 기존 제조·서비스 일자리뿐 아니라 데이터 분석, 콘텐츠 기획, 클린테크·바이오 스타트업 등 창조형 일자리(Creative Jobs)를 확대한다. 이처럼 지역 혁신 클러스터는 기업·대학·연구·창업이 맞물린 생태계를 통해, 지방의 청년이 "떠나는 곳"이 아니라 "미래 일자리를 찾고 만드는 곳"으로 인식할 수 있는 기반을 만들어 준다.

지역혁신 클러스터를 제대로 구축하려면, 선택과 집중, 협력 플랫폼, 정주 여건, ESG · 디지털, 초광역 협력이 함께 설계돼야 한다. 우선 지역의 비교우위를 기반으로 "할 수 있는 것"이 아니라 "잘할 수 있는 산업"을 선택해, 그 분야의 핵심 기술과 시장 경쟁력을 중심으로 깊이 있는 혁신을 추진해야 한다. 이를 위해 대학 · 기업 · 연구소 · 지방정부가 참여하는 지역 혁신협의체, 기술이전 · 사업화를 돕는 중개 기관, 공동 연구센터 등을 통해 지식이 순환되는 협력 플랫폼을 상시 운영할 필요가 있다.

고급 인재 유입과 청년 정착을 위해서는 일자리뿐 아니라 주거, 문화, 교육 인프라를 함께 개선해 "일하기 좋고 살기 좋은" 환경을 만드는 것이 관건이다. 클러스터 운영에는 환경(E) · 사회(S) · 거버넌스(G)를 반영해 친환경 인프라, 포용적 고용 · 지역 상생, 투명한 의사결정을 기본 원칙으로 삼아야 한다. 동시에 AI · 빅데이터 · IoT를 활용한 스마트 클러스터로 발전시켜, 공정 · 물류 · 인력 · 공간 데이터를 기반으로 효율과 혁신 속도를 높이는 디지털 기반을 갖출 필요가 있다.

마지막으로 개별 시군 단위를 넘어 권역 단위 초광역 협력 모델을 통해 산업 간 시너지를 창출하는 전략이 중요하다. 대구 · 경북의 로봇 · 소재 융합 벨트, 호남권 수소 · 에너지 벨트와 같이, 인접 지역이 서로의 클러스터를 연결해 기술 · 인력 · 인프라를 공유하면, 단일 지역이 감당하기 어려운 규모의 혁신 생태계를 함께 구축할 수 있다.

〈표 3-4〉 지역혁신 클러스터 기대 효과

구분	주요 효과
경제적 측면	지역총생산(GRDP) 증가, 기업 투자 확대, 고용 창출
사회적 측면	청년 유입 및 정착, 지역공동체 활성화
기술적 측면	연구개발 역량 강화, 산업 융합 촉진
행정적 측면	지방정부의 전략적 거버넌스 확립, 정책 효율성 제고

지역혁신 클러스터는 지역 산업 혁신, 인재 양성, 일자리 창출을 한 번에 묶어 내는 지속 가능한 발전 모델이다. 단순히 기업과 공장을 한 곳에 모아두는 집적지가 아니라, 기업·대학·연구기관·지방정부·주민이 지식과 기술, 사람과 자원을 공유하며 혁신이 계속 순환하는 지역 생태계를 만드는 것이 핵심이다.

지방정부는 클러스터를 통해 지역이 잘할 수 있는 특화 산업을 전략적으로 육성하고, 대학·기업·지역 주민이 함께 참여하는 개방형 혁신 체계를 구축해야 한다. 이런 구조가 자리 잡으면, 지역은 외부 투자나 수도권에 의존해 일자리를 "가져오는 곳"이 아니라, 스스로 신산업과 좋은 일자리를 "만드는 곳"으로 전환할 수 있다. 결국 지역혁신 클러스터는 지방이 자립적 성장과 지속 가능한 번영을 실현하는 데 필요한 새로운 지역경제 구조의 핵심 축이라 할 수 있다.

탄소 중립 시대의 산업 경제 비전

21세기 산업 경제의 중심 화두가 '양적 성장'에서 '지속 가능성'으로 이동하고 있다는 점은, 기후 위기와 자원 한계가 더 이상 환경 부문만의 이슈가 아니라 산업 · 경제 시스템 전체의 재구조화를 요구하는 글로벌 과제라는 데서 비롯된다. 2050 탄소 중립은 단순한 온실가스 감축 목표가 아니라, 생산 · 소비 · 에너지 · 기술 패러다임을 바꾸는 국가 · 산업 차원의 비전으로, 산업 경제가 "효율적 생산"에서 "탄소를 줄이는 혁신적 생산"으로, "규모 중심 성장"에서 "지속 가능한 성장"으로 전환해야 함을 의미한다.

탄소 중립(carbon neutrality)은 인위적 온실가스 배출량과 흡수 · 제거량이 균형을 이루는 상태, 즉 배출한 만큼 감축 · 흡수 · 상쇄해 순 배출을 '0'으로 만드는 상태를 뜻한다. 이를 달성하기 위해 산업 부문에서는 에너지 효율 향상과 연료 · 전력 전환을 통한 생산 공정 혁신, 화석연료에서 재생에너지 · 전기 · 수소 등 저탄소 에너지로의 구조 전환, 자원 효율과 재사용 · 재활용을 확대하는 순환 경제 강화가 필수 전략으로 꼽힌다. 이 과정에서 산업은 환경 규제를 수동적으로 따르는 '비용 부담 주체'가 아니라, 저탄소 기술 · 제품 · 서비스를 통해 새로운 시장과 기회를 선점하는 '적극적 혁신 주체'로 변모해야 한다. 탄소 감축은 더 이상 단순한 비용이 아니라, 향후 글로벌 가치사슬과 투자 환경에서 경쟁력을 확보하고, 기후테크 · 청정산업 분야의 성장 기회를 선점하기 위한 전략적 투자 과정이 되고 있다는 점에서 중요성이 커지고 있다.

탄소 중립을 위한 산업 경제 전환은 에너지, 생산 공정, 산업생태계 세 축에서 동시다발적으로 이뤄져야 한다. 첫째, 에너지 패러다임 전환이다. 화석연료 중심 구조에서 재생에너지 · 수소 · 전력 기반 구조로 이동하면서, 재생에너지 전력구매계약(PPA), 청정수소 공급망, 탄소 포집·저장(CCUS) 같은 수단으로 전력·연료를 저탄소화해야 한다. 에너지 효율화 역시 탄소 비용과 에너지비를 동시에 줄여 주는 만큼 규제가 아니라 기업 생존 전략에 가까운 선택이 되고 있다.

둘째, 생산 공정의 디지털·친환경 혁신이다. AI·IoT·빅데이터 기반 지능형 공장과 탄소 추적(Carbon Tracking) 시스템을 구축하면 공정별 에너지·배출 데이터를 실시간 관리할 수 있고, 이를 바탕으로 감축·효율화 조치를 정밀하게 설계할 수 있다. 고효율 설비, 저탄소 소재, 재사용·재순환을 고려한 순환형 공정 설계로 그린 프로덕션 체계를 정착시키면, 생산성과 환경성과를 동시에 끌어올리는 '쌍 효과'를 얻을 수 있다.

셋째, 산업생태계의 순환 경제화다. 개별 기업 차원에서 폐기물·부산물 재활용, 재제조·업사이클링 산업을 키우고, 산업단지·권역 단위에서는 기업 간 부산물·에너지·열을 교환하는 산업공생(Industrial Symbiosis) 모델을 구축해 자원 순환형 시스템을 만들어야 한다. 이런 순환 경제화는 탄소 저감과 자원 절약뿐 아니라 원가 절감, 신사업 창출, 지역 단위의 녹색 일자리 확대라는 실질적 경제 효과로도 이어진다.

탄소 중립은 성장의 족쇄가 아니라, 재생에너지·전기·수소 모빌리티, 이차전지, 탄소 저감 소재·그린수소 등 신성장 산업을 키울 거대한 기회로 인식되고 있다. 글로벌 보고서들도 배터리·태양광·수소·EV 충전 등 기후 대응 기술이 향후 수조 달러 규모의 성장 잠재력을 가진 시장으로 빠르게 부상하고 있음을 보여주며, 이는 과거 반도체·조선처럼 국가 전략산업으로 육성할 가치가 큰 분야로 평가된다.

탄소 중립 전략은 지역 단위에서 구현될 때 효과가 극대화된다. 재생에너지 클러스터, 순환자원·리사이클링 산업단지, 로컬 그린 스타트업 허브 등은 지역의 산업구조를 친환경·첨단 중심으로 재편하면서 지방 소멸 대응과 녹색 일자리 창출을 동시에 달성할 수 있는 모델이다. 이를 위해서는 산업별(철강·화학·시멘트·운송 등) 맞춤형 감축 로드맵, 재생에너지·그린수소·스마트그리드 등 그린 인프라 투자, 디지털·환경 융합형 인재 양성, 기후테크 창업지원을 결합해야 한다. 탄소 중립 투자 펀드, 녹색 채권, 세제 인센티브 등 정책·금융 연계를 통해 기업과 지역이 저탄소 전환을 수익성과 연결된 "비즈니스 경우"로 받아들이게 만드는 것 역시 중요하다.

이 과정에서 기업은 단순 탄소 감축을 넘어 ESG(환경·사회·거버넌스) 가치를 경영 전반에 통합해야 한다. 연구들은 ESG 통합이 브랜드 가치와 이해관계자 신뢰를 높이고, 리스크를 줄이며, 자본 접근성과 혁신 역량을 강화해 장기 경쟁력을 높이는 데 기여한다고 지적한다. 결국 탄소 중립과 ESG는 기업과 지역이 세계 시장에서 지속 가능 경쟁력을 확보하고, 기후 위기를 새로운 성장의 기회로 전환하기 위한 필수 전략이라 할 수 있다.

탄소 중립은 이제 산업 경제에 있어 선택이 아니라 생존 조건에 가깝다. 기후 위기와 탄소 규범이 글로벌 표준이 되면서, 탄소를 줄이지 못하는 산업은 규제·비용·시장 접근성 측면에서 경쟁에서 밀릴 수밖에 없기 때문이다. 이때 탄소 중립은 단순한 환경 규제가 아니라, 낡은 생산 방식을 바꾸고 새로운 시장을 여는 산업 혁신과 국가경쟁력 재구축의 기회로 보아야 한다. 앞으로의 산업 경제는 과거처럼 생산성과 규모 중심의 모델에 머물 수 없다. 에너지 전환, 디지털·그린 기술 혁신, 지역·사회와의 공존이라는 요소를 결합한 새로운 성장 모델로 진화해야 한다. 다시 말해 탄소 중립 시대 산업 경제의 비전은 "탄소를 줄이는 데서 그치는 경제"가 아니라, "탄소 감축 자체를 혁신과 신성장 동력으로 전환하는 경제"를 만드는 데 있다.

이 비전이 정책·기업 전략·지역 발전 전략으로 구체화할 때, 탄소 중립은 비용이 아니라 경쟁력의 다른 이름이 된다. 재생에너지·수소·배터리·순환 경제·ESG 경영이 하나의 산업생태계로 자리 잡으면, 대한민국은 환경과 경제가 상충하는 국가가 아니라 공존·상승하는 지속 가능한 산업 강국으로 도약할 수 있을 것이다.

제4장

농업기술 혁신과 ESG형 스마트 전환

이영호

1. 농업의 구조 변화와 기술 도입의 필요성

고령화와 농촌인구 감소의 현실

한국의 농촌은 오랜 세월 동안 국가 식량안보를 떠받치고 지역공동체를 유지해 온 기반이었다. 그러나 산업화와 도시화가 가속화되면서 젊은 인구는 일자리와 교육, 문화시설을 찾아 도시로 이동하였고, 그 결과 농촌은 인구 유출과 급속한 고령화, 나아가 지역 소멸의 위험에 직면하게 되었다. 특히 2000년대 이후 농촌 지역의 인구 감소는 단순히 사람이 줄어드는 차원을 넘어, 농업 생산 기반의 약화, 마을 공동체의 해체, 농촌 고유의 생활 문화가 사라지는 문제로 이어지고 있다. 농촌의 고령화는 이제 특정 지역의 문제가 아니라, 앞으로 농업과 농촌이 존속할 수 있는지를 가르는 핵심 사회 문제로 부상했다. 이 흐름을 반전시키지 못할 경우, 지속 가능한 농업과 지역경제의 기반 자체가 붕괴할 수 있다는 우려가 커지고 있다.

이미 많은 농촌 지역에서 65세 이상 인구 비중, 이른바 고령화율이 40%에 이르는 곳이 적지 않으며, 이는 전국 평균을 크게 웃도는 수준이다. 일부 군 단위 지역에서는 경제 활동이 가능한 청년층보다 노인 인구가 훨씬 많아, 사실상 노인 두 명이 청년 한 명을 '부양'하는 역전

된 인구 구조가 나타나고 있다. 농업 현장에서도 경영주를 비롯한 종사자의 평균 연령이 60대 후반에 이르고, 40세 이하 청년 농업인은 전체의 2~3%에 불과해 세대 재생산이 거의 이루어지지 못하고 있다. 이에 따라 농업 생산력이 전반적으로 떨어지고, 경작 주체가 사라진 농지가 방치되거나 휴경지로 남는 사례가 늘고 있으며, 지역 내 소비와 서비스 수요가 줄어들면서 농촌 경제도 함께 위축되고 있다.

청년층의 지속적인 이탈은 농촌의 출생률 급감으로 직결되었고, 그 결과 출생아 수보다 사망자 수가 더 많은 인구 자연 감소가 농촌인구 감소의 주된 경로가 되었다. 학생 수가 줄어든 농촌학교는 통폐합과 폐교 위기에 놓이고, 의료와 복지, 교통 같은 필수 생활 서비스는 수요 부족과 재정 한계로 축소되거나 도시로 집중되는 경향을 보인다. 이러한 서비스의 축소는 다시 농촌의 생활 여건을 악화시키며 젊은 세대와 가족 단위 가구의 유입을 가로막고, 남아 있던 인구마저 도시로 떠나게 만드는 악순환을 낳고 있다. 결국 한국 농촌은 인구 구조의 급격한 불균형과 사회·경제·문화 전반의 기반 약화가 서로 맞물리며, 지역 자체의 존속 가능성을 위협받는 구조적 위기에 직면해 있다.

한국 농촌인구 감소의 구조적 원인은 무엇보다도 도시 집중형 경제 구조에서 비롯된다. 산업과 양질의 일자리, 고등교육과 문화 환경이 수도권과 주요 도시권에 과밀하게 쏠리면서, 농촌은 청년층에게 '떠나야 하는 출발점'으로 인식됐다. 그 결과 많은 농촌 지역이 일자리도, 제대로 된 교육기관도, 충분한 의료·문화 시설도 갖추지 못한 채, 말 그대로 '일자리 없는 지역, 교육 없는 마을, 의료 없는 생활권'이라는 현실을 드러내고 있다. 이러한 공간·경제 구조 속에서 농촌은 스스로 인구를 유지·재생산할 수 있는 기반을 상실하고, 청년층의 지속적인 유출과 고령층의 잔류라는 왜곡된 인구 구조를 고착시키게 되었다.

두 번째 원인은 농업의 낮은 소득 구조이다. 통계에서 드러나듯 농가소득에서 농업 이외의 소득이 가장 큰 비중을 차지하며, 2023년 기준 농업 외 소득이 약 39.3%, 이전소득이 33.8%, 농업소득은 21.9%에 불과해 농업만으로는 안정적인 생계를 유지하기 어려운 상황이다. 농가들은 겸업, 연금·보조금 등 비농업·이전소득에 의존해 가계를 유지하고 있으며, 이는 농업을 본업으로 삼으려는 청년들에게 상당한 진입 장벽으로 작용한다. 소득 변동성이 크고, 투자 대비 수익이 불확실한 농업 구조 속에서 청년층은 도시 일자리와 비교했을 때 농촌에 정착할 경제적 유인이 부족하다고 판단하게 되고, 이는 귀농·귀촌을 망설이게 만드는 핵심 요인이 된다.

세 번째 원인은 기후 위기 심화와 그에 따른 농업의 불안정성이다. 최근 이상고온·한파, 가뭄과 집중호우 같은 극단적 기상현상이 잦아지면서 농산물 생산량과 품질의 변동성이 커지고, 농업 경영 리스크가 눈에 띄게 확대되고 있다. 기상재해로 인한 수확량 급감, 병해충 확산, 재배 가능 지역의 북상이 현실화하면서 농업은 더 이상 경험과 관행만으로 안정적인 소득을 기대하기 어려운 산업이 되었다. 특히 고령 농민에게 이런 기후·경영 리스크는 대응 능력을 넘어서는 부담으로 작용해, 생산을 포기하거나 농지를 휴경·방치하는 선택으로 이어지는 경우가 늘고 있다. 이 과정에서 농지 이용률이 떨어지고 마을 단위의 생산 기반이 약화하면서, 농촌 경제 전반의 활력이 추가로 저하된다.

마지막으로 공동체 기반의 붕괴 역시 농촌인구 감소를 심화시키는 중요한 구조적 요인이다. 고령화와 인구 유출이 지속되면서 마을 운영을 담당하던 각종 조직과 자치 기구가 유지도기 어려워지고, 마을회·영농회·부녀회 등 전통적인 협력 네트워크도 약화하고 있다. 마을 주민 수 감소와 세대 단절은 축제·상호부조·공동 작업 같은 공동체 활동을 축소하고, 이는 신뢰와 연대, 호혜성으로 대표되는 지역의 사회적 자본을 빠르게 소모하게 한다. 사회적 자본이 줄어든 지역은 외부 인구를 끌어들이는 힘도, 내부 주민을 붙잡아 둘 끈도 약해져 생활 여건이 더욱 피폐해지고, 결과적으로 '사람이 떠나기 쉬운 곳'으로 굳어지게 된다. 이런 경제·기후·공동체 요인이 서로 맞물리면서 한국 농촌의 인구 감소는 단순한 자연 감소를 넘어, 구조적이고 자기 강화적인 악순환으로 이어지고 있다.

고령화와 인구 감소는 농촌의 생산 기반, 생활 인프라, 행정 운영, 문화적 토대를 동시에 약화하며 지역의 존립 자체를 위협하는 구조적 위기이다. 경제적 측면에서 고령화와 인구 감소는 농업 노동력 부족과 생산력 저하로 직결되어 식량 생산 기반을 약화하고, 외국인 노동력 의존과 생산비 상승을 통해 농산물 경쟁력을 떨어뜨린다. 지역 경제를 떠받치던 상점·서비스업이 위축되고, 소비와 투자도 줄어들면서 지방 재정의 기반이 되는 지역 소득과 세원이 함께 감소한다. 사회적 측면에서는 청년층 부재로 학교 통폐합과 복지·의료 인프라 축소가 이어지고, 마을 운영을 담당하던 자치 조직과 상호부조 네트워크 붕괴로 공동체

결속력이 약해진다. 행정적으로는 인구와 세수가 줄어드는 가운데 광범위한 농촌 공간을 관리해야 해 공공서비스 제공의 한계와 행정 효율성 저하가 심화하며, '적은 재원으로 넓은 지역을 떠맡는' 악조건이 고착된다. 문화적 차원에서는 세대 단절과 공동체 해체로 지역 고유의 축제, 전통 농경문화, 생활 관습이 단절·소멸하면서 농촌만의 정체성과 매력이 약화되어, 다시 인구 유출을 부추기는 악순환이 만들어진다.

이러한 위기를 돌파하기 위해서는 무엇보다 청년 정착형 농촌 정책을 강화하여 '청년이 머무는 농촌'을 만드는 것이 핵심 과제로 떠오르고 있다. 청년 귀농·창업 자금 지원, 영농 초기 생활자금과 농지·금융 지원, 주거·문화 인프라 확충 등을 패키지로 제공해 청년이 농촌에 뿌리내릴 수 있는 정주 기반을 마련해야 한다. 지역 대학, 농업기술센터, 사회적 경제기업이 협력해 지역 특성에 맞는 청년 일자리 모델을 발굴하고, 농업·돌봄·관광·로컬푸드 등 다양한 분야를 연계한 복합 일자리를 만드는 것도 중요하다. 동시에 IoT, AI, 드론, 자동화 농기계, 데이터 농업 등 스마트팜 기술을 적극 도입해 고령화로 인한 노동력 부족을 보완하고, 적은 인력으로도 높은 생산성과 품질을 구현하는 디지털 농업 체계를 구축할 필요가 있다. 이러한 디지털 전환은 농업의 이미지를 '힘들고 수익이 낮은 일'에서 '기술 기반의 첨단 산업'으로 전환해, 농업을 청년이 도전할 만한 미래 산업으로 재정의하는 데 이바지할 수 있다.

농촌의 고령화와 인구 감소 문제를 해결하기 위해서는 복지와 생활 여건 개선, 세대 간 농지 승계 체계, 그리고 지역산업과 연계한 다각화 전략이 종합적으로 추진되어야 한다. 무엇보다 농촌을 단순한 생산 공간이 아니라, 노인과 청년 모두가 살아갈 수 있는 생활공간·공동체로 재구성하는 관점 전환이 중요하다.

먼저 농촌복지와 생활 여건 개선은 여전히 해결해야 할 핵심 과제로 남아 있다. 의료, 돌봄, 교통과 같은 기초 생활 인프라를 확충해 고령층이 일상적인 진료와 요양 서비스를 가까이에서 이용하고, 이동의 제약 없이 사회활동에 참여할 수 있는 기반을 마련해야 한다. 방문 진료, 이동 진료차, 마을 단위 돌봄센터, 공공·공영 교통 체계 등은 고령 농촌 주민의 삶의 질을 지탱하는 최소한의 장치가 될 수 있다. 이와 함께 주거 환경 개선, 응급 대응체계 구축, 정보 접근성을 높이는 디지털 교육 등이 병행될 때 비로소 "머물 수 있는 농촌"에 한 걸음 다가갈 수 있다.

고령농의 은퇴 이후를 체계적으로 관리하는 농지 승계 시스템도 필수적이다. 고령농이 더 이상 경작을 지속하기 어려울 때, 농지를 방치하거나 투기성 매각으로 내보내는 것이 아니라, 공공·협동조합·청년농에게 안정적으로 임대·위탁할 수 있는 제도를 갖출 필요가 있다. 이를 위해 농지은행이나 공익법인이 중개·관리 역할을 맡고, 장기 임대, 수익공유형 위탁경영 같은 다양한 모델을 도입하면, 고령농은 은퇴 후에도 임대수익을 통해 일정한 생활 안정을 누리고, 청년농은 초기 농지 확보 부담을 줄일 수 있다. 이러한 세대 간 농지 승계 체계는 농지의 유휴화와 난개발을 막고, 지역 농업의 연속성을 유지하는 핵심 장치가 된다.

또한 농촌의 지속 가능성을 높이기 위해서는 농업에만 의존하는 단일 구조를 넘어, 지역산업과 연계한 다각화 전략이 필요하다. 농업과 관광, 문화, 에너지 산업을 결합한, 이른바 6차 산업화는 생산(1차), 가공(2차), 유통 · 서비스(3차)를 통합해 부가가치를 높이고, 지역 내 일자리를 다층적으로 만들어낼 수 있다. 로컬푸드 직매장, 농촌체험마을, 농가 민박과 교육농장, 전통문화 · 축제와 연계한 농촌관광, 태양광 · 바이오에너지와 결합한 재생에너지 농업 등 융복합 산업 모델을 통해 지역 안에서 돈과 사람이 순환하는 구조를 만들어야 한다. 이러한 다각화는 청년에게는 새로운 일자리와 창업 기회를, 고령층에게는 경험과 지식을 나눌 수 있는 역할을 제공해 세대 간 공존을 촉진한다.

결국 고령화와 농촌인구 감소는 단지 "사람이 줄어드는 현상"이 아니라, 농촌의 경제, 사회, 문화적 생태계 전반이 붕괴할 위험을 안고 있는 구조적 문제다. 이를 해결하려면 일시적인 인구 유입이나 재정지원에 그칠 것이 아니라, 농촌을 '살 만한 공간, 일할 수 있는 산업, 함께 사는 공동체'로 재편하는 장기적 · 통합적 전략이 필요하다. 기술과 정책은 중요한 수단이지만, 농촌의 미래를 좌우하는 궁극적인 요소는 사람과 공동체의 회복력이다. 청년이 돌아와 새로운 기회를 찾아 도전하고, 고령자가 존중받으며 역할을 이어가고, 지역 자원이 지역 안에서 선순환하는 구조를 만들어갈 때, 농촌은 소멸의 위기를 넘어 "재생과 공존의 공간"으로 거듭날 수 있을 것이다.

한국 농촌은 인구 소멸과 산업 쇠퇴가 동시에 진행되는 구조적 이중 위기 속에 놓여 있다. 통계에 따르면 농가 인구에서 65세 이상 고령 인구 비율은 2024년 55%를 넘어섰으며, 농업 경영주 평균 연령도 60대 후반에 이르는 등 농업의 주축이 이미 고령층으로 이동했다. 이에 따라 생산성 저하와 만성적인 인력난, 국내외 시장에서의 농산물 경쟁력 약화가 가속화되며, 이는 지역경제 축소와 함께 지방 소멸을 촉발하는 핵심 요인으로 작용하고 있다.

동시에 기후 위기 심화와 국제 식량 시장 불안정은 농업이 더 이상 단순한 1차 산업이 아니라, 국가 식량안보와 생존을 떠받치는 기반 산업임을 다시 확인시키고 있다. 이상기후, 가뭄·홍수, 병해충 확산 등으로 생산 리스크가 커지면서 전통적 방식의 농업만으로는 수익성과 안정성을 동시에 확보하기 어려운 국면에 접어들었다. 따라서 생산 효율을 높이면서도 탄소 배출과 자원 낭비를 줄이고, 지역사회에 일자리·복지·공동체 회복 등 긍정적 가치를 창출하는 지속 가능한 기술 혁신 모델이 절실한 상황이다.

이러한 전환의 방향성을 제시하는 개념이 ESG 기반 스마트농업이다. ESG는 환경(Environment), 사회(Social), 거버넌스(Governance)를 아우르는 지속 가능 경영의 원칙으로, 농업에 적용하면 단순한 생산성 향상을 넘어 환경 보전, 지역사회 기여, 투명한 경영 구조까지 포괄하는 농업 혁신 전략을 의미한다. 구체적으로는 IoT, 센서, 빅데이터, AI, 드론, 로봇 등을 활용해 물·비료·에너지 사용을 최소화하면서도 수확량과 품질을 높이는 정밀농업, 스마트팜을 통해 환경 부담을 줄이고 탄소 중립에 기여할 수 있다. 아울러 데이터 기반 의사결정과 투명한 경영, 공정한 거래 구조를 통해 농가소득 안정과 지역사회 신뢰를 높이고, 청년 인재 유입을 촉진하는 새로운 농업 생태계를 구축하는 것이 ESG 스마트농업의 핵심 목표라 할 수 있다.

농업은 토양·물·대기와 직접 맞닿아 있기 때문에, 환경(E) 측면에서 가장 큰 생태 발자국을 남기는 산업 중 하나로 평가된다. 집약적 경작 과정에서 토양 유기물 감소와 화학비료·농약에 따른 토양오염이 발생하고, 관개수와 배수로를 통해 수질 부하가 커지며, 경운·비료 사용·축산에서 배출되는 온실가스는 탄소 배출 증가로 이어진다. ESG 관점의 기술 혁신은 이러한 부정적 영향을 줄이기 위해 탄소 저감형 농법, 지속가능한 농업, 스마트 관개·양분 관리시스템과 같은 환경친화적 기술을 도입하는 방향으로 전개되고 있다. 예를 들어, 순환식 수경재배나 정밀 비료·관개 기술을 적용한 사례에서는 물과 비료 사용량을 20~30% 이상 줄이는 동시에 수량과 품질을 유지·향상한 연구 결과가 보고되며, 이는 곧 자원 절감과 탄소 배출 줄이는 효과로 연결된다. 또한 지속가능한 농업은 토양에 탄소를 저장하고 생물다양성을 높여 온실가스를 최대 40%까지 줄일 수 있는 잠재력을 보이며, 농업 부산물을 에너지·퇴비로 전환하는 바이오 순환 기술은 폐기물을 줄이면서 순환경제형 농업 모델을 가능하게 한다.

사회(S) 관점에서 농업기술의 ESG화는 환경 개선을 넘어 농촌사회의 회복력을 키우는 과정과 맞닿아 있다. 스마트팜, 정밀농업, 디지털 플랫폼 등 새로운 기술은 청년과 여성, 귀농·귀촌 사람에게 농업·농촌에서의 새로운 일자리와 창업 기회를 제공하며, 실제로 스마트팜 청년 창업 보육사업 등은 농업 경험이 없는 도시 청년들이 교육과 실습으로 농업에 진입하도록 돕고 있다. 이러한 교육·지원 프로그램은 단순한 기술 보급을 넘어, 농촌인구 구조를 다변화하고 청년층 유입을 촉진해 사회적 포용성을 높이는 효과를 낸다. 더 나아가 디지털 농업 플랫폼과 협동조합·로컬푸드 직거래망 등은 생산자와 소비자, 도시와 농촌을 연결하는 새로운 사회적 가치망을 형성하여, 농업을 지역사회 돌봄·교육·관광과 결합한 사회적 경제의 장으로 확장한다.

거버넌스(G) 측면에서 기술 혁신이 지속 가능하게 하려면, 데이터의 투명한 관리와 개방, 이해관계자 간 협력 네트워크가 핵심 전제가 된다. 농업 데이터·스마트팜 인프라가 일부 대기업이나 플랫폼에 과도하게 집중될 경우, 농가 종속과 이익 불균형이 심화할 수 있기 때문에, 지방정부·농민·기업·연구기관이 함께 참여하는 의사결정 구조와 공정한 이익 배분 체계를 마련해야 한다는 논의가 커지고 있다. 이를 위해 공공데이터 플랫폼 구축, 표준화된 데이터 공유 규칙, 농민·지역사회 대표가 참여하는 거버넌스 기구 설계 등이 요구되며, 이런 구조가 뒷받침될 때 비로소 'ESG 거버넌스형 농업 생태계'가 작동할 수 있다. 결국 농업 분야의 ESG 기반 기술 혁신은 단순한 효율성과 수익성의 문제가 아니라, 환경 보호, 사회적 포용, 민주적·협력적 거버넌스를 동시에 강화하는 방향으로 농업과 농촌을 재구성하는 과제라 할 수 있다.

스마트농업의 부상과 기술 격차 문제

농업은 기후변화, 인구 고령화, 노동력 부족이라는 삼중의 구조적 위기에 직면해 있으며, 이제 기술 혁신 없이는 지속 가능성을 유지하기 어려운 단계에 들어섰다. 이러한 배경 속에서 스마트농업은 농업의 생산성과 효율성을 동시에 높이는 새로운 대안으로 부상하고 있다. 스마트농업은 IoT, AI, 빅데이터, 드론, 로봇 등 다양한 디지털 기술을 활용하여 작물 생육과 환경을 실시간으로 모니터링하고, 데이터를 기반으로 관개·시비·방제·수확을 자동·정밀하게 제어하는 기술집약적 농업 방식이다.

그러나 이러한 기술 전환은 모든 농촌과 농가에 균등하게 확산하고 있지 않다. 지역 간 통신 인프라 격차, 고령 농업인의 디지털 역량 부족, 초기 투자 비용을 감당하기 어려운 소농·고령농의 재정 여건 등으로 인해, 스마트농업 도입 속도는 세대·지역·농장 규모에 따라 크게 엇갈리고 있다. 한국지능정보사회진흥원(2023) 「디지털정보격차 실태조사」에 따르면 농어민의 디지털 정보 활용 수준이 일반 국민보다 낮고, 디지털 격차가 소득과 삶의 만족도 격차로 이어질 가능성이 크다고 지적한다. 이 격차를 해소하지 못할 경우, 스마트농업은 일부 대규모·자본 집약적 농가와 기업의 전유물이 되고, 중소·고령 농가는 기존의 열악한 구조에 머무르게 되어 농업 내 불평등이 오히려 확대될 위험이 있다.

글로벌 차원에서 보면, 식량안보와 푸드테크에 관한 관심이 높아지면서 스마트농업은 농업을 첨단 산업으로 전환하는 핵심 수단으로 인식되고 있다. 이상기온, 가뭄, 홍수 등 기상이변으로 농업 생산의 불확실성이 커지는 가운데, 스마트 센서와 데이터 분석 기술을 활용한 정밀농업은 기후 데이터와 토양·생육 정보를 결합해 최적의 파종 시기,

물 · 비료 사용량, 병해충 관리 전략을 제시함으로써 기후 리스크에 대응하는 중요한 방법이 되고 있다. 동시에 농업 종사자의 평균 나이가 60대 후반을 넘어서고 생산가능인구가 급감하는 현실에서, 자율주행 트랙터, 수확 · 파종 로봇, 드론 방제 시스템 등 자동화 · 기계화 기술은 노동집약적 농업의 한계를 보완하는 핵심 해법으로 떠오르고 있다. 데이터 기반 농업은 경험과 감에 의존하던 전통적 생산 방식을 넘어, 기후 · 시장 · 생육 데이터를 종합해 합리적이고 예측할 수 있는 의사결정을 가능하게 함으로써, 고령화와 기후 위기 시대에 농업이 지속 가능한 산업으로 남을 수 있는 중요한 기반을 제공한다.

<표 4-1> 스마트농업의 기술 분야와 내용

기술 분야	주요 내용	기대 효과
IoT 센서 기술	토양 · 온도 · 습도 · 수분 자동 측정 및 자료수집	생산 환경 자동 관리
AI · 빅데이터	작황 예측, 병충해 조기 진단, 최적 시비 · 관수	생산성 향상, 비용 절감
드론 · 로봇	파종 · 방제 · 수확 자동화	노동력 대체 및 효율 증대
스마트팜 플랫폼	원격 제어 · 모니터링 시스템	실시간 관리 및 품질 향상

한국은 2020년대 들어 스마트팜 혁신밸리와 디지털 농업 시범단지 조성을 통해 스마트농업을 정책적으로 확산시키고 있으며, 이들 거점은 청년농 창업 · 교육의 중심지로 기능하고 있다. 스마트팜 혁신밸리 내 청년 창업 보육센터에서는 약 20개월에 이르는 장기 교육과 실습, 임대형 스마트팜 제공, 창업자금 연계 등을 통해 청년들이 데이터 기반 경영과 디지털 기술을 학습하고 실제 창업으로 연결하도록 지원하고 있다. 디지털 농업 · 노지 스마트농업 시범 지구에서는 자율주행 농기계, 드론, 센서 · AI 기반 정밀농업 기술을 검증 · 고도화해 향후 농가

보급의 모델을 만들고 있다.

하지만 이러한 성과에도 불구하고 스마트농업의 기술 도입은 규모·지역·세대별로 뚜렷한 격차를 드러내고 있다. 자본과 인력이 상대적으로 풍부한 대규모 기업형·법인 농장은 첨단 설비 투자와 데이터 활용이 활발했지만, 소규모·고령 농가는 초기 시설비 부담과 기술 이해 부족으로 인해 도입이 쉽지 않은 상황이다. 그 결과 같은 작목을 재배하더라도 생산성·품질·판로에서 격차가 벌어지며, 이는 농가 간 소득 격차 확대와 구조적 불평등으로 이어질 위험이 있다. 수도권과 일부 선진 농업지대에서는 통신망과 교육 인프라를 기반으로 스마트농업 확산이 빨랐지만, 농촌 오지와 산간 지역은 통신 인프라와 데이터 접근성이 낮아 디지털 사각지대로 남아 있다는 지적도 나온다. 세대별로도 디지털 수용성이 높은 청년층과 ICT 장비 활용이 어려운 고령층 사이에 생산 역량의 격차가 커지고 있으며, 농가별로 수집되는 데이터가 표준화·공유되지 않아 공공·민간의 통합 활용이 제한되는 문제도 제기된다.

이러한 기술 격차를 완화하기 위해서는 포용적 디지털 농업정책이 필수적이다. 정부와 지자체는 대형 농·스마트팜 단지 중심 지원에서 벗어나, 소농·고령농을 위한 저가형·모듈형 스마트팜 패키지, 임대형·공유형 장비, 순회형 기술 상담과 교육 프로그램을 강화해야 한다는 제언이 나오고 있다. 또한 공공이 보유한 기상·토양·생육·유통 데이터와 시범 지구에서 축적된 데이터를 개방·표준화해, 다양한 민간 서비스와 지역 농가가 쉽게 활용할 수 있도록 하는 것이 중요하다.

이런 포용적 지원 체계가 구축될 때, 스마트농업은 일부 대규모 농가의 전유물이 아니라, 전국 농촌에 확산하는 공동의 인프라로 자리 잡을 수 있으며, 기술 혁신이 농업 내 불평등 확대가 아닌 격차 완화와 지속 가능성 제고로 이어질 수 있다.

전국적으로 4군데(전북 김제, 전남 고흥, 경북 상주, 경남 밀양)에서 진행 중인 '지역형 스마트농업 혁신센터'는 기술 개발·보급, 교육, 실습, 창업지원을 한 곳에서 수행하는 농업형 혁신 클러스터로 운영되고 있다. 이 센터는 스마트팜 실증단지, 교육용 온실, 데이터 분석실, 컨설팅·창업 지원 공간을 갖추고, 지역 농민과 청년, 학생, 기업이 상시로 드나드는 열린 플랫폼이 되는 것이 중요하다.

교육 측면에서는 청년농 중심의 고급 교육과 고령농을 위한 생활형 디지털 교육을 분리·연계해 운영하는 그것이 효과적이다. 청년층에게는 센서·데이터 분석·경영 시뮬레이션 등 심화 교육과 창업 인큐베이팅을 제공하고, 고령농에게는 "스마트폰으로 온도·습도 확인하기", "자동 관수기 조작하기"처럼 일상 작업과 직접 연결된 기초 과정을 반복·체험 중심으로 구성해야 한다. 이때 특정 장비나 소프트웨어 자체보다, 농민이 스스로 데이터를 읽고 선택·판단할 수 있는 활용 역량을 단계적으로 키우는 학습 체계(입문-기초-활용-심화)가 핵심이다.

농업 데이터 측면에서는 공공이 기본 인프라와 규칙을 마련하고, 민간이 다양한 서비스와 솔루션을 제공하는 형태의 공공-민간 공동 거버넌스 모델이 필요하다. 농가별 생육·생산·유통 데이터가 플랫폼 기업이나 일부 기관에 일방적으로 종속되지 않도록, 데이터의 수집·저장·활용 원칙을 투명하게 정의하고, 농민이 자신의 데이터 활용 범위와 이익 배분에 대해 동의·철회할 권리를 보장하는 "데이터 주권" 체계를 마련해야 한다. 이를 위해 농업 데이터 표준, 공공데이터 허브, 농민·지자체·기업·전문가가 함께 참여하는 데이터 위원회 같은 기구를 두는 방식도 생각해 볼 수 있다.

결국 스마트농업은 기후 위기, 인력 부족, 식량안보 위기 속에서 농업의 미래를 여는 중요한 해법이지만, 기술이 발전할수록 그 성과가 일부 대형 농가와 기업에만 집중된다면 농업 내 불평등은 더 심해질 수 있다. 진정한 스마트농업 시대를 위해서는 "어떤 기술을 도입했는가?"보다 "누가 그 기술을 이해하고 활용할 수 있는가?"를 기준으로 정책을 설계해야 한다. 모든 농민이 최소한의 디지털 인프라에 접근하고, 자신의 수준에 맞는 교육과 지원을 받으며, 데이터와 수익에서 정당한 몫을 누릴 수 있는 구조를 만든다면, 스마트농업은 단순한 생산성 향상을 넘어 농촌 재생과 공동체 회복을 견인하는 동력이 될 것이다.

스마트농업은 이미 여러 선진국에서 ESG 가치와 결합해 농업 전환의 핵심 축으로 자리 잡고 있다. 네덜란드는 데이터 기반 수경재배와 자동화 유리온실을 도입해 단위 면적당 생산량을 크게 높이면서, 토마토 1kg 생산에 필요한 물을 노지 대비 80~90%까지 절감하는 등 자원 효율성과 환경성을 동시에 달성하고 있다. 일본은 로봇·데이터·스마트팜을 축으로 한 스마트농업 전략에 더해, 농림수산성의 '녹색 식량 시스템 전략'을 통해 화학농약 50% 감축, 화학비료 30% 감축, 유기농 경지 비율 25% 확대 등 저탄소·환경 목표를 농업정책의 핵심 기준으로 설정하며 ESG 요소를 명시적으로 반영하고 있다. 유럽연합의 'Farm to Fork 전략'은 그린딜 아래 EU 식품 시스템 전체를 공정하고 건강하며 환경친화적인 체계로 전환하는 것을 목표로, 농약 사용·영양 관리·탄소 농업·공정거래·식품 폐기물 감축 등을 포함한 광범위한 ESG 프레임을 구축했다.

이에 비해 한국의 스마트농업 정책은 스마트팜 단지 조성, ICT 장비 보급, 혁신 지구 중심의 인프라 확충 등 하드웨어 중심 기술 보급에 강점이 있지만, ESG 관점에서의 사회적 포용성, 데이터 공유·표준화, 지속 가능 지표 관리 측면은 상대적으로 미흡하다는 지적이 많다. 수도권·선진 농업지대와 농촌 오지·산간 지역 간 통신 인프라 격차, 청년·대규모 농가와 소농·고령농 간 디지털 역량 격차, 농업기술 인력 부족 등은 스마트농업 확산의 구조적 장애 요인으로 작용하고 있다. 또한 개별 스마트팜과 기업·기관에 농업 데이터가 분산·종속되어, 공공성과 투명성을 담보하는 데이터 거버넌스와 ESG 기반 성과지표 관리가 충분히 정착되지 못한 상태다.

이러한 한계를 넘어가기 위해서는 세 가지 방향이 특히 중요하다. 첫째, 농업기술 혁신의 지역 분권화가 필요하다. 중앙 주도 대형 단지 위주의 보급에서 벗어나, 지역 농업기술센터·대학·지자체가 주도하는 분산형 스마트농업 거점과 지역 맞춤형 기술 모델을 육성해야 할 필요성이 있다. 둘째, ESG 지표 기반 기술 평가 체계를 구축해, 스마트농업 사업을 단순한 생산성·수익성뿐 아니라 탄소 감축, 물·비료 절감, 지역 고용, 데이터 개방도 등으로 평가·지원하는 구조를 설계할 필요가 있다. 셋째, 청년·여성·귀농인과 함께 기존 농민을 포괄하는 지속 가능 인력 양성 시스템을 통해 디지털 역량 교육, 현장 실습, 재교육을 체계화함으로써, 기술 혁신의 수혜가 일부에게만 집중되지 않도록 해야 한다. 결국 한국 스마트농업의 다음 단계는 "어떤 장비를 더 설치할 것인가"를 넘어서, ESG 관점에서 기술·사람·지역이 함께 지속 가능해지는 구조를 만드는 데 있다.

지속 가능한 농업의 방향성

오늘날 농업은 기후 위기, 인구 감소·고령화, 식량안보 불안이 동시에 진행되는 복합 위기 속에서 기존의 '많이 생산하는 농업'으로는 더 이상 지속 가능성을 담보하기 어려운 상황에 놓여 있다. 집약적 생산 위주의 방식은 이미 여러 지역에서 토양 유기물 감소와 비료·농약에 따른 토양·수질오염, 과도한 관개로 인한 수자원 고갈을 초래하며 농업의 생태적 기반을 잠식하고 있다. 이런 맥락에서 농업은 생산량 극대화가 아니라, 환경을 보전하면서도 안정적으로 식량을 공급하고 농촌이 유지될 수 있도록 하는 '지속 가능한 농업(Sustainable Agriculture)'으로의 전환을 요구받고 있다.

지속 가능한 농업은 환경을 보호하면서도 농가의 경제적 viability와 농촌공동체의 사회적 안정을 함께 추구하는 농업 시스템을 뜻한다. 유엔 지속가능발전목표는 목표 2에서 "기아 종식, 식량안보 및 영양 개선, 지속 가능한 농업 촉진"을 제시하며, 세부 목표 2.4를 통해 2030년까지 생산성과 생산을 높이는 동시에 생태계를 유지하고, 기후변화와 극단적 기상에 적응할 수 있는 회복력 있는 능업을 구현할 그것을 요구한다. 이는 지속 가능한 농업이 단순한 친환경 재배 기술을 넘어, 기후 적응력 강화, 토양 · 수질 · 생태계 보전, 소농과 취약계층의 생계 안정, 지역 식량 체계 강화까지 포괄하는 총체적 시스템 전환임을 의미한다.

이러한 전환의 핵심은 환경적, 경제적, 사회적 지속 가능성이라는 세 축이 균형을 이루는 데 있다. 환경적 측면에서는 토양 건강과 물 · 생물다양성 보전을 전제로 탄소 배출과 오염을 줄이는 농법이 요구되며, 경제적 측면에서는 농가가 장기적으로 수익성과 안정성을 확보할 수 있어야 한다. 사회적 측면에서는 농업이 공정한 노동 조건과 농촌 생계, 지역공동체의 유지, 건강한 식품 접근권 보장에 이바지해야 한다는 기준이 포함된다. 결국 지속 가능한 농업은 환경 · 경제 · 사회 세 영역이 서로를 뒷받침할 때 비로소 성립하며, 다음 세대까지 농업과 농촌이 존속할 수 있는 길을 여는 패러다임으로 자리 잡고 있다.

<표 4-2> 지속 가능한 농업과 핵심 목표

지속 가능한 농업 구분	내용	핵심 목표
환경적 지속 가능성	토양 · 물 · 생태계 보전, 온실가스 감축, 생물다양성 유지	기후 위기 대응형 농업 체계 구축
경제적 지속 가능성	생산 효율성, 농가소득 안정, 지역경제 순환	농업의 자립성과 시장 경쟁력 강화
사회적 지속 가능성	농촌공동체 유지, 세대 간 계승, 사회적 가치 창출	지속 가능한 일자리와 공동체 복원

지속 가능한 농업으로의 전환을 위해서는 무엇보다 환경을 중심에

둔 생산 시스템을 구축하는 것이 중요하다. 지금까지의 농업이 수확량 확대를 목표로 화학비료와 농약에 과도하게 의존해 왔다면, 앞으로의 농업은 이 의존도를 줄이고 유기농, 생태농업, 탄소 저감형 농법으로, 점진적으로 전환해야 한다. 물 사용을 최소화하는 관개 방식, 토양 유기물을 꾸준히 보충하는 경작 관리, 농경지 주변의 숲·초지·습지를 보전해 생물다양성을 유지하는 노력은 모두 기후 충격과 재해에 버티는 생태적 회복력을 높이는 기반이 된다. 동시에 농업 부문의 온실가스를 줄이기 위한 탄소 농업을 도입해, 토양과 식생에 탄소를 저장하는 농법을 체계적으로 확산할 필요가 있다.

이 과정에서 IoT, 드론, 빅데이터를 활용하는 스마트농업은 생산 효율을 높이면서도 물·비료·에너지 같은 자원 낭비를 줄이는 핵심 수단이 된다. 포장마다 설치된 센서와 위성·드론 영상, 기상 데이터를 결합하면 작물의 생육 상태와 토양수분, 양분 수준을 정밀하게 파악할 수 있고, 이를 바탕으로 관개와 시비, 병해충 방제를 자동·정밀하게 수행하는 정밀농업이 가능해진다. 기후변화로 기상 변동성이 커지는 상황에서, 이러한 예측 기반 경작과 자동 환경제어 시스템은 리스크를 줄이고 안정적인 생산을 뒷받침한다. 여기에 더해 농업 내부에서 발생하는 각종 부산물을 다시 자원으로 순환시키는 시스템도 중요하다. 작물 잔재와 가축분뇨를 퇴비화해 토양으로 되돌리고, 축산 폐기물을 바이오가스로 전환해 에너지로 활용하며, 농산물 부산물을 재가공품이나 사료·바이오 소재로 활용하는 방식은 환경 부담을 낮추면서 지역경제를 다층적으로 순환시키는 효과를 낸다.

궁극적으로 지속 가능한 농업은 단지 경작 기술을 바꾸는 문제에 그치지 않고, 농촌사회 자체의 지속 가능성과 직결된 과제다. 지역 대학은 연구와 인력 양성을, 지방정부는 제도와 인프라를, 지역 기업은 투자와 사업화를 담당하며 서로 협력해 지역형 농업 생태계를 만들어가야 한다. 그 안에서 청년 귀농과 청년 농업인 육성을 통해 인구 구조를 재구성하고, 로컬푸드 시스템을 통해 지역 내에서 생산·유통·소비가 순환하도록 하며, 농촌관광과 체험, 문화·에너지 사업을 결합해 농업을 다각화된 지역 산업으로 키워가는 것이 필요하다. 이런 흐름이 자리 잡을 때, 농업은 환경을 해치는 산업이 아니라 생태계를 회복하고 지역 공동체를 다시 세우는 지속 가능한 기반 산업으로 거듭날 수 있다.

ESG 관점의 농업 경영 체계는 환경(E), 사회(S), 거버넌스(G)를 농업의 설계·생산·유통·소비 전 과정에 반영하는 제도적 틀이다. 환경 측면에서는 탄소 배출 감축, 물·토양·생물다양성 보전, 자원 순환 구조를 기준으로 농장을 관리하고, 사회 측면에서는 농업이 지역 일자리·공정한 노동·농촌복지와 어떻게 연결되는지를 중시하며, 거버넌스 측면에서는 농민·지역사회·지자체·기업이 함께 의사결정에 참여하는 투명한 구조를 만들어야 한다. 이렇게 구축된 ESG 농업은 단순한 "이미지 개선"이 아니라, 안전성과 책임성을 중시하는 소비자에게 신뢰를 주고, 국제 시장에서 요구하는 지속 가능성 기준을 충족하는 데 필수적인 기반이 된다.

네덜란드는 스마트팜과 에너지 효율형 온실을 바탕으로 작은 국토에도 불구하고 세계적인 농산물 수출국으로 성장한 대표적인 사례로,

고도의 기술과 환경 효율을 결합해 "많이, 하지만 적게 쓰면서" 생산하는 구조를 만들어냈다. 일본은 지방정부가 중심이 된 '지속 가능 농촌 마을' 부류의 사업을 통해 고령농을 지원하면서 동시에 청년농 정착을 유도하는, 사회적 포용과 지역 유지에 초점을 둔 모델을 모색해 왔다. 우리나라에서도 전북 완주의 로컬푸드 운동, 경남 창녕의 친환경 양파 농업처럼, 지역 안에서 생산과 소비를 연결하고, 친환경 방식으로 부가 가치를 창출하며, 주민 참여를 기반으로 운영되는 사례들이 지역 순환형 ESG 농업 모델로 평가받고 있다.

이러한 흐름 속에서 지속 가능한 농업은 더 이상 선택이 아니라 농업·농촌이 살아남기 위한 최소 조건으로 자리 잡고 있다. 기후 위기와 인구 변화가 심화하는 시대에 농업은 단순한 1차 산업을 넘어 환경, 경제, 사회적 지속 가능성을 잇는 핵심 축으로 재정의되어야 한다. 앞으로의 농업은 "얼마나 많이 생산했는가?"보다 "어떤 가치를 담아 생산했는가?", "당장의 이익"보다 "다음 세대까지 이어질 수 있는가?"를 기준으로 평가받게 될 것이다.

지속 가능한 농업기술 혁신을 위해서는 탄소, 데이터, 인력, 평가 체계를 아우르는 종합적인 정책 전환이 필요하다. 첫째, 탄소 저감형 농업기술 확산 시스템을 체계적으로 구축해야 한다. 정밀농업, 스마트 관개, 친환경 비료·재생농업 기술은 물 사용 효율과 토양 건강, 온실가스 감축에 유의미한 효과를 보여, 이를 중심으로 한 기술 인증제와 보조·세제 혜택 같은 인센티브 제도를 설계할 필요가 있다. 이를 위해 농업 부문의 탄소 배출과 흡수량을 지역·작목 단위로 계량하는 탄소 회계(carbon accounting) 체계를 도입하고, 물 사용 효율, 토양 유기물 · 탄소량, 생물다양성, 에너지 사용 등 지표를 포함한 '농업 ESG 지표'를 개발해 정책 · 보조금과 연계하는 방안이 요구된다.

둘째, 농업 데이터 플랫폼과 기술 거버넌스를 강화해야 한다. 현재 농업 데이터는 기관 · 기업 · 농가별로 분절되어 있어, 이를 통합 관리하고 공공기관 · 농민 · 기업이 안전하게 공유할 수 있는 "데이터 개방형 생태계"를 만드는 그것이 중요하다. 이를 위해 국가 · 지자체 차원의 농업 데이터 허브를 구축하고, 데이터 표준과 상호운용성 규칙을 마련해 기상 · 토양 · 생육 · 유통 데이터를 연계 활용하도록 해야 한다. 동시에 농촌진흥청, 지역 농업기술센터, 민간기업이 참여하는 공동 연구 · 실증 · 검증 체계를 제도화해, 현장 데이터를 기반으로 한 기술 검증과 피드백이 순환되도록 거버넌스를 설계해야 한다.

셋째, 스마트농업 인력 양성과 사회적 포용 정책을 강화해야 한다. 청년농과 귀농 · 귀촌인을 대상으로 한 스마트쿰 · ESG 농업 교육은 이미 일부 지역에서 시행되고 있으나, 이를 지방정부 단위로 확산해 지역별 특화 교육과 창업지원을 결합한 프로그램으로 발전시켜야 한다. 동시에 여성농업인과 고령농을 위한 기초 디지털 교육, 생활형 스마트 농업 교육(스마트폰 · 간편 센서 · 자동 관수기 활용 등)을 정례화해, 기술 도입이 특정 계층에만 집중되지 않도록 하는 것이 중요하다. 이렇게 인력 양성과 포용 정책이 결합할 때, 스마트농업은 일부 대규모 농가의 특권이 아니라 모든 농가가 접근할 수 있는 기반 기술로 자리 잡을 수 있다.

넷째, 지속 가능 농업기술 평가 및 인증체계를 도입해야 한다. 지금까지는 보급 면적, 매출, 수익성 등 단기 실적 위주로 농업기술과 R&D 성과를 평가했다면, 앞으로는 환경성과(탄소·물·토양·생물다양성), 사회적 기여(지역고용, 안전·복지, 소농·취약계층 포용), 운영 투명성·데이터 거버넌스 등 ESG 3축을 반영한 평가 체계를 적용할 필요가 있다. 이를 토대로 기술·사업에 대한 공적 지원과 인증을 연계하면, 연구개발과 현장 보급의 방향이 단기적인 생산성 확대를 넘어 장기적인 지역사회 기여와 지속 가능성 강화 쪽으로 자연스럽게 유도될 수 있다. 이와 같은 정책적 접근이 함께 추진될 때, 농업기술 혁신은 단순한 디지털 전환을 넘어, 환경을 지키고 사람을 살리며 지역을 유지하는 지속 가능한 농업 체계로 이어질 가능성이 커진다.

2. ESG 중심의 농업기술 혁신

친환경 · 저탄소형 재배 기술

기후 위기 시대에 농업은 극심한 기상이변과 생태 변화에 가장 먼저 타격을 받는 피해자인 동시에, 상당한 온실가스를 배출하는 산업이라는 점에서 이중적 위치에 서 있다. FAO와 여러 연구에 따르면 농업 · 임업 · 토지 이용 부문은 전 세계 온실가스 배출의 약 20% 안팎을 차지하며, 농경지 개간과 토양 파괴, 질소 비료 사용, 축산에서 배출되는 메탄과 아산화질소가 주요 원인으로 지적된다. 이런 현실은 과거의 생산량 중심 농업에서 벗어나, 환경 보전과 탄소 감축을 함께 달성하는 지속 가능한 재배 방식으로의 전환이 더 이상 미룰 수 없는 과제임을 보여준다. 그 전환의 중심에 놓인 것이 바로 친환경 · 저탄소형 재배 기술이다. 이 기술들은 단순히 환경 피해를 줄이는 보조수단이 아니라, 생산 효율과 품질을 유지 · 향상하면서 미래 식량안보와 농업의 생존 전략을 뒷받침하는 핵심 방향으로 자리매김하고 있다.

친환경 · 저탄소 재배 기술은 농업의 전 과정에서 에너지 사용과 온실가스 배출량을 감축하면서도, 생산성을 일정 수준 이상 유지하거나 오히려 높이는 것을 목표로 한다. 화학비료 · 농약 투입을 줄이는 대신,

퇴비 · 유기질 비료 · 녹비 작물 등 자연 유래 자원을 활용해 토양 유기물과 미생물 활동을 회복시키는 유기농업과 보존농업이 대표적인 접근이다. 병해충 방제에서는 해충의 천적 곤충, 유익 미생물 제제, 식물 추출물 등 생물적 방제 기술을 활용해 생태계에 대한 부정적 영향을 최소화하고, 화학 농약에 따른 토양 · 수질 오염과 비점오염을 줄이려는 노력이 확산하고 있다. 이러한 방식은 단기적으로는 관리와 기술 습득이 더 요구되지만, 중장기적으로는 토양 내 탄소와 질소 순환을 안정화하고, 토양 탄소 저장량을 높여 기후변화 완화에 이바지할 수 있다는 점에서 주목받고 있다. 결국 친환경 · 저탄소 재배 기술은 "생태적 효율성과 생산성의 조화"를 지향하는 농업으로 나아가는 구체적 경로이며, 농업을 기후 위기의 일방적 가해자가 아닌 해결의 일부로 전환하는 핵심 수단이 되고 있다.

기후 위기 시대에 농업은 극심한 기상이변과 생태 변화에 가장 먼저 타격을 받는 피해자인 동시에, 상당한 온실가스를 배출하는 산업이라는 점에서 이중적 위치에 서 있다. FAO와 여러 연구에 따르면 농업 · 임업 · 토지 이용 부문은 전 세계 온실가스 배출의 약 20% 안팎을 차지하며, 농경지 개간과 토양 파괴, 질소 비료 사용, 축산에서 배출되는 메탄과 아산화질소가 주요 원인으로 지적된다. 이런 현실은 과거의 생산량 중심 농업에서 벗어나, 환경 보전과 탄소 감축을 함께 달성하는 지속 가능한 재배 방식으로의 전환이 더 이상 미룰 수 없는 과제임을 보여준다. 그 전환의 중심에 놓인 것이 바로 친환경 · 저탄소형 재배 기술이다. 이 기술들은 단순히 환경 피해를 줄이는 보조수단이 아니라, 생산 효율과 품질을 유지 · 향상하면서 미래 식량안보와 농업의 생존 전략을 뒷받침하는 핵심 방향으로 자리매김하고 있다.

농업 부문의 저탄소 전환을 이끄는 핵심 축 가운데 하나는 비료 · 물 · 에너지 사용을 줄이면서 온실가스 배출을 낮추는 정밀 관리 기술과 보전 농법, 순환자원 활용 시스템이다. 질소 비료는 농경지에서 발생하는 아산화질소(N_2O)의 주요 원인 가운데 하나로, 농업 온실가스 감축의 핵심 대상으로 지목된다. 정밀 시비 시스템은 작물 생육과 토양 상태 데이터를 활용해 필요한 시기 · 구역에 필요한 양만 비료를 공급하는 방식으로, 과다 시비를 줄여 N_2O 발생과 양분 유실을 동시에 낮출 수 있다. 이 과정에서 드론과 위성 · 센서 기반 기술은 포장별 질소 요구량을 파악하고, 비료를 공간 · 시간상으로 세밀하게 나눠 살포하는 도구로 활용되며, 생산성 저하 없이 온실가스와 비용을 줄이는 스마트 저탄소 농업의 핵심 수단으로 평가된다.

수분 · 에너지 효율형 재배 시스템 역시 중요한 역할을 한다. 스마트 관개 기술은 토양수분, 기상 조건, 작물 생육 정보를 실시간으로 분석해 관개 시점과 물량을 자동으로 조절함으로써, 기존 방식에 비해 물 사용을 15~30% 이상 절감하면서도 수량과 수결을 유지 · 향상하는 가능성을 보여주고 있다. 여기에 태양광, 지열 등 재생에너지 기반 온실 시스템을 도입하면 난방과 조명에 쓰이는 화석연료 의존도를 낮추고, 일부 시범 사업에서는 탄소 중립형 온실 모델을 구현하려는 시도가 이루어지고 있다.

토양 탄소 저장과 보전 농법은 농지를 탄소 배출원이 아니라 흡수원으로 바꾸는 전략이다. 보전농업은 경운을 최소화하고 작물 잔재물을 토양 표면에 남겨 유기물을 축적하는 방식으로, 토양 교란을 줄여 유기탄소의 산화를 억제하고 장기적인 탄소 저장을 늘릴 수 있다. 돌려짓기, 피복재배, 사이짓기와 같은 심기 차례는 토양 유기물 함량과 구조를 안정화하고, 질소 고정 작물 도입을 통해 비료 의존도를 줄이면서 토양의 탄소흡수 기능을 강화한다. 일부 연구와 현장에서는 벼 위주의 담수 논 대신 두류나 혼작 등 논 습지형 작물을 도입해 메탄 배출을 낮추는 시도도 이루어지고 있다.

순환형 자원 활용과 폐기물 저감 기술은 농업을 지역 순환 경제의 중심으로 만드는 기반이다. 농산 부산물과 축산 분뇨를 퇴비화하면 토양으로 양분과 유기물을 되돌려 화학비료 사용을 줄이는 동시에, 적절한 관리로 악취·수질오염을 완화할 수 있다. 축산 분뇨·식물성 잔재를 바이오가스로 전환하는 시스템은 폐기물 처리와 재생에너지 생산, 비료성 소화액·퇴비 생산을 결합한 모델로, 온실가스 감축과 에너지 자립, 농가·지역 소득 다변화에 이바지할 수 있다. 더불어 농업 플라스틱, 농약 용기 등의 수거·재활용 체계를 강화해 '제로 웨이스트 농업'에 가까워질수록, 농업은 환경 부담을 줄이면서도 지역 내부에서 자원과 가치가 순환하는 농업 생태계를 구축하게 된다.

지속 가능·저탄소 농업기술이 확산하려면 기술, 교육, 인센티브, 제도 측면의 구조적 장애를 함께 풀어야 한다. 무엇보다 기술 접근성의 불균형을 줄이는 그것이 급선무다. 현재는 자본과 정보가 상대적으로 풍부한 대규모·스마트 농장이 최신 설비와 데이터를 빠르게 도입하는 반면, 중소·고령 농가는 초기 투자비와 운영 부담 그 때문에 기후 스마트 기술을 활용하기 어렵다는 지적이 많다. 이를 완화하려면 저비용·보급형 센서, 간편 자동 관수·시비 장치, 공유·임대형 장비처럼 소농에게 맞는 기술 패키지를 개발·보급하고, 설치·유지관리까지 묶은 서비스형 모델을 확산할 필요가 있다.

교육과 인식 부족 문제도 크다. 여러 조사에서 기후 스마트 농업기술의 효과가 입증됐음에도, 상당수 농민은 관련 정보와 이해 수준이 낮고, 특히 고령농일수록 새로운 기술에 대한 심리적 장벽이 큰 것으로 나타난다. 따라서 이론 위주의 일회성 교육이 아니라, 농촌 현장에서 반복적으로 체험하고 바로 적용해 볼 수 있는 실습 중심, 작목·나이별 맞춤형 교육 체계가 필요하다.

경제적 인센티브 확대 역시 핵심 과제다. 친환경·저탄소 재배는 장기적으로 토양과 수익에 긍정적이지만, 초기 전환 비용과 수익 불확실성 때문에 농민의 자발적 참여가 쉽지 않다. EU 공동농업정책(CAP)의 에코 제도처럼, 탄소 저감·탄소 저장 농법을 실천한 농민에게 직접지불금이나 보조금을 지급하는 제도는 탄소 농업 확산에 실질적 동기를 부여하는 사례로 꼽힌다. 우리나라에서도 농업형 탄소배출권, 감축 실적 기반 보상제 등 결과 연동형 유인책을 설계해 농민이 환경성과를 '수입'으로 체감할 수 있게 해야 한다는 논의가 나온다.

마지막으로 정책·제도의 분절성을 극복하는 통합 거버넌스가 필요하다. 현재 농업, 환경, 에너지 정책이 서로 다른 부처·법 체계 아래에서 운영되면서, 농민 처지에서는 복잡하고 어긋난 신호를 받기 쉽다.

EU가 그린 거래와 CAP를 연계해 기후·환경 목표를 농업 보조의 핵심 기준으로 삼고, 탄소 농업 지원을 통합 프레임에서 설계하려는 것처럼, 한국도 부처 간 협력을 전제로 한 '통합 농업 탄소 정책 플랫폼'을 구축할 필요가 있다. 일본의 일부 지방정부가 무경운·재생에너지 온실 등을 패키지로 도입해 지역 단위 감축 목표를 관리하는 사례는, 지역 차원의 통합 접근이 가능함을 시사한다. 이러한 과제들을 해결해 나갈 때, 친환경·저탄소 농업기술은 일부 선도 농가의 실험을 넘어, 중소농과 고령농을 포함한 전 농가가 참여하는 '포용적 전환 전략'으로 자리 잡을 수 있다.

친환경·저탄소형 재배 기술은 기후 위기 시대에 농업이 생존하기 위해 반드시 선택해야 할 전략이자, 장기 경쟁력을 좌우하는 핵심 축으로 인식되고 있다. 생산성을 얼마나 높였는가만으로 농업을 평가하던 시대는 지나가고, 앞으로의 농업은 얼마나 탄소 배출을 줄이고, 얼마나 많은 자원을 순환·재생하는 체계를 갖추었는지가 중요한 기준이 되고 있다. 다시 말해, 농업은 더 이상 자연을 일방적으로 소비하는 산업이 아니라, 자연과 물질·에너지가 순환하는 구조 속에서 생산과 환경 보전이 함께 이뤄지는 산업으로 변화해야 한다는 요구에 직면해 있다.

이를 위해 정부와 공공부문의 역할은 기술보급과 인센티브 설계에 있다. 저탄소·순환농업 기술에 대한 연구개발과 보급 지원을 강화하고, 탄소 감축과 자원 순환 실적에 따라 보상을 제공하는 제도적 장치를 마련하면, 농가가 친환경·저탄소 재배 방식을 '비용'이 아니라 '투자'로 인식할 수 있다. 동시에 농민은 각자의 현장에서 토양 관리, 정밀

투입, 순환자원 활용 등 실천할 수 있는 기술부터 단계적으로 도입하며, 자신의 농장을 '자연과 순환하는 시스템'으로 전환해 나가는 주체가 되어야 한다.

친환경 · 저탄소 재배 기술이 특별한 시범 사업이 아니라 일상적인 농업 관행으로 자리 잡을 때, 한국 농업은 국제적 환경 규범과 시장 요구에 맞는 지속 가능성을 확보함과 동시에, 자원 절감과 품질 향상을 통해 경쟁력도 함께 높일 수 있다. 이런 방향 전환은 농업을 기후 위기 대응의 부담이 아닌 해법의 일부로 만들고, 미래 세대에게도 유지 가능한 농촌과 식량 체계를 물려줄 수 있는 토대가 될 것이다.

데이터 · AI 기반 농업 의사결정

농업은 오랫동안 농민의 경험과 직관에 의존해 운영됐지만, 기후변화, 병해충 확산, 노동력 부족 등 불확실성이 커진 오늘날에는 데이터와 인공지능이 농업의 성패를 좌우하는 핵심 도구로 떠오르고 있다. 데이터 · AI 기반 농업은 작물 재배에서 유통 · 소비에 이르기까지 전 과정에서 센서, 드론, 위성, 기상 정보 등으로 수집한 데이터를 토대로 의사결정을 내리는 체계로, 감(感)에 의존한 전통적 농업을 정량적 분석과 예측에 기반한 지능형 농업으로 전환하는 과정이다.

데이터 기반 농업에서는 토양수분과 온도, 공기 습도, 일사량, 작물생육 상태 같은 정보가 IoT 센서와 원격탐사를 통해 실시간으로 모인다. 여기에 위성 · 드론 영상이 더해져 작물의 생육 균일도, 병해충 피해, 수분 스트레스 영역을 공간적으로 파악할 수 있고, 이러한 데이터는 정밀 관개 · 시비, 병해충 방제, 수확 시기 결정 등에 활용된다. AI는 축적된 과거 · 현재 데이터를 학습해 수확량을 예측하고, 병해충 · 질병 발생 가능성을 조기에 진단하며, 물 · 비료 · 에너지 투입량을 자동으로 최적화하는 등 의사결정의 정확도와 속도를 크게 높인다. 연구에 따르면 AI · 정밀농업 시스템은 물 사용량을 20~30% 줄이면서도 수확량 예측 정확도와 자원 효율을 향상하는 것으로 보고되며, 이는 비용 절감과 환경 부담 완화라는 이중의 이익으로 이어진다. 이러한 데이터 · AI 기반 시스템은 스마트팜의 기술적 토대이자 농업의 디지털 전환을 이끄는 핵심 인프라로, 기후 위기 시대 농업의 지속 가능성과 경쟁력을 동시에 뒷받침하는 역할을 하고 있다.

<표 4-3> AI 기반 주요 기술과 활용

구분	AI 기반 주요 기술	기능 및 활용
데이터 수집	IoT 센서, 드론, 위성영상	토양수분 · 기온 · 광량 · 생육 상태 실시간 측정
데이터 저장/분석	클라우드 · 빅데이터 플랫폼	방대한 농업 데이터 통합 · 분석
AI 의사결정	머신러닝 · 딥러닝 모델	병충해 예측, 생산계획, 자원 투입 최적화
스마트 제어	자동 관수 · 시비 · 환기 시스템	AI가 환경 정보 기반으로 자동 조절
서비스 확산	농업 데이터 플랫폼, 앱 기반 서비스	농민이 모바일로 경작 의사결정 지원 받음

데이터 · AI 기반 농업은 생산성을 높이고 비용과 리스크를 줄이면서, 농업을 첨단 산업으로 전환하는 핵심 수단으로 작동한다. 실제 현장에서 가장 먼저 나타나는 변화는 수확량과 품질의 향상이다. 스마트 센서와 제어 시스템으로 온도 · 습도 · 양분 등을 실시간 관리하면, 작물 생육환경을 일정하게 유지할 수 있어 수확량 증가와 품질 균질

화가 동시에 이루어진다. 여러 연구와 사례에서 AI 기반 정밀 관개 · 시비 시스템 도입 시 물 사용량을 최대 25~30% 줄이면서도 수확량이 10~20% 이상 증가하거나, 예측 정확도 향상과 함께 20% 내외의 생산성 개선 효과가 보고되고 있다. 이런 정밀 투입은 비료 · 물 · 에너지의 낭비를 최소화해 비용과 환경 부담을 함께 줄이고, 데이터에 기반한 의사결정이 환경 보전과 경영 효율성을 동시에 달성하는 기반이 된다.

AI와 빅데이터는 농업을 '위험 관리형 경영 체계'로 바꾸는 역할도 한다. 기상 · 토양 · 생육 데이터를 장기적으로 축적 · 분석하면 병해충 발생 가능 구역과 시기, 가뭄 · 이상고온 등 기상리스크를 사전에 예측하여, 방제 · 관개 · 수확 시기를 미리 조정할 수 있다. 이는 병해충과 기상이변에 뒤늦게 대응하던 방식에서, 데이터를 바탕으로 위험을 선제적으로 관리하는 경영방식으로의 전환을 의미한다. 더 나아가 경험 · 감에 의존하지 않고 정량 정보에 기반해 경영할 수 있으면서, 농업은 젊은 세대에게도 데이터 · 프로그래밍 · 분석 역량을 살릴 수 있는 첨단 산업으로 인식되고, 진입 장벽이 낮아지는 효과를 낳는다.

국내외 사례도 이러한 변화를 뒷받침한다. 농촌진흥청이 구축한 스마트팜 빅데이터 플랫폼은 시설 농가에서 수집된 온도, 습도, 일사량, 생육 · 수량 데이터를 통합해 분석하고, 작물별 최적 생육 모델과 제어 기준을 농가에 제공하는 체계를 운영 중이다. 전남 · 전북 등지의 스마트 양식 · 지능형 농장 단지에서는 수질 · 환경 데이터를 AI로 분석해 사료 공급량과 환경 관리를 최적화하고, 노동력과 사료 · 에너지 비용을 줄이면서 생산성을 높이는 시범 사업이 진행되고 있다. 해외에서는 네덜란드의 정밀농장들이 AI를 활용해 포장별 비료·관개 처방을 자동 계산하고, 미국의 'Climate FieldView' 같은 플랫폼이 위성영상과 기상·토양 데이터를 기반으로 파종·시비 처방도를 제공해 농가의 수익성을 높이는 데 활용되고 있다.

이처럼 데이터·AI 기반 농업은 "농민의 감각을 대체하는 기술"이 아니라, 감각과 경험을 수치화·체계화함으로써 위험을 줄이고 수익과 지속 가능성을 동시에 높이는 새로운 농업 패러다임이다. 이러한 시스템이 농촌 전반에 확산할수록, 한국 농업은 기후 위기와 인력 부족 상황에서도 안정적 생산과 경쟁력을 유지할 수 있는 기반을 갖추게 될 것이다.

데이터·AI 기반 농업은 농업의 패러다임을 통째로 바꾸는 강력한 도구이지만, 그만큼 구조적 한계와 위험도 함께 드러나고 있다. 가장 먼저 나타나는 문제는 데이터 접근성과 인프라의 격차다. 규모가 큰 농장과 통신·전력 인프라가 양호한 지역은 센서·드론·플랫폼을 쉽게 도입해 방대한 데이터를 축적하는 반면, 중소농과 오지·산간 지역은 장비 투자와 네트워크 환경이 열악해 데이터 수집 자체가 어렵다. 이에 따라 "데이터가 더 많은 농가일수록 더 정밀한 의사결정을 내리고 더 높은 이익을 얻는" 구조가 강화되며, 디지털 격차가 곧 경영 격차·소득 격차로 이어질 위험이 커진다. 이 문제를 줄이려면 표준화된 데이터 수집·저장 규격을 만들고, 누구나 기본적인 기상·토양·시장 데이터를 활용할 수 있는 공공데이터 플랫폼을 구축하는 것이 필수적이다.

AI의 한계도 분명하다. 현재의 알고리즘은 특정 작물·지역·환경 데이터를 중심으로 설계된 경우가 많아, 작물 다양성이 높거나 기후변화로 재배 조건이 급변하는 현장에서는 기대만큼의 성능을 내지 못하는 사례가 적지 않다. 같은 품종이라도 토양, 재배 관행, 재해 이력에 따라 반응이 달라서, "한 번 만든 모델을 전국에 일괄 적용"하는 방식으로는 정밀한 의사결정을 담보하기 어렵다. 따라서 농가·지역 단위에서 실제 사용 중에 쌓이는 데이터를 다시 AI가 학습하도록 하는 피드백형 학습 체계, 현장 검증을 거친 뒤 점진적으로 확장하는 구조가 중요하다. 농민이 "이 모델이 왜 이런 처방을 내리는지"를 이해하고 수정 의견을 낼 수 있는 설명 가능성, 투명성 확보도 함께 요구된다.

데이터 주권과 공공성 문제도 기술 확산의 중요한 변수다. 현재 많은 디지털 농업 서비스가 민간 플랫폼을 중심으로 운영되면서, 농가의 재배 데이터·생산량·거래 정보가 플랫폼 서버에 축적되는 구조다. 이 과정에서 농민이 자신의 데이터가 어떻게 활용되고 있는지, 누구와 공유되는지 충분히 알지 못한 채 사실상 데이터 통제권을 잃는 상황이 발생할 수 있다. 장기적으로는 특정 기업이 데이터와 알고리즘을 독점해 농민을 종속시키는 구조가 생길 위험도 있다. 이를 막기 위해서는 공공과 민간이 함께 참여하는 데이터 거버넌스를 설계하고, 데이터 소유권·접근권·이익 배분 원칙을 명확히 하는 것이 필요하다. 농민이 자신의 데이터 제공에 동의·철회할 권리를 갖고, 데이터 활용에서 발생한 부가가치가 일정 부분 농민과 지역사회에 환류되도록 하는 "데이터 주권" 관점이 중요하다.

인적 역량 격차 역시 간과할 수 없다. 농촌의 다수를 차지하는 고령

농민에게 센서, 앱, 대시보드, AI 처방 결과는 낯설고 복잡한 기술로 느껴지기 쉽다. 이 상황에서 "기술을 이해하고 활용할 수 있는 사람"과 그렇지 못한 사람 사이의 차이는 곧 경영 성과의 차이로 연결될 수 있다. 따라서 장비 보급과 별개로, 농업인을 대상으로 한 단계별 디지털 역량 교육, 현장 코디네이터·디지털 매니저 같은 전문가 양성이 반드시 병행되어야 한다. 특히 "스마트폰으로 환경 데이터를 확인하고, 간단한 설정을 바꾸는 수준"에서 출발해, 점차 데이터를 해석하고 스스로 의사결정에 활용할 수 있도록 돕는 생활 밀착형 교육이 효과적이다.

결국 데이터·AI 기반 농업은 단순한 기술 도입이 아니라, 농업을 "자연에만 의존하는 산업"에서 "정보와 자연을 함께 다루는 산업"으로 바꾸는 구조적 변화다. 이 변화가 모든 농민에게 공평한 기회를 제공하지 못한다면, 디지털 격차는 새로운 농업 불평등으로 굳어질 수 있다. 그래서 농업의 디지털 전환은 기술의 속도뿐 아니라, 포용성과 공공성을 함께 고려해야 한다. 데이터와 AI는 농민을 대체하는 기술이 아니라, 농민의 지식과 경험을 수치화하고 확장해 주는 도구라는 인식이 중요하다. 모든 농업인이 자신이 생산한 데이터를 이해하고, 그 데이터를 바탕으로 스스로 더 나은 의사결정을 내릴 수 있는 시대가 되었을 때, 비로소 우리가 말하는 스마트농업이 현실이 되고, 지속 가능한 농업혁명이 시작된다고 할 수 있다.

탄소 저감형 농업기술의 실천 사례

해외 저탄소 재배 사례들은 "물·에너지·토양·데이터"가 함께 움직일 때 비로소 효과가 극대화된다는 점을 보여준다.

FAO와 중국·케냐 등이 참여한 글로벌 로우 카본 티(Global Low Carbon Tea) 프로젝트에서는 차(茶) 생산 전 과정의 탄소발자국을 측정하고, 저탄소 기술과 에너지 효율 개선을 통해 차 가치사슬 전체의 배출량을 줄이고 탄소 중립에 가까워질 가능성을 분석했다. 이 프로젝트는 재배·가공 단계에서의 에너지 절감, 비료 사용 최적화, 산지의 임목·초지 관리 등을 결합해 "탄소 중립형 차 생산" 모델을 구축하는 것이 특징이다. 베트남 메콩 델타에서는 전통적인 상시 침수 벼농사 대신 간헐 관개(AWD)를 도입한 실험에서 메탄 배출을 약 50% 줄이면서도 벼 수확량을 9% 늘리는 결과가 보고되는 등, 물관리 방식만 바꿔도 온실가스와 생산성에 동시 효과를 낼 수 있음을 보여준다.

덴마크를 포함한 유럽 일부 국가는 농업 부문 탄소 중립을 목표로 에너지 전환(재생에너지·바이오가스), 비료·사료 사용 감축, 토양 탄소 저장(초지·임목 확대, 이탄지 복원), 작물 다양화와 디지털 정밀농업 도입을 패키지로 추진하고 있다. 덴마크의 계획은 재생에너지와 바이오가스 활용, 정밀농업을 통한 투입지 절감, 산림·이탄지 복원과 초지 관리로 실제 배출량을 줄이는 데 초점을 맞추고 있다는 점에서 참고할 만하다.

이러한 해외 사례와 한국의 연구를 종합하면, 탄소 저감형 농업기술이 적용될 수 있는 주요 영역은 네 가지로 정리된다. 첫째, 벼와 습지형 작물에서의 배수 · 물 관리 기술이다. 한국과 메콩 델타 연구에서 보듯 완전 침수 대신 간헐 배수와 수위 조절을 통해 메탄 배출을 크게 줄이면서 수량도 유지 · 향상하는 "스마트 물관리"가 가능하다. 둘째, 온실 난방 · 조명을 태양광, 지열, 열병합발전 등으로 대체하는 재생에너지 온실로, 화석연료 의존도를 줄이면서 에너지 효율을 높이는 방향이다. 셋째, 유휴 논 · 휴경지에 나무와 관목을 심어 토양 · 식생에 탄소를 장기 저장하는 토양 탄소흡수 강화 전략으로, 일부 유럽 국가들은 초지 · 임목 확대와 이탄지 복원을 통해 탄소흡수원을 늘리는 계획을 추진 중이다. 넷째, 센서 · AI · 드론을 활용해 비료 · 물 투입을 정밀하게 제어하는 스마트 정밀 영농 기술로, 필요한 곳에 필요한 만큼만 투입함으로써 온실가스 배출과 투입재 낭비를 동시에 줄이는 접근이다. 이처럼 다양한 기술과 관리 방식이 결합할 때, 농업은 "많이 쓰고 많이 버리는" 방식에서 벗어나, 물 · 에너지 · 탄소가 순환하는 저탄소 재배 체계로 전환될 수 있다.

저탄소 재배 기술의 효과는 입증되고 있지만, 그 혜택이 모든 농가에 고르게 돌아가지는 못하고 있다. 특히 중소농과 대농 간 격차, 지역 · 작물별 인프라와 조건 차이가 크다는 점이 구조적 과제로 지적된다. 중소농 · 고령농은 초기 투자비, 운영 · 유지보수 부담, 디지털 장비에 대한 이해 부족 때문에 저탄소 · 스마트 기술 도입에 어려움을 겪는다. 통신망 · 전력 · 컨설팅 인프라가 상대적으로 부족한 농촌 지역일수록 이러한 장벽은 더 커져, "기술을 쓸 수 있는 농가와 그렇지 못한 농가"사이의 차이가 저탄소 전환 속도의 격차르 이어진다.

이 때문에 향후 정책은 '일괄 보급'이 아니라 맞춤형 패키지 접근이 필요하다. 소농·중소농에는 저비용·모듈형 장비, 임대·공유형 설비, 현장 기술 지원이 묶인 패키지를 제공하고, 성과 기반 인센티브(예: 탄소 감축량·투입재 절감량에 따른 보상)를 연계해 실질적인 전환 동기를 줘야 한다는 제안이 나온다. 또한 농업 데이터와 AI를 연계해 "우리 지역·우리 작목·우리 농장" 조건에 맞는 저탄소 재배 처방을 제공하는 시스템을 구축하면, 기술 전환의 시행착오와 비용을 줄일 수 있다.

무엇보다 재배 기술의 변화는 단순히 장비와 방법을 바꾸는 수준에 그치지 않는다. 생산 방식(관개·시비·작부체계), 농가 조직(협동조합·생산자 조직의 역할), 기술 역량(데이터 활용 능력), 시장 조건(저탄소·친환경 농산물에 대한 가격·유통 체계)이 함께 조정되어야 비로소 지속 가능성이 확보된다. 즉, 저탄소 재배는 개별 농가의 기술 선택 문제가 아니라, 지역 단위의 생산·유통 시스템과 정책·시장 구조까지 포함하는 "농업 시스템 전환"으로 접근해야 안정적으로 정착될 수 있다.

3. 기술 확산과 지역 협력체계

산학연 협력과 기술이전 모델

4차 산업혁명 시대의 경쟁력은 더 이상 개별 기업이나 조직의 역량에만 의존하지 않고, 지식과 기술, 인력과 자원이 서로 연결되는 융합의 생태계에서 나온다는 인식이 확산하고 있다. 이 가운데 산학연 협력은 산업계(産), 학계(學), 연구기관(研)이 각자의 장점을 결합해 혁신의 전 과정을 함께 설계하고 실행하는 전략으로, 단순한 연구 협동을 넘어서는 의미가 있다.

산학연 협력은 아이디어와 기초연구에서 출발해 기술 개발, 실증·사업화, 시장 확산으로 이어지는 '혁신 사슬(innovation chain)'을 함께 구성하는 과정으로 이해할 수 있다. 대학과 연구기관은 기초·응용 연구를 통해 새로운 지식을 만들고, 기업은 이를 현실의 문제에 접목해 제품·서비스와 비즈니스 모델로 구현하며, 정부와 지자체는 제도와 재정지원을 통해 위험을 분담하고 인프라를 제공한다. 특히 지역 수준에서는 이런 산학연 협력이 지역의 주력 산업과 연계된 혁신 클러스터를 형성해, 기술 자립과 고부가가치화, 양질의 일자리 창출을 이끄는 핵심 동력으로 작용한다는 연구가 다수 제기되어 왔다.

이 때문에 중앙정부와 지방정부는 산학연 협력과 기술이전, 공동연구 거점을 지역혁신 클러스터의 중심축으로 육성하는 정책을 추진해왔다. 우리나라 역시 1990년대 후반 이후 지역혁신 체제(RIS) 구축과 산업클러스터 정책을 통해 테크노파크, 연구센터, 산학협력단 등을 조성하며, 산학연이 네트워크를 이루는 기반을 확대해 왔다. 아직 지역 간 역량 차이와 인센티브 부족 같은 한계가 지적되지만, 산학연 협력은 지식기반 경제에서 국가 · 지역 경쟁력을 좌우하는 필수 인프라로 자리 잡았다고 볼 수 있다.

산학연 협력은 대학 · 연구소의 기술과 인재, 기업의 현장 경험과 자본, 정부 · 지방정부의 제도적 지원이 결합해 공동 연구개발과 기술사업화를 추진하는 협력체계를 뜻한다. 대학(學)은 기초연구와 인재 양성, 기술이전을 담당하고, 연구기관(研)은 응용기술개발과 공정 개선, 시험 · 분석 지원을 맡으며, 산업계(産)는 이를 바탕으로 제품화와 시장 적용을 통해 수익을 창출하고, 정부(政)는 정책 · 재정 지원과 법 · 제도 기반을 제공한다. 이 네 주체가 유기적으로 연결될 때 연구실에서 나온 아이디어와 기술은 실제 산업 현장에 적용되어 새로운 제품과 서비스, 일자리와 지역경제의 부가가치로 전환될 수 있다.

기술이전(technology transfer)은 이러한 산학연 협력의 '성과 확산 단계'에 해당한다. 대학 · 연구기관에서 개발된 특허, 노하우, 시제품 등을 기업이나 산업 현장에 라이선스, 공동개발, 스핀오프(창업) 등의 방식으로 이전해 실제 제품과 서비스로 구현하는 과정이다. 이 과정에서 연구 성과는 논문과 보고서를 넘어 매출, 고용, 성산성 향상 등 구체적인 경제 효과로 이어지며, 산학연 협력의 선순환 구조를 뒷받침하는 핵심 고리가 된다.

<표 4-4> 기술이전 모델 방식과 특징

구분	기술이전 모델의 주요 방식	특징
직접 이전	기술사용권 계약, 특허 양도 등	연구기관이 보유 기술을 기업에 이전
간접 이전	산학연 공동연구, 기술 지도, 인력 파견	기술개발과 이전이 동시에 진행
창업형 이전	연구자 창업, 기술 기반 스타트업 설립	기술사업화의 주체가 연구자 자신
플랫폼형 이전	기술거래소, 오픈이노베이션 플랫폼	다자간 네트워크를 통한 기술공유

플랫폼형 산학연 협력 모델은 대학과 공공연구기관이 보유한 기술·특허·연구 성과를 개방형 데이터베이스 형태로 공유하고, 기업이 상시 접근해 활용할 수 있도록 하는 지식 공유 기반의 오픈 이노베이션 방식이다. 이 방식에서는 기술 목록, 특허 정보, 연구자 프로필, 실증 결과 등이 온라인 플랫폼에 표준화된 형태로 정리되고, 기업은 필요 기술을 검색·상담·이전 신청까지 한 번에 진행할 수 있어, 기술 발굴과 매칭 비용을 크게 줄일 수 있다. 동시에 연구기관 처지에서는 다양한 기업과의 접점을 확대해 기술이전과 공동연구 기회를 늘리고, 정부는 플랫폼을 통해 산학연 협력 성과와 수요를 체계적으로 관리·지원할 수 있다.

국내 성공 사례로 자주 언급되는 곳이 대구·경북 첨단 의료산업 클러스터다. 이 클러스터는 대구경북첨단의료산업진흥재단(K-MEDI hub)을 중심으로 대학병원, 의료기기·제약 기업, 연구기관이 집적·연계된 구조를 갖추고 있다. 클러스터 내부에는 신약 개발센터, 의료기기개발센터, 전임상연구센터, 임상시험·제조시설 등이 구축되어 있어, 연구개발 – 전임상 – 임상 – 인허가 – 생산에 이르는 전 과정을 원스톱으로 지원하는 기술이전·사업화 체계를 운영한다. 이를 통해 다수의 의료기기 중소기업이 시험·인증·임상 지원을 받아 신제품을 상용화하고, 기술이전을 통해 국내외 제약사와 대형 기술수출 계약을 성사하는 등 지역 산업 활성화에 기여하고 있다.

전북 농생명·농생명 산업 분야의 산학연 협력도 주목할 만하다. 전북특별자치도는 전북대학교, 농촌진흥청·관련 연구기관, 지역의 농식품·바이오 기업과 함께 농생명·식품 분야 기술사업화 허브를 구축하고, 유전자 분석, 기능성 식품소재 개발, 바이오 융합 기술 등을 중심으로 고부가가치 기술이전과 창업·성장을 지원하는 정책을 추진하고 있다. 최근에는 전북 바이오융합기술원과 도가 협력해 농생명·식품 관련 기업을 대상으로 단계별 성장지원, 기술 고도화, 사업화 컨설팅 등을 제공하는 프로그램을 운영하며, 지역 농업을 단순 1차 산업에서 첨단 바이오·식품 산업으로 확장하는 데 힘을 싣고 있다.

이러한 사례들은 플랫폼형·클러스터형 산학연 협력이 기술 개발에서 끝나지 않고, 데이터베이스와 인프라, 전문 지원조직을 통해 기술이 실제 제품·서비스로 이전되고, 지역산업과 일자리 창출로 이어지는 혁신 사슬을 구현할 수 있음을 보여준다.

MIT 모델은 대학의 기초·응용 연구를 산업계와 직접 연결하는 전형적인 산학 공동연구센터 방식으로, 기업이 연구비를 출연하고 연구진은 공동 관심 분야를 중심으로 장기 과제를 수행하는 구조를 갖는다. MIT는 여러 학과·연구소에 산업체 연계 센터와 컨소시엄을 두어 기업이 공동연구에 참여하고, 연구 단계부터 산업 수요를 반영하도록 설계하며, 기술이전 사무소(TTO, MIT Technology Licensing Office)가 특허 관리와 라이선스 계약, 스타트업 지원 등을 맡아 연구 성과의 상용화를 체계적으로 지원한다. 이러한 구조 덕분에 기업은 최첨단 연구로 조기에 접근하고, 대학은 산업 현장의 문제를 연구의 출발점으로 삼아 상호 보완적인 기술 발전이 가능해진다.

일본 구마모토 지역의 반도체 산학연 협력은 지방정부와 대학, 다국적 기업, 지역 중소기업이 함께 참여하는 지역혁신 모델로 떠오르고 있다. 구마모토대학교는 반도체 연구·인력 양성을 위해 반도체 관련 학과와 연구센터를 신설하고, TSMC를 비롯한 반도체 기업과 산업계-학계 협력 협정을 체결해 공동연구와 인재 양성을 추진 중이다. TSMC와 구마모토대·규슈대 등의 협력은 장학제도, 공동연구, 인턴십, 현장 실습을 결합해, 지역에 조성되는 반도체 공정 기술센터와 팹에 필요한 고급 인력을 직접 양성하는 구조를 지향한다. 이 과정에서 대학·연구소의 실험실, 공정 장비, 기업의 생산설비 일부를 공동 활용하며, 연구 인력 교류와 공동 실험실 운영을 통해 "현장 중심형" 기술이전과 교육이 동시에 이루어지고 있다는 점이 특징이다. 이 두 사례는 산학연 협력이 연구와 산업을 잇는 플랫폼·공동센터를 중심으로, 연구개발-검증-사업화-인력 양성을 하나의 사슬로 통합할 때 가장 큰 효과를 낼 수 있음을 보여준다.

산학연 협력과 기술이전이 앞으로 한 단계 더 발전하기 위해서는 제도·현장·관계 세 축에서 변화가 함께 필요하다. 우선 기술이전과 관련된 법 · 제도, 특히 지식재산권 귀속, 수익 배분, 세제 혜택 등을 명확히 하고 예측할 수 있게 만드는 것이 중요하다. 연구자가 기술이전으로 얻는 보상과 경력상 인센티브가 분명해질수록, 대학 · 연구기관 내부에서도 "논문"뿐 아니라 "이전과 사업화"를 적극적으로 시도하려는 분위기가 형성될 수 있다.

동시에 산학연 협력의 수혜가 대기업에만 집중되지 않도록, 지역 중소기업을 위한 맞춤형 기술 지원이 강화되어야 한다. 농식품, 바이오, 친환경 산업처럼 지역 자원과 밀접하게 연결된 분야에서는, 지역 대학 · 연구소가 가진 농생명 · 바이오 기반 기술을 중소기업의 제품 · 서비스 개발에 직접 연결하는 구조가 특히 중요하다. 이를 위해 기술 컨설팅, 시제품 제작, 인증 · 규제 대응 지원까지 묶은 "패키지형 지원"이 필요하며, 중소기업이 복잡한 절차 없이 대학　연구소와 쉽게 접촉할 수 있는 창구를 마련하는 것이 효과적이다.

인력 측면에서는 대학과 기업 간 인력 교류와 공동 교육 과정을 통해 실무형 인재 양성 시스템을 구축하는 그것이 관건이다. 예를 들어 학부 · 대학원 과정에 기업 · 연구소가 함께 설계한 커리큘럼을 도입하고, 장기 인턴십 · 현장 프로젝트 · 겸임교수 제도를 통해 학생들이 연구실과 기업 현장을 오가며 경험을 쌓게 하는 방식이다. 기업 연구원이 일정 기간 대학 연구실에서 공동연구를 수행하고, 대학 연구자가 기업의 프로젝트에 참여하는 "양방향 교류"가 활성화되면, 기술이전 과정에서 발생하는 언어 · 문화 차이도 자연스럽게 줄어든다.

기술 매칭의 효율을 높이기 위해서는 연구 성과를 체계적으로 데이터베이스화하고, 이를 기반으로 한 지능형 기술이전 플랫폼을 운영할 필요가 있다. 연구 과제, 특허, 시제품 정보와 기업의 기술 수요, 시장 동향 데이터를 한곳에 모아두고, AI 추천·검색 기능을 통해 "어떤 기업에 어떤 기술이 적합한지"를 자동 매칭해 주는 시스템을 도입하면, 그동안 사람 네트워크에 의존하던 기술 발굴·연결 과정을 크게 줄일 수 있다. 이는 연구자로서는 자신이 가진 기술이 있어야 하는 산업 파트너를 더 쉽게 찾도록 돕고, 기업으로서는 숨어 있는 유망 기술을 빠르게 발굴할 수 있게 한다.

이러한 산학연 협력을 지역혁신 클러스터 정책과 결합하면, 지역 내에서 기술 개발 – 실증 – 사업화 – 확산이 순환하는 "지역 기술 생태계"를 만들 수 있다. 특정 지역에 대학·연구소·기업·지원기관이 집적되고, 공동 장비·실험실·테스트베드·창업보육 공간을 공유하는 구조가 만들어지면, 지식과 인력이 지역 안에서 돌며 새로운 기업과 일자리를 지속적으로 만들어내는 선순환이 가능하다. 농식품·바이오·에너지 같은 지역 기반 산업은 이런 클러스터 안에서 산학연 협력이 결합할 때, 전통 산업에서 고부가가치 첨단 산업으로 도약할 수 있다.

결국 산학연 협력과 기술이전은 지식과 기술을 "실질적 가치"로 바꾸는 혁신의 사슬이다. 연구 성과가 논문과 보고서를 넘어, 제품·서비스·일자리·지역 소득으로 이어질 때 비로소 혁신은 사회적·경제적 파급력을 갖게 된다. 이를 위해서는 공동 연구개발에 그치지 않고, 기술 검증(실증·시험), 규제·인허가 대응, 사업화, 시장 확산까지 한 흐름으로 설계한 통합형 모델이 필요하다.

무엇보다도 산학연 협력의 성패는 제도 못지않게 "신뢰와 네트워크"에 달려 있다. 서로의 언어와 목표를 이해하고, 장기적인 관계를 유지하려는 노력 없이 만든 제도는 형식에 그치기 쉽다. 지역과 산업이 함께 성장하는 지속 가능한 혁신 생태계를 위해서는, 지식이 연구실에 머무는 구조에서 벗어나, 대학·연구소·기업·정부 사이를 자유롭게 흐르며 새로운 가치를 만들어내는 "흐르는 지식"의 체계를 만드는 그것이 중요하다. 이것이 앞으로 산학연 협력과 기술이전 모델이 지향해야 할 미래 방향이라고 할 수 있다.

지역 청년농, 스마트농 창업지원

우리나라 농업은 지금 인구 구조와 산업구조 두 측면에서 동시에 세대교체 압력을 받고 있다. 통계에 따르면 40세 이하 청년 농가 경영주는 전체의 2%도 안 되는 비중에 그치지만, 65세 이상 농업인은 40%를 훌쩍 넘어 초고령화 단계에 진입했다. 농촌은 빠르게 늙어가는데, 기후위기와 디지털 전환은 농업을 경험·노동 집약 산업에서 기술·데이터 집약 산업으로 재편하고 있다. 이런 상황에서 청년농과 스마트농업 창업자는 더 이상 "보조적 인력"이 아니라, 농업의 혁신과 지속 가능성을 이끌 핵심 주체로 부상하고 있다.

청년농은 일반적으로 만 40세 미만의 농업경영인을 의미하며, 우리나라 정부도 관련 법과 계획에서 18~39세, 독립 영농 3년 이내 청년을 정책 대상으로 정의하고 집중하여 지원하고 있다. 이들은 단순히 농업에 종사하는 인력이 아니라, 새로운 기술과 경영방식, 시장 감각을 농촌에 확산시키는 "농촌 혁신가"로 기대된다. 스마트농업은 ICT, AI, 빅데이터, IoT 등을 활용해 환경제어, 관개 · 시비, 시설 관리, 유통 · 판매까지 지능화하는 첨단 농업 형태로, 청년층의 디지털 친화성과 창의성이 큰 강점으로 작용한다.

실제로 정부는 2027년까지 3만 명의 청년농을 육성하고, 2040년에는 전체 농가 중 40세 미만 비중을 10%까지 끌어올리겠다는 목표를 세우고, 월 최대 110만 원 정착 지원금, 저리 창업자금, 임대형 스마트팜 제공 등 다양한 정책을 추진 중이다. 이러한 정책은 청년농이 초기 소득 불안정과 시설 투자 부담을 넘어서 자립 기반을 마련하도록 돕는 동시에, 스마트농업을 농업의 '새로운 표준'으로 확산시키는 역할을 한다.

그러나 청년층이 농업에 진입하고 지역에 정착하기 위해서는 자금 지원만으로는 부족하다. 교육(농업기술 · 경영 · 디지털 역량), 기술(스마트팜 · 데이터 활용), 시장(유통 · 브랜딩 · 푸드테크), 공동체(주거 · 문화 · 돌봄 · 네트워크)가 함께 제공되는 통합 지원 체계가 필요하다. 지역 단위에서 대학 · 농업기술센터 · 기업 · 지자체가 협력해 "지역형 청년농 · 스마트농업 허브"를 만들고, 입문 – 성장 – 확장 단계별로 맞춤형 지원을 제공할 때, 청년농은 농촌에 뿌리내리며 지속적으로 성장할 수 있다.

결국 청년농과 스마트농업 창업자는 우리나라 농업이 고령 · 저성장 구조를 넘어, 지속 가능하고 혁신적인 미래 산업으로 전환할 수 있는 핵심 동력이다. 이들을 어떻게 발굴 · 육성 · 정착시키느냐가 앞으로 우리나라 농업의 경쟁력과 농촌사회의 존립을 좌우하게 될 것이다. 우리나라에서 청년농·스마트농 창업은 미래 농업의 핵심 동력임에도, 자본·농지·역량·정주 여건 측면에서 상당한 진입 장벽을 안고 있다.

청년 예비농 대부분은 초기 자본이 부족하고, 농지 가격과 임대료가 높아 실제 창업까지 이어가기 어렵다. 정부는 청년 창업농 영농 정착 지원금과 저리 창업자금, 후계농·청년농 펀드 등을 통해 최대 수억 원 규모의 시설·농지 자금을 융자해 주고 있지만, 담보와 상환 부담, 농지 접근성 문제는 여전히 큰 과제로 남아 있다. 이에 따라 농지은행을 통한 임대형 농지·임대형 스마트팜 확대, 선임대·후 매입 방식, 지역 특화 임대형 스마트 농장 조성이 청년농 진입 장벽을 낮추는 핵심 수단으로 제시되고 있다.

역량 측면에서는 청년층이 디지털 기술에는 강하지만, 작목 선택, 재배·경영 노하우, 리스크 관리 경험은 부족하다는 지적이 많다. 이를 보완하기 위해 스마트팜 혁신밸리 내 청년 창업 보육센터는 20개월 내외의 장기 교육 과정을 통해 작물 재배 기술, 스마트 장비 운용, 경영·마케팅 교육을 실습 중심으로 제공하고, 교육을 마친 청년에게 임대형 스마트팜을 3년간 빌려주는 모델을 운영 중이다. 그러나 여전히 '스마트 기술과 전통 현장 기술'을 통합해서 가르치는 커리큘럼, 지역 농업 기술센터·대학·기업이 함께 설계한 현장 프로젝트(PBL) 확대가 필요하다는 평가가 나온다.

시장·판로 측면에서도 청년 창업농의 상품은 품질과 이야기는 좋지만, 브랜드 인지도와 유통망이 약해 수익 안정성이 떨어지는 경우가 많다. 이 때문에 로컬푸드 직매장, 공공 급식·학교 급식, 온라인 플랫폼과의 연계를 통해 초기 판로를 제도적으로 뒷받침하는 체계가 중요하다. 지방정부와 공공기관이 청년농 제품을 우선 구매하거나, 지역 브랜드와 묶어 공동 마케팅을 하는 방식도 실질적인 도움을 줄 수 있다.

지방정부가 주도하는 청년농 창업 클러스터는 앞으로 우리나라 농업 구조 전환의 핵심 인프라가 될 수 있다. 농업기술센터, 사회적 경제 기업, 로컬푸드 협동조합, 지역 대학과 기업이 하나의 네트워크를 이루어, 교육 – 실증 – 창업 – 판로를 한곳에서 지원하는 종합 모델이 필요하다. 스마트팜 실증단지와 창업보육센터, 로컬푸드·온라인·공공 급식 판로 플랫폼을 연계하면, 청년이 기술을 배우고(교육), 작물과 시스템을 시험해 보고(실증), 사업을 시작한 뒤 안정적으로 판매까지 이어가는 성장 사다리를 제공할 수 있다.

이 과정에서 청년농을 중심으로 AI · 데이터 기반 의사결정 농업을 확산시키는 것은 생산성과 환경 지속 가능성을 동시에 높이는 중요한 전략이다. 기상·토양·생육·시장 데이터를 통합한 공공 농업 데이터 플랫폼을 개방하고, 이를 활용해 재배 계획, 투입량, 출하기까지 데이터로 설계할 수 있도록 지원해야 한다. 단순히 "더 많이 생산하는 농업"이 아니라, 저탄소·친환경·지역 순환형 농업 모델(탄소 저감형 재배, 자원 순환, 지역 내 생산 – 소비 연계)로 전환해야 하며, 사회적 농장, 로컬푸드, 도시농업과 같은 사회적 경제형 농업 창업도 이를 뒷받침하는 유망 영역이다.

결국 지역 청년농과 스마트농 창업은 한국 농업의 미래 성장 동력이며, 이들이 농촌에 뿌리내리지 못하면 농업의 지속 가능성 자체가 흔들릴 수 있다. 청년농 육성은 단기 인력수급 대책이 아니라, 농업정책 · 산업정책 · 지역 정책이 결합한 종합 전략으로 접근해야 한다. "기술로 일하고, 공동체로 살아가며, 지속 가능성으로 성장하는 구조"를 만들기 위해, 지역이 청년에게 교육 · 농지 · 자금 · 생활 기반의 기회를 제공하고, 청년은 데이터를 활용한 혁신과 사회적 가치를 통해 지역 변화를 이끄는 선순환을 만들어야 한다. 그런 의미에서 청년농 클러스터는 단지 지원사업이 아니라, 지속 가능한 농업혁신 생태계를 설계하는 핵심 플랫폼이라 할 수 있다.

지역 농업의 ESG 인프라 구축

지역 농업은 이제 단순히 먹거리를 생산하는 1차 산업이 아니라, 환경(E), 사회(S), 거버넌스(G)의 가치를 함께 구현하는 지속 가능 산업으로 재정의되고 있다. 특히 농촌은 생산기지이자 생활공간, 생태계가 한데 얽혀 있는 공간이기 때문에, ESG는 '보고용 경영 트렌드'가 아니라 지역 농업이 살아남기 위한 전략적 방향에 가깝다. 여기서 말하는 지역 농업의 ESG 인프라는 농업의 생산 - 유통 - 소비 전 과정에서 환경 보호, 사회적 포용, 투명한 운영이 작동할 수 있도록 제도, 기술, 조직, 데이터 기반을 체계적으로 갖추는 것을 의미한다. 다시 말해 "환경을 지키고, 사회를 살리며, 투명하게 운영되는 농업 생태계"를 만드는 것이 목표다.

환경(E) 측면에서 농업은 온실가스 감축, 토양 · 수질 보전, 수자원 관리의 최전선에 있다. 저탄소 · 친환경 재배 기술, 정밀농업과 스마트 관개, 재생에너지 기반 스마트팜, 토양 탄소를 늘리는 보전농업과 탄소농업 등은 ESG의 'E'를 실천하는 대표적인 수단으로, 탄소발자국을 줄이고 생태계 회복력을 높이는 데 이바지한다. 사회(S) 측면에서는 농업이 지역 일자리, 고령농 · 청년농 지원, 사회적 농장, 로컬푸드, 도시 농업 등을 통해 지역공동체와 포용적 성장에 이바지하는 방식이 중요하다. 특히 마을기업, 협동조합, 사회적기업과 같은 사회적 경제 조직은 농산물의 공정한 거래, 취약계층 고용, 지역 주민 서비스 제공을 통해 ESG의 'S'를 구체적으로 구현하는 주체로 평가된다.

거버넌스(G) 측면에서는 생산 – 유통 – 소비 과정에서의 투명성과 참여, 책임성이 핵심이다. 농업 · 식품 기업과 지역농협, 협동조합이 ESG 관점의 정보 공개(환경성과, 노동 · 거래 조건), 공정거래 준수, 주민 · 조합원 참여형 의사결정 구조를 갖출수록, 농업 · 식품 체계 전반의 신뢰와 지속 가능성이 높아진다. 지방정부, 지역농협, 민간기업, 사회적 경제 조직이 함께 참여하는 지역 단위 ESG 거버넌스를 설계하면, 환경 · 사회 · 경제 목표를 조정하고, 이해관계자 간 이익을 조율할 수 있는 기반이 마련된다.

결국 ESG와 지역 농업의 결합은 "지속 가능한 농촌"을 만드는 실질적 도구다. 환경을 지키는 농법, 사람을 살리는 공동체, 데이터를 바탕으로 한 투명한 운영이 함께 작동할 때, 농업은 기후 위기와 지역 소멸의 위기 속에서도 다음 세대까지 이어질 수 있는 산업으로 자리를 잡을 수 있다.

<표 4-5> 지역 농업의 ESG 실행 내용

인프라 구성	지역 농업 ESG 내용	주요 목표
제도 인프라	ESG 농정(農政) 도입, 지역 단위 ESG 인증제도	ESG 평가와 인센티브 제도화
기술 인프라	스마트농업, 저탄소 재배 기술, 탄소 데이터 관리	환경성과 측정 · 관리 체계 구축
조직 인프라	지역 농업법인 · 협동조합 · 사회적기업의 ESG 운영	사회적 가치 중심의 경영 확산
데이터 인프라	농업 ESG 플랫폼, 탄소 감축 실적 데이터베이스	투명한 정보 공개 및 정책 효율성 제고
금융 인프라	ESG 농업 펀드, 녹색 채권(Green Bond)	지속 가능 투자 촉진 및 민간 자본 유입

기후 위기와 지역 소멸이 동시에 진행되는 상황에서 지역 농업의 ESG 인프라를 구축하려면, 우선 환경(E)을 중심에 둔 지속 가능한 생산 체계를 갖추는 것이 중요하다. 벼농사에서의 간헐 배수, 무경운(갈지 않음), 유기재배와 같은 탄소 저감형 농법을 도입하고, 태양광 · 지열 등 재생에너지를 활용하는 스마트팜을 확대함으로써 농업 부문의 온실가스 배출을 줄이면서도 생산성을 유지해야 한다. 이때 각 농가가 어느 정도 탄소를 줄였는지를 데이터로 계량해, 감축 실적에 따라 인센티브를 제공하는 탄소 직불 · 보상 제도가 함께 마련되어야 농민의 실질적 참여를 이끌 수 있다.

사회(S) 측면에서는 지역공동체를 강화하는 방향으로 농업을 설계해야 한다. 청년농, 고령농, 이주민이 협력하는 다세대 농업공동체를 확산시키면, 기술 · 경험 · 노동이 상호 보완되며 농촌의 인적 기반이 두터워진다. 여기에 농업과 복지 · 돌봄 · 교육 기능을 결합한 사회적 농장(social farm)을 육성하면, 취약계층 돌봄과 치유 · 교육 프로그램, 일자리 제공을 통해 농업이 지역사회 통합과 포용적 성장에 이바지할 수 있다. 로컬푸드 직매장과 공공 · 학교 급식을 지역 생산과 연계한 식량 순환 시스템은 지역 안에서 건강한 먹거리가 공정하게 유통되도록 해 '먹거리 정의'를 구현하는 핵심 수단이 된다.

거버넌스(G) 차원에서는 농민, 소비자, 지방정부가 함께 참여하는 ESG 위원회를 지역 단위로 구축하는 것이 필요하다. 이 위원회는 생산 · 유통 · 환경 · 복지와 관련된 주요 의사결정을 공동으로 논의하고 조정하는 역할을 맡으며, 이를 통해 정책과 사업이 특정 주체가 아닌 지역 전체의 관점에서 설계되도록 한다. 동시에 ESG 경영평가와 공시 제도를 도입해, 농업 · 식품 관련 조직의 환경성과, 사회적 기여, 운영 투명성을 정기적으로 공개함으로써 책임성과 신뢰를 높여야 한다. 이 러한 정보를 바탕으로 공공데이터 플랫폼을 구축하면, 정책 설계와 평 가, 민간 서비스 개발에도 활용할 수 있는 디지털 거버넌스 기반이 마 련된다.

마지막으로 ESG 연계형 금융과 인센티브 제도가 뒷받침되어야 한 다. 환경 · 사회 · 거버넌스 측면에서 우수한 실적을 내는 농가와 조직 에 대해서는 세제 혜택, 융자 금리 인하, 보증 한도 확대 등 차등 지원 을 제공함으로써, ESG 실천이 농민에게 직접적인 경제적 이익으로 돌 아가도록 해야 한다. 지방정부와 금융기관이 공동으로 'ESG 농업 펀 드'를 조성해 탄소 저감형 농법, 사회적 농장, 로컬푸드 · 순환 경제 프 로젝트 등 사회적 가치가 높은 사업에 투자한다면, 자본 역시 지속 가 능한 농업과 농촌으로 흐르게 될 것이다. 이런 환경 · 사회 · 거버넌스 의 통합적 전환이 이뤄질 때, 지역 농업의 ESG 인프라는 구호를 넘어

제5장

농식품 산업의 ESG 경영과 지역브랜딩

이수정

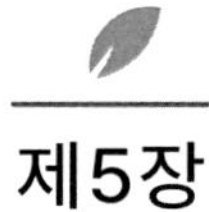

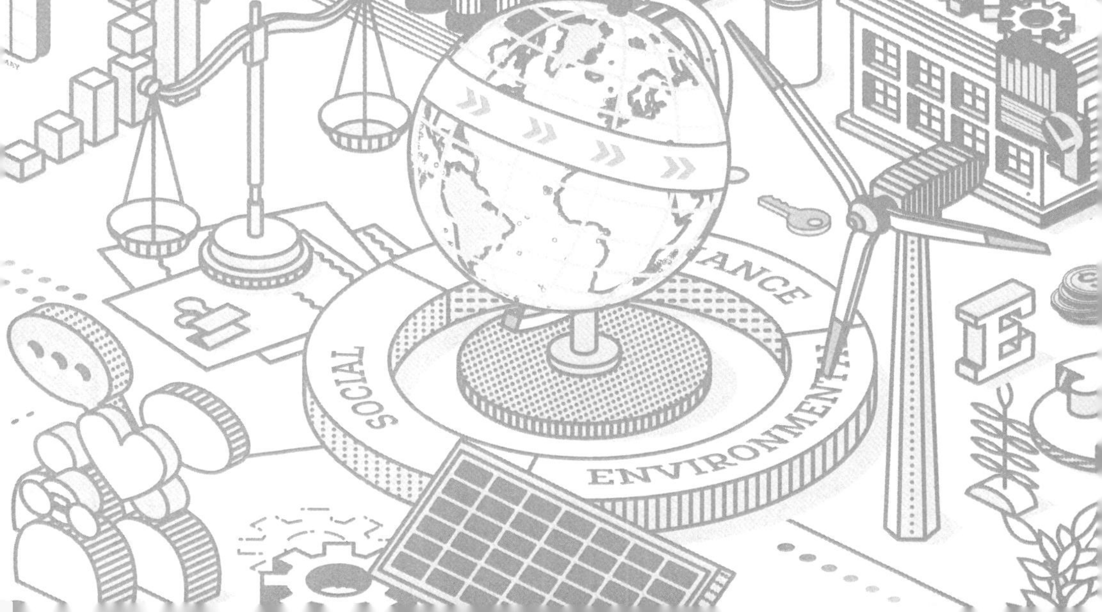

1. 지역 먹거리와 ESG 소비 트렌드

로컬푸드 운동의 사회적 가치

세계화와 대량유통의 시대, 식품은 점차 생산자의 얼굴을 잃어가고 있다. 소비자는 음식이 어디서, 누구에 의해, 어떤 방식으로 만들어졌는지 알기 어렵고, 농민은 자신이 기른 농산물이 어떤 평가를 받는지 모른 채 시장이 결정한 가격을 수용할 뿐이다. 이러한 구조적 한계 속에서 등장한 로컬푸드(Local Food) 운동은 '먹거리의 거리를 줄이고, 사람과 지역을 다시 잇는 실천'이다. 즉, 지역농산물을 지역 내에서 소비함으로써 환경을 보호하고, 지역경제를 살리며, 무너진 사회적 관계를 회복하는 것을 목표로 한다. 이제 로컬푸드는 단순한 소비 트렌드를 넘어, 지속 가능한 사회를 구축하는 가치 운동으로 자리 잡고 있다.

로컬푸드는 일정 지역 안에서 생산 · 유통 · 소비되는 농식품을 뜻하며, '가까운 곳에서 자란 농산물을 지역 주민이 소비하는 구조'를 의미한다. 이는 단순한 물리적 거리의 문제를 넘어, 생산자와 소비자, 그리고 지역사회 간의 관계 회복을 핵심 가치로 삼는다. 로컬푸드는 신선도와 신뢰성이 높을 뿐만 아니라, 지역 내 자원이 선순환된다는 특징이 있다. 생산과 소비의 거리가 짧아 품질이 우수하며, 저장 및 운송 과정에서의 에너지 소모 또한 최소화할 수 있다. 무엇보다 생산 정보 공개를 통해 소비자가 생산 과정을 투명하게 확인할 수 있어, 경제적 · 환경적 측면에서 지속 가능한 순환을 가능하게 한다.

로컬푸드는 지역 농가의 안정적인 소득을 보장하는 동시에, 중간 유통 마진을 획기적으로 줄여 생산자의 이익을 극대화한다. 특히 직매장, 공공 급식, 학교 급식 등 지역 내 유통망을 통해 자본이 외부로 유출되지 않고 지역 안에서 흐르게 함으로써 경제적 자립을 촉진한다. 실제로 전북 완주군의 로컬푸드 직매장 사업은 10년간 1,600가구 이상의 농가가 참여해 연 매출 300억 원을 돌파하며 '지역 순환 경제의 대표 모델'이 되었다.

환경적 측면에서 가치도 주목할 만하다. 먹거리의 이동 거리인 '푸드 마일리지(Food Mileage)'를 줄여 탄소 배출과 에너지 소비를 낮추기 때문이다. 또한 소규모 · 다품종 생산과 저투입 농법을 지향하여 토양 및 수질오염을 최소화한다. 결론적으로 로컬푸드는 생태자원을 보존하면서도 생산 효율을 유지하는 '저탄소 농업'의 실질적인 대안이라 할 수 있다.

로컬푸드는 사회적 관계의 회복과 지역공동체 재생에도 깊이 이바지한다. 소비자가 생산자의 얼굴을 알고 직접 마주하는 '신뢰 기반의 소비문화'를 형성하기 때문이다. 지역축제와 로컬푸드 마켓, 직거래 장터는 단순한 매매의 장소를 넘어 주민들이 교류하는 소통의 장이 되며, 나아가 농촌과 도시 사이의 단단한 사회적 연대를 구축한다. 이러한 일련의 과정은 식품 거래라는 경제적 행위를 넘어, 파편화된 현대 사회에서 공동체적 삶을 회복하고 소중한 '사회적 자본(Social Capital)'을 형성하는 토대가 된다.

로컬푸드는 마을기업, 협동조합 등 사회적 경제 기업과 결합하여 장애인, 고령자, 경력 단절 여성 등 취약계층에 안정적인 지역형 일자리를 제공하는 든든한 버팀목이 된다. 또한, 이를 기반으로 한 학교나 복지시설의 공공 급식 체계는 아동과 노인의 먹거리 복지를 향상하는 데 실질적으로 이바지한다. 나아가 로컬푸드는 '지역의 맛과 역사'를 복원하는 문화 운동으로서의 성격을 띤다. 지역 특산물과 전통 조리법, 잊혀가는 계절 식품들이 로컬푸드를 통해 재조명되면서, 농업은 단순한 1차 산업의 틀을 벗어나 지역문화를 잇고 전파하는 핵심 매개체로 기능하게 된다.

로컬푸드가 지역의 먹거리 주요 정책으로 거듭나기 위해서는 지역 먹거리 전략(Local Food Plan)이 수립되어야 한다. 지방정부가 중심이 되어 생산, 유통, 소비, 복지, 환경을 통합 관리하는 지역 먹거리 계획을 마련해야 한다. 농식품부의 「지역 단위 푸드플랜」 정책은 이를 제도화한 대표 사례이다.

로컬푸드의 지속 가능한 성장을 위해서는 학교 급식 및 공공기관 식당 내 지역농산물 활용 비중을 높여, 안정적인 수요 기반을 우선으로 확보해야 한다. 즉, 공공 급식과 연계한 '지역 순환형 농업경제' 모델을 더욱 공고히 구축해야 하는 것이다. 이와 함께 협동조합, 사회적기업, 마을기업 등 지역공동체 중심의 조직을 로컬푸드 유통의 핵심 주체로 육성할 필요가 있다. 이를 통해 창출된 수익이 다시 지역사회로 재투자되는 '사회적 순환 경제 구조'를 형성할 수 있기 때문이다. 결과적으로 로컬푸드는 ESG 농정의 가장 구체적인 현장 실천 모델이 된다. 탄소 저감형 생산·운송 시스템(E), 지역 내 일자리 창출과 먹거리 복지 구현(S), 그리고 주민 참여형 푸드 거버넌스 구축(G)을 통해 지속 가능한 농업의 미래를 보여주는 가늠자가 될 것이다.

로컬푸드 운동은 단순히 '지역농산물을 소비하는 행위'에 그치지 않는다. 그것은 환경과 경제, 사회가 유기적으로 선순환하는 지속 가능한 공동체를 설계하는 일이다. 즉, '먹거리의 지역적 해결'은 곧 지역의 자립과 회복을 향한 위대한 발걸음을 의미한다. 앞으로 로컬푸드는 환경을 보전하고, 사람을 연결하며, 지역을 재생하는 사회적 실천으로 거듭나야 한다. 이를 위해 정부와 지방자치단체, 시민사회가 유기적으로 협력하는 '지역 먹거리 거버넌스'를 구축하고, 사회적 경제 조직 육성과 ESG 기반의 유통 체계를 확립하는 일이 무엇보다 시급하다. 로컬푸드가 우리의 보편적인 일상 문화로 뿌리내릴 때, 농촌과 도시는 비로소 진정한 의미의 지속 가능한 공생 관계를 회복하게 될 것이다.

농식품 산업은 단순히 농산물의 부가가치를 높이는 가공업에 머물지 않는다. 이는 지역 내 고용과 소득, 소비를 하나로 잇는 '순환형 지역 경제'의 핵심축이다. 그러나 최근 국내 농식품 시장이 수도권 중심의 대형 유통 기업과 글로벌 식품 자본을 중심으로 재편되면서, 지역 중소 식품 기업들의 입지는 점차 좁아지고 있다. 특히 농촌 지역의 가공 시설은 규모의 경제를 달성하지 못한 채 기술력, 인증 획득, 유통망 확보라는 삼중고를 겪으며 불리한 처지에 놓여 있다. 이러한 산업적 불균형은 결국 지역 내 생산-가공-소비로 이어지는 선순환 고리를 끊어

놓았으며, 나아가 우리 농업의 지속 가능성마저 위태롭게 만들고 있다.

한편, 소비자의 인식은 거대한 전환점을 맞이하고 있다. 환경과 사회적 가치를 우선시하는 '착한 소비', 즉 ESG 소비가 확산함에 따라 식품 산업의 평가 기준도 변하고 있다. 이제 단순한 제품 경쟁력을 넘어 생산 과정의 윤리성, 지역사회 기여도, 그리고 탄소발자국 감축 노력이 브랜드 신뢰를 결정짓는 핵심 지표가 되었다. 결론적으로 ESG는 지역 농식품 산업이 지속 가능한 경쟁력을 확보하기 위한 새로운 패러다임이다. 이는 원료 생산부터 가공, 유통, 소비에 이르는 전 과정을 관통하는 종합적인 원칙이기 때문이다. 특히 농식품 산업은 환경(E), 사회적 책임(S), 투명한 거버넌스(G)라는 세 가지 요소가 현장에서 가장 실질적으로 결합하고 체감되는 영역이라 할 수 있다.

환경(E) 차원에서는 저탄소·순환형 식품 체계의 구축이 시급하다. 농식품 산업은 전 세계 탄소 배출량의 약 30%를 차지할 만큼 환경에 미치는 영향이 막대하다. 따라서 원료 조달 단계에서부터 에너지 효율적 생산 방식을 도입하고, 폐기물 저감형 포장과 친환경 물류로의 전환을 서둘러야 한다. 특히 지역 단위에서는 '지역 순환형 푸드 시스템(Local Circular Food System)' 구축이 그 핵심이다. 이는 지역 내 자원을 활용해 식품을 가공·유통·소비하고, 그 과정에서 발생하는 폐기물을 다시 퇴비나 에너지로 환원하는 구조다. 이러한 선순환 체계가 확립될 때, 환경 보전과 지역 경제 활성화라는 두 마리 토끼를 동시에 잡는 지속 가능한 모델이 완성된다.

사회(S) 차원에서는 지역공동체의 복원과 사회적 가치 창출이 무엇보다 중요하다. 농식품 기업은 단순히 제품을 생산하는 단계를 넘어, 지역 일자리 창출과 농가와의 상생 협력, 그리고 소외계층을 포용하는 식품 정책을 통해 사회적 책임을 실천해야 한다. 로컬푸드 직매장 운영, 사회적 경제 기업 모델의 가공 센터 건립, 공공 급식 연계 사업 등은 지역사회의 신뢰와 포용성을 높이는 대표적인 실천 사례들이다. 이러한 활동은 기업의 일시적인 사회공헌(CSR, Corporate Social Responsibility) 차원을 넘어, 보편적 '먹거리 복지'를 실현하고 지역사회의 기초 체력이라 할 수 있는 '회복력(Resilience)'을 강화하는 핵심 전략으로 평가받고 있다.

거버넌스(G) 차원에서는 투명한 공급망 관리와 견고한 신뢰 구축이 선행되어야 한다. 최근 ESG 논의에서 가장 핵심적인 화두 중 하나는 바로 공급망의 투명성이다. 식품의 원산지부터 생산과 가공 공정, 최종 유통 경로에 이르는 전 과정을 소비자에게 명확히 공개하는 그것은 브랜드의 신뢰도를 결정짓는 결정적 요소다. 이를 위해 지역 단위에서는 생산자, 가공업체, 유통기관이 정보를 투명하게 공유하고, 공공기관이 이를 검증·관리하는 '데이터 기반 지역 푸드 거버넌스' 체계를 확립해야 한다. 이러한 다자간 협력체계는 정보의 비대칭성을 해소하고, 지역 농식품 산업의 공정성과 투명성을 담보하는 제도적 기반이 된다.

윤리적 소비와 ESG 브랜드의 확산

오늘날의 소비는 단순히 물건을 구매하는 행의를 넘어, 개인의 가치와 신념을 대외적으로 표출하는, 이른바 '미닝아웃(Meaning Out)'의 장으로 진화하고 있다. 특히 MZ세대를 주축으로 소비의 척도가 가격과 품질 중심에서 '가치'와 '윤리'로 급격히 이동하고 있다. 이러한 변화의 중심에 놓인 '윤리적 소비(Ethical Consumption)'는 기업의 ESG 경영 확산과 궤를 같이한다. 소비자는 이제 제품 그 자체뿐만 아니라, 생산 과정에서 환경이 파괴되지는 않았는지, 노동자에게 정당한 대우가 주어졌는지, 기업이 공동체에 기여하고 있는지를 집요하게 묻기 시작했다. 결국 윤리적 소비의 확산은 기업의 체질 개선을 압박하고, ESG 브랜드의 가치는 다시 소비자들의 윤리적 선택을 끌어내며 견고한 선순환 구조를 형성하고 있다.

윤리적 소비란 제품 선택의 기준에 환경 보호, 인권, 공정무역, 동물 복지, 지역사회 기여 등 도덕적 가치를 투영하는 능동적인 소비 행위를 의미한다. 이는 단순히 선행을 베푸는 '착한 소비'를 넘어, 자기 구매력을 통해 사회적 변화를 끌어내는 실질적인 실천이다.

윤리적 소비가 이토록 빠르게 확산한 데에는 몇 가지 결정적인 요인이 자리 잡고 있다. 첫째, 기후 위기에 대한 인식 전환이다. 탄소 배출과 플라스틱 오염, 식량 낭비 등의 문제가 인류 생존의 과제로 부상하며 환경적 책임이 필수가 되었다. 둘째, 정보 접근성의 획기적인 확대다. SNS와 미디어를 통해 기업의 비윤리적 행태나 상생 노력이 실시간으로 공유되면서 소비자들의 감시 기능이 강화되었다. 셋째, MZ세대를 중심으로 한 가치 소비 트렌드의 정착이다. 이들에게 소비는 자신의 정체성을 드러내는 수단이며, 사회적 가치를 추구하는 것은 곧 개인의 멋과 자부심이 된다. 마지막으로 기업의 전략적 변화다. 환경(E)과 사회적 책임(S)을 경영의 핵심으로 삼는 ESG 경영이 강화되면서, 윤리적 가치가 시장의 새로운 경쟁력이자 마케팅의 주류로 자리 잡았다.

ESG 브랜드란 단지 친환경 제품을 생산하는 기업을 넘어, 경영 전 과정에서 ESG 원칙을 준수하며 이를 브랜드의 핵심 정체성으로 삼는 기업을 의미한다. 즉, ESG 브랜드는 단순히 제품의 품질로만 경쟁하는 것이 아니라, 기업이 지닌 '태도와 책임감'으로 가치를 평가받는다. 이들은 윤리적 소비자와의 두터운 신뢰를 바탕으로 브랜드 가치와 사회적 평판을 동시에 구축한다. 주목해야 할 점은 기업과 소비자의 관계가 한 방향이 아닌 '순환적'이라는 사실이다. 소비자가 ESG 브랜드를 선택할수록 기업은 ESG 경영을 더욱 강화할 동력을 얻게 되고, 이러한 진정성은 다시 더 많은 윤리적 소비를 끌어내는 마중물이 된다. 이러한 흐름은 우리 사회가 '책임 있는 생산과 책임 있는 소비'라는 거대한 시대적 패러다임의 전환기에 들어섰음을 시사한다.

<표 5-1> 윤리적 소비자와 ESG 브랜드 작용

구분	윤리적 소비자	ESG 브랜드
핵심 가치	사회적 책임, 지속 가능성 중시	투명 경영, 환경 · 사회 기여 실천
행동 방식	가치 중심 구매 및 불매운동 참여	ESG 정보(인증 · 보고서) 공개, 친환경 제품 개발
영향 관계	ESG 브랜드 선호를 통한 시장 변화 유도	소비자의 요구를 반영한 선제적 경영 혁신

글로벌 시장과 국내 유통 업계에서는 이미 ESG 경영을 브랜드 정체성으로 승화시킨 성공 사례들이 나타나고 있다. 아모레퍼시픽은 리필 스테이션 도입과 친환경 포장재 전환을 통해 제로 웨이스트(Zero-

Waste) 소비문화를 선도하고 있다. 풀무원은 '로하스(LOHAS)' 철학을 기반으로 환경과 건강, 지역사회 기여를 통합한 브랜드 생태계를 구축했다. 스타벅스는 'C.A.F.E. 프로그램'을 통해 윤리적 커피 원두 조달 체계를 확립하고, 지역사회 기여 활동을 확대하며 브랜드 신뢰도를 높였다. 테슬라는 혁신적인 친환경 기술력을 바탕으로 전 세계 소비자들에게 '기후변화 대응'의 상징적 브랜드로 자리매김했다. "지구를 살리기 위해 사업을 한다"라는 슬로건 아래, 매출의 일부를 환경단체에 기부하고 엄격한 윤리적 생산 체계를 유지하며 ESG 경영의 글로벌 표준을 제시하고 있다는 평가를 받는다. 이러한 글로벌 기업들의 행보는 우리 농식품 산업에도 중요한 시사점을 던진다. 대기업뿐만 아니라 지역의 중소 농식품 기업 역시 자신만의 ESG 가치를 브랜드화할 때, 변화하는 가치 소비 시장에서 강력한 생존 경쟁력을 확보할 수 있기 때문이다.

윤리적 소비와 ESG 브랜드의 확산은 우리 사회 전반에 걸쳐 중대한 변화를 일으키고 있다. 우선 친환경 소재의 활용과 순환 경제의 정착은 실질적인 자원 절약과 탄소 감축을 실현하는 토대가 된다. 여기에 공정 무역을 지지하고 노동 복지를 중시하며 지역공동체에 참가하는 소비 행태가 더해지면서, 개인의 소비는 단순한 지출을 넘어 직접적인 사회적 기여로 전환된다.

이러한 흐름 속에서 ESG 브랜드는 단순한 기업 이미지를 제고하는 수단을 넘어 시장 경쟁력의 핵심 요소로 확고히 자리 잡고 있다. 투자자들 역시 ESG 경영을 실천하는 기업에 더욱 깊은 신뢰를 보내고 있으며, 이는 자본의 흐름이 사회적 가치로 향하는 지속 가능 금융(ESG Finance)의 활성화로 이어진다. 정책적으로도 정부의 공공 조달 ESG 기준이 강화되고 로컬 브랜드 인증제와 같은 다양한 제도가 확산하면서, 윤리적 소비와 생산은 이제 거스를 수 없는 시대적 패러다임으로 정착하고 있다.

윤리적 소비와 ESG 브랜드의 확산은 단순한 경제 활동을 넘어, 사회적 책임을 근간으로 하는 새로운 생활 문화의 정착을 의미한다. 이는 소비자가 변화의 주체로 거듭나고 기업이 사회적 가치를 실천함으로써, 지속 가능한 사회경제 구조를 함께 일구어가는 '실천적 혁명'이라 할 수 있다. 이제 시장의 문법은 완전히 바뀌고 있다. 앞으로의 시장은 "누가 더 저렴하게 공급하는가?"라는 가격 중심의 경쟁에서 벗어나, "누가 더 책임 있게 생산하는가?"가 기업 경쟁력의 절대적 기준이 될 것이다. 윤리적 소비자가 늘어날수록 ESG 브랜드는 견고하게 성장하며, 이러한 브랜드의 확산은 다시 우리 사회를 더욱 지속 가능하게 만드는 든든한 토대가 된다. 이 선순환 구조가 일상의 표준으로 자리 잡을 때, 한국 사회는 생산과 소비가 윤리적 가치를 공유하며 동반 성장하는 진정한 의미의 'ESG 경제 체제'로 나아가게 될 것이다.

글로벌 식품 시장은 이미 ESG를 단순한 구호를 넘어 거스를 수 없는 '산업 표준'으로 받아들이고 있다. 대표적으로 유럽연합(EU)은 2023년부터 '지속 가능한 식품 표시제(Sustainable Food Label)'를 도입하여, 환경성과 사회적 기여도가 미흡한 식품의 유통을 단계적으로 제한하고 있다. 이러한 움직임은 아시아와 북미에서도 선명하게 나타난다.

일본은 '푸드테크와 ESG'를 결합한 정책을 통해 로컬푸드 기업의 기술 혁신과 자생력 강화를 전폭적으로 지원하고 있다. 미국의 주요 유통 기업들 역시 ESG 평가 기준을 통과하지 못한 제품의 입점을 제한하는 등 강력한 공급망 관리를 시행 중이다. 이는 ESG가 이제 제품의 경쟁력을 넘어, 글로벌 시장 진입을 위한 필수적인 '통행증'이 되었음을 시사한다.

국내 식품 산업에서도 ESG 경영의 흐름은 점차 거세지고 있다. 대형 식품 기업들은 재활용 포장재 도입, 탄소 중립 공정 전환, 다각적인 사회적 공헌 활동을 강화하며 매년 '지속가능경영보고서'를 발간하는 등 시장 변화에 기민하게 대응하고 있다. 그러나 이러한 흐름과는 대조적으로, 지역의 중소 식품 기업들은 여전히 ESG를 실천할 수 있는 대응 여력이 턱없이 부족한 실정이다. 실제로 ESG 인증 획득에 필요한 막대한 비용과 전문 인력, 그리고 관련 정보의 부재는 중소기업에 높은 진입 장벽이 되고 있다. 이러한 한계는 결국 지역 특산품 브랜드가 글로벌 시장으로 진출하거나 공공 조달 체계와 연계되는 과정에서 걸림돌로 작용한다. 결론적으로 지방 농식품 산업이 생존하기 위해서는 지역 차원의 ESG 생태계 구축이 필수적이다. 이는 더 이상 개별 기업이 홀로 짊어질 숙제가 아니다. 지방정부와 농업기술센터, 농민조합, 그리고 소비자단체가 긴밀히 연대하는 '로컬 ESG 협력 모델(Local ESG Partnership)'로 나아갈 때, 비로소 지역 농업의 지속 가능한 자생력을 확보할 수 있을 것이다.

지역농산물의 가치 재창출

지방 소멸과 농촌인구 감소, 그리고 글로벌 유통망의 급격한 확대로 인해 지역농산물은 시장 가격 경쟁에서 점차 밀려나고 있다. 거대 유통 자본과 저가 수입 농산물의 공세는 "지역농산물은 단순하고 값싼 원자재"라는 부정적 인식을 확산시켰으며, 이는 곧 농가소득의 불안정과 지역 경제의 침체라는 악순환으로 이어지고 있다. 그러나 위기 속에서 새로운 기회가 움트고 있다. 최근 로컬푸드 운동의 심화, ESG 경영의 확산, 순환 경제 체제로의 이행, 그리고 6차 산업화를 통한 고부가가치 창출이라는 흐름 속에서 지역농산물은 다시금 주목받기 시작했다. 이제 지역농산물은 단순한 먹거리를 넘어, 가치 있는 '지역자산'이자 그 고장의 정체성을 대변하는 '문화적 핵심 요소'로 재조명되고 있다.

이제 농산물의 경쟁력은 더 이상 '가격'에 있지 않다. 오히려 그 농산물이 지닌 '가치(Value)'를 어떻게 재구성하고 소비자에게 효과적으로 전달하느냐에 성패가 달려 있다. 즉, 지역농산물의 미래는 단순한 생산의 단계를 넘어 브랜딩과 지역문화, 그리고 지속 가능성을 결합하여 새롭게 재창조하는 과정에 있다. 이처럼 급격한 시장 구조와 소비자 인식의 변화는 지역농산물의 가치 재창출을 선택이 아닌 필수 과제로 만들었다. 거대 유통 체계와 온라인 시장의 급속한 확대는 농민이 스스로 가격을 결정할 수 있는 주도권을 뺏어갔고, 단순 원물 생산에만 머무르는 기존의 구조로는 농가소득을 높이는 데 쿤명한 한계가 있기 때문이다.

오늘날 소비자들은 단순히 가격이 저렴한 농산물을 찾기보다 식품의 안전성, 생산자와의 신뢰, 지역적 특색, 그리고 환경적 가치를 최우선으로 고려한다. 이러한 '가치 소비(Value Consumption)'의 확산은 지역농산물이 지닌 본연의 잠재력을 발휘할 수 있는 최적의 기회를 제공한다. 지역농산물의 부가가치를 높이는 작업은 단순히 개별 농가의 소득 증대에 그치지 않는다. 이는 가공과 유통 과정에서의 지역 일자리 창출로 이어지며, 자본이 지역 내에서 도는 선순환 경제 구조를 형성한다. 결과적으로 이러한 일련의 과정은 단순히 경제적 성과를 넘어, 현재 우리 사회가 직면한 지방 소멸 위기에 대응하는 가장 실질적이고 구조적인 대안으로 작용하게 된다.

지역농산물의 가치를 온전히 재창출하기 위해서는 차별화된 '로컬 브랜딩(Local Branding)' 전략이 필수적이다. 이는 단순한 포장 디자인의 변화를 넘어, 지역의 지리적 특성과 유구한 전통, 그리고 고유한 서사를 결합하여 '이야기가 살아있는 농산물'을 만드는 과정이다.

고창의 "복분자"나 제주도의 "감귤 오름" 브랜드는 지역이 가진 이미지를 제품의 가치로 승화시켜 소비자에게 강렬한 인상을 남긴 성공적인 사례로 꼽힌다. 지역농산물이 단순한 '소비 상품'의 경계를 넘어 '지역문화의 상징'으로 거듭날 때, 비로소 시장의 가격 공세에 흔들리지 않는 지속 가능한 경쟁력을 확보할 수 있다.

지역농산물의 가치를 극대화하기 위해서는 가공, 체험, 관광이 어우러진 '6차 산업화'로의 융복합이 필수적이다. 생산(1차)에 머물지 않고 가공(2차)과 체험·관광(3차)을 결합한 이 모델은 농산물의 부가가치를 비약적으로 높여 준다. 전남 구례의 "산수유 와인"이나 강원 평창의 "감자 테마 체험 마을"은 지역 자원을 고유한 콘텐츠로 변모시켜 관광과 교육산업으로 확장한 대표적인 성공 사례로 꼽힌다.

더 나아가 지역농산물은 단순한 식품을 넘어 환경(E)·사회(S)·거버넌스(G)의 가치를 응축한 'ESG 농산물'로 진화해야 한다. 구체적으로는 탄소 저감형 재배 공법의 도입, 공정거래를 기반으로 한 로컬 유통 체계 확립, 사회적 경제 기업 형태의 농산물 가공 등을 들 수 있다. 여기에 ESG 인증 취득과 탄소발자국 표기 등을 병행한다면 소비자의 두터운 신뢰를 확보함은 물론, 까다로워지는 현대 식품 시장의 접근성을 획기적으로 강화할 수 있을 것이다.

급격한 디지털 전환 흐름에 발맞추어 지역 농업 또한 데이터 기반의 스마트 마케팅 체계로 빠르게 전환해야 한다. 온라인 직거래 플랫폼과 라이브 커머스(Live commerce)를 적극 활용하고, 지역농산물 데이터베이스(DB)를 정교하게 구축함으로써 생산에서 유통, 소비에 이르는 전 과정을 투명하게 연결해야 한다. 특히 소비자 데이터를 정밀하게 분석하여 실행하는 맞춤형 마케팅은 지역농산물의 수요를 정확히 예측하고, 기존에 없던 새로운 시장을 창출하는 핵심 동력이 된다. 이러한 혁신은 개별 농가의 노력만으로는 한계가 있다. 따라서 마을기업, 사회적 기업, 협동조합 등을 중심으로 공동 브랜드를 육성하고 통합 유통망을 구축하는 조직화 전략이 병행되어야 한다. 이러한 연대형 모델은 개별 농가가 직면한 마케팅과 물류의 한계를 극복하게 할 뿐만 아니라, 창출된 수익이 다시 지역 내로 환류되어 지속 가능한 로컬 순환 경제 구조를 완성하는 튼튼한 뿌리가 될 것이다.

지역 자원을 활용한 가치 재창출의 가능성은 이미 국내외 다양한 사례를 통해 입증되고 있다. 강원특별자치도 정선군은 농특산물 브랜드 "아리랑 산골"을 구축하고, 농촌 체험과 가공 산업을 결합한 융복합 모델을 운영하며 지역 농업의 고부가가치화를 실현했다. 글로벌 사례 역시 시사하는 바가 크다. 일본 구마모토현은 "지산지소(地産地消)" 정책을 기반으로 지역 생산물의 유통과 학교 급식, 관광 시스템을 하나로 묶은 통합 네트워크를 구축하여 지역 경제의 자생력을 높였다. 프랑스의 프로방스 지역 또한 와인과 올리브유를 단순한 특산물이 아닌 브랜드로 육성하여, 관광과 문화 산업을 지역 경제와 긴밀히 연계시킨 세계적인 성공 모델로 평가받는다. 이러한 사례들의 결정적인 공통점은 지역의 자원을 단순한 '소비 상품'으로 취급하지 않았다는 점이다. 대신 지역 고유의 자산에 숨겨진 서사를 발굴하여 '가치 있는 이야기'로 전환함으로써, 대중에게 고유한 브랜드 경험을 선사했다는 데 그 성공 비결이 있다.

지역농산물의 진정한 가치 창출을 위해서는 무엇보다 지역 단위의 농식품 가치사슬(Value Chain) 구축이 선행되어야 한다. 이를 위해 생산, 가공, 유통은 물론 소비와 관광까지 하나의 유기적인 흐름으로 묶는 '로컬 푸드 클러스터' 체계를 확립해야 한다. 또한, 품질 관리와 더불어 환경적·사회적 가치 기준을 엄격히 반영한 '지역 ESG 브랜드 인증제'를 도입하여 로컬 브랜드의 대외 신뢰도를 높이는 방안을 적극 검토해야 한다. 동시에 지역농산물을 기반으로 한 식품 스타트업과 푸드테크 창업을 육성하는 혁신 생태계 조성이 필요하다. 특히 청년농과 여성농을 중심으로 한 창의적인 가공 창업을 집중하여 지원함으로써, 전통적인 농업의 틀을 깨는 새로운 부가가치를 창출해야 한다. 이러한 다각적인 노력이 뒷받침될 때 지역농산물은 시장의 한계를 넘어 지속 가능한 로컬 경제의 핵심 동력으로 거듭날 수 있다.

지속 가능한 지역 농업을 위해서는 무엇보다 지역별 수급 조절과 소비 패턴의 정밀한 분석이 선행되어야 하며, 이를 통해 고질적인 과잉 생산 및 가격 폭락 문제를 완화해야 한다. 그러나 지역농산물의 진정한 가치는 생산량이나 가격이라는 수치에만 머물지 않는다. 그것은 지역의 청정한 환경, 고유한 문화, 그리고 생산자의 진심이 한데 어우러져 만든 '이야기'와 '신뢰'에서 비롯된다.

따라서 가치 재창출의 핵심은 "농산물을 단순한 제품에서 고유한 경험으로, 일회성 거래에서 지속적인 관계로 전환하는 것"에 있다. 지역농산물은 이제 단순한 먹거리를 넘어, 지역의 정체성과 지속 가능성을 고스란히 담아낸 '사회적 자산'으로 거듭나야 한다. 이를 실현하기 위해 각 지역은 로컬 브랜딩, 6차 산업화, ESG 농업, 그리고 사회적 경제 네트워크를 유기적으로 결합한 독자적인 농업 생태계를 구축해야 한다. 이러한 노력이 열매를 맺을 때, 지역농산물은 무한 경쟁의 굴레를 벗어나 공존의 가치를 창출하며, 사람과 지역을 따뜻하게 잇는 '미래의 핵심 산업'으로 당당히 자리매김할 것이다.

2. 지속 가능한 식품가공과 유통 혁신

순환형 식품 가공 공정과 자원 절감

기후 위기와 자원 고갈이 심화하는 시대, 식품산업은 단순한 생산 효율성을 넘어 '지속 가능한 순환 체계' 구축이라는 중대한 과제에 직면해 있다. 과거의 전통적인 식품 가공 방식은 다량의 에너지와 물, 일회성 포장재를 소비하고 그 과정에서 막대한 부산물을 배출하는 전형적인 '선형(Linear) 구조'였다. 이러한 방식은 탄소 배출과 폐기물 문제를 심화시킬 뿐만 아니라, '식품 손실(Food Loss)'에 따른 경제적 비용까지 초래하며 환경적 · 경제적 한계에 부딪혔다.

이에 따라 식품산업은 생산에서 소비, 그리고 재활용과 재생산으로 이어지는 '순환형(Circular) 식품 가공 공정'으로의 전환을 꾀하고 있다. 이 시스템은 제조 과정에서 발생하는 폐기물을 새로운 자원으로 재투입하고, 에너지와 수자원 사용을 최적화함으로써 환경 부하를 최소화한다. 궁극적으로 이는 생산의 전 과정에서 낭비를 없애는 '제로 웨이스트(Zero Waste) 식품산업'을 지향하는 실천적 대안이 되고 있다.

순환형 식품 가공이란 생산 과정에서 발생하는 부산물, 에너지, 폐수를 공정 내 자원으로 환원하여 에너지 절감, 폐기물 최소화, 자원 효율 극대화를 실현하는 시스템을 의미한다. 이 시스템의 핵심은 전통적인 3R 원칙인 '감축(Reduce), 재사용(Reuse), 재활용(Recycle)'에 기반한다. 최근에는 여기에 '재생(Regenerate)'의 개념이 더해지면서, 식품산업은 단순한 자원 소비 산업을 넘어 자원을 스스로 회복시키는 순환 산업으로의 구조적 전환을 가속하고 있다.

그동안 식품 산업에서는 부산물을 단순 폐기물이 아닌 새로운 자원으로 탈바꿈시키는 기술 혁신이 꾸준히 진행됐다. 곡물 껍질, 과일 찌꺼기, 어류 부산물 등을 사료나 비료, 심지어 첨단 바이오 소재로 재활용하는 방식이 대표적이다. 구체적으로는 쌀겨에서 유래한 음료용 식이섬유, 두부 부산물(비지)을 활용한 단백질 붙말, 커피박(커피 찌꺼기) 기반의 바이오 연료 등이 상용화되었다. 이는 폐기물 처리 비용을 획기적으로 절감할 뿐만 아니라, 새로운 부가가치를 창출하는 신산업으로 진화하고 있다.

공정 내 자원 절감 기술 또한 괄목할 만한 성과를 거두고 있다. 특히 세척 및 가열 공정에서 발생하는 공정수를 재활용하는 기술을 도입하여 물 사용량을 30~50%까지 절감하는 사례가 늘고 있다. 아울러 폐열 회수 장치(Heat Recovery System)와 태양열, 바이오가스 등 신재생 에너지를 생산 공정에 적극 도입함으로써 난방과 건조 과정의 에너지 효율을 크게 향상했다. 최근 일부 스마트 공장에서는 공정 내 폐열을 시설 냉난방에 재투입하는 방식으로 탄소 저감형 공장 구조를 현실화하고 있다.

지속 가능한 생산을 위해 바이오 플라스틱, 식물성 섬유, 전분 기반

소재를 활용한 친환경 포장재 도입이 가속화되고 있다. 특히 포장재의 경량화와 소재 단일화를 통해 재활용률을 높이고 폐기물 발생을 최소화하는 데 주력하고 있다. 대표적인 사례인 옥수수 전분 기반의 PLA 포장재와 식용 필름은 사용 후 자연 상태에서 퇴비화가 가능한 혁신적인 대안으로 주목받고 있다. 이러한 소재의 혁신은 AI와 빅데이터 등 디지털 기술과 결합하여 그 효율을 극대화한다. AI 기술은 공정별 에너지와 수자원 사용 데이터를 정밀하게 분석하여 최적의 운전 조건을 제안하며, 빅데이터 기반의 실시간 모니터링은 생산량 대비 자원 투입량을 최적화하여 자원 절감 자동화를 실현한다. 특히 실제 공장을 가상 세계에 구현한 디지털 트윈(Digital Twin) 시스템 기반의 순환 관리는 식품 공장의 ESG 경영을 뒷받침하는 핵심 인프라로 평가받고 있다.

식품 공정의 혁신을 완성하기 위해서는 농식품 부산물을 인근 바이오 기업이나 사료 및 퇴비 산업에 원료로 공급하는 '산업 간 순환 생태계' 구축이 필수적이다. 지역 단위를 기반으로 자원 흐름을 정밀하게 설계하면, 한 산업의 폐기물이 다른 산업의 핵심 원료가 되는 선순환 구조를 형성할 수 있다. 대표적인 사례로 전북특별자치도 익산시에 있는 한국식품산업클러스터진흥원(National Food Cluster, FOODPOLIS)은 부산물 에너지화 설비를 도입하여 순환형 산업단지의 모델을 제시하고 있다. 이러한 성공 사례는 기술 혁신과 제도적 인센티브가 결합할 때 순환형 식품산업이 환경 보호와 경제적 이익을 동시에 실현할 수 있음을 입증한다.

다만, 이러한 순환형 공정 기술이 대중적으로 확산하기 위해서는 경제성 확보, 기술 표준화, 데이터 관리 등의 과제 해결이 선행되어야 한다. 특히 순환형 시스템은 초기 설비 투자 비용이 많이 들어 규모가 작은 중소기업에는 진입 장벽이 매우 높다. 따라서 정부 차원의 그린 전환 보조금 지원이나 탄소 감축 인센티브 제도와 같은 정책적 보완을 통해 중소기업의 접근성을 높여야 한다. 이러한 민관 협력이 뒷받침될 때 비로소 순환형 식품산업은 국가 경제의 지속 가능한 성장 동력으로 자리 잡을 수 있다.

〈표 5-2〉 식품가공 기술 실천 사례

지역 / 국가	주요 실천 사례	기대 효과 및 특징
전북 익산 한국식품산업클러스터진흥원	공정수 재활용, 폐열회수, 바이오가스 시설	탄소 배출 20% 절감
CJ제일제당	옥수수 · 콩 부산물 재활용 및 폐수 에너지화	순환형 생산 공정 구축
덴마크 '푸드 바이오 클러스터'	푸드 바이오 클러스터 (부산물 70% 재활용)	바이오 연료 · 사료산업 연계
일본 'Circular Agri-Food System'	Circular Agri-Food System	Zero Emission Factory 모델

현재 순환형 식품 공정의 확산이 더딘 주요 원인 중 하나는 부산물 재활용과 폐수 처리에 관한 명확한 표준 기준이 정립되지 않았기 때문이다. 이를 해결하기 위해서는 ISO 14046(수자원 발자국)이나 ISO 22000(식품 안전 경영시스템)과 같은 국제 표준을 기반으로 한 통합 인증 체계 구축이 시급하다. 공신력 있는 기준이 마련될 때 비로소 기업들은 확신을 가지고 기술 투자에 나설 수 있다.

또한, 현재의 공정 데이터는 개별 기업별로 단절되어 있어 산업 전체의 순환 효과를 정밀하게 분석하는 데 한계가 있다. 따라서 지역 단위를 중심으로 산·학·연 통합 데이터 플랫폼을 구축하고, 이를 통해 기술 교류와 공정 최적화를 도모하는 것이 매우 중요하다. 이러한 데이터 공유 체계가 마련된다면 개별 기업의 시행착오를 줄이고, 지역 식품 산업 전반의 순환 효율을 극대화하는 강력한 동력이 될 것이다.

순환형 식품 가공 공정은 환경 보전과 비용 절감, 그리고 신산업 창출이라는 세 마리 토끼를 동시에 잡을 수 있는 가장 효율적인 지속 가능 전략이다. 이는 단순히 개별 공정에 친환경 기술을 덧붙이는 차원을 넘어, 식품 산업의 근본 구조를 '자원 소비 중심'에서 '자원 순환 중심'으로 체질을 개선하는 거대한 혁신이다.

앞으로의 식품 산업이 지향해야 할 방향은 명확하다. 이제는 "버리는 공장이 아닌 다시 쓰는 공장", 그리고 "소비가 끝이 아닌 새로운 생산의 시작"이 되는 선순환 모델을 정착시켜야 한다. 이를 위해 정부와 기업, 연구기관은 긴밀히 협력하여 순환형 공정의 표준화를 확립하고, 실효성 있는 인센티브 제도와 데이터 기반의 관리 체계를 공고히 구축해야 한다. 이러한 민·관·학의 통합적 노력이 열매를 맺을 때, 대한민국 식품 산업은 탄소 중립 실현과 지역 순환 경제를 선도하는 글로벌 모델 산업으로 우뚝 설 수 있을 것이다.

저탄소 물류·포장 기술의 도입

전 세계적으로 탄소 중립(Net Zero)은 산업 전반의 핵심 과제로 부상했다. 식품 및 농산물 산업 또한 생산 단계를 넘어 유통, 물류, 포장에 이르기까지 전 과정에서 발생하는 탄소 배출량이 상당한 비중을 차지하고 있다. 특히 냉장·냉동 운송, 포장재 폐기, 장거리 운송 체계는 대표적인 탄소 집약적 구조로 지목된다. 이에 따라 농식품 산업은 '저탄소 물류·포장 기술'을 도입해 환경 부담을 완화하고, 효율적이며 지속 가능한 공급망을 구축하는 방향으로 전환하고 있다. 이는 단순한 기술적 혁신을 넘어, ESG 경영과 순환 경제 실현을 위한 필수적인 전략이 되고 있다.

저탄소 물류는 보관과 운송, 포장, 분류 등 물류 전 과정에서 에너지 효율을 극대화하고 탄소 배출을 최소화하는 시스템을 의미한다. 이는 단순히 친환경 운송 수단을 도입하는 차원을 넘어 디지털 기술, 공유 물류, 지역 순환 유통이 유기적으로 결합한 '지속 가능한 공급망(Sustainable Supply Chain)'으로 진화하고 있다.

저탄소 물류의 필요성은 다각적인 측면에서 강조되고 있다. 우선 전 세계 온실가스 배출량의 15%가 유통 부문에서 발생하는 만큼, 물류 혁신 없이는 기후 위기 대응이 불가능하다는 공감대가 형성되었다. 경제적 측면에서도 에너지 비용 절감을 통한 물류 효율화는 기업의 생존을 결정짓는 핵심 경쟁력이 되었다. 아울러 최근에는 공급망 전체의 탄소 배출 정보를 공개해야 하는 'Scope 3' 규제가 강화되면서, 대기업뿐만 아니라 농식품 중소기업에 이르기까지 ESG 경영 실현을 위한 실질적인 대응이 요구되고 있다.

저탄소 물류 기술은 산업 전반에 다각적인 변화를 불러오고 있다.

우선, 친환경 운송 체계 구축을 통해 화석연료 의존도를 낮추고 배출가스를 최소화하는 노력이 이어지고 있다. 특히 전기 및 수소 화물차의 도입은 이러한 변화의 핵심이다. 도심권에서는 소형 전동 배송 기기와 냉동 드론 배송 시스템이 확산하며 라스트 마일(Last-mile)의 효율을 높이고 있다. 아울러 농산물 산지와 도시 간의 물류 효율화를 위해 공동 집화장 및 냉장 공동물류센터를 운영할 경우, 개별 운송 대비 탄소 배출량을 20~30%가량 절감할 수 있는 것으로 나타났다.

둘째, 스마트 물류관리 시스템(Smart Logistics System)의 구현이다. 인공지능(AI)과 빅데이터를 기반으로 최적의 배송 경로와 적재량을 산출하여, 물류 비효율의 주범인 공차율(빈 차 이동 비율)을 최소화한다. 또한 사물인터넷(IoT) 센서를 활용한 온도 자동 관리와 실시간 차량 모니터링은 불필요한 에너지 낭비를 방지하는 디지털 물류 체계의 핵심이다. 실제로 스마트 물류 플랫폼을 도입한 기업의 경우, 기존 대비 연료 소비를 약 15~20% 절감하는 실질적인 성과를 거두고 있다.

셋째, 지역 순환형 물류망의 구축이다. 이는 지역 내에서 생산과 소비, 재활용이 이루어지는 '로컬푸드 순환 시스템(Local Loop System)' 도입을 의미한다. 생산지와 소비지(공공급식소, 학교 등)를 잇는 단거리 배송 구조는 장거리 운송과 비교했을 때 탄소 배출량을 절반 이하로 낮추는 획기적인 효과가 있다. 이는 저탄소 물류 실현과 지역경제 활성화를 동시에 달성하는 ESG형 로컬 유통의 대표적 모델로 주목받고 있다.

식품 산업에서 '저탄소 포장 기술'은 탄소 중립을 완성하는 마지막 퍼즐과 같다. 최근에는 ESG 경영 실천을 위해 생분해성 소재 및 재활용 가능 소재의 활용이 급증하고 있다. 기존의 플라스틱을 대체하여 옥수수 전분 유래의 PLA(Polylactic acid), 해조류에서 추출한 PHA(Polyhydroxyalkanoate), 그리고 종이·펄프 몰드와 같은 친환경 포장재 사용을 적극적으로 확대해야 한다. 또한, 포장재의 경량화와 더불어 분리배출 및 재활용이 쉬운 단일 소재화(Mono-material) 기술을 적용해 자원 순환율을 높이는 것이 핵심이다. 일례로 식품 포장에 쓰이는 플라스틱 트레이를 종이 완충재로 교체할 경우, 이산화탄소(CO_2) 배출량을 최대 60%까지 감축할 수 있는 획기적인 효과를 거둘 수 있다.

식품의 신선도를 과학적으로 관리하는 '스마트 포장(Smart Packaging)'의 도입도 가속화되어야 한다. 온도·습도와 유통기한을 실시간으로 감지하는 센서를 내장함으로써 식품 손실을 획기적으로 줄일 수 있다. 이는 단순히 신선도를 유지하는 것을 넘어, 폐기물 발생을 최소화하여 탄소 배출량 감소와 비용 절감이라는 일거양득의 효과를 가져온다.

더 나아가, 다회용 용기(Reusable Packaging)를 기반으로 한 순환형 포장 시스템 구축이 필요하다. 포장재를 한 번 쓰고 버리는 그것이 아니라 회수, 세척, 재사용하는 체계를 갖추는 것이다. 실제 유럽의 '루프(Loop)' 플랫폼은 다회용 용기를 회수·세척 후 재포장에 활용함으로써 포장 폐기물을 최대 90%까지 절감하는 성과를 거두었다. 국내 역시 택배 및 배달 업계를 중심으로 '리유저블(Reusable) 포장 시범 사업'이 확산하며 자원 순환의 가능성을 증명하고 있다.

<표 5-3> 저탄소 물류 기술과 포장 기술 사례

구분 (지역/기업)	주요 사례 및 성과
CJ대한통운	AI 기반 물류 최적화 시스템, 2025년까지 전기차 2만 대 전환 목표
풀무원	100% 재활용 가능 단일 소재 전환, 종이 아이스팩 도입
일본 세븐앤아이홀딩스	배송 트럭 전기화 및 냉매 효율 개선으로 탄소 25% 감축
네슬레(Nestlé)	포장재 95% 재활용 소재 전환, Loop 플랫폼 참여
'Green Freight Europe'	국제 공동 프로그램 운영(운송 경로 최적화 및 저탄소 인증)

저탄소 물류와 포장의 확산이 기대보다 더딘 주요 원인으로는 중소기업의 기술 도입 한계가 꼽힌다. 친환경 차량 교체나 저탄소 포장 설비 도입에 필요한 초기 투자 비용이 높을 뿐만 아니라, 유지보수에 대한 경제적 부담도 크기 때문이다. 이를 해결하기 위해 정부 차원의 '그린 물류 기금' 조성과 저탄소 포장 설비에 대한 직접적인 보조금 지원 등 실질적인 유인책이 마련되어야 한다.

또한, 표준화된 인증 체계의 미비도 큰 걸림돌이다. 탄소 줄이는 효과를 객관적으로 비교·검증할 수 있는 공통 지표, 즉 전 과정 평가(LCA, Life Cycle Assessment)나 탄소발자국 산정 체계의 구축이 시급하다. 마지막으로 재활용 포장재나 다회용 용기 사용 시 발생하는 초기 단계의 불편함을 수용할 수 있는 소비자 인식 개선이 요구된다. 기술적 진보와 더불어 환경 가치를 중시하는 소비문화 확산 캠페인이 반드시 병행되어야 하는 이유다.

저탄소 물류 및 포장 기술의 도입은 단순한 친환경 정책이 아니라, 유통 산업 전체의 지속 가능 경쟁력을 결정하는 핵심 전략이다. 생산이 아무리 친환경적이어도, 운송과 포장이 탄소를 과다 배출한다면 그 가치는 완성될 수 없다. 앞으로의 물류와 포장 산업은 "빠른 배송"보다

"지속 가능한 배송", "편리한 포장"보다 "순환할 수 있는 포장"을 추구해야 한다. 정부, 기업, 소비자가 함께 참여하는 탄소 저감형 유통 생태계 구축이 이루어진다면, 한국의 농식품 산업은 기후 위기 시대의 ESG 선도모델로 도약할 수 있을 것이다.

ESG 인증과 글로벌 시장 진출 전략

글로벌 시장의 패러다임이 '가격 경쟁'에서 '가치 경쟁'으로 급격히 전환되고 있다. 이제 소비자뿐만 아니라 투자자와 유통 기업 모두가 제품의 품질을 넘어 기업의 지속 가능성, 윤리성, 경영의 투명성을 엄격히 평가한다. 이러한 변화의 중심에 ESG 경영이 있으며, 이를 객관적으로 입증하는 핵심 수단이 바로 'ESG 인증제도(ESG Certification)'다.

특히 농식품 산업과 중소기업에 있어 ESG 인증은 세계 시장에서의 신뢰도를 높이고 시장 접근성을 확장하는 전략적 도구다. 이는 강화되는 글로벌 환경 규제와 무역 장벽을 오히려 성장의 기회로 전환하는 발판이 된다. 즉, ESG 인증은 이제 단순한 행정 절차를 넘어 세계 시장으로 나가기 위한 필수적인 '패스포트(Passport)'로 자리매김하고 있다.

ESG 인증이란 기업이나 제품이 환경 보호(E), 사회적 책임(S), 투명경영(G) 측면에서 국제 기준에 부합하는지를 평가하고 검증받는 제도다. 이는 기업의 비재무적 가치에 대해 객관적인 신뢰를 부여하는 장치라 할 수 있다. 오늘날 국제 무역에서 ESG 인증은 ISO나 HACCP과 같은 품질 인증과 동등한 수준의 핵심적인 거래 신뢰 지표로 기능하고 있다.

글로벌 시장에서 ESG 인증은 이제 단순한 선택이 아닌 입찰, 수출, 투자유치를 위한 필수 전제조건으로 작용하고 있다. EU, 미국, 일본 등 주요 선진국은 탄소국경조정제도(CBAM, Carbon Border Adjustment Mechanism), 지속 가능 금융 가이드라인, 녹색 조달 정책 등을 통해 ESG 인증을 획득한 기업에 세제 혜택과 우선 조달권, 금융 지원 등 강력한 인센티브를 제공하는 추세다. 이러한 글로벌 인증들은 각기 다른 평가기준을 가지면서도 서로의 부족한 점을 채워주는 상호 보완적 성격을 지닌다. 따라서 기업은 단순히 많은 인증을 따는 그것에 그치지 않고, 자사의 산업 특성과 수출 목표국의 규제 기준을 자세히 분석하여 최적의 '인증 포트폴리오(Certification Portfolio)'를 설계하는 영리한 전략이 필요하다.

<표 5-4> 국제 ESG 인증 특징 및 현황

국제 ESG 인증	인증 주체 및 적용 분야	특징
ISO 14001	국제표준화기구(ISO) / 환경경영	환경경영체계의 구축 및 지속 개선 평가
ISO 26000	ISO / 사회적 책임 지침	인권·노동·공정 운영 등 사회적 책임 가이드라인
GRI (Global Reporting Initiative)	GRI 재단 / 지속가능경영 보고 기준	ESG 보고서 공시의 글로벌 국제 표준
B Corp 인증	비영리단체 B Lab / 사회·윤리	중소기업이나 사회적기업의 가치 입증에 적합
탄소발자국 인증 (Carbon Footprint)	각국 환경청·탄소 신탁기구 / 제품 단위	글로벌 무역 장벽 대응을 위한 핵심 지표
Fair-trade / Rain-forest Alliance	국제 공정무역기구 / 농산물·식품	윤리적 생산 및 거래 인증

세계 시장에서 ESG 인증은 해외 바이어가 가장 중요하게 평가하는 '비가격 경쟁력'의 핵심 요소다. 특히 유럽과 북미 시장에서는 ESG 인증 미보유 시 유통 채널 진입 자체가 제한되는 경우가 빈번하다. 대표적으로 네덜란드와 독일의 주요 유통업체들은 ESG 인증을 받은 농산물에만 납품을 허용하는 엄격한 기준을 적용하고 있다. 이처럼 강화되는 기후변화 규제(탄소세, RE100 등) 속에서 인증 기업은 무역 규제 대응력과 금융 안정성을 동시에 확보함으로써 수출 리스크를 최소화할 수 있다.

또한 친환경 포장, 공정무역, 사회적 가치 실현 등의 ESG 성과는 글로벌 시장에서 해당 기업을 "신뢰할 수 있는 브랜드(Trustworthy Brand)"로 각인시킨다. 이는 최근의 윤리적 소비 트렌드와 결합하여 장기적인 고객 충성도를 확보하는 강력한 동력이 된다.

더 나아가 ESG 인증은 글로벌 투자 펀드, 공공 조달, 국제 협력 프로젝트 참여를 위한 필수 자격 요건이다. UN의 지속가능발전목표(SDGs, Sustainable Development Goals) 연계 투자 펀드나 세계은행의 지속 가능 프로젝트 입찰 등에서 국제적 동반관계를 체결하고 투자를 유치하는 데 결정적인 역할을 한다. 따라서 성공적인 글로벌 진출을 위해서는 산업별 특성에 맞춘 '전략적 인증 포트폴리오' 구성이 반드시 선행되어야 한다. 농식품 산업의 경우 탄소발자국, 공정무역, ISO 14001 인증 등을 유기적으로 결합하는 것이 대표적인 사례다.

ESG 경영의 본질은 '측정 가능성'과 '투명성'에 있다. 기업은 데이터에 기반한 지속가능경영보고서(Sustainability Report)를 정기적으로 공개하여 대외적 신뢰를 구축해야 한다. 이를 지원하기 위해 정부는 ESG 인증 컨설팅, 비용 지원, 수출 연계 프로그램 등을 보다 입체적으로 운영할 필요가 있다. 기업 또한 K-ESG 가이드라인과 산업통상자원부의 'ESG 해외인증 지원사업' 등을 적극 활용하여 실질적인 대응력을 갖춰야 한다. 나아가 해외 전시회, 온라인 플랫폼, SNS 등을 통해 'ESG 스토리텔링 마케팅'을 전개함으로써, 제품을 넘어 기업의 '지속 가능한 가치'를 판매하는 브랜드 전략으로 전환해야 한다.

결국 ESG 인증은 단순한 이미지 제고를 넘어, 세계 시장 진입을 결정짓는 핵심 경쟁력이다. 국제사회는 이미 "지속 가능성을 갖춘 기업만이 생존할 수 있다"라는 보이지 않는 규범을 공유하고 있다. 앞으로 우리 농식품 산업은 '저탄소 · 윤리 · 투명 경영을 통한 글로벌 신뢰 확보'를 목표로 ESG 인증 체계를 내재화해야 한다. 즉, ESG 인증은 시장 진입의 문턱인 동시에 지속 가능한 성장을 향한 가장 견고한 발판이다. 정부의 정책적 뒷받침과 기업의 강력한 실행력, 그리고 소비자의 윤리적 선택이 선순환 구조를 이룰 때, 한국은 지속 가능성과 경쟁력을 모두 갖춘 'ESG 수출 강국'으로 도약할 수 있을 것이다.

3. 지역 식품산업의 통합 전략

로컬푸드 플랜과 공공 급식 연계

기후 위기, 식량 안보, 지역 소멸이라는 복합적인 위기 속에서 먹거리는 더 이상 개인의 소비 영역에만 머물지 않는다. 먹거리의 생산과 유통, 소비가 지역 내에서 선순환할 때 농민의 소득 증대, 주민의 건강 증진, 지역 경제의 활성화가 동시에 이루어지는 '지속 가능한 지역 먹거리 체계(Local Food System)'가 완성된다. 이러한 흐름에 발맞춰 정부는 '로컬푸드 플랜(Local Food Plan)'을 지역 재생의 핵심 전략으로 추진하고 있다. 로컬푸드 플랜은 지역 농산물을 지역 내에서 우선 소비하는 순환 구조를 제도화하는 정책 모델로, 특히 학교·어린이집·복지시설 등 공공급식과의 연계를 통해 경제적 가치와 환경·복지적 가치를 동시에 실현한다.

로컬푸드 플랜은 단순한 판촉 행사가 아니라 지역 단위 먹거리의 종합 전략(Local Food Policy)이다. 즉, 생산에서 유통, 소비, 폐기, 재생에 이르는 전 과정을 지역 단위에서 통합 관리함으로써 먹거리의 공공성, 안전성, 순환성을 강화하는 제도적 틀이라 할 수 있다. 본 정책은 농가 소득 감소 및 유통 불균형 해소, 안전한 먹거리에 대한 수요 대응, 지역

경제의 자립 및 사회적 경제 활성화, 그리고 기후 위기에 대응한 탄소 저감 등을 배경으로 탄생했다. 이에 농림축산식품부는 2018년부터 '지역 단위 푸드플랜' 사업을 본격화했으며, 현재 전국 80여 개 지방자치단체가 이를 기반으로 고유한 지역 먹거리 종합 전략을 수립·운영 중이다.

공공급식은 지방정부가 통제하고 예측할 수 있는 가장 안정적인 '공공 수요처'다. 따라서 로컬푸드 플랜이 공공급식과 긴밀히 결합할 때, 지역 농산물의 안정적인 판로 확보와 지역 순환 경제 구축이 동시에 실현될 수 있다. 이러한 메커니즘을 통해 "지역에서 생산된 신선한 농산물이 지역 공공기관의 식탁에 곧바로 오르는 구조", 즉 로컬푸드의 공공급식 선순환 모델이 비로소 완성된다. 이는 농가에는 예측 가능한 소득을 보장하고, 소비자에게는 안전한 먹거리를 제공하며, 지역 내 부(富)의 외부 유출을 막는 지속 가능한 상생 전략이다.

<표 5-5> 로컬푸드 플랜과 공공급식 역할

구분	로컬푸드 플랜 역할	공공급식 역할
공급 측면	지역농가 조직화, 생산계획 수립, 품질관리	지역 농산물 우선구매, 계약재배 확대
유통 측면	지역 푸드통합지원센터 운영, 물류 효율화	학교·복지시설 연계 주문 시스템 구축
소비 측면	신선·안전한 지역식재료 제공	공공부문에서 지역경제 순환 실현
사회적 가치	농민 소득·일자리 창출	먹거리 복지 및 건강한 급식 실현

국내외의 성공적인 로컬푸드 협력 사례는 정책의 실효성을 뒷받침한다. 경기도 광주시의 먹거리 통합지원센터는 현재 학교 급식, 어린이집, 복지시설 등 400여 곳에 지역 농산물을 안정적으로 공급하고 있다. 이는 생산자와 급식소 간의 '통합 주문 시스템' 구축을 통해 물류 효율

화를 극대화한 대표적 사례다. 해외의 경우, 일본 구마모토현의 '지산지소(地産地消)' 정책이 주목받고 있다. 구마모토현은 공공급식 식재료의 70% 이상을 지역산으로 구성하며, 지방정부 · 농협 · 교육기관 · 소비자 간의 견고한 협력 체계를 통해 지역 먹거리 자립률을 획기적으로 높였다.

이러한 로컬푸드 정책은 다각적인 지역 경제 활성화 효과를 창출한다. 공공급식용 식재료 예산이 외부로 유출되지 않고 지역 내에서 선순환됨에 따라, 지역 농가의 안정적인 소득 보장이 가능해진다. 또한 이는 단순히 1차 산업에 머물지 않고 지역 내 물류, 가공, 포장 산업으로 파급 효과를 일으키며 전후방 산업의 동반 성장을 견인한다.

나아가 로컬푸드 체계는 환경적 가치 실현의 핵심 동력이 된다. 식재료의 이동 거리인 '푸드 마일리지(Food Mileage)'를 획기적으로 단축하여 온실가스 배출을 줄이는 등 탄소 중립 기여도가 높기 때문이다. 여기에 재생 포장재 및 다회용기 도입 등을 연계한다면, 보다 완벽한 저탄소 식품 체계(Low-carbon Food System)를 구축할 수 있을 것이다.

로컬푸드 정책은 아동, 노인, 저소득층 등 취약계층에게 신선하고 안전한 식재료를 보장함으로써 실질적인 '먹거리 복지'를 실현한다. 이는 지역공동체 중심의 먹거리 돌봄 시스템(Food Care System) 구축으로 이어져 사회적 안전망을 강화하는 역할을 한다. 또한 로컬푸드 센터를 필두로 가공 · 물류 · 포장 등 전후방 산업에서 지역 일자리가 창출되며, 사회적기업과 마을 기업의 참여를 통해 사회적 가치 기반의 순환 경제 생태계가 공고해진다.

이러한 정책의 성공적인 안착을 위해서는 '통합 푸드플랜 거버넌스' 구축이 필수적이다. 지방자치단체, 농협, 학교, 복지기관, 사회적 경제 주체 등 다양한 이해관계자가 참여하는 '먹거리 위원회'를 설립하고, 이를 통해 지역별 먹거리 전략을 중장기 계획으로 수립·운영해야 한다.

제도적 측면에서의 공공조달 혁신도 병행되어야 한다. 지역 농산물에 대한 공공급식 우선 구매 기준을 명문화하고, '지역 농산물 사용 비율'에 따른 재정적 인센티브 제도를 도입하여 참여 동기를 부여해야 한다. 아울러 생산·유통 이력 관리와 데이터 기반의 안전성 신뢰 시스템을 구축함으로써 로컬푸드 인증 체계를 강화해야 한다. 결론적으로 로컬푸드 플랜을 ESG 농정의 핵심 실행 모델로 삼아 환경(E), 사회(S), 거버넌스(G)의 가치를 유통 현장에서 동시에 실현해 나가야 할 것이다.

로컬푸드 플랜과 공공급식의 연계는 "지역의 농업이 지역의 먹거리를 책임지고, 지역의 복지를 지탱하는 구조"를 설계하는 핵심 전략이다. 이는 단순한 유통 효율화 정책을 넘어, 지속 가능한 지역 순환 경제와 먹거리 복지, 그리고 탄소 중립 사회를 실현하는 통합 거버넌스 모델이다.

앞으로 지방자치단체는 로컬푸드 플랜을 기반으로 농업의 공공성을 강화하고, 먹거리 주권을 확보하며, 사회적 가치 중심의 지역 경제 재생을 추진해야 한다. "지역에서 자란 먹거리가 지역의 학교와 이웃의 식탁으로 돌아오는 선순환의 길", 이 길이 바로 지역의 지속 가능한 미래를 여는 결정적인 첫걸음이 될 것이다.

지역 브랜드와 관광 산업의 결합

지역 소멸과 경제 침체가 가속화되는 현시점에서 각 지방자치단체는 새로운 생존 전략을 요구받고 있다. 이제는 "무엇을 생산하느냐"보다 "어떤 가치를 경험하게 하느냐"가 곧 지역의 경쟁력이 되는 시대다. 즉, '지역 브랜드(Regional Brand)'는 단순한 지경 홍보나 개별 상품의 마케팅을 넘어, 그 지역의 역사 · 문화 · 사람 · 환경이 응축된 종합적 정체성의 표현이라 할 수 있다. 이러한 지역 브랜드를 관광 산업과 결합하면, 단순 방문을 넘어 '체험과 소비, 문화가 융합된 지역 경제 생태계'를 구축할 수 있다. 결국 지역 고유의 자원을 매력적인 스토리와 콘텐츠로 재구성하여 지속 가능한 관광 모델을 만드는 것이 이 전략의 핵심이다.

이러한 지역 브랜드는 단순히 시각적인 상징을 넘어 경제, 사회, 문화 전반에 걸쳐 다각적인 가치를 창출하는 핵심 동력으로 작용한다. 우선 경제적 측면에서 지역 브랜드는 지역 특산품과 서비스에 차별화된 이미지를 부여함으로써 제품의 부가가치를 극대화하고, 치열한 시장 환경 속에서 강력한 대외 경쟁력을 확보하게 한다. 사회적 관점에서는 지역 주민들이 공유하는 고유의 정체성을 강화하여 구성원들의 자긍심을 고취할 뿐만 아니라, 공동체 내부의 결속력을 다지는 심리적 기제로 기능한다. 마지막으로 문화적 가치 측면에서 지역 브랜드는 지역이 간직한 오랜 역사와 전통을 현대적 감각으로 재해석하는 통로가 되며, 이를 통해 대중에게 매력적으로 다가갈 수 있는 독창적인 스토리와 콘텐츠를 끊임없이 생산해 낸다.

지역 브랜드와 관광 산업의 결합이 필수적인 이유는 관광 소비 구조의 근본적인 변화 때문이다. 현대의 관광은 단순한 '유람'을 넘어 지역 고유의 삶과 밀착된 '로컬 경험(Local Experience)' 중심으로 진화하고 있다. 오늘날의 관광객은 박제된 풍경보다는 그 지역만의 생활양식, 고유한 음식, 깊이 있는 문화, 그리고 사람들의 생생한 이야기에 열광한다. 이러한 맥락에서 지역 브랜드는 관광 산업의 외피가 아니라, 관광객을 끌어들이고 머물게 하는 핵심 콘텐츠 그 자체로 작동한다.

또한, 지속 가능한 지역경제 모델은 관광을 통해 외부의 소비를 지역 내부로 유입시키는 핵심 통로가 된다. 강력한 지역 브랜드를 매개로 창출된 가치가 다시 지역사회에 재투자되는 선순환 구조가 확립될 때, 소득 증대와 고용 창출, 문화 산업의 성장이 동시에 일어나는 '순환형 지역경제'의 기반이 마련된다. 특히 환경 보전(E), 사회적 포용(S), 투명한 협력 구조(G)를 내재화한 지역 브랜드는 국제 표준인 '지속 가능한 관광(Sustainable Tourism)'과 직결된다. 이는 지역의 자원을 훼손하지 않으면서도 경제적 자립을 도모하고, 지역공동체와 상생하는 가장 현대적인 지역 재생 전략이라 할 수 있다.

지속 가능한 지역 발전을 위해서는 '스토리텔링(Storytelling) 중심의 지역 브랜딩'이 필수적이다. 지역 브랜드는 단순한 로고나 슬로건에 머물러서는 안 되며, 그 땅을 일궈온 사람들의 삶과 장소에 얽힌 서사를 브랜드 자산으로 구축해야 한다.

예를 들어, 전북 고창의 "자연이 빚은 건강한 땅"이나 제주의 "비바 제주(Viva Jeju)" 등은 그 지역의 자연환경과 독특한 문화, 주민들의 삶을 하나의 이야기로 통합해 낸 스토리형 브랜드의 전형이다. 이는 농산물, 전통 공예, 식문화와 같은 지역 고유의 자원이 단순한 상품을 넘어 관광 체험 콘텐츠로 진화할 때 비로소 강력한 브랜드 파워를 발휘하게 됨을 보여준다.

이러한 지역 자원과 관광 콘텐츠의 융합은 산업 간 경계를 허물며 체류형 소비 구조를 창출한다. 전북 완주의 '로컬푸드 투어', 전남 담양의 '대나무 축제', 전남 순천의 '국가정원 관광' 등은 지역의 주력 산업이 관광과 결합하여 방문객의 체류 시간을 늘리고 지역 경제에 활력을 불어넣은 성공적인 사례들이다. 이러한 융합 전략은 지역 경제의 자립도를 높이는 동시에 외지인들에게는 깊이 있는 로컬 경험을 선사하는 일거양득의 효과를 거두고 있다.

지역 생산 현장을 직접 방문하고 주민과 깊이 있게 교류하는 프로그램은 '관광의 로컬화'를 실현하는 핵심 동력이다. 와이너리 투어, 전통 장(醬) 학교, 로컬 쿠킹 클래스 등 지역 산업과 연계된 체험 행사가 대표적인 사례다. 이러한 개별 콘텐츠의 파급력을 높이기 위해서는 관광 정보와 특산품, 문화 행사를 한데 모은 '지역 브랜드 통합 포털' 구축이 시급하다. 이를 통해 마케팅, 디지털 홍보, 예약 및 결제 시스템을 통합 관리함으로써 스마트 관광 인프라를 공고히 해야 한다.

무엇보다 중요한 것은 지방정부, 주민, 기업, 관광 단체가 유기적으로 협력하는 브랜드 거버넌스 체계를 확립하는 것이다. 특히 지역 주민이 생산자이자 해설자, 나아가 콘텐츠 제작자로 직접 참여할 때 브랜드의 진정성(Authenticity)은 비로소 완성된다.

따라서 지방정부는 관광·문화·농업·산업이 분절되지 않도록 통합적인 브랜드 관리 체계를 수립해야 한다. 지역 브랜드의 신뢰성을 담보하기 위해 지방정부 차원의 인증마크제나 ESG 평가 제도를 도입하고, 품질 관리에 온 힘을 다해야 한다. 또한 온라인 플랫폼과 SNS, 국제 박람회 등을 통한 공동 마케팅으로 글로벌 시장에서의 브랜드 인지도를 확산시켜야 한다. 주민이 기획부터 운영까지 전 과정에 주도적으로 참여하는 '리빙 브랜드(Living Brand)' 전략은 지역공동체를 살아 움직이게 하고, 지속 가능한 지역 경쟁력을 만드는 최선의 대안이 될 것이다.

결국 지역 브랜드와 관광 산업의 결합은 단순한 이미지 제고를 위한 홍보를 넘어, 지역의 자원과 사람을 연결해 경제적·문화적 생태계를 재생하는 근본적인 전략이다. 앞으로의 지역 발전은 "자원을 파는 지역에서 이야기를 파는 지역으로", 그리고 "관광객을 유치하는 도시에서 지속적인 관계를 맺는 도시로" 패러다임을 전환해야 한다. 즉, 지역 브랜드는 관광의 가치를 대변하는 '얼굴'이며, 지역 관광은 그 브랜드가 살아 숨 쉬는 활기찬 '무대'다.

이 두 요소가 유기적으로 맞물려 결합할 때, 지역은 단순한 일회성 방문지를 넘어 거주자와 방문자 모두가 공존하는 '지속 가능한 삶의 문화공간'으로 거듭날 것이다. 이러한 변화야말로 지역 소멸의 위기를 극복하고, 우리 고유의 로컬리티(Locality)를 세계적인 경쟁력으로 승화시키는 가장 확실한 길이다.

식품산업 클러스터와 ESG 생태계 구축 :
지속 가능한 생명산업의 거점

기후 위기와 글로벌 공급망의 불확실성, 그리고 식량안보 위기가 고조되는 가운데, 식품산업은 단순한 제조·가공업을 넘어 지속 가능한 생명산업으로 진화하고 있다. 이러한 패러다임의 변화에 따라 생산, 가공, 유통, 소비의 전 단계를 통합하는 식품산업 클러스터(Food Industry Cluster)가 지역 경제의 핵심 성장 거점으로 부상 중이다. 특히 최근의 클러스터는 단순한 산업적 집적을 넘어, 환경(E), 사회(S), 거버넌스(G) 가치를 중심에 둔 'ESG 기반 산업생태계' 구축에 사활을 걸고 있다. 이제 식품산업의 진정한 경쟁력은 생산의 양(量)이 아니라, 얼마나 지속 가능한 방식으로 사회와 환경에 선한 영향력을 남기는가에 따라 결정되는 시대를 맞이했기 때문이다.

이러한 식품산업 클러스터는 단순한 지리적 결합을 넘어, 현대 식품산업이 마주한 과제들을 해결하고 새로운 부가가치를 창출하는 혁신 허브로서 다각적인 기능을 수행한다. 우선 산업 집적 효과 측면에서 클러스터는 기업 간의 기술과 자원을 긴밀하게 공유하게 함으로써 생산 효율성을 극대화하고, 공동 물류 및 제조 인프라를 통해 운영 비용을 획기적으로 절감하는 경제적 이점을 제공한다. 이어지는 R&D 혁신 허브의 기능은 대학과 연구기관, 그리고 현장의 기업들이 공동연구를 활성화하는 토대가 되며, 이를 통해 고도의 신기술이 접목된 고부가가치 제품 개발과 공정 혁신을 끊임없이 촉진한다.

또한, 클러스터는 지역 중심의 견고한 생태계를 조성하여 양질의 일자리를 창출하고 지역 자원 활용을 극대화함으로써, 지역 경제의 자립적 성장을 견인하는 핵심 동력이 된다. 마지막으로 클러스터 내 구축된 전문적인 지원 체계는 우리 기업들이 급변하는 글로벌 시장의 규제와 흐름에 기민하게 대응하도록 돕는 강력한 국제 경쟁력의 원천이 되며, 이를 바탕으로 해외 판로를 개척하고 시장 지배력을 확대하는 결정적인 발판을 제공한다.

국내의 대표적인 성공 모델로는 전북특별자치도 익산시의 '한국식품산업클러스터진흥원'을 꼽을 수 있다. 한국식품산업클러스터진흥원은 명실상부한 대한민국 농식품 산업의 혁신 거점으로서, 단순한 기업 집적지를 넘어 이제는 ESG 가치를 내재화한 미래형 식품산업 모델로 진화하고 있다.

결국 식품산업 클러스터가 진정한 ESG 생태계로 도약하기 위해서는 세 가지 핵심 축이 통합적으로 작동해야 한다. 우선 생산과 제조 전 과정에 걸친 환경친화적 기술(E)의 도입이 선행되어야 하며, 지역 농가와의 상생 및 공정한 노동환경 조성을 통한 사회적 가치(S) 실현이 뒷

<표 5-6> ESG와 식품산업 적용

ESG 영역	ESG의 접점 주요 내용	식품산업 적용 방향
E(환경)	탄소 저감, 에너지 효율, 폐기물 최소화	순환형 식품 가공, 재생에너지 공정, 저탄소 포장
S(사회)	일자리, 지역공동체, 식품 안전, 포용성	사회적기업 · 로컬푸드 연계, 먹거리 복지 강화
G(거버넌스)	투명 경영, 데이터 공개, 협력적 거버넌스	산학연 협력체계, ESG 정보 공시, 책임경영 체계

받침되어야 한다. 여기에 지자체와 기업, 연구기관이 긴밀히 소통하는 투명한 거버넌스(G) 구조가 결합할 때, 클러스터는 비로소 지속 가능한 식품산업의 전초기지로서 그 역할을 다하게 될 것이다.

지속 가능한 식품산업 클러스터를 완성하기 위해서는 무엇보다 저탄소·순환형 생산 체계의 전면적인 도입이 선행되어야 한다. 클러스터 내 입주 기업들은 에너지 절감형 가공 공정을 채택하고, 공정 과정에서 발생하는 부산물 재활용 및 물·열 회수 시스템을 가동하여 폐기물 제로와 탄소 저감형 생산 환경을 확립해야 한다. 실제로 익산 국가식품클러스터는 폐수 재활용 시스템과 바이오가스 설비를 선제적으로 도입하여 온실가스 배출량을 20% 이상 감축하는 등 순환형 식품 가공의 구체적인 성과를 거두고 있다.

이와 더불어 지역 자원에 기반한 상생형 산업생태계 구축이 필수적이다. 지역농산물 공급망을 적극 활용하여 로컬푸드 가공 산업을 활성화하고 이를 지역 브랜드화함으로써, 중소기업과 사회적 경제 기업, 그리고 농가가 공존하는 공동 유통·가공 플랫폼을 구축해야 한다. 이러한 포용적 산업구조는 지역 내 소득과 일자리가 선순환하는 사회적 가치(S) 실현의 핵심 동력이 된다.

마지막으로 데이터 기반의 스마트 공정 전환을 통해 거버넌스와 관리 체계의 투명성을 확보해야 한다. AI와 IoT 기술을 접목한 스마트 팩토리를 도입함으로써 공정 최적화와 에너지 절감을 실현하고, 품질 관리의 자동화를 이뤄내야 한다. 특히 ESG 성과를 정밀한 데이터로 측정·관리하고 이를 투명하게 공시할 수 있는 '디지털 ESG 시스템'의 구축은 산학연 협력체계와 책임경영을 뒷받침하는 신뢰의 기반이 될 것이다.

식품산업 클러스터의 지속 가능성을 담보하기 위해서는 산·학·연 협력을 통한 기술이전 생태계 조성이 필수적이다. 대학 및 연구소와의 공동연구를 촉진하여 클러스터 내에 지속 가능 식품 기술(Sustainable Food Tech)을 뿌리 내려야 한다. 특히 고부가가치 기능성 식품, 대체 단백질, 저탄소 식품 가공 기술을 중점적으로 육성하여 미래 먹거리 시장의 주도권을 확보해야 한다. 이는 앞서 언급한 탄소 저감 및 에너지 효율화라는 환경적(E) 목표를 달성하는 구체적인 수단이 된다.

이러한 기술 혁신을 산업 전반으로 확산시키기 위해서는 강력한 ESG 평가 및 인센티브 제도가 병행되어야 한다. 기업의 ESG 실적에 따라 세제감면, 우대 금융 지원, 공공 조달 가점 등 실질적인 혜택을 제공함으로써 자발적인 참여를 유도해야 한다. 나아가 클러스터 단위의 ESG 지수(Cluster ESG Index)를 도입하여 지속가능경영 수준을 정량적으로 평가하고 공시하는 체계를 갖춤으로써 거버넌스(G)의 투명성을 높여야 한다.

해외의 선진 사례는 이러한 전략의 실효성을 잘 보여준다. 덴마크의 푸드바이오 클러스터(Food & Bio Cluster Denmark)는 바이오 소재와 대체 단백질을 중심으로 생산시설의 100%를 탄소 중립형으로 전환하는 데 성공했다. 또한 네덜란드의 바게닝언 푸드밸리(Wageningen Food Valley)는 산·학·연 협력을 기반으로 한 ESG 식품 기술 혁신 허브의 표본을 제시하고 있다. 이들 사례의 공통점은 결국 "기술, 환경, 지역공동체"라는 세 가지 핵심 요소를 결합하여 지속 가능한 산업생태계를 구현해 냈다는 점에 있다.

식품산업 클러스터의 성공적인 전환을 위해서는 국가식품클러스터와 농공단지 등을 대상으로 에너지 전환 및 환경 관리 표준모델을 구축하는 등 ESG 산업단지 전환 정책을 대폭 강화해야 한다. 특히 자체 역량이 부족한 중소기업을 위해 ESG 컨설팅, 인증 비용 지원, 친환경 기술 R&D 보조금 지급 등 실질적인 지원 체계를 마련하여 산업 전반의 ESG 역량을 상향 평준화해야 한다.

또한, 지역혁신 거버넌스의 핵심으로서 지방정부와 기업, 연구기관, 그리고 주민이 함께 참여하는 'ESG 협의체' 운영이 필수적이다. 이와 더불어 탄소 배출량, 자원 소비 현황, 사회 기여도 등의 성과를 통합적으로 관리하고 공시할 수 있는 '공공 ESG 데이터 허브'를 설립하여 디지털 기반의 데이터 관리 인프라를 확충해야 한다. 이는 〈표 5-6〉에서 강조한 투명 경영과 데이터 공개라는 거버넌스(G)의 핵심 가치를 실현하는 구체적인 방안이 될 것이다.

결론적으로 식품산업 클러스터는 단순한 제조 공간을 넘어 기후 위기 시대의 지속 가능한 산업생태계 플랫폼으로 진화해야 한다. 이제 ESG는 선택의 영역이 아닌 세계 시장에서의 생존 조건이다. 앞으로의 식품산업은 환경을 보호하고, 사람과 상생하며, 투명하게 운영되는 구조로 과감히 전환되어야 한다. 식품산업 클러스터가 ESG 생태계로 견고히 자리 잡을 때, 그곳은 단순한 생산기지를 넘어 지속 가능한 지역 경제와 녹색산업 혁신을 주도하는 진정한 거점이 될 것이다.

제6장

주택 공간과 지역공동체 회복

김정진

1. 지방 소멸과 주거 문제의 현실

인구 감소 지역의 빈집, 노후주택 문제

한국은 빠른 속도로 인구 감소와 고령화가 동시에 진행되며, 그 여파가 가장 먼저, 그리고 가장 깊게 드러나는 곳이 농촌과 중소도시이다. 한때 마을을 지탱하던 청년층은 일자리와 교육, 문화 인프라를 찾아 수도권과 대도시로 떠났고, 그 자리를 산업 쇠퇴와 고령 인구의 비중 증대가 대신하고 있다. 이 과정에서 지역의 인구 기반과 경제 활동은 눈에 띄게 축소되었고, 그 결과 주거 환경이 유지되지 못한 채 빈집과 노후주택이 빠르게 늘어나는 악순환이 심화하고 있다.

행정안전부 통계에 따르면 2024년 기준 전국에 약 13만 호의 빈집이 존재하는 그것으로 추정되며, 이 가운데 절반 이상이 농촌과 소규모 읍·면 지역에 집중된 것으로 나타난다. 이는 단순히 사람이 살지 않는 집이 조금 늘어난 수준이 아니라, 마을 단위에서 더 이상 주거 수요가 유지되지 못하고 생활 기반이 붕괴하고 있음을 보여주는 신호라 할 수 있다. 특히 학교 폐교, 상점과 병원 폐업, 대중교통 축소와 맞물리면서 빈집은 지역 공동화의 가장 구체적인 결과이자, 동시에 그 지역의 장래를 어둡게 만드는 징후로 자리 잡고 있다.

〈표 6-1〉 전국 빈집 수 현황

구분	빈집 수(호)	비율(%)
비수도권	116,406	86.9
수도권	17,603	13.1
합계	134,009	100

*자료: 빈집애(愛) 홈페이지(2026. 01. 30.검색 기준)

　이러한 빈집 문제는 겉으로 보이는 미관상의 훼손을 넘어, 지역의 안전과 경제, 사회적 활력을 동시에 위협하는 구조적 위기로 이해해야 한다. 방치된 건물은 화재나 범죄, 안전사고의 위험을 키우며, 주변 부동산 가치와 주민들의 삶의 만족도를 떨어뜨린다. 더 나아가 외부 인구 유입을 가로막고, 남아 있는 주민들마저 이탈하게 하는 요인으로 작용한다. 결국 빈집과 노후주택의 증가는 인구 감소와 지역경제 침체, 공동체 해체가 맞물려 진행되는 '지역 소멸'의 가속장치와도 같은 역할을 한 것이다.

　빈집은 사람만 떠난 집이 아니라, 주거 기반의 붕괴와 공동체 해체, 지역 쇠퇴가 임계점에 다다랐음을 알리는 사회적 경고등이다. 그러나 최근 인구 감소 지역에서는 이 위기를 되돌릴 수 없는 종말로만 보지 않고, 빈집을 새로운 생활·문화·경제 공간으로 재생하는 '마을 재생 사업'을 통해 지역을 다시 살리는 기회로 전환하려는 시도가 확산하고 있다. 방치된 주택을 리모델링해 청년·귀농귀촌인을 위한 주거, 공유 오피스와 공방, 마을 카페와 게스트하우스, 커뮤니티 센터 등으로 바꾸는 이러한 움직임은 지속 가능한 지역 정책의 핵심 전략으로 주목받고 있다.

인구 감소 지역에서 빈집이 빠르게 늘어나는 배경에는 몇 가지 구조적 요인이 겹쳐 있다. 무엇보다 일자리와 교육·문화 기회의 부족으로 인한 청년층 유출, 그리고 그 결과로 나타나는 고령화 심화가 첫 번째 요인이다. 산업 기반이 취약한 농촌과 중소도시일수록 젊은 세대는 대도시로 떠나고, 마을에는 고령층만 남게 된다. 남은 고령가구는 소득과 노동력이 부족해 집을 제대로 유지·보수하기 어려우며, 시간이 지날수록 노후주택이 빠르게 늘어난다. 여기에 고령가구의 사망 후 상속인 부재와 무관심, 관리 책임자 미정 상태 등이 겹치면서, 거주자가 사라진 주택이 그대로 방치되는 사례가 일상적으로 반복되고 있다.

둘째 요인은 경제력 저하와 주택시장 왜곡이다. 인구가 줄어드는 지역에서는 주택 수요가 거의 없어 집을 팔거나 임대하기가 쉽지 않고, 거래가 되더라도 가격이 매우 낮아 실질적인 처분 동기가 약하다. 주택 가격이 지속적으로 하락하는 상황에서는 소유자로서 유지보수에 비용을 들일 유인이 사라지며, "고쳐서 써도 남는 것이 없는 집"이 되어 결국 방치로 이어진다. 관리가 끊긴 주택은 점차 물리적으로 붕괴하면서 주변 경관과 안전을 해치는 흉물로 바뀌고, 이는 다시 인구 유출과 자산가치 하락을 부추기는 악순환을 낳는다.

셋째로, 제도·행정적 관리 부재 역시 빈집 확산의 중요한 원인이다. 그동안 주거정책은 대체로 도시 중심의 공급 확대, 대규모 주택단지 개발, 전·월세 안정 등에 초점이 맞추어져 농촌과 읍·면 지역의 빈집 문제를 충분히 포괄하지 못했다. 지방정부는 한정된 예산과 인력으로 넓은 면적의 농촌과 중소도시를 관리해야 하므로, 정확한 빈집 실태조사조차 제때 수행하기 어렵고, 철거·정비나 활용 사업은 더디게 추진되는 경우가 많다. 이처럼 인구 구조 변화, 지역경제 침체, 주택시장 기능 약화, 제도적 공백이 겹치면서, 인구 감소 지역의 빈집은 단순한 개인 자산의 문제가 아니라 지역 전체의 지속 가능성을 위협하는 구조적 과제로 떠오르고 있다.

이러한 빈집과 노후주택의 방치는 하나의 낡은 건물이 남아 있는 수준을 넘어, 지역사회 전반을 잠식하는 복합적 문제로 나타난다. 우선 안전과 위생 측면에서 낡은 건물은 언제 무너질지 알 수 없는 구조적 불안정성과 화재 위험을 안고 있다. 사람의 손이 닿지 않는 동안 전기·가스 설비는 방치되고, 벽체와 지붕, 담장이 약해지면서 붕괴 위험이 커진다. 여기에 불법으로 버려진 쓰레기와 방치된 잡초, 각종 해충이 뒤엉키며 주변 환경을 악화시키고, 주민들에게는 상시적인 불안과 불편을 안겨준다. 특히 학교 주변이나 골목 끝에 버려진 집들은 어둡고 사람의 눈이 닿지 않는 공간이 되게 쉬워, 범죄와 청소년 일탈, 불량 행위에 대한 공포를 증폭시키는 요인이 된다.

경제적 측면에서도 빈집은 인근 주택의 자산가치를 갉아 먹는 존재로 작용한다. 생활환경이 나빠진다는 인식이 확산하면, 같은 동네라도 빈집이 밀집한 구역의 집은 거래가 잘 이루어지지 않거나 가격을 크게 낮춰야 겨우 팔리는 상황이 벌어진다. 이렇게 형성된 '나쁜 주소' 이미지는 한 번 굳어지면 쉽게 회복되기 어렵고, 실제로 주변 집값이 수십 퍼센트까지 떨어지는 사례도 적지 않다. 빈집이 관광지 주변이나 읍내 중심가까지 번지면, 낡고 방치된 간판과 폐점 상가들이 늘어나며 지역 전체의 이미지가 훼손되고, 이는 다시 방문객 감소와 상권 위축으로 이어지는 악순환을 만든다.

무엇보다 심각한 것은 공동체 차원의 붕괴이다. 이웃이 하나둘 떠나 빈집이 늘어날수록 골목의 불이 꺼지고, 마을에서 사람과 사람이 마주치는 빈도는 현저히 줄어든다. 예전 같으면 자연스럽게 이루어지던 안부 인사, 서로의 아이와 어르신을 돌보는 비공식적인 돌봄 체계, 경조사를 함께 챙기던 문화가 서서히 사라진다. 남은 주민들은 서로를 의지하기보다 각자 집 안에 머무는 시간이 길어지고, 특히 고령자와 1인 가구의 경우 사회적 고립감이 크게 심화한다. 이렇게 빈집 증가는 물리적 공간의 공백을 넘어 관계의 단절과 신뢰의 약화를 동반하며, 결국 마을 공동체의 기반 자체를 허물어뜨리는 방향으로 작용하게 된다.

〈표 6-2〉 국내외 빈집 활용 사례

지역/국가	빈집 활용 사례 내용
전북 정읍시	'빈집 뱅크' 운영: 주민이 빈집을 등록하고, 청년 창업 · 귀농인에게 임대 · 리모델링 지원
전남 구례군	'한옥 리노베이션 사업', 전통가옥 리모델링하여 관광 체험 결합, 지역 소득 창출
경남 하동군	노후주택 개보수 + 공공임대 전환 사업으로 고령가구 주거 환경 개선
일본 나가사키현	'아키야(空き家) 뱅크' 제도 운용: 빈집 소유자와 이주 희망자 매칭 플랫폼 구축
독일 라이프치히	시민 조합이 빈집 매입 후 도시재생 거점으로 전환, 예술인 · 청년 스타트업 입주시켜 지역 활성화 유도

전북 정읍시는 '빈집 뱅크' 제도를 통해 지역의 방치된 주택을 단순 철거 대상이 아니라 청년 창업과 귀농 · 귀촌 정착을 위한 자산으로 전환하고 있다. 주민이 소유한 빈집을 등록하면, 시와 귀농 · 귀촌 지원센터가 수리 지원과 임대 알선을 통해 예비 귀농인에게 임시 거주 공간

이나 창업 기반으로 제공하는 방식이다. 이를 통해 소유자는 방치 비용을 줄이고, 청년·이주자는 초기 주거 부담을 낮추며, 마을은 빈집을 줄이는 동시에 새로운 인구 유입을 기대할 수 있게 된다.

전남 구례군에서는 전통 한옥을 리모델링하여 민박, 체험형 숙박, 카페 등으로 활용하는 한옥 리노베이션 사업을 추진해 왔다. 오래된 가옥을 단순 보존에 그치지 않고 숙박·관광·문화 체험의 장으로 바꾸면서, 마을 전체가 하나의 관광 콘텐츠로 기능하도록 만든 것이다. 이 과정에서 건물 자체의 역사성과 경관 가치를 살리는 동시에, 지역 주민에게는 새로운 수익원과 일자리가 생기고, 방문객에게는 지역의 매력을 깊게 경험할 기회가 제공된다.

경남 하동군은 노후주택을 개보수하거나 공공임대주택으로 전환하는 사업을 통해, 특히 고령가구의 주거 환경을 개선하고 있다. 방치되면 빈집으로 전락할 수 있는 노후주택에 수리비를 지원해 안전과 쾌적성을 높이고, 일부는 청년·귀농인에게 주변 시세의 절반 수준으로 임대하는 '청년 나눔 주택'과 연계해 활용한다. 또 장기간 미거주 농어촌 주택에 대해서는 철거 및 정비 비용을 지원해, 마을 미관과 안전을 동시에 관리하는 이중 전략을 펴고 있다.

해외에서도 유사한 접근이 나타난다. 일본 나가사키현을 포함한 여러 지자체는 '아키야(空き家) 뱅크' 제도를 운용해, 빈집 소유자와 이주 희망자를 직접 연결하는 플랫폼을 구축했다. 지자체가 빈집의 위치·상태·가격·보조금 정보를 공개하고, 수리비 지원까지 연계함으로써 빈집을 저렴한 이주 거점으로 만드는 구조다. 독일 라이프치히시는 쇠

퇴한 공장 · 주택 등을 매입하거나 민간과 협력해 재생한 뒤, 예술인과 청년 스타트업, 사회적기업 등을 입주시켜 도시재생의 거점으로 활용하고 있다. 문화 · 창업 활동이 모이는 이러한 공간들은 주변 상권을 되살리고, 도시의 이미지를 혁신하는 동력이 되고 있다.

빈집 문제를 근본적으로 해결하기 위해서는 개별 건물을 그때그때 처리하는 수준을 넘어, 빈집을 파악 · 분류 · 관리하는 체계를 정교하게 구축하는 일이 선행되어야 한다. 이를 위해 각 지방정부는 주기적인 빈집 실태조사를 실시하고, 조사 결과를 GIS 기반 데이터베이스로 구축해 위치 · 위험도 · 활용 가능성을 한눈에 파악할 수 있어야 한다. 이렇게 구축된 DB를 바탕으로 구조 안전성, 주변 환경, 활용 수요 등을 고려해 빈집을 위험 등급별로 나누고, 고위험은 신속 철거, 잠재 활용 가능 주택은 개보수나 임대 · 창업 공간 전환 등으로 차등 대응하는 방식이 필요하다.

이 과정에는 행정뿐 아니라 교육 · 전문 인력이 함께 참여해야 한다. 지역 대학과 공공기관이 협력해 건축 · 도시계획 · 사회복지 · 문화 기획 전공자들이 빈집 조사와 설계, 리모델링 기획에 참여하는 '빈집 리모델링 인턴십', 도시재생 청년 인턴십과 같은 프로그램을 운영하면, 청년에게는 실무 경험과 일자리를 제공하고 지역에는 새로운 아이디어와 인력을 공급하는 효과를 얻을 수 있다. 실제 현장에서는 귀농인 · 귀촌인, 청년 창업자가 빈집을 리모델링해 주거와 소규모 창업 공간(카페, 공방, 게스트하우스 등)으로 활용하는 방식이 가장 많이 활용되고 있으며, 이를 지원하는 '빈집 리모델링 및 활용 지원' 정책도 점차 확대되는 추세다.

역할 분담 측면에서 보면, 공공은 빈집을 확보하고 기반 인프라를 정비하는 데 주력해야 한다. 지자체와 공공기관은 빈집 매입·장기 임대 계약, 기반 시설 보수, 안전 확보, 기본 구조 보강 등 '골격'을 책임지고, 민간은 건축·디자인 전문가와 사회적 경제기업이 참여해 문화공간, 게스트하우스, 로컬카페, 코워킹 스페이스 등으로 구체적인 콘텐츠를 채워 넣는 구조가 바람직하다. 이 과정에서 지역 주민을 공사·운영 단계에 적극 고용하면, 노후주택 개선과 동시에 지역 일자리 창출과 주거복지 향상이라는 두 가지 목표를 함께 달성할 수 있다.

또한 단열 보강, 창호 교체, 태양광 설비 설치 등 그린리모델링을 지원하면, 에너지 효율이 낮은 노후주택을 친환경 주택으로 전환하면서 난방비 절감과 탄소 배출 저감이라는 기후 대응 효과도 얻을 수 있다. 이는 주거 환경 개선과 기후 위기 대응을 함께 추진하는 대표적 수단으로, 특히 고령자·저소득 주거 취약계층에 큰 도움이 된다. 한편 「빈집 및 소규모주택 정비에 관한 특례법」은 이런 빈집 정비사업의 법적 틀과 지원 근거를 제공하지만, 실제 현장에서 지속적인 정비와 활용 사업을 추진하려면 지방정부가 자체 전용 기금이나 재원을 확보해 장기적·안정적으로 유지보수와 리모델링을 지원할 수 있는 구조를 갖추는 것이 중요하다. 이렇게 할 때, 빈집 정책은 단기 사업이 아닌 상시적 지역 재생 시스템으로 자리 잡을 수 있을 것이다.

빈집을 지역자산으로 전환하는 핵심은, 비어 있는 집을 단순히 치워야 할 부담이 아니라 사람과 활동이 다시 모이는 거점으로 재구성하는 데 있다. 먼저 문화예술 창작공간, 공유오피스, 마을도서관과 같은 커뮤니티 기반 시설로 리모델링하는 방식이 유효하다. 실제로 일부 도시에서는 방치된 주택을 '마을 등대 도서관'이나 예술가 작업실, 주민 살롱 등으로 바꾸어, 주민이 모이고 청년이 머무는 생활·문화 거점으로 활용하고 있다. 이런 공간이 생기면 마을 풍경이 밝아질 그럴 뿐만 아니라, 주민 모임·교육·돌봄 활동이 자연스럽게 이뤄지는 생활 인프라가 복원된다.

이 과정에서 마을관리사회적협동조합이나 사회적기업이 리모델링과 운영에 참여하면 ESG 관점에서도 큰 의미가 있다. 빈집을 고치는 과정에서 폐자재를 재활용하고, 단열·에너지 효율을 높이는 공사를 병행하면 환경(E) 측면의 가치를 높일 수 있다. 공사와 운영 단계에서 지역 청년과 주민을 고용하면 일자리 창출과 청년 정착이라는 사회(S)적 효과가 생기고, 공공·민간·지역 조직이 투명하게 협력하는 구조는 거버넌스(G) 개선에도 이바지한다. 이렇게 리모델링된 공간이 주민 참여형으로 운영될 때, 빈집 재생 프로젝트는 단순한 건축 사업을 넘어 지역의 지속 가능성을 높이는 ESG 모델이 된다.

또 다른 중요한 방향은 빈집을 숙박·체험형 공간으로 바꾸어 로컬 관광과 지역 소득 창출로 연결하는 것이다. 국내 여러 지역에서 한옥과 오래된 민가를 게스트하우스, 마을 호텔, 체험 공방촌 등으로 전환한 사례가 축적되고 있으며, 이는 "한옥 리노베이션 게스트하우스", "공방 체험 마을"과 같은 구체적 모델로 구현되고 있다. 빈집이 숙소·체험 공간이 되면 방문객이 머무는 시간이 늘고, 동네 식당·카페·가게 이용이 함께 증가하면서 마을 경제 전반에 파급효과가 확산한다. 무엇보다 주민이 운영에 참여할 경우, 수익의 일부가 마을 기금으로 환류되어 추가적인 환경 개선과 공동체 활동을 뒷받침하는 선순환 구조를 만들 수 있다.

결국 인구 감소 지역의 빈집·노후주택 문제는 단순한 물리적 노후화 문제가 아니라, 인구 감소, 경제 침체, 공동체 해체가 얽힌 복합적인 사회 문제이다. 그래서 해법 역시 '철거 중심'이 아니라 '재생과 순환'의 관점에서 설계되어야 한다. 앞으로의 정책 방향은 "빈집을 없애는 것에서, 빈집을 활용하는 것으로", "쇠퇴한 공간을 지역의 기회로 전환하는 것"으로 전환될 필요가 있다. 빈집이 다시 주거, 문화, 창업, 관광의 거점으로 거듭날 때, 비록 인구는 줄더라도 주민의 삶의 질과 공동체의 온기가 유지되는 지속 가능한 지역사회로 나아갈 수 있다.

빈집 리모델링과 마을 재생 사업은 낡은 건물을 고치는 기술 사업을 넘어, 무너진 지역공동체를 다시 세우고 새로운 사회적 가치를 만들어 내는 지속 가능한 혁신 모델로 자리 잡고 있다. 주민이 떠난 공간을 다시 사람이 모이고 머무는 장소로 바꾸는 과정에서, 단절되었던 관계가 회복되고, 지역 안에서의 돌봄·문화·경제 활동이 재구성된다. 이런 의미에서 빈집을 손보는 일은 곧 공간의 외형을 고치는 일이자, 그 공간을 매개로 살아가는 사람들의 삶의 방식과 공동체의 구조를 다시 짜는 작업이기도 하다.

이에 맞춰 지방정책의 방향도 "낡은 공간을 허무는 재개발"에서 "비어 있는 공간을 다시 채우는 재생"으로의 전환이 요구되고 있다. 과거의 전면 철거·대규모 정비 방식은 물리적 환경을 빠르게 바꾸는 대신,

주민의 삶과 공동체를 해체하고, 원주민 재정착률을 떨어뜨리는 부작용을 낳았다. 이제는 개별 건물 단위의 정비를 넘어, 골목과 마을 단위에서 주민이 주체가 되는 공동체 중심 재생을 통해, 삶의 연속성과 지역정체성을 유지하면서도 환경을 개선하는 접근이 중요해지고 있다. 빈집 정책 역시 철거 위주의 관리가 아니라, 활용·재생 중심의 패러다임으로 바꿔야 한다는 제안이 다수의 연구에서 제기된다.

지방 소멸은 숫자와 통계표 속에서만 존재하지 않는다. 그것은 결국 사람이 사는 현장에서, 즉 주택과 마을의 풍경에서 가장 먼저 드러난다. 비어 있는 골목과 방치된 빈집, 문을 닫은 상점과 끊어진 이웃 간의 관계가 곧 지방 소멸의 실제 얼굴이다. 이런 점에서 빈집을 다시 사람이 드나들고 관계가 이어지는 장소로 되살리는 일은, 단순한 공간 활용을 넘어 마을이 여전히 살아 있음을 선언하는 행위와도 같다. "버려진 집을 살리는 일은, 결국 마을의 마음을 되살리는 일"이라는 말은, 지방 소멸 시대의 주거·공간 정책이 지향해야 할 정서를 상징적으로 압축하고 있다.

통계청 등 각종 조사에 따르면 우리나라의 빈집 문제는 지난 10여 년 사이 빠르게 악화하고 있다. 2010년대 중반 약 6% 수준이던 전국 빈집률은 2020년대 들어 10% 안팎까지 높아졌으며, 특히 농촌과 지방 중소도시에서 그 증가 폭이 크다. 인구가 줄고 젊은 층이 빠져나간 지역일수록 노후주택과 빈집이 함께 늘어나면서, 이는 더 이상 일부 흉물스러운 건축물의 문제가 아니라 마을 전체의 '살고 싶은 매력'을 떨어뜨리는 구조적 요인으로 작용하고 있다. 화재 위생 안전 리스크는 물론이고, '빈집이 많은 동네'라는 인식이 자산가치와 정주 의지를 동시에 약화시키기 때문이다.

젊은 세대가 떠나고 고령층만 남은 마을은 시간이 갈수록 생활 인프라가 줄어들 수밖에 없다. 학생 수가 줄어 학교가 통폐합되고, 진료 수요가 줄어 병원과 약국이 문을 닫으며, 승객이 줄어 버스 노선도 축소된다. 인구와 세수가 감소하는 상황에서 넓은 농촌 지역의 기본 공공서비스를 유지하기 위해서는 1인당 행정·복지 비용이 급증하게 되고, 결국 지방정부의 재정 부담은 커지지만 서비스의 질과 접근성은 떨어지는 악순환이 형성된다. 이런 과정은 주택과 마을의 풍경 속에서 가장 먼저 드러난다는 점에서, 주거 공간 문제는 단지 건축이나 부동산 가격의 문제가 아니라 그 지역공동체가 존속 가능한지를 가르는 사회적 기반 인프라의 문제라는 점을 분명히 보여준다. 그래서 지방 소멸을 막기 위한 전략은 "일자리와 복지로 사람을 붙잡는 정책"이면서 동시에 "주택과 마을을 다시 살리는 공간 정책"이 함께 가야 한다.

한편, ESG 담론이 확산하면서 주택정책 역시 환경(E), 사회(S), 거버넌스(G)의 관점에서 새롭게 읽히고 있다. 환경 측면에서 건물·주거 부문은 국가 에너지 소비와 온실가스 배출에서 상당한 비중을 차지하며, 특히 난방·냉방을 위한 에너지 사용이 핵심이다. 우리나라의 노후 주택은 단열성능이 낮고 창호·설비 효율도 뒤처지는 경우가 많아, 같은 난방을 해도 열이 쉽게 빠져나가 에너지 낭비와 난방비 부담이 동시에 커진다. 농촌과 지방의 오래된 단독주택, 다가구 주택은 이런 취약성이 더 두드러지지만, 거주자의 소득과 투자 여력이 낮아 개선이 지연되는 이중의 문제를 안고 있다.

이 때문에 빈집 리모델링, 그린리모델링, 제로에너지 주택 보급을 결합한 '탄소 저감형 주거재생 전략'이 필수 과제로 논의된다. 방치된 빈집과 노후주택을 철거하는 데 그치지 않고, 단열 강화, 고효율 창호 교체, 태양광·열원 설비 도입 등을 통해 에너지 효율을 끌어올리면, 거주자의 난방비·전기요금 부담을 줄이는 동시에 국가 차원의 탄소 중립 목표에도 이바지할 수 있다. 나아가 이런 사업을 귀농인·청년· 지역 주민이 참여하는 마을 재생 프로그램과 결합하면, 환경(E) 개선, 에너지 비용 절감과 주거복지 향상(S), 주민 참여 기반의 거버넌스(G) 강화가 함께 이루어지는 ESG형 지역 정책 모델이 될 수 있다. 결국 지방 소멸 시대의 주택정책은 "빈집을 줄이는 것"을 넘어서, 탄소를 줄이고, 비용을 줄이고, 관계를 다시 잇는 방식으로 '공간을 재생하는 일'이어야 한다.

사회(S) 측면에서 ESG 주거정책의 핵심은 포용적 주거복지와 공동체 회복에 있다. 주거를 단순히 "지붕을 제공하는 물리적 공간"으로 보지 않고, 다양한 세대와 계층이 함께 살아가는 사회적 기반으로 재정의하는 관점이다. 이때 지향점은 취약계층에 대한 최소한의 지원을 넘어, 청년, 귀촌·귀농 세대, 고령층이 한마을 안에서 공존하는 다세대 복합 공동체를 설계하는 데 있다. 서로 다른 세대와 계층이 같은 동네에서 일상을 공유할 때 돌봄, 안전, 생활 서비스가 자연스럽게 연결되고, 이는 지역사회 전체의 회복력(resilience)을 높이는 방향으로 작동한다.

특히 청년층의 지방 정착을 위해서는 '일자리, 주거, 문화' 세 가지 요소가 동시에 충족되는 것이 중요하다는 연구 결과가 반복적으로 보고되고 있다. 안정적인 일자리만 있어도, 혹은 임대료가 싸기만 해도 충분하지 않으며, 일과 거주, 여가와 관계 맺기가 균형을 이루는 생활 환경이 갖춰질 때 정착 의지가 높아진다는 것이다. 이런 맥락에서 지방소멸 대응형 주택정책은 단순히 집을 더 짓거나 리모델링하는 공급 정책을 넘어, 사람과 사람을 잇는 커뮤니티 공간, 공동이용시설, 마을 활동을 함께 담아내는 "거주 생태계"를 만드는 방향으로 설계되어야 한다. 결국 중요한 것은 집을 늘리는 일이 아니다. 관계가 살아 숨 쉬는 삶의 터전을 되살리는 일이다.

거버넌스(G) 측면에서 보면, 주택 공간의 지속 가능성은 얼마나 튼튼하게 지었느냐보다, 그 공간을 누가 어떻게 함께 관리하고 운영하느냐에 더 크게 좌우된다. 과거처럼 공공이 일방적으로 계획하고 주민은 수혜자로만 남는 방식으로는, 공간이 빠르게 노후화되거나 실제 생활과 괴리되는 문제가 반복되기 쉽다. 그래서 주민, 지방정부, 사회적 경제기업, 건축·도시 전문가가 함께 기획·결정·운영에 참여하는 "공동체 주거 거버넌스"가 필요하다. 이런 구조에서는 주택과 마을 공간이 개인의 사유재산을 넘어, 모두가 돌보고 가꿔야 할 '사회적 자원'으로 인식되며, 그 과정에서 책임과 권한, 이익이 더 공정하게 나뉜다.

이러한 주민 참여형 공간 거버넌스는 몇 가지 중요한 효과를 낳는다. 우선, 실제 주민의 필요와 생활방식이 반영되므로 시설이 "있는 듯 없는 듯한 공간"이 아니라, 매일 쓰이고 찾아가는 살아 있는 공간이 되게 쉽다. 이어서, 주민이 계획과 운영에 참여할수록 공간에 대한 애착과 책임감이 커져, 무분별한 훼손이나 방치 가능성이 줄어든다. 마지막으로, 공공·민간·지역 조직이 함께 운영하면서 정보와 자원이 공유되고, 갈등이 생겨도 대화와 조정을 통해 풀 수 있는 기반이 마련된다. ESG 관점에서 주택정책을 다시 본다는 것은, 환경을 고려한 설계에 그치지 않고, 사회적으로 포용적인 주거복지와, 주민이 주인이 되는 거버넌스를 통해 "지속 가능한 삶의 터전"을 만드는 일이라고 정리할 수 있다.

국외에서는 ESG 관점을 접목한 주거·도시정책이 이미 도시재생과 지역 복원의 핵심 전략으로 자리 잡고 있다. 덴마크 코펜하겐은 재생에너지와 주민 참여를 결합한 다양한 친환경 주거·도시 프로젝트를 통해, 에너지 자립과 공동체 거버넌스를 동시에 구현하는 모델로 주목받고 있다. 이러한 흐름은 마을 단위에서 에너지 생산과 소비를 연계하고, 주민협동조합이 의사결정과 운영을 책임지는 '그린 커뮤니티 하우징' 유형의 실험으로 확장되고 있으며, ESG의 환경(E)과 사회(S), 거버넌스(G)를 아우르는 대표 사례로 평가된다.

일본의 지방 도시와 농산어촌에서는 인구 감소와 빈집 증가에 대응해, 노후주택을 청년 주거와 창업, 지역 돌봄 기능이 결합한 복합 거점으로 바꾸는 시도가 활발하다. 오래된 단지나 빈집을 리모델링해 북카페, 커뮤니티센터, 소규모 상점과 공유 주방 등을 들여 청년층과 고령층이 함께 생활하는 모델은, '살고 일하는 복합 주거'의 전형으로 소개된다. 이런 모델은 단순히 거주 공간을 제공하는 데 그치지 않고, 청년 창업과 상권 재생, 세대 간 교류를 동시에 촉진한다는 점에서 ESG 주거정책의 사회(S)·공동체 측면을 잘 보여준다.

영국을 비롯한 유럽 도시들은 공공임대주택과 도시재생 사업에 ESG·지속 가능성 평가 체계를 도입해, 에너지 효율, 거주 후 평가(POE), 공동체 참여도 등을 통합 지표로 관리하는 방향으로 나아가고 있다. 이러한 평가는 단순한 시설 성능을 넘어, 주거사업이 실제로 주민의 삶의 질과 지역공동체에 어떤 영향을 미치는지를 정량적으로 파악하고, 정책과 예산 배분에 반영하기 위한 조치다. 다시 말해, 공공임대주택은 더 이상 "값싼 집"이 아니라, 에너지 절감, 건강한 실내 환경, 주민 참여와 자치가 결합한 ESG 플랫폼으로 재정의되고 있다.

국내에서도 LH와 일부 지자체가 제로에너지 공공임대주택, 노후 공공임대 그린리모델링, ESG 도시재생 시범 사업 등을 추진하며 이러한 흐름을 따라가고 있다. 고성능 단열과 고효율 설비, 재생에너지 도입을 결합해 에너지비용과 탄소 배출량을 줄이고, 동시에 취약계층의 주거 환경을 개선하는 사업은 환경(E)과 사회(S)를 동시에 겨냥한 사례라 할 수 있다. 다만 지방 중소도시 단위에서는 여전히 철거 중심의 빈집 정비가 주류를 이루고, 체계적인 ESG 기반 주거재생 모델은 충분히 확산하지 못한 것으로 평가된다.

특히 빈집 정비사업의 경우, 실제로 리모델링 후 사회적·공동체적 활용으로 이어지는 사례 비율이 낮다는 지적이 꾸준히 제기된다. 많은 사업이 위험 건물 철거와 공지 정리 단계에서 멈추고, 그 공간을 청년 주거, 사회적 경제 거점, 문화·돌봄 공간으로 활용하는 후속 과정으로 이어지지 못하는 것이다. 이는 지방 소멸과 기후 위기라는 이중의 도전에 비해, 정착할 수 있는 삶의 터전과 지속 가능한 정주 공간을 상상하고 설계하는 정책적 상상력이 아직 부족함을 드러낸다. 앞으로는 해외 사례처럼 ESG를 기준 축으로 삼아, 빈집을 단순히 줄이는 것을 넘어서 "살고, 일하고, 쉬고, 돌보는" 통합 주거 · 공동체 거점으로 전환하는 모델을 지방 중소도시까지 확장하는 노력이 필요하다.

청년층 이탈과 주거 접근성 문제

한국 사회는 지금 '지방 소멸'과 '청년 소멸'이라는 이중의 위기 속에서, 청년층 인구 구조와 공간 구조가 동시에 뒤틀리고 있다. 20~30대 청년 인구 자체가 줄어드는 가운데, 남은 청년들마저 일자리와 교육 · 문화 기회가 집중된 수도권으로 몰리면서, 비수도권 지역은 인구 기반과 미래 인력의 토대가 동시에 약화하고 있다. 통계청과 국가 지표 체계에 따르면 2020년대 들어 수도권에 거주하는 청년 비중은 절반을 넘어, 최근에는 전국 청년의 약 절반 이상이 수도권에 집중된 것으로 집계되고 있다. 이는 지방 중소도시와 농촌이 더 이상 청년에게 "살 만한 곳"으로 인식되지 못하고 있음을 상징적으로 보여준다.

이러한 수도권 쏠림의 이유를 단순히 '일자리 때문'으로만 설명하기는 어렵다. 청년 관련 연구를 보면, 고용 · 소득 문제가 중요함은 분명하지만, 실제로 청년들이 체감하는 가장 압박하는 요인 중 하나는 주거비 부담과 열악한 주거 환경, 즉 주거 접근성의 문제로 드러난다. 높은 전 · 월세 부담, 불안정한 계약 구조, 열악한 주거 환경은 청년의 독립과 자립을 가로막고, 비수도권에 남거나 돌아가려는 의지를 약화시키는 주요 요인이다. 특히 청년 1인 가구의 상당수가 보증부 월세·월세 형태로 주거비 부담이 크고, 최저주거기준 미달 수준의 열악한 집에 거주하는 비율도 낮지 않다는 점은, "살고 싶어도 살 수 없는 구조"를 잘 보여준다.

주거는 단순한 소비재가 아니라 삶의 기반이고, 한 지역에 뿌리를 내릴 수 있는 출발점이다. 안정적으로 살 수 있는 집이 없다면, 청년에게 그 지역은 일자리가 있더라도 '잠시 머무는 곳'에 머무를 뿐, 장기적으로 살아갈 삶의 터전이 되기 어렵다. 따라서 청년 주거 접근성 문제를 해결하지 않고서는 지방에 청년이 정착하는 것도, 수도권 – 비수도권 인구 불균형을 완화하는 것도, 장기적으로 지역의 활력을 회복하는 것도 사실상 불가능하다는 점이 여러 연구에서 공통으로 지적된다. 정리하면 지방 소멸 대응은 청년 일자리와 교육 기회 확충이라는 '사람을 붙잡는 정책'과, 청년이 체감할 수 있는 안정적이고 접근할 수 있는 주거를 제공하는 '공간을 다시 살리는 정책'이 함께 움직일 때 비로소 효과를 가질 수 있다.

청년층 이탈은 하나의 요인으로 설명되기 어렵지만, 일자리, 주거, 생활 인프라, 가족·가구 형태 변화가 겹쳐 만들어낸 복합적인 결과라는 점에서 구조적 성격을 지닌다. 우선 고용과 산업 측면에서 새로운 일자리와 고소득·전문직 일자리는 서울과 경기 등 수도권에 집중되어 있고, 지역 산업의 축소로 지방에서는 전문직·기술직 청년이 선택할 수 있는 일자리 폭이 매우 제한적이다. 지방 기업에 취업하는 청년에게까지 성과급(청년 일자리 도약장려금 등)을 주어 수도권 쏠림을 완화하려는 정책이 도입되고 있다는 사실 자체가, 현재 일자리 구조의 불균형을 방증한다.

그러나 청년들이 체감하는 가장 즉각적인 압박은 주거비 부담과 주거 불안정이다. 여러 조사와 연구에서 청년 가구 상당수가 소득 대비 과도한 주거비를 지출하며, 특히 수도권에 거주하는 청년들의 주거비 과부담과 열악한 주거 환경이 심각하다는 결과가 반복적으로 제시된다. 국토교통부의 2024년 주거 실태조사에서도 임차 청년 가구의 소득 대비 임대료 비중(RIR)이 전체 평균보다 높게 나타나, 사회 초년생·저소득 청년층의 주거비 부담이 자산 형성의 가장 큰 장애 요인 중 하나임을 보여준다. 수도권에서는 전·월세와 집값이 매우 높아 '살 곳이 있어도 살 수 없는' 상황이 펼쳐지고, 지방은 집값이 상대적으로 낮지만 품질·입지·교통·생활 인프라가 부족해 "살고 싶지 않은 집, 살기 어려운 동네"라는 인식이 형성된다.

생활 인프라의 격차 역시 청년층의 지역 선택에 큰 영향을 미친다. 교육, 문화, 의료, 여가 시설 등이 부족하고 대중교통이 불편한 지역은, 장기적으로 삶의 질을 기대하기 어렵다는 판단을 불러일으킨다. 여기에 미혼·1인 가구 증가와 함께 청년 주거 수요가 가족 단위의 영구 정착형 주택에서 '독립형, 공유형, 단기 거주형'으로 다양화되고 있지만, 지방의 많은 주거정책은 여전히 결혼·출산을 전제한 정착형 공급에 머물러 있다는 지적도 나온다. 즉 청년의 실제 생활방식과 욕구에 맞는 유연한 주거·공간 모델이 부족해, 지방이 청년에게 매력적인 선택지로 보이지 않는 것이다.

이러한 청년 이탈과 주거 접근성 악화는 곧바로 사회 전반의 인구·경제 구조에 영향을 미친다. 청년이 수도권에 과도하게 집중하면, 비수도권 지역의 출산 잠재력은 급격히 떨어지고, 학령인구 감소는 학교 통폐합과 교육 인프라 축소로 이어져 지역 소멸 위험을 키운다. 동시에 소비와 노동력, 창업 활동이 함께 줄어들면서, 지역 경제는 내수 기반과 혁신 동력을 동시에 잃게 된다. 주거비 부담이 사회 초년생의 자산 형성을 가로막고, 부모의 자산·지역·주거 여건에 따라 청년기의 주거 선택지가 달라지는 현실은, 주거 불평등이 계층 간 격차의 세습으로 이어질 수 있다는 우려를 낳는다. 청년 주거 접근성 문제는 한 세대의 불편을 넘어, 인구 불균형과 지방 소멸, 자산 격차와 사회적 불평등을 동시에 심화시키는 구조적 과제다. 따라서 "청년을 위한 주거정책"은 곧 "지역과 사회 전체를 위한 미래 전략"이라는 인식 전환이 필요하다.

청년 주거 접근성을 개선하려면, 먼저 지역 청년의 삶과 일에 맞춘 공공주택을 늘리는 것이 중요하다. 단순히 저렴한 임대주택을 공급하는 수준을 넘어, 주거와 창업, 커뮤니티 활동이 결합한 생활형·창업형 복합 공간으로 설계해야 한다. 전북 완주군의 체류형 농업창업지원센터와 귀농인의 집은 주택과 영농실습장, 교육 프로그램을 묶어 귀농·청년농이 "살면서 배우고, 일자리를 설계하는" 구조를 만든 사례로 볼 수 있다. 경남 창원시의 반계 창업지원주택 역시 청년 창업자의 주거와 창업지원 시설을 한 단지에 결합해, 창업자들이 안정적인 거주 공간과 사무공간, 네트워킹 인프라를 동시에 누릴 수 있게 한 모델이다. 이런 사례들은 "사는 곳이 곧 일터가 되는 구조"를 지향한다는 점에서, 청년 맞춤형 주거와 지역경제 활성화를 함께 노리는 방향과 맞닿아 있다.

이와 함께 지역 내 유휴 공간을 청년 주거·활동 자원으로 전환하는 전략이 필요하다. 빈집, 폐교, 유휴 공공청사 등은 방치되면 지역 이미지를 나쁘게 만들지만, 리모델링을 통해 청년 공유주택, 코리빙(Co-Living) 하우스, 창업 랩, 커뮤니티하우스로 재탄생시킬 수 있다. 일본과 유럽의 지방 소멸 대응 모델처럼, 도시재생 사업과 주거복지 정책을 결합해 "공간 재생 + 청년 정착"을 동시에 추진하는 것이 효과적이다. 이는 단순한 건물 공급이 아니라, 청년이 지역에 들어와 머물며 관계와 활동을 쌓아갈 수 있는 거점 네트워크를 만드는 일이다.

청년의 장기 정착을 유도하려면 보증금·월세 지원을 넘어선 인센티브 설계도 필요하다. 일부 지자체가 청년에게 지역화폐를 지급하거나 장기 거주자에게 추가 혜택을 주는 사례처럼, 세제감면, 주택담보·전세자금 이자 지원, 지역화폐 지급 등을 결합해 "살수록 혜택이 늘어나는 주거정책"을 설계할 수 있다. 다만 단기 현금성 지원에 그치지 않고, 거주 기간, 지역 활동, 사회공헌과 연계된 장기 인센티브 구조로 설계해야 소멸 위험 지역의 인구 유지에 실질적 효과를 기대할 수 있다.

또한 단순히 집만 있다고 청년이 머무르지는 않는다. 교통망, 문화·여가 공간, 디지털 인프라 등 삶의 질 인프라가 함께 뒷받침되어야, 청년에게 지역이 "살 만한 생활권"으로 인식된다. 초고속 인터넷, 코워킹 스페이스, 공연·전시·동아리 활동이 가능한 공간 등은 재택·원격 근무, 다중 직업·프로젝트형 노동이 늘어나는 청년 세대에게 필수 인프라에 가깝다. 따라서 주거정책은 도로와 집을 넘어, 일·

여가·관계가 어우러진 생활권 단위로 설계되어야 한다.

무엇보다 청년을 주거정책의 '수혜자'로만 보지 말고, 기획자이자 운영 주체로 세우는 것이 중요하다. 청년위원회, 청년 주거협동조합, 사회적 경제기업 등이 공공과 함께 주택의 설계, 입주 기준, 커뮤니티 프로그램, 운영 방식을 결정하는 참여형 모델이 확산할 필요가 있다. 이러한 구조에서는 청년이 자신의 삶에 맞는 공간을 스스로 만들어갈 수 있고, 정책도 실제 수요와 생활방식에 더 밀착된다. 즉 청년 주거 접근성 개선은 "더 많은 집을 짓는 일"이 아니라, 청년과 지역이 함께 설계하는 새로운 생활권과 거주 생태계를 만드는 과정이라고 할 수 있다.

청년층의 이탈은 단순히 한 세대가 다른 지역으로 옮겨가는 현상이 아니라, 그 지역이 미래에 활용할 수 있는 인적 자본, 즉 미래 자본이 빠져나가는 문제다. 그 근저에는 오랫동안 누적된 일자리의 수도권 편중과 함께, "살고 싶어도 살 수 없는" 주거 접근성의 불평등이 자리 잡고 있다. 일자리가 있어도 주거비와 생활 여건이 받쳐주지 않으면, 청년에게 그 지역은 잠시 머무는 곳일 뿐 장기적으로 뿌리를 내릴 선택지가 되지 못한다는 점이 여러 연구와 청년 당사자 논의에서 반복해서 확인된다.

이제 지역 정책은 "청년을 데려오는 것"에 그쳐서는 안 되고, "청년이 떠나지 않는 주거", "청년이 다시 돌아올 수 있는 지역생활권"을 만드는 방향으로 전환되어야 한다는 문제의식이 힘을 얻고 있다. 이를 위해 필요한 그것이 바로 주거, 일자리, 문화, 교통, 공동체가 결합한 청년 정착 생태계, 이른바 Youth Living Ecosystem이다. 한 지역 안에서 살

집이 있고, 안정적인 일과 수입원이 있으며, 이동이 편하고, 문화·여가와 관계망이 보장될 때 비로소 청년은 그 지역을 자기 삶의 기반으로 인정하고 장기 거주를 고려하게 된다.

이런 관점에서 "청년이 사는 곳에서 일하고, 일하는 곳에서 살아갈수 있는 구조"를 만드는 것은 지방 소멸 대응의 핵심 전략이라 할 수있다. 주거와 일자리가 분리되어 먼 이동과 높은 생활비를 강요하는 현재의 공간 구조를 전환할 필요가 있다. 전환의 핵심은 거주지와 일터, 커뮤니티 공간이 서로 가깝게 얽힌 생활권 구조로 바꾸는 것이 중요하다. 그렇게 청년이 일상에서 지역과 자연스럽게 연결되고, 자신의 삶을 설계할 수 있는 조건을 갖추게 된다면 인구 총량이 줄어드는 시대에도 지역은 일정 수준의 활력과 재생 능력을 유지할 수 있다. 결국 청년을 위한 정착 생태계 구축은 한 세대를 위한 복지가 아니라, 지역사회의 지속 가능성을 지키기 위한 가장 현실적인 미래 투자라고 할 수 있다.

공동체 단절과 사회적 고립

빠른 산업화와 도시화, 그리고 디지털 전환은 분명 인간의 삶을 더편리하고 효율적으로 만들었지만, 그 과정에서 사회적 관계가 약해지고 공동체의 해체라는 대가를 요구해 왔다. 특히 인구 감소와 고령화가 급속히 진행된 지역에서는 이웃 간 왕래와 상호 돌봄이 줄어들고, 가족과 마을 공동체의 기능이 눈에 띄게 약화됨에 따라, '사회적 고립(Social Isolation)'이 일상적인 현상으로 자리 잡고 있다. 이러한 고립은 단순히 개인이 외로움을 느끼는 차원에서 끝나지 않고, 고독사 증가, 우울 · 불안 심화, 노동력 상실과 복지비용 증가 등으로 이어져 지역사회와 국가의 지속 가능성을 위협하는 구조적 위험 요인으로 평가된다.

공동체 단절의 배경에는 인구 구조 변화와 지역 소멸이 자리하고 있다. 청년층이 수도권과 대도시로 빠져나가고, 고령 단독가구와 1인 가구가 늘어나면서 많은 마을이 '노인만 남은 동네'로 변해 가고 있다. 인구 기반이 무너지면 자연스럽게 이웃 간 상호 돌봄과 연대의 네트워크가 약해지고, 함께 밥을 먹고 일을 나누던 문화가 사라지면서 말 그대로 '관계의 빈집'이 늘어난다. 전통적으로 촘촘한 관계망을 유지해 온 농촌마을과 소상공인 공동체가 해체되고 개인 단위 생계 구조가 확산되면서, 마을은 "함께 일하고 함께 사는 공간"에서 "고립된 삶이 나란히 놓인 장소"로 바뀌고 있다.

공간 구조의 변화도 이러한 고립을 심화시킨다. 도시에서는 아파트 단지 중심의 폐쇄적인 주거 구조와 높은 이동률이, 농촌에서는 빈집과 노후주택의 증가와 생활 인프라 축소가 이웃 간 자연스러운 접촉을 어렵게 만든다. 집 앞 골목과 마을회관, 시장과 상점이 사람을 만나고 관계를 쌓는 장이 아니라, 비어 있거나 빠르게 지나치는 통로가 되어 버리면, 우연한 만남과 일상의 대화는 줄어들 수밖에 없다. 여기에 SNS와 온라인 커뮤니티가 확산하면서 사람들은 이전보다 더 많이 '연결'되어 있는 듯 보이지만, 실제 대면 관계와 깊이 있는 상호작용은 줄어드는 역설적인 현상이 나타난다. 화면 속에서는 수많은 사람과 즉각적으로 소통하지만, 일상에서 곁을 내줄 이웃과 친구는 줄어드는 이러한 현

상을 많은 연구가 '연결된 고립(Connected Isolation)' 또는 '초연결 시대
의 고독'으로 개념화하고 있다.

오늘날의 사회적 고립은 디지털 기술 그 자체 때문이라기보다, 인구
구조 변화, 지역 불균형, 주거·공간 구조, 일·생활 방식의 변화가 뒤
섞인 결과이다. 이는 개인의 성향이나 노력만으로 해결될 문제가 아니
며, 지역공동체와 생활권 단위에서 사람과 사람을 다시 만나게 하는 공
간·제도·문화적 장치를 설계해야 한다는 점을 시사한다.

1인 가구의 급증과 정서·심리 문제의 확대, 그리고 지역사회 기능
의 약화가 겹치면서 한국 사회에서 사회적 고립의 심화 양상은 점점
더 두드러지고 있다. 통계청 「2024 통계로 보는 1인 가구」에 따르면
2023년 1인 가구는 전체 가구의 35.5%로, 이미 3가구 중 1가구를 넘
어 가장 큰 가구 유형이 되었으며, 70세 이상 고령층과 20대 이하·30
대 청년층에서 1인 가구 비중이 특히 높게 나타난다. 이는 고령층과 청
년층 모두에서 고립 위험이 커지고 있음을 시사한다. 같은 자료에 따
르면 1인 가구 상당수는 이웃과의 관계를 "인사 수준에 그치거나 거의
교류가 없는 상태"로 인식하고 있는데, 이는 일상적인 상호 돌봄과 관
계망이 취약하다는 의미다.

사회적 고립은 단순히 혼자 사는 그것과 같은 생활 형태의 문제가
아니다. 보건·복지 연구에서는 사회적 고립과 고독이 우울, 무기력,
불안, 자살 위험을 높이는 주요 요인으로 반복해서 지목된다. 주변에
도움을 요청할 사람, 함께 시간을 보낼 사람이 없다고 느낄수록 정신건
강은 악화되고, 위기 상황에서 적절한 지원을 받지 못할 가능성도 높아

진다. 동시에 사회 전체의 신뢰 수준도 낮은 편이다. 국제 비교 지표를 보면 한국의 사회적 자본·사회적 신뢰 수준은 주요국과 비교해 하위권에 머물고 있으며, "우리 사회는 서로를 신뢰할 수 있는가?"라는 질문에 대한 회의가 적지 않다는 점이 드러난다.

지역 차원에서는 마을 행사, 자조모임, 생활협동조합 같은 공동체 기반 조직이 줄어들거나 고령화로 활동이 위축되면서, 복지, 안전, 돌봄 등 지역 문제에 대응할 사회적 역량도 함께 약해지고 있다. 예전에는 마을회관, 시장, 동네 상점이 자연스러운 소통과 상호 지원의 거점이었지만, 상권 쇠퇴와 인구 감소로 이런 장소 자체가 사라지는 경우가 많다. 그 결과 공공기관의 공식 서비스만으로는 지역 내 고립과 위험을 충분히 감지하고 대응하기 어려운 구조가 형성된다. 사회적 고립은 개별 개인의 외로움이 아니라 인구 구조, 주거 형태, 지역공동체 약화가 겹쳐 나타나는 구조적 문제다. 이를 완화하기 위해서는 1인 가구 지원, 공동체 회복, 신뢰 기반 강화를 결합한 종합적 접근이 필요하다.

<표 6-3> 사회적 고립으로 나타나는 영향

분야	사회적 고립이 초래하는 영향 내용
경제적 측면	소비 위축, 노동력 감소, 지역 내 서비스산업 침체
사회적 측면	범죄·자살·심리 질환 증가, 사회갈등 심화
행정적 측면	복지비용 증가, 행정의 사각지대 확대
문화적 측면	세대 간 단절, 전통문화 및 지역정체성 약화

공동체 회복과 사회적 연결망 재구축을 위해서는 행정 중심이 아닌 주민 주도의 지역 실험이 중요하다. 마을기업·협동조합·자조모임을 활성화해 '함께 일하고 함께 사는 문화'를 복원하는 마을 단위 프로그

램이 핵심이다. 전북 완주의 공동체 만들기, 일본 지방의 마을 살이 프로젝트처럼 주민이 직접 기획·운영에 참여할 때 고립 완화와 지역 활력 회복을 동시에 기대할 수 있다.

복지는 중앙집중형에서 일상 가까운 돌봄으로 전환되어야 한다. 이웃 돌봄, 생활지원사, 방문형 서비스 등으로 고령자·장애인·청년 1인 가구를 잇는 생활 지원 네트워크를 촘촘히 구축하는 방식이다. 폐교·빈집·유휴 공공건물을 리모델링해 세대 공유형 커뮤니티 하우스, 로컬카페형 소통 공간, 마을도서관으로 활용하면 세대 간 교류 거점이 생기고, 일상에서 자연스러운 만남과 활동이 회복된다.

디지털 기술은 물리적 거리를 넘어 관계를 보완하는 도구로 쓰일 수 있다. AI 돌봄, 온라인 커뮤니티, 관심사 기반 플랫폼 등을 활용해 정서적 지지망과 정보 공유 채널을 넓히되, 오프라인 모임·마을 활동과 반드시 병행해야 한다. 이를 뒷받침하려면 지방정부·복지기관·사회적 경제 조직·주민이 함께하는 지역 거버넌스 기반의 통합 대응체계를 구축해, '고립 징후 파악 → 연결 → 지원 → 공동체 참여'까지 이어지는 로컬 사회적 네트워크를 만드는 것이 필요하다.

ESG 관점에서 보면 공동체 회복은 환경·사회·거버넌스를 동시에 다루는 과제다. 환경(E) 측면에서는 녹지와 보행 공간, 마을 공원, 공유주거·코하우징 같은 공동체 기반 생활환경을 확충해, 일상에서 자연스럽게 사람과 사람이 마주칠 수 있는 친환경 생활공간을 만드는 것이 중요하다. 사회(S) 측면에서는 포용적 관계망 회복과 사회적 약자(고령자, 장애인, 청년 1인 가구 등)에 대한 지원을 통해, 누구도 고립되지 않도록 돕는 지역 안전망을 구축해야 한다. 거버넌스(G) 측면에서는 주민이 기획·의사결정·운영에 참여하는 주민 참여형 의사결정·운영 체계를 구축하고, 재정 집행과 복지 서비스 과정의 투명성을 강화해야 한다. 따라서 공동체 회복은 ESG의 '사회(S)' 영역을 지역 현장에서 구현하는 핵심 과제다.

공동체 단절과 사회적 고립은 단순한 인구 감소를 넘어선 지방 소멸의 더 근본적인 징후다. 인구가 일정 규모 남아 있더라도, 서로를 모른 채 각자 고립되어 산다면 그 지역은 이미 기능적으로는 소멸에 가까운 상태라고 볼 수 있다. 따라서 앞으로의 지역 정책은 "도로·건물 같은 물리적 인프라 중심에서, 관계 중심의 인프라로", "하드웨어 복원에서, 사람 네트워크 복원으로" 무게 중심을 옮겨야 한다. 다시 말해 공동체 재생은 부가적인 복지정책이 아니라, 지속 가능한 사회의 토대이자 다른 모든 지역 정책의 전제조건이다. 이웃과 마을이 곧 서로의 안전망이 되는 구조를 얼마나 회복하느냐가, 진정한 의미의 지속 가능한 지역공동체의 출발점이라고 할 수 있다.

2. ESG 기반 주거정책 방향

친환경 건축과 에너지 효율 주거모델

기후 위기 시대에는 건축과 주거가 더 이상 단순한 '공간의 문제'가 아니다. 전 세계적으로 건축물의 건설·운영 과정에서 발생하는 온실가스가 전체 배출량의 상당 비중(약 40% 안팎)을 차지하고, 한국에서도 주거·건물 부문이 최종 에너지 소비의 약 25%를 담당하고 있다. 이런 이유로 한국 정부와 지방정부는 제로에너지건축(ZEB), 그린리모델링(GR), 녹색건축물 기본계획(제3차 녹색건축물 기본계획 2025~2029년) 등을 통해 친환경 건축과 에너지 효율 주거모델을 핵심 정책과제로 추진하고 있다. 건축물을 단순히 에너지를 소비하는 대상이 아니라, 에너지 손실을 최소화하고 일부는 직접 생산·저장까지 하는 순환형 생태공간으로 전환하려는 시도다. 이런 흐름을 정리하면, 주거의 미래는 더 이상 "집을 얼마나 많이 짓는가?"가 아니라, "환경을 지키는 집, 스스로 숨 쉬는 건축"으로 패러다임을 바꾸는 과정이라고 할 수 있다.

친환경 건축은 건축의 전 생애주기(설계-시공-운영-해체)에 걸쳐 에너지 절감, 자원 재활용, 환경 오염 최소화를 목표로 하는 방식이다. 무엇보다 건물 부문의 탄소 배출을 줄이는 일은 국가 온실가스 감축 목표(2050 탄소중립) 달성의 핵심 축이며, 녹색건축물 기본계획 역시 건물 부문 배출량 감축을 주요 목표로 삼고 있다. 또한 고단열·고기밀, 적절한 채광·환기 설계, 유해물질 저감 자재 사용 등을 통해 실내 공기질과 열·빛 환경을 개선하면 쾌적한 거주환경과 건강 증진이라는 생활상의 이익으로 이어진다. 초기 공사비는 일반 건축보다 높을 수 있으나 난방·냉방·전기 사용량을 줄여 장기적으로 에너지 비용을 크게 절감한다는 연구도 다수 보고된다. 나아가 재생 자재 활용, 로컬 소재(목재·흙·지역 생산 단열재 등) 사용, 태양광·히트펌프·ESS 등 신재생에너지 설비 수요 확대는 지역의 녹색산업과 일자리 창출로까지 연결될 수 있다.

다만 숫자를 명시할 때는 "전 세계 온실가스 배출의 약 40% 이상이 건물·건축 부문과 관련된다", "한국에서 주거·건물 부문은 최종 에너지 소비의 약 25% 수준을 차지한다"처럼 '약', '안팎'이라는 표현을 함께 써 주면, 통계 변동과 연구마다의 차이를 포괄하면서도 신뢰도를 유지할 수 있다. 이런 점만 보완한다면, "집을 짓는 일"을 "환경을 지키는 집을 설계·운영하는 일"로 재정의해야 한다는 문제의식과, 친환경 건축의 필요성에 관한 서술은 현재 정책·연구 흐름과 잘 맞는 정리라고 볼 수 있다.

에너지 효율 주거모델은 한마디로 말해, 에너지를 적게 쓰고 스스로 생산하며 환경 부담을 줄이는 집을 만드는 접근이다. 이를 구현하기 위한 핵심 기술로 패시브하우스, 제로에너지주택, 스마트 에너지 관리시스템, 그리고 재생·저탄소 건축자재와 자연 자원 활용 시스템을 들 수 있다.

패시브하우스(Passive House)는 외부에서 공급되는 난방·냉방 에너지를 최소화하도록 설계된 초고효율 주택이다. 두꺼운 단열재와 기밀 시공, 고성능 창호, 열 회수 환기장치 등을 통해 실내의 열이 새어나가는 그것을 최대한 줄이고, 햇빛·인체·가전제품에서 나오는 열까지 적극적으로 활용한다. 이러한 설계 덕분에 일반 주택에 비해 난방에너지 사용을 약 70~90%까지 줄일 수 있으며, 실내 온도 변화가 크지 않아 계절과 시간대에 따른 온도 불쾌감이 적고 거주 만족도가 높다. 패시브하우스 개념은 독일에서 시작되었지만, 최근에는 우리나라에서도 공공임대주택과 농촌형 단독주택 등을 중심으로 점차 확산하는 중이다.

제로에너지주택(Zero Energy House, ZEH)은 패시브하우스와 같이 에너지 수요를 최대한 줄이는 설계를 바탕으로, 태양광, 지열, 태양열 등 신재생 에너지 설비를 추가해 1년 동안의 에너지 소비량과 생산량을 거의 0에 가깝게 맞추는 주택을 뜻한다. 즉, 단열·기밀·고효율 설비로 '쓰는 에너지'를 먼저 줄이고, 남은 부분은 태양광 발전이나 지열 히트펌프 같은 설비로 직접 생산해 상쇄하는 구조다. 정부는 탄소 중립 목표 달성과 건물 부문 온실가스 감축을 위해 신축 공공건축물부터 제로에너지 건축을 의무화하는 정책을 추진하고 있으며, 이후 민간 건축으로의 단계적 확대를 목표로 하고 있다.

스마트 에너지 관리시스템(EMS)은 이러한 고효율·제로에너지 주택의 성능을 실제 생활 속에서 극대화하는 역할을 한다. 사물인터넷(IoT)과 인공지능(AI) 기술을 활용해 건물과 세대별 전력 사용 패턴을 실시간으로 분석하고, 전력피크 시간대에는 불필요한 소비를 줄이도록 자동 제어한다. 예를 들어, 사용자가 직접 조작하지 않아도 조명 밝기와 난방 온도를 조정하거나, 전기요금이 싼 시간대에 맞춰 세탁기·보일러·전기차 충전 등을 자동으로 운전하는 방식이다. 이렇게 에너지 흐름을 눈에 보이게 만들고, 자동 제어 기능을 결합하면 입주자의 생활 습관 변화와 맞물려 에너지 절약 효과를 한층 높일 수 있다.

마지막으로, 재생·저탄소 건축자재와 자연 자원 활용 시스템은 건물의 '재료'와 '자원 순환' 측면에서 에너지 효율 주거모델을 뒷받침한다. 목재와 대나무 같은 바이오 기반 저탄소 소재, 재활용 콘크리트와 재활용 유리·금속, 셀룰로스·한지·폐유리섬유 등 친환경 단열재의 사용은 자재 생산 단계에서 발생하는 탄소 배출을 줄이는 데 도움이 된다. 더 나아가 각 자재의 탄소발자국을 평가해 설계 단계에서부터 환경 영향을 비교·선택하는 기준을 강화하는 흐름도 중요하다. 여기에 빗물 저장·여과·재이용 시스템, 지붕·벽면 태양광과 지열 시스템을 결합한 물·에너지 순환형 자립 구조를 도입하면, 주거 공간은 단순한 에너지 소비 공간을 넘어 스스로 에너지를 절약하고 일부는 생산·순환까지 수행하는 생활 생태공간으로 전환될 수 있다.

재생·저탄소 건축자재 활용은 목재와 대나무 같은 탄소 저감형 자연소재, 재활용 콘크리트, 셀룰로스·한지·폐유리섬유 등 친환경 단열재를 적극적으로 사용하는 것을 의미한다. 이는 각 자재가 전 생애 주기 동안 배출하는 온실가스를 정량적으로 따지는 탄소발자국(Carbon Footprint) 평가를 통해, 탄소 배출이 적은 자재를 우선 선택하는 기준을 강화하는 흐름과 맞닿아 있다.

또한 빗물, 태양광, 지열을 활용하는 시스템은 지붕과 부지에 빗물 저장·정화·재이용 설비를 갖추고, 태양광 패널과 지열 설비를 결합해 물과 에너지를 동시에 순환시키는 자립형 구조를 지향한다. 이렇게 설계된 주거모델은 외부로부터 공급되는 상수도와 전력에 대한 의존도를 줄이고, 건물 스스로가 자원을 생산·절약·재이용하는 순환형 자립 구조(Self-sustaining Model)를 구현하는 것을 목표로 한다.

<표 6-4> 친환경 주거모델 사례

지역/국가	친환경 주거모델 사례
세종시 스마트시티	제로에너지 건축 의무화, 태양광·지열 기반 주거단지 운영
서울 '에너지 절약형 임대주택'	패시브 설계 + IoT 에너지 관리 시스템 도입
독일 프라이부르크 '보봉(Vauban)'	도시 전체가 제로에너지 주거단지, 교통·에너지 자급형 구조
덴마크 '그린 시티 오르후스'	지역 열병합발전 + 스마트그리드 연계로 에너지 자립률 95% 달성

세종시는 스마트시티 조성을 통해 제로에너지 건축을 핵심 원칙으로 삼고, 태양광과 지열을 결합한 주거·업무 단지를 확대하며 에너지 자립도를 높여 가고 있다. 서울시는 노원 에너지제로주택 등에서 고단열·고기밀 패시브 설계와 태양광·지열 설비, IoT 기반 에너지 관리 시스템을 도입해 공공임대·임대주택의 운영에 필요한 에너지를 크게 줄이는 실험을 진행해 왔다. 독일 프라이부르크의 보봉(Vauban)은 패시브하우스와 플러스 에너지 주택을 대규모로 적용하고, 지역 열병합발전(CHP)과 태양광을 결합해 주거와 교통, 에너지 시스템 전반을 저탄소·자립형 구조로 설계한 대표적인 생태 주거지구다. 덴마크 오르후스는 열병합발전과 해상풍력 등 재생에너지, 스마트그리드를 연계해

높은 수준의 에너지 자립과 온실가스 감축을 달성한 '그린 시티'로 평가되며, 도시 차원의 통합 에너지 관리 모델을 보여준다. 이들 선도 사례는 공통으로 건축물의 에너지 효율, 재생에너지 생산, 지역 열·전력망, 보행·대중교통 중심의 도시 구조, 주민 참여와 공동체 활동을 하나의 시스템으로 엮어 '건축－에너지－공동체－환경'이 통합된 도시 모델을 구현하고 있다는 점에서 의미가 크다.

이러한 에너지 효율화와 에너지 자립형 주거·도시 모델을 확산하기 위해서는 우선 공공부문의 선도와 제도화가 뒷받침되어야 한다. 신축 공공건물에 대한 제로에너지 설계 의무화, 공공임대주택·공공청사 등을 대상으로 한 단계적 의무 적용, 그리고 노후 공공건물부터 시작하는 그린 리모델링 확대가 핵심이다. 동시에 농촌, 도시, 섬 지역처럼 기후와 인프라 조건이 다른 지역의 특성을 반영한 표준 설계·성능 기준을 마련해, 농촌은 태양광·지열·바이오매스 등 분산형 재생에너지 중심, 도시는 패시브 설계와 스마트그리드·에너지통합관리시스템(EMS, Energy Management System)를 통한 에너지 효율화 중심 등으로 차별화된 지역 맞춤형 친환경 주거모델을 확산할 필요가 있다. 이를 뒷받침하기 위해 친환경·제로에너지 건축물에 대한 취득세·재산세 감면, 그린 보증과 저금리 녹색금융, 공공임대주택의 그린리모델링 비용 지원 등 재정·금융 인센티브를 강화하는 한편, 탄소 저감 성과와 에너지 성능, 사회·거버넌스 요소를 반영한 ESG 인증 주택 제도를 도입해 시장에서의 가치와 수요를 높이는 그것이 중요하다. 이렇게 공공선도, 제도적 기반, 지역 맞춤형 기술, 녹색금융과 ESG를 결합할 때, 에너지 효율 주거모델은 개별 건물을 넘어 도시와 지역 단위의 통합 생태계로 자리 잡을 수 있다.

에너지 공유형 마을, 공동 태양광발전소, 공유난방 시스템과 같은 모델은 에너지 생산과 소비를 공동체 단위에서 조직화하는 사회적 경제형 주거모델로, 에너지 비용을 줄이는 동시에 주민 간 협력과 공동체성을 강화하는 데 중요한 역할을 한다. 이러한 모델이 확산되려면 건축사와 기술자를 대상으로 한 친환경 건축 교육을 체계화하고, 관련 전문 자격 및 인증 제도를 강화하며, 단열 · 기밀 · 자재 규격 등 기술 표준을 국제 수준에 맞게 정비하는 노력이 함께 이루어져야 한다.

ESG 관점에서 볼 때 친환경 건축의 역할은 공간 차원에서 환경 · 사회 · 거버넌스를 통합적으로 구현하는 데 있다. 환경(E) 측면에서는 탄소 배출 저감, 자원 순환, 에너지 자립 실현을 통해 기후 위기 대응과 생태 발자국 축소에 이바지한다. 사회(S) 측면에서는 쾌적하고 건강한 실내 환경을 제공하고, 에너지 비용 부담을 낮춰 에너지 복지를 개선함으로써 주거 불평등을 완화하는 기능을 수행한다. 거버넌스(G) 측면에서는 공공부문이 지속 가능한 도시 · 주거정책을 설계하고, 건물 에너지 사용과 탄소 배출을 투명하게 관리 · 공개해 책임성과 신뢰를 높이는 것이 중요하다. 이처럼 친환경 건축은 ESG 원칙을 집과 동네라는 삶의 공간에서 실행으로 옮기는 실천적 수단이다.

따라서 친환경 건축과 에너지 효율 주거모델은 단순한 기술 도입을 넘어 삶의 방식과 문화 자체를 바꾸는 혁신에 가깝다. 그것은 "더 적게 쓰고, 더 오래 누리며, 자연과 공존하는 집"을 설계하는 과정이며, 주거를 생산 중심 성장의 부속물이 아니라 지속 가능한 삶의 기반으로 재정의하는 시도이다. 앞으로의 주거정책은 "사람이 머무는 공간"을 넘어 "지구가 함께 숨 쉬는 공간"으로의 전환을 목표로 삼아야 한다. 이를 위해 중앙정부와 지방정부, 기업, 시민이 함께 참여하는 탄소 중립형 주거 생태계를 구축한다면, 한국은 2050 탄소 중립 시대에 걸맞은 그린 리빙 모델 국가로 도약할 수 있을 것이다.

포용적 주거복지와 사회적 임대 정책

주거는 인간의 기본권이자 삶의 질을 좌우하는 가장 기초적인 사회 인프라로, 안정적인 주거가 보장되지 않으면 교육 · 일자리 · 건강 등 다른 권리의 실질적 보장도 흔들리기 쉽다. 그럼에도 한국에서는 소득, 세대, 지역에 따른 주거격차가 여전히 심화하고 있으며, 특히 청년, 고령층, 저소득층, 1인 가구는 높은 주거비 부담과 열악한 주거 환경, 불안정한 임대 조건 등 구조적 주거 불안정에 놓여 있다는 지적이 계속되고 있다. 이런 현실 속에서 정부가 "주거를 복지로 보는 관점"으로 전환하려는 시도는 집을 투자 · 자산이 아니라 기본권이자 공공재에 가까운 것으로 재정의하려는 방향 전환이라 할 수 있다.

포용적 주거복지(Inclusive Housing Welfare)는 모든 국민이 소득이나 연령, 가족 형태, 거주 지역과 상관없이 최소한의 주거 기준을 넘는 안전하고 지속 가능한 주거 환경을 누릴 수 있도록 공공이 책임을 확대하는 접근이다. 여기서 중요한 그것은 소유 중심, 분양 중심 정책에서 벗어나, 장기·안정 임대, 공공 및 사회주택, 주거 바우처 등을 통해 "살 곳"을 보장하는 데 정책의 무게 중심을 두는 것이다. 이때 사회적 임대 정책(Social Rental Policy)은 핵심 실행 수단으로, 공공기관이나 사회적 경제 주체가 적정 임대료의 주택을 공급·운영하면서, 단순한 '임대주택 제공'을 넘어 공동체 활동, 돌봄, 취업·생활 지원 등과 결합한 주거 플랫폼을 만드는 방향으로 발전할 수 있다. 이런 정책이 제대로 작동할 때, 주거는 더 이상 시장에서 밀려난 취약계층에 주어지는 최소한의 보호가 아니라, 세대·계층을 넘어 모두가 함께 누리는 보편적 권리이자, 사회 통합과 지속 가능한 발전을 떠받치는 토대가 될 수 있다.

포용적 주거복지는 사회적 약자와 다양한 생애 단계의 계층을 함께 품는 주거체계로, 보편성·형평성·지속 가능성이라는 세 가지 원칙 위에 서 있다. 우선, 보편성(Universality)은 청년, 고령층, 저소득층, 1인 가구 등 누구나 생애 어느 시점에서든 접근할 수 있는 공공주택 시스템을 구축해, 주거를 일부 취약계층만의 복지가 아닌 모든 시민을 위한 기본 서비스로 보장하는 그것을 의미한다. 이어서, 형평성(Equity)은 소득 수준과 관계없이 가구가 감당할 수 있는 '적정 주거비' 수준에서 안정적으로 거주할 수 있도록 임대료, 주거비 지원, 공공·사회주택 공급을 설계함으로써, 주거비 과부담과 주거 불평등을 완화하는 원칙이다. 마지막으로, 지속 가능성(Sustainability)은 세대 간 부담의 균형을 유지하면서 에너지 효율과 친환경 건축을 결합해, 지금의 주거 안정을 넘어 기후 위기 시대에도 유지 가능한 주거·도시 구조를 만드는 그것을 목표로 한다. 이런 관점에서 주거정책은 더 이상 단순히 '주택 물량을 얼마나 공급하느냐'를 따지는 정책이 아니라, 시민의 삶을 지탱하고 세대 간·계층 간 격차를 줄이는 주거복지정책으로 확장되어야 한다.

사회적 임대 정책은 이러한 포용적 주거복지의 원칙을 구체화하는 실행 도구로, 단순히 저렴한 임대주택을 제공하는 수준을 넘어선다. 공공기관, 사회적 경제 조직, 협동조합 등이 동반관계를 이루어 장기·안정 임대주택을 공급하고, 입주민의 일자리 지원, 돌봄, 커뮤니티 활동 등을 결합해 사회 통합과 경제적 자립, 공동체 회복을 동시에 추구하는 사회적 경제 협력형 모델이 핵심이다. 이러한 사회적 임대는 시장 논리에 따라 가격과 입지를 결정하는 일반 임대와 달리, 공공성과 공동체성을 결합해 "사람이 내쫓기지 않고 함께 살아갈 수 있는 장"을 만드는 데 초점을 맞추기 때문에, 새로운 주거복지 대안으로 주목받고 있다. 결국 포용적 주거복지와 사회적 임대 정책이 맞물려 작동할 때, 주거는 자산과 투자 수단을 넘어, 누구나 존엄을 유지하며 살아갈 수 있는 기반이자 도시와 사회를 더 포용적으로 만드는 핵심 인프라로 자리매김할 수 있다.

〈표 6-5〉 공공임대와 사회적 임대 비교

구분	기존 공공임대	사회적 임대 정책
공급 주체	정부·공공기관 중심	지방정부·사회적기업·협동조합 등 다양화
운영 방식	저가 임대 중심	돌봄·고용·공동체 서비스 결합
정책 목표	주거비 절감	삶의 질 향상 및 사회적 통합
사례 형태	LH 임대주택	사회주택, 공유형 주택, 협동조합형 임대주택 등

사회적 임대주택은 여러 유형으로 세분되며, 각각이 다른 방식으로 공공성과 공동체성을 구현한다. 사회주택(Social Housing)은 민간·사회적 경제기업이 공공의 토지·재정 지원을 바탕으로 운영하는 임대주

택으로, 청년·신혼부부·저소득층에게 안정적인 임대료와 장기 거주를 보장하고 커뮤니티 공간과 주민 참여 프로그램을 함께 운영하는 형태다. 서울특별시의 사회주택 리츠(Seoul Social Housing REITs) 사업은 공공이 조성한 토지를 리츠에 임대해 청년·신혼부부 대상 임대주택을 공급하는 대표 사례이며, 전북 완주군의 로컬 커뮤니티형 사회주택은 지역 주민·단체가 함께 운영에 참여해 지역공동체 강화와 결합한 모델로 평가된다.

협동조합형 임대주택(Co-housing/Cooperative Housing)은 입주민이 주체로서 공동 소유·공동 운영에 참여하고, 공용 주방·거실·정원 등 공유공간을 함께 사용하는 주거 형태다. 여기서 핵심은 "내 집은 작지만, 공동체는 크다"라는 발상으로, 각자 독립된 생활공간을 유지하면서도 이웃과의 상호 돌봄, 공동 활동을 통해 고립감 해소와 공동체 복원을 동시에 도모한다는 점이다. 공유형 주거(Shared Housing)는 주로 1인 가구를 대상으로, 개인 방은 분리되어 있지만 부엌·거실·세탁실 등을 함께 쓰는 도시형 모델로, 주거비를 낮추는 동시에 자연스럽게 사회적 관계망을 형성할 수 있는 장점이 있다. 특히 청년층에게는 높은 전·월세 부담을 줄이면서도 혼자가 아닌 "함께 사는" 경험을 제공하는 방식으로 주목받고 있다.

돌봄 결합형 주거(Care-integrated Housing)는 주거와 돌봄서비스를 통합해 고령자·장애인 등이 지역사회 안에서 오래 머무를 수 있도록 돕는 모델이다. 독립된 주거 공간에 더해 공용 식당, 건강관리, 방문요양, 공용 커뮤니티룸을 갖추고, 의료·돌봄 인력이 상주하거나 수시로 방문하는 구조를 통해 "시설"이 아닌 "집 같은 곳"에서 노후와 돌봄을 함께 보장한다. 경북 영주시의 돌봄 마을, 일본·유럽의 복지형 코하우징 등은 주거와 돌봄, 공동체 활동을 결합한 대표 사례로, 고령화 사회에서 지역 기반 통합 돌봄의 중요한 실험장으로 평가된다.

이처럼 사회주택, 협동조합형 임대주택, 공유형 주거, 돌봄 결합형 주거는 모두 사회적 임대주택이라는 큰 틀 안에서, 공공의 지원과 주민 주도성을 결합해 주거 안정뿐 아니라 사회통합, 경제자립, 공동체 회복까지 함께 추구하는 사회적 경제 협력형 모델이다. 다시 말해, 사회적 임대는 단순히 "값싼 집"을 공급하는 제도가 아니라, 공공성과 공동체성을 결합해 "함께 살 수 있는 마을"을 만드는 주거복지의 새로운 대안으로 자리 잡아 가고 있다.

사회적 임대주택 정책이 제대로 추진되기 위해서는 무엇보다 공공·민간·사회적 경제가 함께하는 협력체계 구축이 선행되어야 한다. 중앙정부는 제도 설계와 재정지원의 역할을 맡고, 지방정부는 지역 기반의 주거 관리와 대상자 발굴·연계를 담당하며, 사회적 경제기업은 현장에서 주택 운영과 생활·복지 서비스를 책임지는 분담 구조가 필요하다. 또한 지역의 인구 구조, 산업 기반, 문화적 특성을 반영해 도시형, 농촌형, 복지형 등 다양한 사회적 임대모델을 개발하는 지역 맞춤형 주거복지 거버넌스를 구축해야 한다. 이를 뒷받침하기 위해 사회주택 전용 기금 조성, 임대보증금 융자, 그린리모델링 지원 확대 등 재정지원과 금융제도를 정비하고, 입주민이 운영위원회나 협동조합 형태로 의사결정에 참여해 공동체 유지와 자치 역량을 키우는 입주민 참여형 운영체계를 도입하는 그것이 중요하다. 나아가 저탄소 · 에너지 절약형 건축 설계, 포용적 입주 기준과 돌봄 · 복지 서비스, 투명한 임대 운영과 수익의 지역사회 환원 구조를 갖추어 ESG 관점에서의 지속 가능성을 강화해야 한다.

결국 포용적 주거복지와 사회적 임대 정책은 단순히 '저렴한 집을 공급하는 제도'가 아니라, 삶의 안정과 공동체 회복, 사회적 통합을 동시에 추구하는 복합 정책이다. 앞으로의 주거 정책은 주택 물량과 자산 가치 중심의 관점에서 벗어나 관계 중심이고 공공성 중심의 패러다임으로 전환되어야 한다. 청년에게는 자립의 기반을, 고령층과 돌봄이 필요한 이들에게는 안전한 생활 · 돌봄의 공간을, 지역사회에는 이웃 간 연대와 상호 지지의 터전을 제공하는 포용적 주거 생태계를 만들어갈 때, 비로소 우리는 '모두가 함께 사는 사회'에 한 걸음 더 가까이 다가갈 수 있을 것이다.

지역 커뮤니티 기반 공간 재생

한국의 많은 지역은 인구 감소, 산업 쇠퇴, 노후화된 도시 구조가 동시에 진행되면서, 일상생활을 지탱하던 상점 · 학교 · 골목길의 기능이 약해지고 점차 '비어 있는 마을'로 변모하고 있다. 이런 쇠퇴는 건물 몇 채가 낡은 수준을 넘어, 그 공간에 얽힌 기억과 관계, 지역의 정체성 자체를 약화하는 구조적 위기로 이어진다. 이에 따라 최근 도시재생의 흐름은 단순한 건물 리모델링이나 도로 · 경관 정비 중심에서 벗어나, 주민 참여와 사회적 관계망 회복을 축으로 삼는 '사람 중심, 공동체 중심의 공간 재생(Community-based Space Regeneration)'으로 전환되고 있다. 다시 말해, 물리적 공간을 되살리는 일과 동시에 주민의 참여, 협력, 자립 역량을 키워 지속 가능한 지역공동체 생태계를 만드는 것이 새로운 도시·마을 재생의 핵심 과제가 되고 있다.

이러한 '지역 커뮤니티 기반 공간 재생'은 노후화되거나 방치된 건축물, 골목길, 학교, 공장, 마을 공터 등을 주민 주도와 지역 자원 활용을 통해 다시 쓰임새 있는 공간으로 바꾸는 과정을 의미한다. 여기서 중요한 것은 재생의 중심을 '공간 그 자체'가 아니라 그 공간을 매개로 관계를 맺는 '사람'에 두는 관점이다. 재생된 건물과 거리는 카페, 공방, 마을회관, 공유 부엌, 커뮤니티센터, 사회적 경제 창업 공간, 청년 작업실 등으로 활용되며, 주민 모임·교육·문화 활동의 플랫폼이 된다. 이를 통해 주민 간 신뢰를 회복하고 협력 경험을 축적함으로써 지역의 사회적 자본을 다시 쌓아 갈 수 있다. 또한 소규모 창업과 문화·관광 콘텐츠를 기반으로 지역경제를 점진적으로 되살릴 토대를 마련할 수 있다. 나아가 누구나 이용할 수 있는 공유공간과 공공 커뮤니티 시설을 확충해 공간 이용의 공공성을 강화할 수 있다. 더불어 주민이 직접 계획·운영에 참여하는 구조를 구축함으로써 사업 종료 이후에도 스스로 유지·관리할 수 있는 자립성과 지속 가능성을 확보하는 것을 목표로 한다.

한국의 농촌과 소도시, 산업도시 곳곳에는 비어 있는 집과 가게, 학교, 공장이 늘어나며 재생이 필요한 공간이 빠르게 확산하고 있다. 농촌과 소도시에서는 사람이 떠난 뒤 방치된 폐가 · 빈집이 늘어나고, 전통시장은 점포 공실 증가와 상권 쇠퇴로 지역경제의 버팀목 역할을 잃어가고 있으며, 폐교와 유휴 공공시설, 노후 산업단지와 항구 지역도 기능을 다한 채 방치되는 경우가 많다. 이러한 공간들은 단순히 물리적 환경의 노후화 문제가 아니라, 일자리 · 관계 · 기억이 함께 빠져나간 결과로서, 행정 주도의 정비사업만으로는 회복이 어렵고 지역 주민의 생활과 참여가 결합할 때만 지속 가능한 재생이 가능하다는 지적이 제기되고 있다.

커뮤니티 기반 재생을 추진하려면 무엇보다 주민 참여와 공동 운영 구조가 중요하다. 주민이 단순한 수혜자가 아니라, 기획자이자 운영자, 동시에 일상적 이용자로서 재생 전 과정에 참여할 수 있어야 한다. 이를 위해 주민협의체, 마을기업, 사회적협동조합 등 지역 주체가 공간의 기획부터 운영과 관리까지 주도하고, 행정은 지원자 · 조력자의 역할을 맡는 거버넌스가 바람직하다. 또한 폐건물, 전통시장, 자연환경 같은 지역 고유 자원을 문화 · 예술 · 창업 공간으로 전환하는 '지역 자원의 재발견'이 필요하며, 실제로 일부 농촌 마을에서는 버려진 주택과 창고를 로컬푸드 카페나 게스트하우스, 청년 창업 공간으로 바꾸고, 폐교를 마을도서관 · 문화센터 · 체험 공간으로 재생하는 사례들이 나타나고 있다. 이런 방식으로 공간을 다시 쓰기 시작할 때, 낡고 비어 있던 장소는 단순한 시설이 아니라, 주민이 함께 모여 관계를 회복하고 새로운 지역의 정체성을 만들어 가는 생활 플랫폼으로 재구성될 수 있다.

커뮤니티 기반 재생은 커뮤니티센터, 창업 공간, 교육시설, 문화예술

공간 등을 한데 엮어 '일·삶·문화'가 공존하는 복합 공간을 설계하는 데서 출발한다. 이렇게 조성된 재생 공간은 단순한 편의시설이 아니라, 주민이 일하고 배우고 만나고 즐기는 생활 플랫폼이 되며, 운영 역시 마을기업·협동조합 등 사회적 경제 조직과 결합해 지역 일자리와 수익이 마을 안에서 순환되는 구조를 만드는 것이 중요하다. 이 과정에서 환경(E)은 폐자재 재활용과 에너지 절약형 리모델링, 사회(S)는 주민 참여와 지역포용형 운영, 거버넌스(G)는 투명한 관리와 공동체 중심의 의사결정 구조를 지향하면서, 공간 재생과 ESG·지속 가능성을 함께 묶어 내는 방향으로 발전할 수 있다.

서울 성수동은 과거 공장 밀집지를 보존·리모델링해 카페, 디자인 숍, 갤러리, 공유오피스 등으로 바꾸면서, 청년 창업과 문화·상업이 공존하는 지역 상생형 상권으로 자리 잡은 사례다. 부산 감천문화마을은 주민과 예술가가 함께 벽화와 공공예술 프로젝트를 추진해, 쇠퇴했던 산복마을을 관광·문화·공동체가 살아 있는 마을로 재생한 대표적인 주민 참여형 마을 재생 모델이다. 전북 완주의 삼례문화예술촌은 일제강점기 곡물창고를 리모델링해 전시관, 공방, 예술인 작업실 등으로 바꾸어, 지역 예술인과 청년 창작자의 거점이자 방문객을 끌어들이는 문화공간으로 탈바꿈시켰다. 일본 도쿠시마현의 폐교 재생 사례처럼, 학교를 커뮤니티센터·게스트하우스로 활용해 이주민 정착과 마을살이를 지원하는 모델도 확산하는 중이며, 독일 라이프치히에서는 시민·예술가 조합이 빈집과 옛 공장을 매입·개조해 협동조합형 주거와 문화공간으로 운영하는 실험이 이어지고 있다.

이들 사례는 공통으로 "공간을 고치는 일"을 넘어서, 그 공간을 통해 사람을 다시 모으고, 끊어진 관계를 잇고, 마을과 도시의 정체성을 새롭게 세우는 과정이라는 인식을 공유한다는 점에서, "공간의 재생이 곧 사람의 재생이며, 관계의 회복이 곧 지역의 회복"이라는 메시지를 분명히 보여준다.

<표 6-6> 지역 커뮤니티 기반 국내외 공간 사례

지역/국가	지역 커뮤니티 기반 공간 사례
서울 성수동	공장 밀집지를 리모델링해 카페 · 디자인숍으로 전환, 지역 상생형 상권 형성
부산 감천문화마을	주민 참여형 벽화마을 조성으로 관광 · 문화 · 공동체 활성화 달성
전북 완주 '삼례문화예술촌'	폐곡물창고를 문화공간으로 재생, 예술인 · 청년 창작 거점 조성
일본 도쿠시마현 '유유마을'	폐교를 커뮤니티센터 · 게스트하우스로 활용, 이주민 정착 거점화
독일 라이프치히	빈집을 시민 조합이 매입해 협동조합형 주거 · 문화공간으로 운영

커뮤니티 공간 조성을 위해서는 무엇보다 지방정부를 중심으로 한 통합 거버넌스 구축이 선행되어야 한다. 도시재생, 사회적 경제, 문화 정책을 따로 움직이게 하는 것이 아니라, 이를 한 축으로 묶어 조정하는 지역재생협의체를 구성해 통합적으로 관리 · 운영하는 구조가 필요하다. 동시에 지역 기획자(Local Planner), 공간 운영자 등 커뮤니티 리더를 체계적으로 양성하는 교육 · 훈련 프로그램을 마련해, 주민이 직접 기획하고 운영을 이끌어 갈 수 있는 역량을 키워야 한다. 민관협력형 투자모델을 발굴하고, 유휴 공공자산과 공유재산을 적극 활용하며, 사회적 금융과 임팩트 펀드 등 장기 자금을 도입해 공간 운영의 재정적 기반을 안정시키는 그것도 시급한 과제다. 특히 청년층의 창업과 문화 활동을 공간 재생과 결합해 인구 유입과 정착 효과를 유도하고, 예술인

과 청년이 지역경제와 문화생태계를 함께 만들어가도록 참여의 문을 넓혀야 한다. 아울러 지역의 역사, 농업, 생태 등 고유 자원을 발굴·연결해 '지역 스토리 기반 브랜드화'를 추진함으로써, 각 지역만의 고유한 색깔을 담은 특화 콘텐츠를 개발하는 전략이 중요하다.

지역 커뮤니티 기반 공간 재생은 단순히 도시 미관을 개선하는 사업이 아니라, 무너진 지역사회와 사회적 연대를 다시 세우는 회복 프로젝트이다. 비어 있는 건물과 골목이라도, 그 안에 사람과 관계가 채워질 때 비로소 다시 삶이 이어지는 터전으로 재생된다. 앞으로의 지역 정책은 "건물을 고치는 도시재생에서 사람을 잇는 관계 재생으로", "하드웨어 중심 개발에서 공동체 중심 회복으로" 방향을 전환해야 한다. 지역 커뮤니티가 기획과 운영의 중심에 서는 공간 재생은 지속 가능한 지역사회와 포용적 도시를 만들고, 다시 살아 숨 쉬는 마을의 미래를 여는 핵심 열쇠가 될 것이다.

3. 지역사회의 공간 혁신 사례

커뮤니티 하우징과 사회적 주택

한국의 주거 문제는 더 이상 "집의 숫자"만으로 설명할 수 없다. 1인 가구와 고령가구의 빠른 증가, 청년층의 불안정한 거주, 이웃 관계의 약화와 사회적 고립은 주거를 개인의 사적 공간이 아닌 사회적 관계와 돌봄을 함께 고민해야 하는 공적 과제로 만들고 있다. 이런 상황 속에서 등장한 대안이 커뮤니티 하우징과 사회적 주택으로, 이들은 모두 단순히 지붕 아래의 공간을 공급하는 그것이 아니라 "함께 살며 관계를 설계하는 주거모델"이라는 공통된 철학을 공유한다.

커뮤니티 하우징은 입주민 간 공동체 생활과 사회적 교류를 전제로 한 주거모델로, 거주자들이 함께 공간을 계획하고 운영하며 '주거를 통한 관계 회복'을 지향한다. 부엌, 거실, 세탁실, 정원, 커뮤니티룸 등 공동시설을 함께 사용함으로써 자연스럽게 마주치고 대화하는 기회를 늘리고, 이 과정에서 고립감을 줄이고 신뢰와 친밀감을 쌓을 수 있다. 운영 측면에서는 거주자들이 직접 규칙을 정하고 관리위원회나 운영 모임을 구성하는 입주민 참여형 구조를 통해, 주거 공간을 "제공받는 곳"이 아니라 "함께 만드는 곳"으로 바꾼다. 또한 청년 · 고령자 · 장애인 등 다양한 계층이 한 공간에 어울려 사는 것을 지향하며, 마을 카페나 작은 도서관, 공방 등 일부 공간을 지역 주민에게 개방해 동네 전체와 연결되는 지역 연계형 모델을 지향한다. 이런 점에서 커뮤니티 하우징은 "사람이 공간을 채우는 집"이 아니라, 그 안에서 형성되는 "관계가 공간을 완성하는 집"이라 할 수 있다.

사회적 주택은 공공과 사회적 경제 주체가 함께 운영하는, 공공성과 자율성을 동시에 추구하는 임대주택 모델로 이해할 수 있다. 정부나 지자체가 토지·재정을 지원하고, 마을기업·협동조합·사회적기업 등 지역 기반 조직이 관리와 서비스를 맡는 방식으로, 단순히 '싼 임대주택'을 공급하는 것을 넘어 입주민의 자립, 상호 돌봄, 커뮤니티 형성을 촉진하는 사회 혁신형 주거모델을 지향한다. 이런 점에서 커뮤니티 하우징과 사회적 주택은 방향성이 크게 다르지 않으며, 커뮤니티 하우징이 사람과 관계를 중심에 둔 생활공동체 모델이라면, 사회적 주택은 이를 제도와 운영 구조를 통해 뒷받침하는 틀이라고 볼 수 있다.

정리하면 커뮤니티 하우징은 공동체 중심의 생활공간을 설계하는 모델이고, 사회적 주택은 공공성과 사회적 가치를 결합한 주거 운영체계라고 할 수 있다. 두 모델이 결합하면 빈집과 노후 건물을 리모델링해 새로운 주거·커뮤니티 공간을 만드는 물리적 재생, 입주민 참여와 공동체 활동을 통해 관계망을 회복하는 사회적 재생, 사회적 경제 주체의 참여와 지역 일자리 창출로 이어지는 경제적 재생을 동시에 달성하는 통합적 주거복지 모델이 가능해진다. 이렇게 구성된 커뮤니티 하우징 – 사회적 주택 모델은 주거를 통해 사람을 연결하고, 주택 정책 안에서 복지와 공동체를 구현하는 실험으로 평가받고 있으며, 각국의 사회주택 · 코하우징 · 협동조합 주택 논의와도 맞닿아 있는 흐름이다.

<표 6-7> 국내외 사회적 주택의 사례

지역/국가	사회적 주택의 사례
서울시 '사회주택 리츠 사업'	민간 사회적기업이 운영, 청년 · 신혼부부 대상 공동체형 임대주택
부산 '청년 공유주택 위따하우스'	청년 1인 가구를 위한 커뮤니티 기반 공유형 주거
덴마크 '코하우징(Cohousing)'	주민이 공동으로 설계 · 관리, 세대 혼합형 커뮤니티 하우스 모델
일본 '코토리하우스'	미혼 · 고령 · 한 부모가 함께 거주, 공동식사와 생활 돌봄 실현

<표 6-7>에서 제시된 사례들처럼, 커뮤니티 하우징과 사회적 주택이 예외적 실험에 머무르지 않고 정책으로 확산하기 위해서는 제도적 기반을 갖춘 사회적 임대 · 커뮤니티 하우징 제도화가 필요하다. 우선 현재 공공임대 중심으로 설계된 주거정책 체계 안에 사회적 주택과 커뮤니티 하우징을 별도의 유형으로 명시하고, 대상 · 운영 방식 · 지원원칙을 규정하는 법 · 제도 정비가 요구된다. 동시에 지방정부가 주도해 사회적 경제 조직, 주택 · 복지 · 문화 부서, 민간 전문가가 함께 참여하는 '로컬 주거 플랫폼'을 구축함으로써, 공공임대 · 사회적 주택 · 커뮤니티 하우징을 연계 · 조정하는 지역 단위의 통합 주거 거버넌스를 만드는 것이 중요하다. 이런 플랫폼이 자리 잡을수록 개별 사업을 넘어 지역 실정에 맞는 사회적 임대 · 커뮤니티 하우징 모델을 지속적으로 발굴 · 확대할 제도적 기반이 강화된다.

농촌 · 도시 · 중소도시의 여건이 크게 다른 한국에서는, 커뮤니티 하우징과 사회적 주택을 지역 맞춤형 주거모델로 설계하는 그것이 특히 중요하다. 농촌에서는 빈집과 농가주택을 리모델링해 커뮤니티 하

우징으로 전환하고, 도시는 청년 공유주거·복합 문화형 사회적 주택을 통해 주거·일자리·문화 기능을 결합하는 방식이 유효하다. 이를 위해서는 지역별 기후, 인구 구조, 산업 특성을 반영한 맞춤형 설계 기준을 마련하고, 사회적 주택 전용 기금, 임팩트 투자, 사회적 부동산 펀드 등을 조성해 임대료 지원과 커뮤니티 운영비 보조를 함께 제공하는 재정·금융 지원 체계를 갖추는 일이 선행되어야 한다. 아울러 입주민이 직접 의사결정, 공간 관리, 문화 행사를 주도하는 '참여형 주거 거버넌스'를 구축해, 거주자가 주택 소비자가 아니라 공동 운영자로 성장할 수 있도록 돕는 입주민 주체화 프로그램이 필요하다.

이러한 방향에서 볼 때, 커뮤니티 하우징고 사회적 주택은 주거를 단순한 자산이나 개인의 사적 공간이 아닌 "삶의 기반이자 관계의 그릇"으로 재정의하는 새로운 주거 패러다임이라 할 수 있다. 앞으로의 주거정책은 "혼자 사는 공간"에서 "함께 살아가는 집"으로, "소유 중심의 주택"에서 "공공성과 관계 중심의 주거"로 정책의 무게중심을 옮겨야 한다. 이러한 모델이 농촌·도시·지역 중소도시로 확산한다면, 청년 이탈과 고령화, 공동체 단절로 인한 지역 쇠퇴는 "사람이 모이고 관계가 살아나는 주거 혁신"을 통해 점진적으로 회복될 수 있다. 결국 커뮤니티 하우징과 사회적 주택은 지속 가능한 지역공동체를 지탱하는 집합적 플랫폼이자, 미래형 포용 사회로 나아가는 주거정책의 핵심 축으로 자리 잡게 될 것이다.

빈집 리모델링과 마을 재생 사업

한국의 빈집 문제는 인구 구조와 지역경제 변화가 맞물린 구조적 위기다. 인구 감소와 고령화, 청년층의 도시 · 수도권 집중, 지역 일자리 감소 등으로 농촌 · 지방 도시의 거주 수요가 줄면서, 한 번 비게 된 집이 다시 채워지지 못한 채 방치되는 사례가 급증하고 있다. 고령자의 사망 · 요양시설 이주, 자녀 세대의 타지 전출로 빈집이 늘어나고, 관리 주체 부재 속에 노후화와 붕괴 위험, 쓰레기 투기, 범죄 가능성까지 높아지는 악순환이 반복된다. 여기에 부동산 시장 침체와 수요 감소로 매매 · 임대가 어려워지면서 집을 팔지도, 제대로 고쳐 쓰지도 못한 채 방치되는 주택이 늘어나고, 이는 주택 자산가치 하락→관리 포기→더 심각한 노후화로 이어지는 악순환을 심화시킨다. 공공이 빈집 정비에 투입할 예산과 인력이 부족한 데다, 개인 소유 주택에 대한 공공 활용 · 개입을 둘러싼 법적 · 행정적 제약도 커서 정책 · 제도 측면의 한계 역시 중요한 구조적 원인으로 지적된다.

그럼에도 빈집 리모델링은 주거복지, 지역경제, 공동체, 환경 측면에서 큰 사회적 가치를 지닌다. 첫째, 활용할 수 있는 빈집을 리모델링해 청년, 귀농 · 귀촌인, 저소득층에게 장기 임대 또는 분양 형태로 제공하면, 공공 임대형 주거자원으로 전환하는 동시에 지역 정착과 인구 유입을 도울 수 있다. 둘째, 건축 · 인테리어 · 목재 · 설비 등 지역 기반 업종에 일감을 제공하고, 빈집을 게스트하우스 · 문화 · 체험 공간으로 재생하면 숙박 · 관광 수익과 연계된 지역경제 활성화 효과를 기대할 수 있다. 셋째, 주민이 직접 빈집 정비와 공간 기획에 참여하면 관계를 다시 맺고 마을 의사결정에 참여하는 경험이 쌓이면서, 공동체 회복과 자치 역량 강화로 이어지고, 공용마당·공유 부엌·커뮤니티룸 등 공용 공간을 조성해 마을 중심의 커뮤니티를 재형성할 수 있다. 넷째, 이미 존재하는 건축물을 재사용하는 그것은 신축에 비해 구조·골조·외피 재료를 새로 만들 필요가 적기 때문에, 여러 연구에서 리모델링·재사용이 신축 대비 약 40~60% 이상(혹은 그 이상)의 내재 탄소를 줄일 수 있다는 결과가 보고되고 있으며, 이는 탄소 배출 감축과 폐기물·건설폐기물 감소, 기존 경관 보존 측면에서 중요한 환경적 효과를 가진다. 이런 점에서 빈집 리모델링은 안전과 경관 개선을 넘어, 주거복지, 지역재생, 기후 위기 대응을 동시에 아우르는 전략적 과제라고 할 수 있다.

마을 재생 사업은 누구의 관점에서, 어떤 방식으로 추진하느냐에 따라 성격이 크게 달라진다. 우선 마을 재생 사업의 추진 방식은 크게 주민 참여 방식과 공공·민간 거버넌스 방식으로 나눌 수 있다. 주민 참여형 재생 구조는 주민이 '계획 – 시공 – 운영'의 전 과정에 참여하는 주민 주도형 프로젝트로, 행정이 주도하던 재생 사업을 마을협의체, 사회적협동조합, 마을기업 등이 핵심 주체가 되어 추진하는 방식이다. 이 경우 주민은 단순한 수혜자가 아니라, 사업의 기획자이자 실행자, 운영자로서 역할을 나누어 맡으며, 이를 위해 재생지원센터나 교육 프로그램을 통한 역량 강화가 함께 이뤄진다.

다음으로 공공과 민간 협력형 추진체계는 지방정부가 행정적 지원과 제도 설계, 재정지원의 역할을 담당하고, 민간 부문이 디자인, 리모델링, 운영 등 전문성을 제공하는 구조를 말한다. 지방정부는 사업지

선정, 규제 완화, 공공자산 제공, 거버넌스 조정에 집중하고, 민간 기업 · 사회적 경제 조직 · 전문가 그룹은 설계 · 시공 · 운영 모델 개발을 맡으면서 서로의 강점을 결합하는 방식이다. 이런 의미에서 지역 재생 거버넌스(Local Regeneration Governance) 구축은 선택이 아니라 필수로, 주민, 지방정부, 민간 · 사회적 경제 주체가 함께 참여하는 협력 구조를 통해서만 마을 재생의 지속성과 실질적 효과를 담보할 수 있다.

<표 6-8> 빈집 리모델링의 접근 모델 유형

단계	단계별 접근 모델 내용	기대 효과
1단계	빈집 실태조사 및 데이터베이스 구축	공간 자원 파악 및 활용 계획 수립
2단계	리모델링 및 공공공간 조성	물리적 재생과 생활 기반 개선
3단계	문화 · 경제 프로그램 운영	주민 참여와 지속적 수익 창출
4단계	자립형 마을 운영체계 구축	장기적 지속 가능성 확보

<표 6-8>에서 살펴본 빈집 리모델링의 접근 모델 유형에서 보여주듯, 빈집 정책의 패러다임은 "철거 대상"에서 "지역 재생의 자원"으로 전환되고 있다. 이 흐름을 뒷받침하기 위해서는 무엇보다 빈집 데이터를 체계적으로 관리하는 기반 구축이 선행되어야 한다. GIS를 활용한 '빈집 정보 플랫폼'을 구축해 위치, 소유, 상태, 활용 가능성 등을 한눈에 파악하고, 이를 토대로 우선 정비 · 리모델링 대상, 청년 · 귀촌인 유치 대상, 공공 · 공동체 활용 후보지를 단계적으로 선정하는 방식이 필요하다.

다음으로 리모델링 비용과 금융 지원 강화를 통해 "하고 싶어도 못 하는" 상황을 줄여야 한다. 국가와 지방정부의 빈집 개 · 보수 보조금과 저리 융자를 확대하고, 농촌 빈집을 대상으로 하는 '빈집 뱅크'나 지

역 재생 펀드처럼 공공·민간이 함께 참여하는 재생 기금을 조성해 민간과 사회적 경제 주체가 더 안정적으로 사업에 참여할 수 있도록 해야 한다. 여기에 ESG 금융과 녹색 채권, 임팩트 투자 등을 유치해, 에너지 효율 리모델링·공공성·사회적 가치가 높은 빈집 재생 프로젝트에 민간 자본이 흘러들어오도록 유도한다면, 빈집 정책은 재정 사업을 넘어 지속 가능한 지역 재생 투자모델로 자리 잡을 수 있을 것이다.

사회적 경제 조직을 빈집·마을 재생과 결합하면, 공간 재생이 동시에 지역경제와 공동체를 살리는 순환구조로 작동할 수 있다. 마을기업, 사회적기업, 협동조합 등이 리모델링 사업의 주체로 참여해 임대·운영 수익을 마을 관리, 공용공간 운영, 취약계층 지원 등에 재투자하면, 수익이 외부로 빠져나가지 않고 지역 안에서 선순환하는 구조를 만들 수 있다.

또한 빈집을 청년·예술인 정착형 모델로 활용하는 접근도 중요하다. 폐가·유휴 건물을 창업 공간, 예술가 레지던시, 공유주거로 리모델링하면, 청년과 예술인이 지역에 머물 이유를 만들어 인구 유입과 지역문화 활성화를 동시에 도모할 수 있다. 부산 감천문화마을의 빈집 레지던시, 각지의 예술인 맞춤형 공공주택 사례가 보여주듯, 이러한 모델은 쇠퇴 지역을 '창작과 교류의 거점'으로 바꾸는 효과를 낸다.

마지막으로 ESG·탄소 중립과의 연계는 향후 마을 재생의 핵심 조건이 되고 있다. 에너지 효율을 높이는 단열·창호 개선, 태양광·열펌프 도입, 재활용·저탄소 자재 활용 등을 결합한 친환경 리모델링은 건물의 운영 에너지와 내재 탄소를 동시에 줄이면서, 녹색금융과 ESG 투자를 유치할 수 있는 기반이 된다. 이런 방식으로 사회적 경제, 청년·예술인 정착, 친환경 리모델링이 함께 엮일 때, 빈집과 마을 재생 사업은 단순한 환경 정비를 넘어 지역 순환 경제와 탄소 중립을 견인하는 전략으로 진화할 수 있다.

지역 기반 생활 기반 시설 재구성

한국 사회는 급속한 인구 감소와 수도권 집중으로 인해 많은 지역에서 생활 기반이 붕괴하는 심각한 위기를 맞고 있다. 청년층과 생산가능인구가 수도권으로 이동하면서 농촌과 지방 도시의 인구는 줄어들고, 그 결과 학교·병원·버스 노선·상점·문화시설 등 일상생활을 지탱하던 생활 기반 시설이 이용자 감소와 재정 압박으로 줄줄이 축소·폐쇄되고 있다. 이런 인프라의 쇠퇴는 단순히 편의시설이 줄어드는 수준이 아니라, 남아 있는 주민의 삶의 질을 떨어뜨리고, 결국 지역의 지속 가능성을 위협하는 구조적 문제로 작용한다는 점에서 더 심각하다. 그래서 지역 재생의 핵심은 "사람을 되돌리는 일"만이 아니라, 사람이 돌아와 머물 수 있도록 "삶의 기반을 다시 세우는 일", 즉 지역 기반 생활 인프라를 재구성하는 데 있다.

생활인프라는 지역 주민이 일상생활을 영위하기 위해, 필요로 하는 교육, 의료, 교통, 돌봄, 문화, 주거, 디지털 연결 등 기본 생활 서비스와 시설의 총체를 뜻한다. 이러한 인프라는 정착률과 이동 의사, 삶의 질, 사회적 연대, 지역경제 활동을 좌우하는 필수 조건으로, 특히 고령층과 돌봄이 필요한 계층에게는 '살 수 있는가?' 자체를 결정하는 요소가 된다. 따라서 생활인프라가 무너지면 삶의 질이 떨어지고, 사람은 더 나은 서비스를 찾아 외부로 떠나며, 인구가 빠져나가면 다시 인프라 유지가 어려워지는 '지역 소멸의 악순환'이 형성된다. 이 악순환을 끊기 위해서는 주택·일자리 정책과 더불어, 생활인프라를 어떻게 재배치·재구성하고, 디지털·모바일 서비스까지 포함해 "살아도 되는 지역"을 다시 만들어낼 것인가가 향후 지역 정책의 핵심 과제가 될 것이다.

지역 인프라 쇠퇴는 단일 원인이 아니라 인구, 재정, 공간 구조, 기술이 겹쳐 만든 복합 문제다. 인구 감소와 고령화로 학교·병원·버스 같은 공공서비스 이용 수요가 줄어들면서, 지방정부는 줄어든 세수로 늘어나는 노인·돌봄 수요까지 감당해야 하는 이중 부담을 겪고 있다. 수도권과 대도시에 대형 시설·인프라 투자가 집중되는 동안, 지방의 소규모 병원·분교·버스 노선·생활시설은 수익성과 효율성을 이유로 축소·폐지되는 경우가 많아, "중앙집중형 인프라 구조"가 지역 격차를 더 키우고 있다. 여기에 인구 감소로 지방서 수입이 줄어들면서 지방정부의 재정 자립도는 떨어지고, 시설 유지·운영비 부담은 커지는 악순환이 나타난다. 디지털 서비스가 확산하고 있음에도, 농촌·섬·산간 지역은 통신망, 단말기, 디지털 역량의 격차로 공공·민간 온라인 서비스 접근에서 뒤처지는 "디지털 격차" 문제를 겪고 있어, 결국 지역 인프라 쇠퇴와 불균형을 심화시키는 요인으로 작용한다.

이런 상황에서 지역 기반 생활인프라 재구성의 핵심 전략으로 제시되는 것이 통합형 생활SOC 구축이다. 학교, 도서관, 체육관, 복지시설,

마을회관 등을 분산된 단일 기능 시설로 두기보다, 한 건물·한 캠퍼스 안에 복합화·공유화하여 교육·돌봄·문화·체육·커뮤니티 기능을 함께 수행하는 '생활 복합 공간(Living Complex)'을 만드는 방식이다. 예를 들어 작은 도서관, 돌봄센터, 카페형 주민 공간을 하나의 복합센터로 묶어 운영하면, 이용자의 접근성을 높이고, 운영 인력과 관리비를 줄이면서도 커뮤니티 활동의 거점을 만들 수 있다. 인구밀도가 특히 낮은 농산어촌에서는 대형 고정식 시설보다 소규모·이동형 서비스를 중심으로 한 마이크로 인프라 전략이 효과적이다. 이동 진료차, 순회 버스도서관, 이동복지센터, 공유창고·이동형 마켓 등은 분산된 거주지와 적은 인구에도 기본 서비스를 유지할 수 있게 해주며, 디지털 기술과 결합하면 예약·운영 효율을 더 높일 수 있다. 이런 통합형 생활 SOC와 마이크로 인프라를 통해, "사람이 있어야 인프라를 유지할 수 있고, 인프라가 있어야 사람이 머무를 수 있는" 악순환을 끊고, 최소한의 생활 기반을 보장하는 것이 앞으로의 지역 정책 핵심 목표가 된다.

AI·IoT 기반의 스마트 인프라는 인구가 줄어드는 지역에서 "적은 인력으로도 충분한 서비스를 유지하는 방법"이 될 수 있다. 교통 분야에서는 실시간 교통정보와 수요응답형(DRT) 버스, 모빌리티 연계 서비스를 통해 버스 노선을 효율화하고, 의료 분야에서는 원격진료·원격 모니터링을 통해 거동이 불편한 농촌·고령 주민도 기본 진료와 상담을 받을 수 있게 한다. 교육 분야에서도 온라인 교육, 화상 강의, 원격 지도교수제를 활용하면 소규모 학교와 학령인구 감소 지역에서도 일정 수준의 교육 기회를 유지할 수 있고, 공공데이터를 개방·연계하면 주민이 생활정보 · 교통 · 복지 서비스에 손쉽게 접근할 수 있다. 이런 디지털 전환은 "공간 제약을 넘는 비대면 공공서비스의 지역화"로, 사람이 적어도 서비스 품질을 포기하지 않게 만드는 핵심 수단이 된다.

동시에, 인근 마을 간 협력을 통해 생활권 단위로 인프라를 나눠 쓰는 지역 맞춤형 서비스 네트워크가 필요하다. 예를 들어 "읍 · 면 단위 생활공유권(Living Sharing Zone)"을 설정해 한 마을에는 보건지소 · 병원을, 다른 마을에는 문화센터 · 체육시설을 두고, 교통 · 디지털 연결망을 통해 서로 시설을 공유하도록 설계하면, 모든 마을에 모든 시설을 짓지 않고도 기본 서비스를 보장할 수 있다. 이때 주민, 사회적기업, 협동조합이 시설 운영과 프로그램 기획에 참여해 공공성과 지속 가능성을 함께 확보하는 주민 참여형 관리 체계를 구축하는 것이 중요하다. 이런 구조를 통해 지역 주민이 단순 이용자가 아니라, 어떤 서비스가 필요한지, 어떻게 운영해야 지속될지 함께 결정하는 '생활인프라 거버넌스'를 형성할 때, 디지털 기술 · 생활공유권 · 사회적 경제가 결합한 새로운 지역 생활모델이 가능해진다.

<표 6-9> 지역 기반 생활 인프라 사업 유형

지역/국가	지역 기반 성활 인프라 사업사례
강원 정선군 '작은 학교 살리기'	폐교를 리모델링해 교육 · 문화 복합 공간으로 재생
경북 의성군 '공유 버스 플랫폼'	인구 2,000명 이하 다을 대상 맞춤형 교통망 구축
일본 시마네현 '콤팩트 마을센터'	고령화 지역에 의료 · 복지 · 상점 기능을 모은 거점 공간 조성
덴마크 '스마트 빌리지(Smart Village)'	디지털 기술을 활용한 원격 교육 · 의료 · 농업 서비스 제공

강원 정선군, 경북 의성군, 일본 시마네현, 덴마크 농촌의 사례는 "시설을 늘리는 것"보다 "서비스에 접근하는 방식을 바꾸는 것"이 더

중요하다는 점을 잘 보여준다. 정선군의 작은 학교 살리기, 의성군의 공유 버스, 시마네의 콤팩트 마을센터, 덴마크의 스마트 빌리지는 모두 인구가 줄어드는 지역에서 생활인프라를 다시 설계한 실험들이다.

강원 정선군의 '작은 학교 살리기'는 폐교를 단순히 없애는 대신, 교육·문화·체험 기능을 결합한 복합 공간으로 리모델링해 지역 아이들과 주민, 방문객이 함께 쓰는 거점으로 재탄생시킨 사례로, 학생 수 감소가 곧바로 지역 쇠퇴로 이어지지 않도록 한 시도다. 경북 의성군의 '공유 버스 플랫폼'은 인구 2,000명 이하 마을을 대상으로 수요 기반 예약제·맞춤형 노선을 도입해, 적은 승객으로도 지속 가능한 교통망을 구축하려 한 실험으로, 농촌형 스마트 교통의 대표적인 사례로 평가된다. 일본 시마네현의 콤팩트 마을센터는 고령화로 분산된 의료·복지·상점 기능을 한곳에 모아, "멀리 흩어진 작은 서비스" 대신 "가까운 종합 거점"을 제공함으로써 고령 주민의 접근성을 높이는 전략이다. 덴마크의 스마트 빌리지 프로젝트는 디지털 기술을 활용해 원격 교육·의료·농업 지원 서비스를 제공하고, 마을을 실험실(living lab)로 삼아 다양한 센서와 ICT 기술을 시험하는 방식으로, 적은 인구로도 높은 수준의 서비스를 유지하는 모델을 제시하고 있다.

이들 사례의 공통점은 생활인프라 재구성을 "건물을 더 짓는 일"이 아니라, 교육·의료·교통·문화 서비스에 대한 접근성을 높이는 방식의 혁신으로 이해한다는 점이다. 다시 말해, 한정된 예산과 인구 조건 속에서도 어떻게 학교·버스·문화공간·복지 서비스에 접근할 수 있게 할 것인가를 재설계하는 것이, 앞으로의 지역정책과 생활인프라 재구성의 핵심 과제라는 것을 보여준다.

생활 인프라의 정책적 추진과 확대를 위해서는 무엇보다 생활SOC 통합정책을 강화하는 것이 필요하다. 국토, 복지, 문화·체육 등 부처별로 쪼개져 추진되던 개별 사업을 통합 관리하고, 시군구 단위로 "지역생활권 단위 종합계획(Local Living Plan)"을 수립해 교육·의료·돌봄·문화·교통·주거 인프라를 하나의 그림 속에서 재배치해야 한다. 이 과정에서 단순 인구 규모가 아닌 생활 여건 취약도, 서비스 접근성 지수 등을 기준으로 재정지원을 조정하는 지역균형형 예산 배분 체계로의 개편이 시급하며, 이를 통해 인구는 적지만 생활 기반이 취약한 지역에 더 두텁게 자원이 배분되도록 해야 한다. 아울러 주민, 사회적 경제기업, 공공기관이 함께 운영에 참여하는 '생활SOC 협동운영 모델'을 도입해, 시설이 지어지고 난 뒤에도 공공성과 지속 가능성이 함께 담보되는 민관협력형 운영체계를 확립할 필요가 있다. 저탄소 설계와 그린리모델링 인프라, 장애인·고령자 등 취약계층의 접근성 개선, 주민 참여형 관리 구조의 유무를 평가하는 ESG 기반 지역인프라 평가제 도입도 중장기 과제로 검토할 만하다.

결국 지역 기반 생활인프라의 재구성은 단순히 건물이나 시설을 새로 짓는 일이 아니라, 지역의 일상과 관계, 삶의 방식을 다시 설계하는 일이다. 향후 지역 정책은 "사람이 모여야 인프라를 만드는 시대"에서 "살 수 있는 인프라가 있어야 사람이 머무는 시대"로 발상의 전환을 이뤄야 한다. 생활인프라가 회복되고 나면, 청년은 다시 돌아오고, 어르신은 떠나지 않으며, 마을은 다시 일상과 관계가 살아 있는 공간으로 되살아날 수 있다. 그런 의미에서 지역 기반 생활인프라의 재구성은 지방 소멸 시대, 지역이 선택할 수 있는 가장 근본적이고 지속 가능한 생존 전략이라고 할 수 있다.

제7장

생태환경과 지역 회복력

김나영

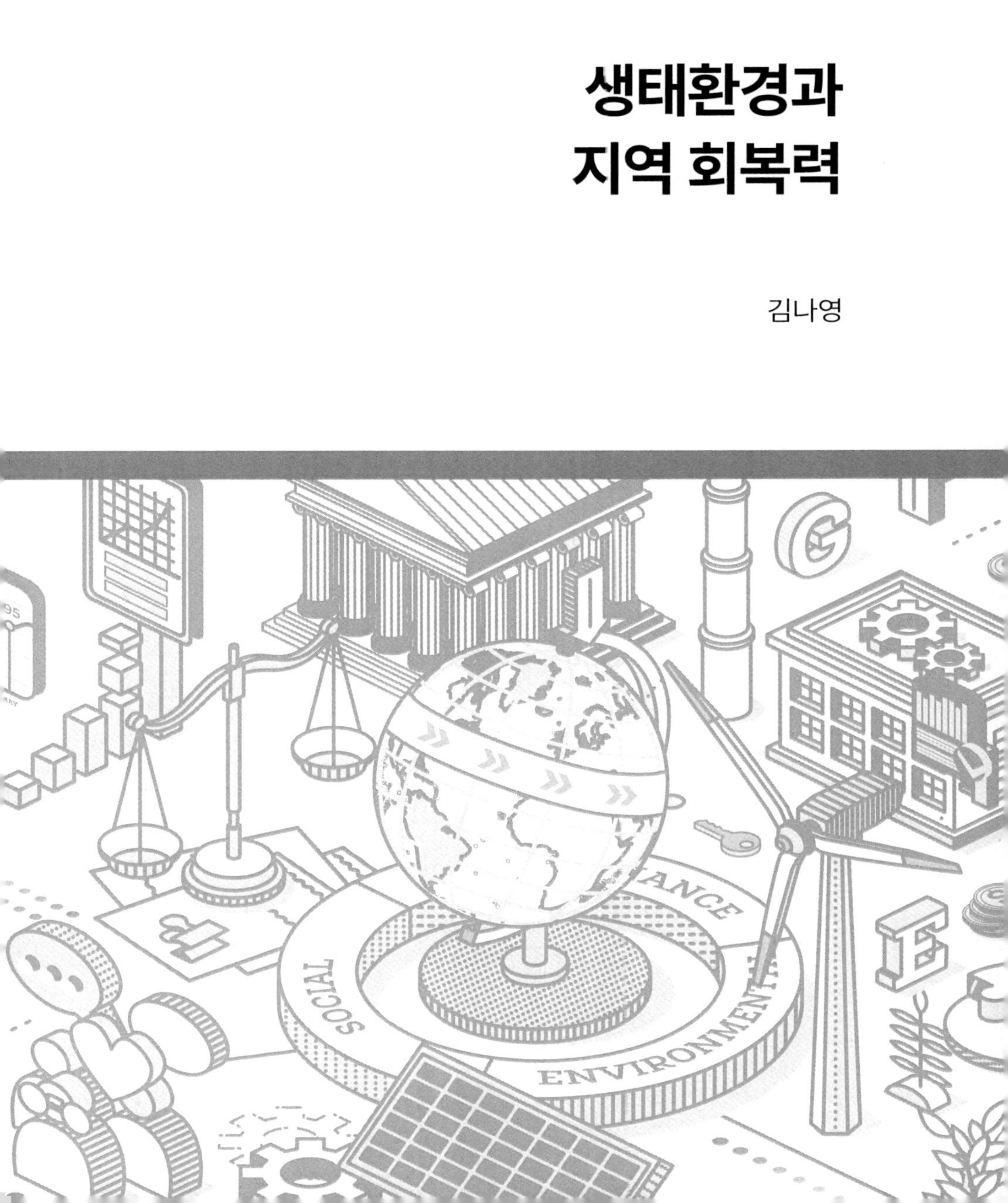

1. 기후 위기 시대의 지방 환경 과제

기후변화와 농촌 · 해안 지역의 취약성

지구 평균기온은 산업화 이전 대비 이미 1.2℃ 이상 상승했으며, 이에 따라 전 세계는 가뭄, 홍수, 폭염, 태풍 등 기후 재해의 일상화 시대에 진입했다. 한국 역시 예외가 아니다. 특히 농촌과 해안 지역은 기후변화의 직접적 영향을 가장 먼저, 그리고 가장 크게 받는 공간이다. 농촌은 기후 조건에 의존하는 생태농업을 기반으로 하며, 해안 지역은 해수면 상승과 태풍과 침수 등의 재해에 직접 노출되어 있기 때문이다. 따라서 기후 위기 대응은 단순히 환경 정책이 아니라 지역 생존과 국가 식량안보, 그리고 공동체의 지속 가능성과 직결된 과제이다.

농촌 지역의 기후변화 취약성은 작물 생육환경 변화를 가속화하고 있다. 특히 평균기온의 상승과 강우 패턴의 불규칙성이 심화됨에 따라, 작물의 생육 시기가 교란되고 수확량의 변동성 또한 커지는 추세다. 벼, 사과, 배 등 주요 작물의 재배 한계선이 북상하면서 전통적 재배지에서는 품질 저하와 병해충 피해가 속출하고 있다. 이와 함께 잦아지는 가뭄은 농업용수 확보를 농촌의 최대 과제로 부상시켰다. 반면, 집중호우 시에는 기존 배수 체계의 용량 한계로 농경지 침수 피해가 반복되는 등 물 관리의 중요성이 강조되고 있다.

문제는 이러한 변화가 농가의 경영 위험을 구조화한다는 점이다. 기상이변에 따른 생산 손실, 가격 불안정이 정례화되면서 농가 경영은 이제 구조적 위기 단계에 진입했다. 특히 심화된 농촌의 고령화는 기후 대응의 핵심인 적응 능력(Adaptive Capacity)을 저하해, 재해 피해의 하중을 특정 계층에 가중시키는 결정적 요인이 되고 있다. 기술 수용력이나 경제적 투자 여력 등의 한계로 인해 고령농과 대규모 전업농 간 격차가 심화될 수밖에 없는 환경에 놓여 있는 것이다. 이와 함께 겨울철 기온 상승으로 인한 병해충의 월동 및 세대수 증가(확산)는 농업 생태계의 균형을 파괴하고 농약 의존도를 높이는 원인이 된다. 결과적으로 이러한 인적·생태적 취약성이 결합하여 농업 생태계 전반의 지속 가능성을 심각하게 저해하는 실정이다.

해안 지역 또한 해수면 상승과 침수 위험에 직면하며 높은 취약성을 드러내고 있다. 지난 50년간 한반도 연안의 해수면은 약 10cm 이상 상승했으며, 일부 지역은 매년 평균 2~3mm 수준의 지속 상승 추세가 관측되고 있다. 그 결과 저지대 어촌과 갯벌, 양식장은 침수, 염해 피해의 위험에 상시 노출되어 있다. 아울러 해수면 온도 상승으로 태풍의 강도가 세지고 이동 경로가 북상함에 따라 해안방조제, 어항시설, 양식장 등 기반 시설의 피해가 급증하고 있다. 이러한 변화는 해안 경제 전반의 리스크를 확대하며, 지역 기반 산업의 안정성을 위협하는 주요 요인이라 할 수 있다.

해수의 내륙 침입으로 농경지 염도가 상승하면서 작물 생육 불능,

염분 집적, 토양 황폐화 등 다양한 생태·환경 변화가 심화하고 있다. 해안 저지대의 논밭이 염류 집적지로 변하면서 장기적 농업 기반 붕괴가 진행되고 있다. 이와 함께 어업의 불확실성 증가로 소득 불안, 청년층 이탈, 지역 고령화 심화 등 해안 공동체의 사회·경제적 취약성이 드러난다. 복합적 요인이 맞물려 '기후난민형 지역 이주' 위험이 점차 현실로 다가오고 있다. 이는 기후변화가 더 이상 예외적 사건이 아니라 '상시적·구조적 재해'로 전환되고 있음을 보여준다.

<표 7-1> 우리나라 농촌 및 해안 지역 기후변화 피해 사례

구분	지역	해안 지역 기후변화 피해 사례
농촌	전남 곡성, 나주	2023년 여름 집중호우로 논 침수 및 낙과 피해 다수, 농가 수입 30% 감소
농촌	경북 의성	폭염으로 고추·사과 작황 부진, 냉해·열과 발생률 급증
해안	전남 신안	해수면 상승으로 갯벌·염전 침수, 염분 피해 면적 10년 새 2배 증가
해안	부산·울산 연안	태풍 '힌남노'(2022)로 어항 및 방파제 파손, 양식장 피해 1,000억 원 규모

농어촌지역의 기후변화 대응을 위해서는 먼저 기후 적응형 농업 체계 구축이 필요하다. 재해에 강한 품종을 개발하고 스마트 농업과 자동 관·배수 시스템 확충 등 생산의 안정성을 확보해야 한다. 또한 AI 기반 기상 예측, 재해 조기경보 시스템 구축이 병행되어야 하며, 지역별 기후 적응형 작물지도를 드론과 IoT 센서 등을 활용, AI 디지털 트윈 농업 지도로 고도화하는 노력이 요구된다. 이러한 지능형 체계를 바탕으로 체계적인 재배 전환을 유도해야 한다.

동시에 농촌 물관리 인프라를 강화하여 자립도를 높여야 한다. 저수지와 관개 시설을 보강하고 빗물 저장 및 지하수 통합 관리 시스템을 구축해야 한다. 소규모 마을 단위 물순환 시스템 구축으로 지역 자립도 높여야 한다. 해안 지역의 경우, 방조제와 방파제의 구조적 안전성 강화와 자연 해안 복원, 염습지(염전·갯벌) 복구를 통한 완충지대 확보도 필요하다.

실질적인 적응을 위해서는 지방정부, 연구기관, 주민이 참여하는 지역 기후적응협의체(Local Adaptation Council) 중심의 협력적 거버넌스가 필수적이다. 고도화된 기후 적응형 작물지도 구축과 같은 노력이 실행형 지원 체계로 작동하려면 이러한 거버넌스의 뒷받침이 있어야 한다. 나아가 재생에너지(태양광·풍력·바이오매스 등) 도입을 확대하고 탄소흡수형 농업과 같은 모델을 개발하여야 한다. 이를 ESG 경영 전략과 연계함으로써 지역 경제의 새로운 활로를 찾아야 한다.

기후변화는 더 이상 미래의 환경문제가 아니라, 현재의 지역 생존 문제이다. 농촌과 해안 지역은 국가의 식량, 에너지, 환경을 지탱하는 핵심 기반이며, 이들이 무너지면 국가 전체의 지속 가능성도 흔들리게 된다. 앞으로의 지역 정책은 '재난에 대응하는 지역'을 넘어, '기후에 적응하며 공존하는 지역'으로 나아가야 한다. 즉, 농촌과 해안 지역을 기후 위기의 피해 지대가 아닌 기후 적응과 탄소 중립의 선도모델로 전환해야 한다. 이를 위해서는 기술과 정책, 공동체가 결합한 지역 기반 기후 적응 생태계 조성이 필수적이다. 기후에 적응하는 지역이 곧, 지속 가능한 지역이다.

생태계 붕괴와 환경 불균형

인류는 산업화와 도시화를 통해 눈부신 발전을 이루었지만, 그 대가로 지구 생태계의 균형이 급속히 무너지고 있다. 기후변화와 토양 황폐화, 생물다양성 감소, 수자원 고갈, 해양오염 등은 이제 국지적 문제를 넘어 지구적 시스템 위기(Earth System Crisis)로 번지고 있다. 스톡홀름 회복력 센터(SRC)의 연구(2023)에 따르면, 인류의 생존을 지탱하는 지구의 9가지 행성 한계(Planetary Boundaries) 중 기후변화, 생물다양성 보전 등 6가지 지표가 이미 임계점을 넘어선 것으로 나타났다. 국제연합 환경계획(UNEP) 역시 이 결과를 인용하며 생태계 회복력이 한계에 도달했음을 강력히 경고하고 있다. 이는 생태계가 스스로 회복할 수 있는 한계를 넘어섰다는 뜻이며, 결국 인류의 생존 기반 자체가 위협받고 있음을 의미한다.

생태계 붕괴의 주요 원인으로는 무엇보다 기후변화의 가속화를 꼽을 수 있다. 온실가스 증가로 인한 지구 온난화는 기온 상승뿐 아니라 가뭄, 홍수, 폭염, 한파, 태풍 등 극단적 기후 현상을 유발한다. 이는 생물의 서식처 변화를 초래하고, 생태계의 연쇄적 붕괴를 일으킨다.

다음으로는 토지 이용 변화와 서식처 파괴 또한 주요한 원인이다. 도시 확장과 산업단지 조성, 무분별한 개발로 숲과 습지가 사라지고 있다. 특히 농업 및 산업화 과정에서 나타나는 단일작물 재배(monoculture)는 생물다양성을 급격히 감소시킨다. 오염물질의 축적 또한 심각한 문제이다. 농약과 미세플라스틱의 축적은 토양과 수계의 기능을 마비시키고 먹이사슬을 통해 인간의 건강을 위협하고 있다.

이와 함께 자원 소비의 극심한 불균형 또한 생태적 불평등을 심화한다. 현재 전 세계 인구의 약 20%가 지구 자원의 80%를 소비하고 있다. 자원 소비 불균형은 개발도상국의 산림파괴, 남획, 수질오염을 가속한다. 이러한 환경 불균형은 결국 인간 사회 내부의 불평등과 갈등으로 이어진다. 즉, 환경문제는 생태의 위기이자 인류 공동체의 정의와 지속 가능성을 가늠하는 사회정의의 문제이기도 하다.

〈표 7-2〉 환경 불균형 현상과 영향

구분	환경 불균형 현상	영향
기후	평균기온 상승, 이상기상 빈발	농업 생산성 저하, 식량안보 위기
수자원	강우 패턴 변화, 가뭄·홍수 반복	식수 부족, 수질 악화
토양	사막화·침식 가속화	농경지 감소, 생태계 단절
생물다양성	매년 1만 종 이상 멸종 추정	먹이사슬 붕괴, 생태서비스 상실
해양	산성화·플라스틱 오염	해양생물 감소, 어업 붕괴

생태계 붕괴가 이루어지면 사회적으로 다음과 같은 문제들이 발생한다. 가장 직접적인 영향은 식량 체계의 위기다. 기후변화로 인한 작황 불안정, 어획량 감소로 인해 식량 가격 상승 및 공급망이 불안정해진다. 보건·위생 분야에서도 심각한 문제가 발생한다. 감염병 확산과 미세먼지, 도시 열섬현상으로 질병 부담이 가중된다. 특히, 농촌, 해안, 산간 지역은 기후 영향에 구조적으로 취약하며, 재난 대응력 격차가 지역 불균형을 심화시킨다. IPCC(2023)는 2100년까지 세계 GDP 손실이 최대 18%에 이를 것으로 전망하며 그 심각성을 경고한 바 있다.

이러한 위기 극복을 위해 생태적 전환(Ecological Transition)을 향해 나아가야 한다. 에너지, 산업, 농업, 도시 구조를 자연 순환 원리 기반으로 재설계하여야 한다. 탄소 저감형 도시, 친환경 농업, 재생에너지 체계 전환을 병행해야 한다. 더불어 훼손된 산림과 습지, 하천의 자연 기능을 회복시켜 생태적 연속성을 확보해야 한다. UNEP의 'Decade on Ecosystem Restoration(2021~2030)' 계획에 발맞춰 국가와 지방정부 차원의 장기 복원 로드맵이 필요하다.

이때 핵심 전략은 자연의 회복력을 활용하는 자연 기반 해법(Nature-based Solutions, NbS)이다. 도시 열섬 완화를 위한 그린인프라(도심숲)나 홍수 예방을 위한 습지 복원 등이 대표적 사례이다. 보호지역 확대, 멸종위기종 복원, 생태통로 조성과 동시에 도시, 농촌, 산림, 해양을 잇는 국가 생태 축(National Ecological Axis) 구축이 필요하다. 이처럼 환경(E) 중심의 실천을 넘어, 사회(S)와 거버넌스(G) 영역에서도 생태 책임성을 강화해야 한다. 이는 SDGs 목표 13(기후 행동), 14(해양생태계), 15(육상생태계)와 직접적으로 연계된다.

<표 7-3> 국내외 생태계 복원 사례

지역/국가	생태계 복원 사례
전남 순천시	순천만 습지 복원 생물다양성 회복, 생태관광 결합 모델, 연간 600만 명 방문, 연간 3,000톤 CO_2 흡수
강원 인제군	산림 탄소 상쇄 사업 시범운영, 지역 주민 참여형 산림관리
전북 고창군	갯벌 블루카본 인증 사업 추진, 해양 흡수원 등록 준비 중
서울특별시	도시 숲 조성 사업, 도심 열섬 완화 및 미세먼지 감소 효과 입증
제주도	생태관광협회 주도, 주민 참여형 '곶자왈 트레킹' 운영
일본	농촌 빈집을 활용한 '그린투어리즘'으로 청년 이주 촉진
네덜란드	홍수 예방 + 생태복원 통합 프로젝트
케냐	사막화 방지를 위한 주민 참여형 조림 운동, 여성 고용 창출 결합
인도네시아	맹그로브 복원으로 해안 탄소흡수 및 생계 기반 재건
캐나다	원주민 공동체 주도 산림복원형 탄소 상쇄 프로젝트 운영

실제로 국내외에서는 자연 자원과 공동체를 통합한 성공 모델들이 나타나고 있다. 전북 고창군은 갯벌 블루카본 인증 사업을 추진하며 해양 탄소흡수원 등록을 준비 중이다. 전남 순천시는 순천만 습지 복원과 관광의 결합을 통해 연간 600만 명의 관광객을 유치하고 3,000톤의 CO_2를 흡수하는 성과를 거두었다. 강원 인제군은 산림 치유와 생태 걷기 여행 결합형 브랜드 숨길 프로젝트를 통해 지역의 가치를 높이고 있다. 제주도는 주민 주도의 곶자왈 트레킹을 운영하며 지속가능한 생태 보전의 선례를 남기고 있다.

전남 순천만은 습지 복원 토대 위에 생태관광을 결합, 연간 3,000톤의 CO_2를 흡수한다. 제주도는 생태관광협회 주도로 주민 참여형 '곶자왈 트레킹' 코스를 운영한다. 해외 사례 역시 시사하는 바가 크다. 일본 나가노현은 농촌 빈집을 활용한 그린투어리즘으로 청년 이주를 촉진했고, 인도네시아는 맹그로브 복원으로 해안 탄소 흡수원과 주민 생계 기반을 동시에 재건했다. 캐나다 브리티시컬럼비아는 원주민 공동체 주도의 산림 복원형 탄소 상쇄 프로젝트를 성공적으로 운영 중이다. 〈표 7-3〉의 사례는 생태 복원과 사회적 가치 실현을 결합한 성공적 모델이다. 이들 사례는 자연 자원과 지역 공동체의 통합이 '로컬 지속 가능 모델'로서 탄소중립의 가장 현실적인 길임을 증명한다.

생태계 붕괴와 환경 불균형은 환경 전문가만의 문제가 아니다. 경제, 안보, 보건, 문화 전 영역을 흔드는 문명적 위기이다. 앞으로의 대응 방향은 '개발을 조정하는 환경 정책'에서 '생태를 회복하는 사회 전환 정책'으로, '피해를 줄이는 기술 중심 접근'에서 '자연과의 공존을 설계하는 인문적 접근'으로 변화해야 한다. 인류가 생태계의 일부라는 인식을 회복해야 지속가능한 발전이 가능하다. 생태 균형은 인간 사회의 균형이며, 미래 세대에 대한 근본적 책임이다.

지방 소멸의 위기는 경제나 인구 문제를 넘어, 결국 지역의 생태·환경 체계가 붕괴하는 현상으로 귀결된다. 인구 감소와 산업 쇠퇴로 관리되지 못한 산림과 하천, 방치된 폐경지, 오염된 농업용수, 그리고 자연재해에 취약한 마을은 지역의 생태적 기반을 약화한다. 이는 다시 주민의 이탈과 경제 쇠퇴로 이어지는 악순환을 낳는다. 즉, 지방 소멸은 생태적 붕괴와 사회적 붕괴가 결합한 복합 위기이다. 따라서 지방의 지속 가능성 회복을 위해서는 경제 활성화나 행정개혁을 넘어, 생태환경의 재생과 기후회복력(Resilience) 확보가 반드시 병행되어야 한다. 기후위기는 이러한 과제를 더욱 시급하게 요구하고 있다.

실질적 데이터를 살펴보면 위기는 더욱 명확해진다. 국내 기상청 자료에 따르면, 지난 30년간 국내 지역 평균기온은 1.2℃ 상승하였다. 극한 강수와 가뭄 빈도가 2배 이상 증가하며 농촌과 해안 지역의 기후 피해가 집중되어 불안정성이 가중되었다. 이제 지방정책의 목표는 '지속 가능한 생태 경제 체제' 구축으로 전환해야 한다. 단순한 환경 보호를 넘어 지역 생존을 위한 구조적 재편이 필요한 시점이다.

관점을 넓혀, ESG의 핵심 요소 중 환경은 지역 정책에 직접 투영되는 영역이다. 그러나 ESG의 'E'는 단순히 오염 저감이나 탄소 감축을 의미하지 않는다. 그것은 자연 자원의 순환적 이용, 지역 생태계의 회복, 주민의 환경 참여를 포괄하는 넓은 개념이다.

지역 단위 탄소 중립 정책은 국가의 탄소 감축 목표를 실현하는 핵심 수단이다. 지방정부는 산림 흡수원 관리, 폐기물 자원화, 신재생 에너지 보급 등 다양한 형태로 기후 행동의 최전선을 담당한다. 특히 산림이 차지하는 면적이 넓은 농촌 지역은 탄소흡수원 관리와 생태계서비스 회복을 통해 국가 탄소 중립 목표 달성에 실질적 이바지를 할 수 있다.

환경 정책은 사회적 포용정책과도 깊이 연계된다. 기후변화 피해는 주로 고령자, 저소득층 등 사회적 약자에게 집중되는 경향이 있다. 따라서 ESG 관점의 환경 정책은 '탄소 감축'뿐 아니라 '환경복지'를 함께 추구해야 한다. 예컨대, 그린리모델링을 통한 주거복지 향상, 도시 숲 조성을 통한 열섬 완화, 에너지 빈곤층 지원은 모두 ESG형 환경 정책의 실천이라 할 수 있다.

지속 가능한 환경 정책은 지방정부 혼자서 이룰 수 없다. 주민과 기업, 학교와 환경단체 등이 함께 참여하는 지역 환경 거버넌스(Local Environmental Governance) 구축이 필수적이다. 이는 단순한 협의체가 아니라, 정책기획, 시행, 평가의 전 과정에 주민이 참여하는 '참여형 탄소 중립 시스템'이어야 한다.

탄소 중립 목표와 지역 역할

지구 평균기온이 산업화 이전 대비 이미 1.2℃ 상승하면서, 기후 위기는 더 이상 미래의 예측이 아닌 현실이 되었다. 이에 따라 전 세계는 탄소 배출을 실질적으로 '0(Net-Zero)'로 만드는 탄소 중립(Carbon Neutrality)을 국가적·지구적 목표로 삼고 있다.

한국 역시 지난 2020년 2050 탄소 중립 선언을 통해 에너지, 산업, 수송, 건물, 농업 등 전 부문에서의 탈탄소화를 추진 중이다. 하지만 탄소 중립은 중앙정부의 정책만으로는 완수할 수 없다. 그 핵심 실행 주체는 바로 '지역(Local)', 즉 지방정부와 지역사회이다. 탄소 중립은 기술의 문제가 아니라 삶의 구조를 전환하는 사회운동이며, 그 출발점은 지역 실천과 협력이다.

탄소 중립이란 인간 활동으로 배출되는 온실가스양과 흡수 및 제거되는 양이 균형을 이루어, 실질적인 순 배출량이 '0'이 되는 상태이다. 이는 단순히 배출량을 줄이는 그것이 아니라 사회 전반의 온실가스 감축(Mitigation)을 최우선 과제로 삼는 포괄적 과정이다. 불가피한 잔여 배출량은 산림, 바다 등 자연 기반 흡수원이나 탄소 포집·활용·저장 등 공학적 기술을 활용해 상쇄한다.

탄소 중립은 인류와 국가 생존을 위한 필수 불가결인 과제라 할 수 있다. 그 당위성은 환경적 시급성, 경제적 생존, 사회적 형평성이라는 세 가지 차원에서 구체화할 수 있다. 우선 환경 측면에서 지구 평균기온 상승을 1.5℃ 이내로 억제하는 것은 생태계 붕괴를 막고 미래 세대의 안전을 담보하기 위한 전제조건이다. 동시에 경제적 측면에서는 화석연료 중심의 산업구조를 탈탄소 및 신재생 에너지 중심으로 개편하는 거대한 전환을 의미한다. 이는 강화되는 무역 장벽에서 국가와 기업의 생존을 결정하는 경쟁력이다. 나아가 사회적으로는 기후변화로 인해 심화되는 지역과 계층 간 불평등을 해소하고, 공정한 전환(Just Transition)을 통해 사회정의를 실현하는 과정이다. 하지만, 이 목표가 현실화하기 위해서는, 국가정책을 지역 현장에 적용할 '지방 수준의 탄소중립 실행 체계'가 필수적이다.

<표 7-4> 탄소 중립 전략 내용

구분	탄소 중립 전략 내용
2050 장기 목표	2050년까지 순 배출량 0 달성
2030 중간 목표(NDC)	2018년 대비 40% 감축 (7.27억 톤 → 4.36억 톤)
5대 핵심 부분	산업 · 에너지 · 수송 · 건물 · 농축산
이행 수단	재생에너지 확산, 탄소 가격제, 수소경지, CCUS(탄소 포집 · 저장) 기술 등

탄소 중립에서 지방정부가 맡는 역할은 다양하게 전개된다. 지방정부는 지역별 신재생 에너지 자원을 기반으로 에너지 자립도시(Local Energy City)를 구축한다. 전북 군산의 태양광, 해상풍력 클러스터와 제주도의 RE100 실험도시가 대표적이다. 주민 참여형 에너지협동조합 모델 확산도 필수적이다. 지역 산업단지는 그린 리모델링, 전기와 수소 기반 생산 체계로 전환한다. 농촌에서는 저탄소 농업, 탄소 저감형 축산 및 스마트팜 기술 도입으로 온실가스 감축을 실현한다. 도시에서는 전기버스, 공공자전거, 보행 도시 확산 등 친환경 교통 체계를 확산한다. 공공건축물 에너지 절감과, 그린리모델링, 녹색도시 숲 조성도 함께 추진한다.

지역 순환 경제 구축에도 주요한 역할을 한다. 재활용 · 자원순환센터, 공유경제 플랫폼 등을 통해 지역 내 에너지, 자원 순환형 구조를 확립한다. 이러한 실천은 지역 탄소중립 협의체(Local Carbon Council)와 같은 주민 참여형 거버넌스가 뒷받침되어야 한다. 지방정부, 시민단체, 기업, 학교가 함께 참여하는 지역 탄소중립 협의체에서 지역 단위 탄소 발자국 모니터링과 감축 인증제도도 이루어진다.

〈표 7-5〉 국내외 탄소 중립 정책 실천 사례

지역/국가	탄소 중립 사례
서울특별시	'2050 탄소 중립 도시' 선언, 건물 부문 에너지 효율화 및 전기차 전환 추진
전남 신안군	해상풍력 · 태양광 융합형 '에너지 자립섬 프로젝트' 추진
덴마크 코펜하겐	세계 최초 '탄소 중립 수도' 목표(2025), 지역난방 · 자전거 교통 80% 실현
독일 프라이부르크	시민협동조합이 주도한 재생에너지 도시, 에너지 자급률 70% 이상 달성

지속 가능한 지역개발은 ESG를 핵심 프레임워크로 삼고 있다. 국외의 주요 사례를 보면, 독일 브라이스가우 프라이부르크시(Freiburg im Breisgau)는 '에코시티(Eco-City)' 전략으로 모든 도시계획에 에너지 효율과 생태복원을 통합하였다. 또한, 지역 주민협동조합이 직접 재생에너지 사업을 운영한다. 일본 구마모토현은 산림, 하천, 농지를 연결한 '그린 인프라(Green Infrastructure)' 구축으로 홍수와 산사태 피해를 줄이며, 생태관광을 지역경제와 연계시켰다. 덴마크 오르후스 코뮌(Aarhus Kommune)은 재활용 스테이션(recycling stations) 폐기물의 약 99%를 자원화하고 시민 참여형 탄소 배출 감시 플랫폼을 운영한다. 이들 사례의 공통점은 '중앙이 아닌 지역이 기후 행동의 주체로 나서고 있다'라는 점이다.

국내 상황을 보면, 지난 2022년 「기후 위기 대응을 위한 탄소 중립 · 녹색성장 기본법」 시행으로 구축된 지역 중심의 대응체계가 이행과 환류 단계에 접어들었다. 2023년 전국 226개 기초지방자치단체가

제1차 탄소 중립 기본계획 수립을 완료함에 따라, 이제는 단순한 계획 수립을 넘어 연차별 시행계획의 실효성을 검증하고 지역별 특화모델을 안착시켜야 하는 시점이다. 특히 중앙정부의 목표 분할 방식에서 벗어나, 지역의 산업구조와 생태적 특성을 반영한 '지역 맞춤형 이행 체계'를 확립하는 것이 지자체의 핵심 과제로 부상했다.

지방정부의 탄소중립 이행 핵심 기제는 재정 운용의 책임성을 강화하는 '온실가스 감축인지 예산제도'의 내실화다. 해당 제도는 「탄소중립기본법」에 따라 모든 지자체가 의무 시행하며, 예산의 편성부터 결산까지 전 과정이 온실가스 감축에 미치는 영향을 분석하고 연계하는 장치이다. 국회예산정책처(2025)에 따르면, 2026년도 국가 온실가스 감축인지 예산은 약 16.8조 원(감축 예산 기준 11.9조 원) 규모로, 국가 재정 정책의 핵심으로 자리 잡았다. 지자체는 이러한 재정 흐름에 발맞추어 사업을 '감축, 배출, 혼합' 등으로 분류하는 기후 예산 태깅(Climate Budget Tagging)을 정교화해야 한다. 이는 재정 정책을 기후 대응의 실무적 도구로 전환한다는 점에서 큰 의의가 있다.

재정적 도구와 더불어 지방행정 전반에 ESG(환경·사회·거버넌스) 원칙을 내재화하는 통합적 접근이 요구된다. 재생에너지, 수소, 자원 순환 등 지역 기반의 녹색산업을 육성하여 일자리를 창출하고, OECD(2026)가 강조하는 자산 생애주기 관리(Asset Management) 관점에서 지역 인프라의 탄소발자국을 관리해야 한다. 기후 재정과 인센티브 확대를 통해 민간의 참여를 유도함으로써 경제와 환경이 선순환하는 구조를 마련하는 것이 필수적이다.

　탄소 중립은 단순한 환경 보호를 넘어 지역사회의 경쟁력을 재설계하는 국가적 전환 전략이다. 그 성공의 핵심은 기술적 대응을 넘어선 '지역의 실질적 주도권 확보'와 '시민의 능동적 참여'에 있다. '중앙의 명령형 정책'에서 '주민의 생활형 실천'으로 패러다임을 전환하여, 주민이 스스로 에너지를 생산하고 자원을 순환시키는 주체로 거듭나야 한다. 교육과 녹색생활 실천을 매개로 지역공동체가 삶의 방식을 녹색으로 바꾸는, 탄소 중립은 달성해야 할 수치적 목표를 넘어 새로운 표준(Standard)으로 정착될 것이다.

2. ESG 중심의 환경정책과 자원관리

생태자원 순환과 지역 기반 탄소흡수 전략

기후변화 대응의 핵심은 단순히 탄소 배출량을 줄이는 것에 그치지 않는다. 배출된 탄소를 자연 생태계가 흡수·저장할 수 있는 순환구조를 강화하는 것, 즉 '생태자원 순환(Ecological Resource Circulation)'을 통한 탄소 흡수력(Carbon Sink) 확보가 필수적이다. 그동안 탄소 중립 정책은 에너지 전환, 산업 공정 개선 등 배출원 관리 중심으로 추진됐다. 하지만 이제는 '흡수원 확대를 통한 지역 기반 탄소 중립'으로 무게 중심이 옮겨지고 있다. 숲, 농지, 습지, 갯벌 등 지역 생태자원이 탄소저장고이자 순환의 거점으로 기능할 때, 지방정부는 기후 위기 시대의 가장 중요한 실행 주체로 자리매김할 수 있다.

생태자원 순환은 자연 생태계 내에서 에너지와 물질이 손실 없이 순환되고 재활용되는 구조를 지향한다. 이는 인간의 경제 활동이 자연의 순환 시스템을 존중하며, '폐기 기반에서 환원 기반으로' 전환하는 그것을 핵심으로 한다. 가령 농업 부문의 경우 퇴비화, 바이오가스화 등을 통해 유기성 폐기물을 에너지와 비료로 재활용하는 것이다. 산림 부문은 간벌목, 목재 부산물을 재활용하여 탄소 저장 수명을 연장하는 등의 노력을 할 수 있다. 수자원 부문은 하천과 습지 복원으로 물순환 회복 및 이산화탄소를 흡수하여 다각적 편익을 제공하는 방법이 있다. 이러한 부문별 실천은 결국 지역 차원의 순환형 생태 경제(Eco-circular Economy) 구조로 수렴되어 지속 가능한 지역 발전의 토대를 형성한다.

<표 7-6> 자원별 생태 탄소흡수원 기능과 역할

부문	주요 자원	생태 탄소흡수원 기능과 역할
산림	활엽수림, 혼효림	광합성을 통한 CO_2 흡수 및 바이오매스 저장
농지	논, 초지, 유기 농경지	토양 유기탄소(SOC) 축적, 메탄 저감형 재배 가능
습지 · 하천	내륙습지, 갈대밭	유기물 퇴적을 통한 장기 탄소 저장
해안 · 갯벌	염습지, 잘피밭	블루카본(Blue Carbon) 흡수 및 해양생태계 보호
도시녹지	도시 숲, 옥상정원	미세먼지 흡착 + 단기 탄소 감소 효과

특히 블루카본(Blue Carbon)의 가치는 주목할 만하다. 갯벌, 염습지 등 해양생태계는 국토의 2% 미만 면적에서 전체 탄소 흡수량의 상당 부분을 분담하는 핵심 자산이다. 2026년 현재 우리나라는 블루카본 모니터링을 수행하고 있으며, 국가 블루카본 정보시스템을 통해 갯벌, 염습지, 해초대의 면적 및 흡수량 등을 공개하고 있다. 또한, 해양수산부와 블루카본 사업단이 협력하여 추진 중인 '기후변화 적응형 해안 조성 기술'은 디지털 기반의 정밀 관리 체계를 구축 · 운용함으로써 해양의 탄소흡수 기능을 강화하는 중이다.

산림 부문은 영급 구조의 불균형이 심화된 노령림과 단순림을 기후 적응형 혼효림 및 다층림으로 개편하고 있다. 이는 조림부터 목재 활용, 산림 바이오매스 에너지 전환까지 아우르는 '산림 순환경영'을 통해 실질적인 화석연료 대체 효과를 창출하는 과정이다. 특히 지자체가 산림 흡수원을 자산화하는 '지역 산림 탄소은행(Local Forest Carbon Bank)' 모델은 자발적 탄소시장의 신뢰성을 담보하는 핵심 기제로 안착하고 있다. 「탄소흡수원 유지 및 증진에 관한 법률」에 기반한 이 모델은 산림 탄소 마켓플레이스를 통해 민간의 ESG 경영 수요를 흡수하는 한편, 기후에너지환경부의 배출권거래제(K-ETS) 외부 사업 규격에 부합하도록 시스템을 고도화하며 민간 자본 유입이 활성화되는 투명한 기후 금융 생태계를 조성하고 있다.

농업 분야는 보존농업(Conservation Agriculture)을 통해 토양의 탄소 고정 능력을 높이는 동시에 저탄소 농법의 현장 안착에 주력하고 있다. 최소 경운과 피복작물 재배는 토양을 능동적인 탄소저장고로 변모시키며, 논의 습윤 관리와 메탄 저감 품종 보급으로 농지를 거대한 탄소흡수원으로 변모시킨다. 이러한 생태계의 탄소흡수 기능은 산림과 농경지를 넘어 인간의 삶이 영위되는 정주지로 확장되며 도시 내 녹색 인프라와 유기적인 생태적 연계를 이룬다. 구체적으로는 도시 숲과 옥상녹화 등 생활권 내 흡수원을 확충하는 한편, 건물 단위의 그린 리모델링과 스마트 조경 시스템을 도입하여 도시 공간 전체를 에너지 효율과 탄소흡수가 공존하는 기후 탄력적 거점으로 재설계하고 있다.

앞으로 지방정부가 나아가야 할 제도적 방향은 이러한 생태적 성과를 행정 실무 전반에 깊이 내재화하는 데 있다. 우선 행정의 전문성과 연속성을 담보하기 위해 현재 운영 중인 '지역 탄소 중립 지원센터'를 실질적인 정책 두뇌집단으로 격상하고 지자체 니 탄소 중립 전담 조직을 상설화하여야 한다. 재정 측면에서는 2026년 현재 의무화된 온실가스 감축인지 예산제도를 정책 우선순위 결정의 핵심 기제로 활용함이 마땅하다. 별도의 기후 대응 기금 조례 제정을 통해 독립적이고 안정적인 재원을 확보하는 작업도 수반되어야 한다.

거버넌스 차원에서는 주민과 기업이 전환의 주체로 참여할 수 있는 실질적인 협력 모델을 안착시켜야 한다. 민간기업의 투자를 유치하고, 지역 주민의 실천과 생태복원 사업을 연계하는 '탄소 상생 프로젝트' 활성화 등 거버넌스의 효용을 입증할 필요가 있다. 아울러 지역 대학 및 연구기관과의 협력체계는 AI 기반 모니터링 등 지역 맞춤형 기술 지원을 통해 데이터에 기반한 과학적 기후 행정을 견인하는 핵심 축으로 작용해야 한다.

결국 생태자원 순환과 탄소흡수는 기술적 혁신을 넘어 자연의 복원력과 지역의 자생력에 대한 신뢰에서 출발한다. 탄소를 흡수하고 저장하는 지역 본연의 능력을 회복시키는 것이 지속 가능한 탄소 중립의 본질이다. 정책 기조 역시 '산업 중심의 감축'에서 '자연 중심의 흡수'로, '국가 단위의 계획'에서 '지역 단위의 순환 경제'로 과감히 전환되어야 한다. 지역의 숲과 논, 강, 바다가 하나의 유기적인 탄소저장고로 기능할 때, 한국의 탄소 중립은 현장의 실천으로 완성될 것이다. 생태 자원의 순환은 곧 지역의 생명력이며, 지역의 탄소 흡수력은 지구의 회복력을 지탱하는 최후의 보루다.

물순환 · 토양보전 · 폐기물 관리

기후 위기와 가속화된 산업화는 우리 사회의 생태 기반인 물, 토양, 자원 순환 체계를 심각하게 위협하고 있다. 가뭄과 홍수의 반복, 농경지 황폐화, 폐기물의 급증은 인류 생존과 지역 지속 가능성의 위기로 이어지고 있다. 이제 환경 정책은 오염의 사후 관리에 머물러서는 안 된다. 자연의 복원력을 회복하고, 물, 토양, 자원의 단절된 흐름을 유기적으로 잇는 통합적 관리 체계로의 전환이 필요하다.

급격한 도시화로 확대된 불투수면은 빗물의 지하 침투를 차단했다. 이는 지하수 고갈과 도심 홍수라는 이중의 위기를 초래하는 원인이 된다. 동시에 농촌 지역에서는 하천의 건천화로 인한 농업용수 공급 체계의 불안정이 심화하는 실정이다. 이에 따라 자연형 물순환(Natural Water Cycle) 체계의 복원은 필수적인 정책 기제로 작용해야 한다. 침투를 통한 지하수 함양, 증발산을 촉진하는 도심 녹지 확충, 그리고 빗물 재이용 시스템의 고도화가 그 핵심이다.

이러한 흐름 속에서 2026년 현재 한국은 「물순환 촉진 및 지원에 관한 법률」의 이행과 함께 한국형 스펀지 도시(K-Sponge City) 모델을 현장에 안착시키고 있다. 이를 위해 저영향개발(Low Impact Development, LID) 시설을 집중 배치하여 강우 시 오염물질의 하천 유입을 차단하고 있다. 또한 정보통신기술이 결합된 스마트 워터 그리드(Smart Water Grid)를 구축하거나, 수자원 관리 기술이 적용된 분산형 물관리 모델을 활용하는 등으로 기후 탄력적인 정주지 수생환경의 회복력을 확충하고 있다.

　이러한 기술적 전환은 수자원 공동관리 거버넌스 구축과 맞물려 물을 단순 이용 대상이 아닌 생태적 흐름으로 관리하고 있다. 동시에 유역 단위의 수자원 공동관리 거버넌스가 활성화되면서, 농업용수와 도심 수자원의 순환 이용을 둘러싼 갈등이 협력적 자원관리 모델로 전환되는 변화를 맞이하고 있다.

　물순환의 회복은 토양보전의 문제와 직결된다. 그간의 과도한 비료 및 농약 사용은 토양오염과 침식을 가속하고, 극한 기상은 물리적 구조를 붕괴시켜 지력 저하를 초래했다. 이에 대응하여 2026년 각 지방정부는 주요 농경지와 생태 거점에 IoT 기반의 토양 환경 모니터링 체계를 단계적으로 확충하고 있다. 동시에 최소 경운과 피복작물 재배를 골자로 하는 보존농업을 확산시켜, 토양의 탄소 격리 능력을 입증하고 이를 탄소 중립 점수제와 연계하는 정책적 시도를 지속하고 있다. 정밀농업의 도입은 토양을 생명 순환의 핵심 인프라로 재정립하는 중대한 전환점이 된다. 나아가 식물 정화(Phytoremediation) 및 미생물 정화(Bioremediation) 기술의 현장 적용성을 높이기 위해, 오염 우려 지역을 중심으로 지표 기반의 복원 시나리오를 검토하고 있다. 이는 토양 본연의 자정 능력을 회복시키기 위한 노력의 일환이며, 향후 지역 맞춤형 토양 관리 행정의 표준모델로 자리 잡을 전망이다.

　폐기물 관리는 자원 순환 사회로의 완전한 이행을 지향해야 한다. 1인 가구의 증가와 소비 패턴의 변화로 폐기물 발생량은 급증하고 있으며, 수도권 매립지의 한계 도달과 소각 시설의 입지 갈등은 지방정부의 행정 역량을 시험하고 있다. 특히 폐기물 처리 인프라가 상대적으로 취약한 농촌 지역의 자원 순환 체계 마련은 지역 격차 해소 차원에서도 매우 중요하다. 따라서 생산 단계에서부터 폐기물 발생을 최소화, 지역 단위 무포장 상점, 재사용 플랫폼 확산 등의 감축 전략과 리필 스테이션, 공유 용기 시스템, 중고 거래 활성화 등 재사용 문화의 정착이 필요하다. 「순환 경제사회 전환 촉진법」에 의거, 음식물류 폐기물의 바이오가스화와 폐플라스틱의 화학적 재활용(열분해 등) 또한 에너지 전환의 핵심 수단으로 자리 잡았다.

다만, 이러한 단계별 전략이 실무 현장에서 성과로 이어지기 위해서는 자원의 배출부터 수거, 재가공에 이르는 전 과정을 지역공동체 내에서 통합 관리하는 유기적인 실행 거점이 뒷받침되어야 한다. 지방정부와 민간이 협업하는 '지역 순환 센터(Local Circular Hub)'는 자원 회수와 사회적 경제기업의 일자리 창출을 결합한 지역 운영모델을 제시하고 있다. 이처럼 폐기물은 '버리는 것'이 아니라 '다시 자원으로 돌아오는 흐름'의 일부다.

<표 7-7> 영역별 상호연계 내용

영역	상호연계 내용 통합적 접근 방법
물순환 ↔ 토양보전	건강한 토양이 물을 저장하고 정화함으로써 물순환 안정화
토양보전 ↔ 폐기물 관리	유기성 폐기물의 퇴비화가 토양 탄소 축적에 기여
폐기물 관리 ↔ 물순환	오염수 관리 · 재이용을 통해 수질오염 저감 및 자원 회수 가능

궁극적으로 물, 토양, 폐기물은 하나의 생태적 순환 체계로 통합되어야 한다. 순환, 토양보전, 폐기물 관리는 각각 다른 정책이 아니라 하

나의 생태 순환고리를 이루는 세 축이다. 앞으로의 환경 정책은 '개별 관리 중심'에서 '순환 통합형 관리'로, '오염 대응형 행정'에서 '자원 재생형 지역 운영'으로 전환되어야 한다. 지역이 물을 저장하고, 토양을 회복하며, 자원을 다시 순환시킬 때, 비로소 지속 가능한 생태사회의 기틀이 마련된다. 즉, 물은 생명을 잇고, 토양은 생명을 품으며, 자원 순환은 생명을 지속시키는 길이다. 이러한 통합적 관점의 정책 실천이 탄소 중립과 기후 정의를 실현하는 실질적인 동력이 될 것이다.

환경지표 기반의 지방 평가 체계

지속 가능한 지역 발전은 더 이상 경제성장률이나 재정 자립도 같은 양적 수치로는 평가될 수 없다. 이제 지방정부의 성과는 환경적 건전성과 사회적 회복력, 즉 '얼마나 건강하고 회복력 있는 지역 생태계를 만들었는가?'로 측정되어야 한다. 이러한 시대적 요구에 따라 환경지표(Environmental Indicators)를 핵심으로 하는 지역 평가 체계(Local Sustainability Assessment System)가 주목받고 있다. 이는 행정의 효율성 중심 평가에서 벗어나, 기후, 생태, 에너지, 자원 순환 등 환경적 성과를 지역 정책의 핵심 평가 항목으로 포함하는 새로운 지방행정 패러다임을 의미한다.

환경지표 기반 지방 평가 체계란, 지방정부의 정책과 행정 성과를 환경적 관점에서 정량·정성적으로 진단하는 제도를 말한다. 즉, 경제나 인프라 중심의 기존 평가 지표에 더해 지역의 탄소 중립 이행도, 생태복원 수준, 자원 순환율, 기후 적응력, 주민 참여도 등을 유기적으로 결합하여 정책의 지속 가능성을 객관적으로 평가하는 것이다. 이러한 체계 안에서는 '환경성과(Environmental Performance)'가 행정 성과의 핵심 지표로 기능하며 행정 전반의 질적 수준을 견인하게 된다.

기존 평가 체계는 경제 중심적 정책의 분절성, 정성적 평가의 부재, 데이터 기반 미흡 등으로 한계가 있었다. 즉, GRDP(지역내총생산), 투자 유치, 예산 집행률 등 성장 지표 중심이었다. 반면, 환경·사회적 가치가 평가에서 배제되어 정책의 실질적 지속 가능성과의 괴리가 발생하였다. 환경, 복지, 산업, 국토 정책이 개별적으로 평가되는 구조 탓에 정책 간 상승효과나 통합적 성과를 파악하는 데 어려움이 컸다. 아울러 주민의 인식 변화나 생태복원을 위한 무형의 노력 같은 정성적 성과를 반영할 수 있는 데이터 기반의 평가 도구 역시 미흡한 실정이었다.

따라서 새로운 평가 체계는 환경과 경제, 사회 지표를 통합한 '지속 가능성 종합 평가모델'을 지향해야 한다. 가령 '지역 환경성과지수(Local Environmental Performance Index, LEPI)'를 도입하여 지역의 산업구조, 인구 특성, 지리적 환경을 반영한 맞춤형 지표 설계를 추진할 필요가 있다. 해안 지역은 블루카본과 해양생태계 보전을, 농촌 지역은 토양 건강성과 물순환 회복력을 중심으로 지표를 특화하는 방식이다. 이러한 지역 맞춤형 지표 설계는 중앙집중식 평가의 획일성을 극복하고 각 지방정부가 고유의 생태 자산을 전략적으로 관리하게 만드는 강력한 동인이 된다.

데이터 기반의 거버넌스(Data-driven Governance) 구축 역시 필수적이다. 위성과 IoT 센서를 활용하여 미세먼지, 수질, 탄소 배출량을 실시간으로 측정하고 이를 투명하게 공개하는 환경 데이터 플랫폼이 뒷받침되어야 한다. 현재 일부 지자체에서 운영 중인 실시간 환경 모니터링 시스템은 행정의 과학화를 앞당기는 중요한 초석이 되고 있다. 동시에 지방정부와 시민, 기업, 연구기관이 공동으로 참여하는 '공유형 평가체계(Co-evaluation System)'를 가동하여 평가의 투명성을 높이고 주민이 직접 지역의 환경성과를 감독하는 환류 구조를 확립해야 한다.

<표 7-8> 환경 평가 영역 세부 지표 항목

평가 영역	환경 세부 지표 항목	설명
기후 · 에너지	1인당 온실가스 배출량, 재생에너지 비율, 제로에너지 건축 비율	탄소 중립 이행도 평가
생태 · 자연환경	산림 보전율, 습지 · 하천 복원 면적, 생물다양성 지수	지역 생태계 건강성
자원 순환	생활폐기물 재활용률, 음식물폐기물 감축률	순환 경제 달성도
물 · 토양	수질 등급, 빗물 침투율, 토양 유기탄소 농도	환경 기초 인프라 상태
환경복지 · 참여	환경교육 참여율, 시민 참여형 정책 수, 녹색생활 실천율	사회적 인식 및 협력 수준

<표 7-8>과 같이 환경 평가 영역 세부 지표는 단순한 통계자료나 평가자료를 넘어 지방행정의 궤적을 수정하는 나침반 임무를 수행한다. 제도적 안착을 위해서는 우선 「지방자치단체 합동 평가 규정」에 환경지표 항목을 명시하고, 「탄소중립기본법」 하위 시행령에 지역 환경성과지수를 반영하는 등 법적 근거를 명확히 해야 한다. 이와 동시에 기후에너지환경부와 행정안전부가 공동으로 '지역 그린 데이터 허브(Local Green Data Hub)'를 설립하여 지자체의 데이터 인프라 구축을 기술적 · 재정적으로 지원할 필요가 있다.

나아가 환경성과가 우수한 지방정부에는 탄소 예산의 차등 배분이나 그린뉴딜 투자 우선권을 부여하는 인센티브의 제도화가 수반되어야 한다. 매년 발간하는 '지역 환경 백서'를 통해 성과를 대외적으로 공유하고 정책적 피드백을 지속하는 구조적 장치도 중요하다. 환경지표 기반의 평가 체계는 단순한 행정 도구가 아니라 지역의 지속 가능성을 수치로 가시화하는 사회적 약속이다.

환경 관련 지방행정은 '경제성 중심 평가'에서 '생태 건강 중심 평가'로, '중앙 주도적 평가'에서 '지역·시민 참여형 평가'로 전환되어야 한다. 이 체계가 정착될 때, 지방정부는 환경성과를 두고 소모적으로 경쟁하는 행정에서 벗어나 지속 가능성을 향해 협력하는 행정으로 발전하게 된다. 결국 환경지표는 지역의 미래를 보여주는 거울이며, 그 거울 속에 투영된 건강한 생태와 시민의 삶이 곧 지속 가능한 지방의 증거가 될 것이다.

3. 지속 가능한 생태 경제 구축

지역 생태관광과 경제 다각화

기후 위기와 급격한 인구 감소, 산업구조의 재편 속에서 많은 지역이 새로운 성장 동력의 부재로 어려움을 겪고 있다. 특히 1차 산업 의존도가 높은 농촌, 산촌, 해안 지역은 청년층 이탈, 소비 위축, 일자리 부족이 맞물리며 지방 소멸의 위기를 체감하는 실정이다. 이러한 상황에서 주목받는 대안이 생태관광(Ecotourism)이다. 생태관광은 단순한 관광 상품의 차원을 넘어, 자연환경 보전과 지역경제 활성화를 동시에 추구하는 '지속 가능한 지역 발전 전략'이다. 즉, '자연을 지키면서 먹고 사는 길'이라는 점이 생태관광이 지역 경제 다각화의 핵심이 되는 이유다.

생태관광은 자연 자원을 관광의 소재로 활용하되, 그 과정에서 환경 부하를 최소화하고 지역 주민의 혜택을 담보하는 공유 가치 창출을 지향한다. 핵심 원칙은 생태계와 문화유산의 보호를 전제로 하는 보전(Conservation)에 있다. 관광객이 자연과 지역문화를 이해하도록 돕는 교육(Education) 기능을 수행한다. 또한 주민이 기획부터 운영, 수익 배분에 이르기까지 의사결정 전 과정에 실질적 주체로 개입하는 참여형 거버넌스(Participatory Governance)와 관광의 이익이 지역공동체에 선순환되는 지속 가능성(Sustainability)을 핵심 원칙으로 삼는다. 이와 같은 속성은 기존의 대규모 토목 개발 중심 관광과 달리 '작지만 오래가는 지역경제'를 만드는 데 유리하다.

현재 다수의 지방 도시는 특정 산업(농업, 제조, 조선 등)에 편중된 단일 구조를 지니고 있어, 외부 영향이나 산업 침체 시 지역 전체가 흔들리는 취약성을 가진다. 따라서 지역 경제는 이제 관광, 문화, 환경, 에너지 등 복합 산업형 생태 경제모델로 체계적인 전환을 꾀해야 한다. 생태관광은 이 과정에서 경제적 부가가치 창출뿐만 아니라 청년층 정착 유도, 탄소 중립형 관광 문화 확산, 지역 고유문화, 역사 자원의 재조명 등 다각적인 성과를 거둔다. 이처럼 내재한 잠재력은 지역의 특화된 산업 자원과 결합할 때 비로소 구체적인 비즈니스 모델로 형상화된다.

실제 현장에서는 자원 특성에 따라 다양한 생태관광 모델이 작동하고 있다. 농촌의 경관과 식문화를 결합한 '팜투어리즘(Farm Tourism)'은 완주의 로컬푸드 투어와 같이 생산과 소비를 잇는 정주형 관광을 실현한다. 해양생태계 보전을 기반으로 하는 '블루투어리즘(Blue Tourism)'은 신안의 갯벌이나 제주의 해녀 문화와 연계하여 어촌의 새로운 소득원을 창출하고 있다. 아울러 산림치유를 결합한 '포레스트 웰빙 관광'은 치유의 숲, 산림욕, 숲속 명상 등 건강 중심 프로그램이다. 문화와 환경을 결합한 생태문화관광은 순천만국가정원 사례와 같은 '생태문화관광'은 자연, 역사, 예술을 융합한 복합형 관광 콘텐츠 개발 방식이다. 이처럼 생태관광은 고부가가치 콘텐츠로서 지역 브랜드 가치를 높이는 로컬 ESG 산업으로 자리매김 중이다.

생태관광 모델이 실질적인 실익으로 이어지기 위해서는 정책 수혜자인 주민이 운영의 주체로 서야 한다. 공동체의 자발적 참여 없이는 생태관광의 영속성을 담보하기 어렵기 때문이다. 현재 완주나 제주의 사례처럼 마을기업이나 협동조합 형태의 주민 주도형 모델이 확산하고 있다. 수익 일부를 환경 보전 기금이나 마을 기금으로 환원하는 이익 공유 시스템 역시 제도적으로 정착되는 추세다. 나아가 학·연·관 거버넌스는 지역 특화 콘텐츠 개발과 행정적 지원을 연결하는 가교 구실을 하며 생태 보전과 경제적 이익의 균형을 도모하고 있다.

「탄소중립기본법」 이행에 따라 관광 분야에서도 탄소 저감과 생태 보전을 연계한 인센티브 체계가 점진적으로 도입되고 있다. 현재 다수의 지방정부는 생태자원 데이터베이스(DB)를 구축하여 핵심 보전 지역의 생태적 가치를 정량화하는 기초 작업을 진행 중이다. 이를 활용해 마을기업과 사회적기업의 전문성을 강화하고 주민 주도형 모델의 자생력을 확보하려는 방향으로 발전하고 있다. 현시점에서 주목할 만한 변화는 일부 지자체를 중심으로 관광 수익을 생태계 복원에 재투자하기 위한 '생태 보전 기금' 성격의 재원 마련 조례가 검토되거나 시범 운영되고 있다는 점이다.

또한, 기후에너지환경부 지정 생태관광 지역을 중심으로 저탄소 교통수단 도입과 친환경 숙박 인증제 확산이 추진되면서 탄소 중립 정책과의 연계가 시작되는 단계에 진입했다. 해당 과정은 지역 행정 전반에 ESG 원칙을 투영하여 행정의 질적 변화를 모색하는 초기 사례로서 의미를 지니며, 향후 이러한 개별적 시도를 보편적인 국책 사업으로 확장하고 제도적 표준을 정립하는 그것이 과제로 남아 있다.

지역 생태관광은 단순한 여가 산업이 아니라 지속 가능한 지역경제와 공동체 회복의 전략적 수단이다. 앞으로의 지방정책은 '자원을 소비하는 관광'에서 '자원을 보존하고 증진하는 관광'으로, '외부 자본 중심 산업'에서 '주민 참여 중심 생태 경제'로 전환되어야 한다. 자연을 지키는 일이 곧 지역의 경제를 살리는 일이며, 지역의 생태적 가치는 강력한 차별화 전략이 된다. 생태관광을 통한 경제 다각화는 지속 가능한 지역의 회복력과 자립을 향한 새로운 길이 될 것이다.

생태복원 사업과 일자리 창출

기후 위기와 생태계 훼손은 지역 경제와 고용 구조에 위기를 초래하고 있다. 산림 황폐화, 하천 오염, 갯벌과 습지의 소실은 생물다양성의 손실뿐 아니라 농업, 어업 및 관광 등 1차와 2차 산업의 기반을 약화한다. 이러한 흐름은 정주 여건 악화와 지역 경제 침체라는 악순환으로 이어진다. 이에 대응하기 위한 새로운 접근이 '생태복원 사업(Ecological Restoration Project)'이다. 생태복원 사업은 훼손된 자연 자본을 회복시키는 동시에 녹색 일자리(Green Jobs)를 창출하는 지속 가능한 지역 발전 모델로 기능한다. 생태복원은 환경 보호라는 가치와 고용 창출이라는 경제적 가치를 통합하여 지역사회의 회복력을 근본적으로 강화하는 '사람을 살리고, 자연을 살리며, 지역을 되살리는 일'이다.

생태복원이란 인간의 개입을 통해 훼손된 자연환경의 생태적 기능과 다양성을 원형에 가깝게 회복시키는 체계적 과정을 의미한다. 이 과정은 단순한 조경이나 하천 정비가 아닌, 토양, 수질, 식생, 야생동물 등 생태계 전반의 회복적 관리(Restorative Management)를 포괄한다. 필요성은 다음 세 가지 측면에서 설명할 수 있다. 환경 측면으로는 국가 온실가스 감축 목표(NDC) 달성을 위한 탄소흡수원 확충과 재해 위험 저감을 실현한다. 경제적으로는 지역의 새로운 고용 기회를 창출하고 녹색산업의 외연을 확장하며, 사회적으로는 주민 참여를 통한 지역공동체 복원과 삶의 질 향상을 도모한다.

<표 7-9> 분야별 생태복원 사업사례

분야	생태복원 사업 사례	연관 일자리
산림복원	훼손 산지 · 벌목지 복원, 도시 숲 조성, 산사태 예방	나무 심기, 묘목재배, 산림관리사
하천 · 습지 복원	자연형 하천 설계, 생태하천 관리, 수질정화	생태 기술자, 수질모니터링 전문가
해양 · 갯벌 복원	염습지 복원, 해초(잘피) · 맹그로브 식재	해양 생태 복원 인력, 어촌협동조합
농촌 · 초지 복원	방치 농지 복구, 초지 관리, 유기농 재생	농업 생태 매니저, 지역공동체 인력
도시 생태복원	폐산업지 · 공터 녹화, 생태공원 조성	도시 생태 설계가, 녹색 건축 엔지니어

<표 7-11>처럼 생태복원 분야는 다양하다. 산림과 하천, 습지뿐만 아니라 해양 · 갯벌, 농촌 초지, 도심 생태계 등 국토 전반을 아우른다. 이러한 복원 사업은 초기 단계와 관리 단계에서 차별화된 일자리 창출 효과를 거둔다. 조사, 설계, 식재 등 초기 단계는 노동집약적 성격이 강하여 다양한 계층이 참여할 수 있는 공공 일자리 프로그램으로 기능한다. 특히 현재 전국 지자체는 '탄소 중립 · 녹색성장 기본계획'과 연계하여 자연 기반 해법(NbS) 중심의 대규모 복원 프로젝트를 수행하며

지역형 공공 일자리를 확보하고 있다.

복원 이후의 유지관리 단계는 고부가가치 전문직 일자리로 이행되는 분기점이 된다. 초기 투입이 마무리된 현장에서는 생태 해설가, 환경교육사, 생물 조사 전문가 등 지역 기반의 전문 인력이 지속적으로 고용되며 사회적 경제 조직을 통한 '생태 관리 용역' 모델이 정착되고 있다. 이와 함께 친환경 자재 산업과 실시간 생태 모니터링 시스템 등 배후 산업의 동반 성장은 지역형 녹색산업 생태계를 형성하는 기반이 된다. 복원은 사업의 종료가 아니라, 유지관리와 모니터링이라는 새로운 고용의 시작을 의미한다.

<표 7-10> 국내외 생태복원과 일자리 사례

지역/국가	생태복원과 일자리 사례
전남 순천만	간척지 복원 → 생태관광지 조성 → 600개 이상 지역 일자리 창출
충남 서천	갯벌 복원 사업으로 어민 재취업, 지역 청년 해양생태관리단 운영
강원 삼척	산불피해지 복원 사업 → 산림조합 중심 일자리 300개 창출
코스타리카	산림복원 정책으로 국가 일자리의 4% 이상이 녹색일자리화
케냐	여성 중심 나무 심기 활동. 생태복원 – 지역 소득 창출 성공 사례

<표 7-10>의 사례는 '환경 보전과 고용 확대의 선순환'을 보여주는 대표적 모델이다.

생태복원 사업의 실효적 안착을 위해서는 지방정부가 주도하는 전략적 행정 체계가 선행되어야 한다. 각 지방정부는 「기후 위기 대응을 위한 탄소 중립 · 녹색성장 기본법」에 따라 '지역 탄소 중립 · 녹색성장 기본계획'을 수립하고, 지역 내 훼손지에 대한 정밀 조사와 복원 우선순위 설정을 이행하고 있다. 이러한 계획은 단순히 환경을 복구하는 수

준을 넘어, 지역의 지리적 · 생태적 특성을 반영한 단계별 로드맵으로 구체화하는 추세이다. 재정 운용 측면에서는 이미 의무화된 '온실가스 감축인지 예산제도'를 실무 현장에 엄격히 적용하고 있다.

앞으로는 제도적 토대 위에서 생태복원 사업 관련 일자리의 질적 수준을 높이기 위한 거버넌스의 확장이 필요하다. 현재 시범적으로 운영 중인 마을기업이나 협동조합 등 사회적 경제 조직의 복원 사업 참여를 제도적으로 보장하고, 사후 관리나 상시 모니터링 업무를 이들에게 위탁하는 구조를 전국적으로 표준화해야 한다. 동시에 '생태복원 기술학교'나 '녹색 일자리 아카데미'와 같은 전문 교육 체계를 고도화하여, 청년과 은퇴 세대가 생태 관리 전문가로서 지역 내에서 안정적으로 정착할 수 있는 지속 가능한 고용 생태계를 조성해야 한다. 나아가 생태적 회복 효과와 주민 고용 성과를 통합적으로 관리하는 'ESG 행정 체계'의 전면 도입은 정책의 지속 가능성을 담보할 최후의 보루가 될 것이다. 이는 환경(E), 사회(S), 거버넌스(G) 가치를 행정 평가의 지표로 내재화하여, 생태복원이 지역의 미래 가치를 창출하는 창의적 행정 모델로 자리매김하도록 유도할 것이다.

생태복원 사업은 환경 보전과 경제 성장이 상충한다는 이분법적 사고를 극복할 수 있는 대표적인 정책 모델이다. 훼손된 자연을 되살리는 행위가 곧 지역의 일자리를 되살리는 일이며, 자연을 관리하고 지키는 일이 새로운 부가가치 산업이 된다. 앞으로의 정책은 '자연을 소모하는 개발'에서 '자연을 회복하는 성장'으로, '단기 일자리'에서 '지속 가능한 녹색 고용'으로 전환되어야 한다. 지역의 숲, 강, 갯벌, 들판이 다시 살아날 때, 그곳에는 생명뿐 아니라 사람의 일과 삶도 되살아난다. 결국 생태복원은 일자리이자, 지역의 미래이며, 지속 가능한 성장의 가장 인간적인 형태이다.

지역공동체의 환경 의식 제고

기후 위기 시대의 환경문제는 개인의 선택이나 일시적 캠페인의 수준을 넘어, 지역공동체 전반의 의식과 행동 양식의 변화가 절실한 사회적 과제가 되었다. 탄소 중립, 자원 순환, 생태 보전 등 국가적 목표도 결국은 지역 주민의 인식과 생활양식이 변화할 때 비로소 실현될 수 있다. 그러나 현실적으로 많은 지역에서는 환경을 '행정의 문제'나 '전문가의 영역'으로 인식하고 있으며, 주민 스스로의 참여와 실천은 여전히 미흡한 수준이다. 따라서 지역의 지속 가능성을 확보하기 위해서는 환경 의식(Environmental Awareness)을 공동체의 핵심 문화이자 사회적 자본으로 정착시키는 '생활 속 녹색 전환'이 필요하다.

지역공동체는 단순한 거주집단이 아니라, 공동의 공간과 자원을 공유하고 생활을 함께 꾸려가는 생활 생태계(Living Ecosystem)이다. 따라서 주민의 환경 의식 수준은 곧 지역 생태계의 건강성과 기후 탄력성을 결정하는 척도가 된다. 즉, 이를 지역문화로 전환하는 것이 지역 정책의 핵심 과제라 할 수 있다.

〈표 7-11〉 환경 의식의 고저에 따른 비교

구분	환경 의식이 높은 지역	환경 의식이 낮은 지역
생활양식	분리배출 · 에너지 절약 일상화	쓰레기 무단투기 · 낭비적 소비
공공의식	주민 자율 청소 · 녹지 관리	행정 의존적 관리, 책임 분산
사회문화	환경교육 · 로컬푸드 문화 확산	편의 중심 소비문화 지속

탄소 중립 정책은 주민의 행동 변화 없이는 성과를 낼 수 없다. 수요 관리 중심의 탄소 중립 정책에서 지역 단위의 생활 습관 변화(절전 · 절수 · 저탄소 교통 등)가 전체 감축 기여분의 약 30%를 차지한다. 따라서, 주민이 정책의 필요성을 인식해야 지속적 참여와 협력이 가능하다. 환경 실천이 세대와 계층을 잇는 사회적 접점(Social Link)으로 기능할 때, 공동체는 기후 위기라는 외부 충격에 대응하는 강력한 회복력을 확보하게 된다.

지역공동체 의식 제고를 실효적 행동으로 연결하기 위해서는 「환경교육도시」 지정 확대와 연계된 전 생애 환경교육(Lifelong Environmental Education)의 제도적 정착이 시급하다. 기존의 지식 전달 중심 교육에서 벗어나, 초등학생의 '우리 동네 생태탐험대' 활동부터 성인 대상의 '탄소 중립 실천 교실'에 이르기까지 교육을 생활 습관 학습의 과정으로 재설계해야 한다. 이러한 교육적 토대 위에 주민이 직접 기획하고 운영하는 '마을환경관리단'이나 '에코 리더 프로그램'을 배치함으로써 현장 중심의 실천력을 높일 수 있다. 마을 단위의 '쓰레기 감량 운동'이나 '하천 정화 활동' 등 생활 밀착형 활동은 탄소 중립 포인트제와 결합하여 참여자에게 실질적인 경제적 인센티브를 제공하는 단계로 진입했다. 아울러 지역 방송, 신문, 유튜브, SNS 등 지역 미디어를 활용한 '로컬 환경 스토리텔링' 등은 자발적 인식 확산을 견인하는 강력한 도구가 된다.

지방정부의 역할 역시 주도자에서 조정자 및 촉진자(Facilitator)로 과감히 전환되어야 한다. 주민단체, 학교, 기업을 연결하는 지역 환경 거버넌스 협의체의 실질적 운영을 지원하고, 지역 내 소상공인의 ESG 경영을 장려하는 정책적 뒷받침이 필요하다. 가령 '탄소 감축 상점'이나 '친환경 포장 우수업체'에 대한 지역 인증제 은용은 기업의 참여를 끌어내는 유효한 수단이 된다. 이러한 행정적 지원은 지역의 문화적 행사와 결합할 때 대중적 파급력을 확보한다. 지역축제를 저탄소ㆍ무폐기물(Zero-waste) 행사로 전환하고, 에코 마켓이나 업사이클 아트페어와 같은 놀이형 축제 모델을 개발함으로써 환경 의식을 지역문화의 일부로 안착시켜야 한다. 이는 주민이 즐거움을 통해 기후 위기의 심각성을 체감하고 변화의 주체로 거듭나게 하는 수단이 된다.

〈표 7-12〉 국내외 지역공동체 축제 사례

지역/국가	지역공동체 축제 사례
전북 완주군	'에코 시민학교' 운영, 로컬푸드 운동과 결합한 생활환경교육
충남 홍성군	'마을 에너지 자립 프로젝트', 주민협동조합이 태양광 발전 운영
서울 성북구	주민 참여형 탄소 중립 실천 플랫폼 '에코 성북' 운영
독일 프라이부르크	시민협동조합 중심의 재생에너지 전환, 환경 의식이 도시 문화로 정착
일본 나가노현	학교-마을 연계형 환경교육으로 지역 내 폐기물 발생률 40% 감소

〈표 7-12〉의 사례 공통점은 '행정의 사업'이 아닌 '주민의 문화'로서 환경 의식을 제도화했다는 점이다.

환경 의식 제고를 위한 평가를 위해서는 지역 환경 의식 지수(Local

Environmental Awareness Index)와 같은 정량 평가 지표의 개발과 적용이 필요하다. 환경 행사 참여율, 자원 순환율, 녹색소비 비중, 교육 참여도 등을 수치화하는 방식이다. 환경 의식 지수 우수마을에 환경 기금 우선 배정이나 공모사업 가산점 부여 등 성과 연계 인센티브를 제공하는 환류 시스템 도입이 필요하다. 주민 설문과 모니터링을 통해 정책 개선 및 참여 동기 강화 등 지속적 피드백 구조는 정책의 지속 가능성을 담보하는 제도적 장치가 된다.

지역공동체의 환경 의식 제고는 단순한 홍보나 교육사업이 아니라, 지속 가능한 지역사회를 만드는 핵심 동력이다. 앞으로의 지방정책은 '시설 중심의 환경행정'에서 '사람 중심의 환경 문화'로, '단발성 캠페인'에서 '지속적 실천과 학습'으로 전환되어야 한다. 환경 의식이 높아질수록 지역사회의 안전망은 강화되고, 공동체 의식은 더 공고해진다. 결국 환경 의식은 지역의 품격이자 공동체의 지속 가능성을 결정짓는 사회적 자산이 될 것이다.

제8장

지방 소멸 대응의 새로운 패러다임

양세훈

1. 6대 분야의 ESG 통합 전략

ESG 통합 거버넌스 구축

지방 소멸은 인구, 산업, 환경, 주거가 따로 떨어진 문제가 아니라 서로 얽혀 악순환을 만드는 복합 위기이기 때문에, 어느 한 부문의 대책만으로는 해결되기 어렵다. 지금까지 정부가 인구 유입, 청년 정착, 도시재생, 산업전환 같은 여러 정책을 추진해 왔지만, 부처와 분야별로 쪼개져 추진되면서 서로 연계되지 못하고 시너지가 약했던 것도 이 때문이다. 예를 들어 청년 주거 지원이 지역 일자리 정책과, 농촌 개발이 환경 · 생태 정책과 충분히 연결되지 못한 채 병렬적으로 추진되면, 개별 사업의 성과는 나와도 지역 전체의 체질을 바꾸기는 어렵다.

이 한계를 넘어서는 데 필요한 그것이 ESG 통합 프레임워크다. ESG는 환경(E), 사회(S), 거버넌스(G)를 공통 언어로 삼아, 서로 다른 정책들을 '지속 가능성'이라는 한 축 아래 엮어내는 전략적 연결고리 역할을 할 수 있다. 환경 부문의 정책은 탄소 감축과 생태 회복을, 사회 부문은 인구 구조와 일자리 · 복지 · 공동체를, 거버넌스 부문은 분권과 참여, 투명한 재정 · 의사결정을 다루지만, ESG라는 틀 안에서는 이 세 축이 동시에 고려되어야 한다. 앞에서 다룬 농업, 청년, 스마트농업, 사회적 경제, 지역복지, 데이터 · 거버넌스 등의 각 부문은 제도상으론 독립돼 있지만, 실제 정책 설계 · 집행 단계에서는 서로 영향을 주고받는 구조이기 때문에, ESG를 매개로 한 분야 간 통합이 필수적이다.

향후 지역 정책은 개별 사업의 나열이 아니라, ESG를 기준으로 목표와 지표를 정렬하고, 부문 간 연계성을 전제로 설계되어야 한다. 이를 위해서는 중앙 – 지방 간 역할 분담과 함께, 지방정부 내부에서도 환경 · 복지 · 산업 · 재정 부서가 ESG 관점에서 공동 계획을 수립하는 거버넌스가 요구된다. 그렇게 할 때 지방 소멸 대응 정책은 단기 처방의 모음이 아니라, 지역을 '살 만하고 지속 가능한 공간'으로 바꾸는 장기적 구조 전환 전략이 될 수 있다.

〈표 8-1〉 지방정부 6대 분야 ESG 통합 방향

구분	통합 방향	핵심 키워드
자치행정	ESG 행정 지표 도입 및 공공정책 평가 체계 구축	투명성 · 참여 · 책임
산업 경제	ESG 경영 지원과 녹색산업 전환	녹색금융 · 순환 경제
농업기술	스마트농업과 탄소 저감형 농법	데이터 농업 · 재생농업
농식품 산업	ESG 브랜드화 및 지역 순환 푸드 시스템	로컬푸드 · 사회적기업
주택 공간	포용적 주거복지 및 공동체 회복	빈집 재생 · 커뮤니티 하우징
생태환경	지역 탄소 중립과 생태 경제 구축	탄소 예산제 · 친환경 기반 시설

각 부문이 따로 존재하는 것처럼 보이지만, 실제로는 모두 "지속 가능한 지역 생태계"를 향해 수렴하고 있다는 점에서 하나의 큰 흐름을 이룬다는 것이 〈표 8-1〉의 핵심 메시지다. 기후 위기, 사회 불평등, 기업 윤리와 책임 문제 등이 동시에 심화하면서, 환경(E), 사회(S), 거버넌스(G)를 함께 고려하는 ESG가 더 이상 기업만의 이슈가 아니라, 행정과 정책 전반의 새로운 패러다임으로 확산하고 있다.

　원래 ESG는 기업이 투자자와 시장의 요구에 대응하기 위해 자율적
으로 도입한 경영 프레임에서 출발했지만, 이제는 지방정부와 공공기
관, 지역사회 의사결정에도 적용되는 공통 규범이 되고 있다. 문제는
현실에서 E · S · G가 여전히 부서 · 기관별로 나뉘어 추진되면서, 환경
정책은 환경 부서, 사회 정책은 복지 · 고용 부서, 거버넌스는 재정 · 감
사 부서가 각각 따로 다루는 경우가 많다는 점이다. 그 결과 부문 간 연
계성이 떨어지고, 비슷한 정책이 중복되거나, 서로 상충하는 사업이 병
존해 실행력이 약해지는 문제가 반복된다.

　이러한 한계를 넘어가기 위해서는 개별 영역을 통합적으로 관리
하고, 다양한 주체가 함께 조정 · 협력할 수 있는 'ESG 통합 거버넌스
(Integrated ESG Governance)'의 구축이 시급하다. 즉, 환경 · 사회 · 거버
넌스를 하나의 의제 안에서 다루는 통합 의사결정 구조를 마련하고, 부
서 간 칸막이를 넘어 공통 목표와 지표를 공유하는 방식으로 행정과
정책을 재설계해야 한다. 그래야만 ESG가 서류상의 점검표를 넘어, 실
제로 지역의 지속 가능성을 높이는 실질적인 운영 원칙으로 작동할 수
있다.

　ESG 통합 거버넌스는 환경(E), 사회(S), 거버넌스(G)를 각각의 개별
사업이 아니라 하나의 전략 체계로 엮어, 정부 · 기업 · 지역사회 · 시민
이 함께 정책과 실행을 설계 · 관리하는 협력적 의사결정 구조를 뜻한
다. 다시 말해 ESG를 "사업 끝에 붙는 평가 체크리스트"가 아니라, 행
정 · 경영 · 정책 전반에 공통으로 적용되는 언어이자 운영 시스템으로
제도화하는 것이고, 이를 통해 세 개의 축을 하나의 지속 가능한 거버

넌스 시스템으로 통합하는 구조다.

지금까지 ESG 추진이 한계를 드러낸 가장 큰 이유는 부문 간 단절에 있다. 환경, 사회, 거버넌스 과제가 서로 다른 부서·기관에서 별도 사업으로 추진되면서, 전체적인 성과를 통합적으로 관리하기 어렵고, 때로는 상충하는 정책이 병행되기도 했다. 둘째로, ESG의 책임 주체가 불분명해 "누가 총괄·조정하는가"가 명확하지 않았고, 그 결과 행정 부서 간 혼선과 책임 회피가 발생했다. 셋째, 정량 지표 중심 관리에 치우치면서 실제 정책 효과나 질적 변화보다는, 단기적인 점수와 평가 지표를 맞추는 데 초점이 맞춰진 경우가 많았다. 넷째, 민간과 공공 간 협력이 부족해 기업·시민·지방정부가 정보를 공유하고 서로의 성과를 검증하는 구조가 미비했고, 이에 따라 ESG가 사회 전체의 신뢰를 높이는 틀로 작동하기보다는 각자도생식 활동에 머무른 측면이 있다.

따라서 앞으로의 ESG 통합 거버넌스는 세 영역을 함께 바라보고, 책임 주체와 조정 구조를 명확히 하며, 정량 지표와 함께 실제 변화·영향을 평가하는 체계를 갖추고, 공공과 민간, 시민사회가 함께 참여하는 협력적 구조로 설계되어야 한다.

<표 8-2> ESG 통합 거버넌스 구축 내용

원리	ESG 통합 거버넌스 구축 내용
통합성(Integration)	ESG 3요소를 연결해 정책 목표와 지표를 통합 관리
참여성(Participation)	시민·기업·공공이 함께 계획·평가에 참여
투명성(Transparency)	ESG 추진 성과를 공개하고 사회적 검증 체계 마련
책임성(Accountability)	기관별 역할 명확화 및 성과연동 관리
연속성(Continuity)	단기 사업 중심이 아닌 중장기 지속 가능 전략으로 정착

통합 ESG 거버넌스를 작동시키려면 중앙 – 지방, 그리고 지역 내부 거버넌스를 동시에 설계해야 한다. 중앙정부는 ESG 관련 법·제도와 국가 수준의 기준, 공통 평가 프레임을 마련하고, 지방정부는 이를 바탕으로 지역 실정에 맞는 실행계획을 수립·운영하는 역할을 맡는 것이 바람직하다. 이때 일방적 지침 하달이 아니라, 중앙과 지방이 함께 참여하는 ESG 정책협의회를 통해 목표·지표·성과를 조정·공유하는 상호 협력 구조가 필요하다.

지역 차원에서는 지방정부, 공공기관, 기업, 시민단체, 대학 등이 함께 참여하는 '지역 통합협의체(Local ESG Council)'를 만드는 것이 중요하다. 이 협의체에서 공공부문은 정책 방향 설정과 재정·인센티브 설계를, 민간 부문은 혁신 아이디어와 기술·투자 제공을, 시민사회와 주민은 모니터링·감시와 참여형 의사결정을 담당하는 역할 분담 구조를 갖출 수 있다. 이러한 다층 거버넌스는 ESG를 행정 내부 의제가 아니라 지역 전체의 공동 과제로 만들며, 정책의 정당성과 실행력을 동시에 높여 준다.

정책 관리 측면에서는 통합 ESG 지표와 데이터 시스템이 필수적이다. 환경(E) 영역에서는 탄소 중립, 자원 순환, 에너지 효율과 같은 지표를, 사회(S)에서는 고용 형평성, 사회적 가치 창출, 지역 포용성을, 거버넌스(G)에서는 의사결정의 투명성, 정보 공개 수준, 윤리경영 여부 등을 핵심 지표로 설정할 수 있다. 이 지표들을 개별 부서가 따로 관리하는 대신, "ESG 데이터 허브(ESG Data Hub)"를 구축해 통합 관리하면, 지역 전체의 성과와 취약 지점을 한눈에 파악하고, 정책과 예산을 데이터 기반으로 조정할 수 있다.

마지막으로 ESG는 일회성 평가가 아니라, 행정 전 주기에 내재화된 순환 프로세스로 운영되어야 한다. 계획(Planning) 단계에서 ESG 목표와 지표를 명확히 설정하고, 실행(Doing) 과정에서 부문별 사업을 추진하며, 평가(Reviewing)를 통해 성과와 한계를 분석한 뒤, 환류(Feedback)·개선(Improve) 단계를 통해 다음 계획에 반영하는 구조를 행정의 기본 루틴으로 삼는 것이다. 〈표 8-3〉에서 소개된 여러 사례가 보여주듯, 중앙의 지침보다 지역이 주도하는 자율적 협력 구조를 갖춘 곳에서 ESG 성과가 더 잘 나타난다는 공통점은, 통합 거버넌스의 핵심이 "자율성과 협력"에 있음을 시사한다.

〈표 8-3〉 국내외 ESG 통합 거버넌스 구축 사례

지역/국가	ESG 통합 거버넌스 구축 사례
서울특별시	「서울 ESG 추진 전략」 수립 – 도시정책 전반에 ESG 통합 평가 적용
전남 여수시	'지속가능발전협의회'를 중심으로 지역 기업·시민·행정이 공동 ESG 로드맵 운영
공공기관(한국수자원공사)	ESG 위원회와 지역 거버넌스 연계한 통합 관리 체계 구축
덴마크	'국가 ESG 이사회' 구성, 기업-정부-시민 공동정책 결정
독일 프라이부르크	에너지·환경·사회복지를 통합한 시민 참여형 거버넌스 모델 운영

ESG 통합 거버넌스를 제도화하려면, 먼저 행정 전반에 적용될 최소한의 "규정과 그릇"을 만드는 작업이 필요하다. 그 출발점이 될 수 있는 것이 지방정부 차원의 「ESG 행정 기본 조례」 제정이다. 조례를 통해 ESG의 정의, 추진 원칙, 책임 주체, 평가·공시 의무 등을 명확히 하고, 지방정부가 자체 ESG 추진체계와 계획을 수립·운영할 수 있는 법적 근거를 마련해야 한다. 이어서 공공기관 경영평가에 환경·사회·

거버넌스 지표를 통합 반영함으로써, 개별 기관이 ESG를 "추가 업무"가 아니라 핵심 경영지표로 인식하도록 유도할 수 있다.

조직 측면에서는 각 지방정부 내에 ESG 전담 조직(예: ESG 센터)을 설치해 분산된 업무를 한 축으로 모으고, 기존의 환경·복지·산업·재정 등 분야별 위원회를 아우르는 ESG 추진위원회를 두어 통합 조정 기능을 부여하는 방식이 바람직하다. 이와 함께 ESG 정책 성과를 누구나 볼 수 있는 공개형 플랫폼으로 운영해, 예산·성과·지표를 투명하게 공유하고, 시민이 직접 제안과 의견을 올릴 수 있는 'ESG 정책 제안·피드백 포털'을 마련하면 사회적 신뢰와 참여를 동시에 높일 수 있다.

경제·산업 측면에서는 ESG를 규제가 아닌 "지역산업 경쟁력 전략"으로 전환하는 시각이 중요하다. 녹색산업, 순환 경제 기업, 사회적 경제기업을 거버넌스의 핵심 축으로 배치해, 이들이 환경 기술, 자원 순환 모델, 사회적 가치 창출을 선도하도록 지원하고, 공공 조달·투자·인센티브를 통해 시장 형성을 뒷받침해야 한다. 동시에 공공기관 직원, 기업, 시민을 대상으로 ESG 교육을 정례화하고, 지역 대학·연구자·실무자를 묶는 ESG 전문가 네트워크를 구축하면, 지역 내에서 자체적으로 지식과 사례가 축적·확산하는 기반이 마련된다.

결국 ESG 통합 거버넌스는 단순한 협의체가 아니라, "환경적 책임, 사회적 포용, 투명한 행정"을 동시에 달성하기 위한 제도적 기반 시설이다. 앞으로의 방향은 개별 부문별 성과관리에서 벗어나, 환경·사회·경제 전반의 통합적 가치 창출로, 행정 중심의 위계적 거버넌스에서 시민 참여형 협력체계로 전환되어야 한다. ESG가 선언과 보고서에 머무르지 않고, 실제 지역과 공공의 운영 원칙으로 자리 잡을 때 비로소 환경 측면으로 지속 가능하고, 사회적으로 포용적이며, 윤리적으로 투명한 지역사회를 기대할 수 있다. 그런 의미에서 ESG 통합 거버넌스는 '지속 가능한 미래 행정의 뼈대'이자, 앞으로 지역혁신이 따를 새로운 표준이라고 할 수 있다.

지역 단위 ESG 지표 개발

지속 가능한 지역 발전의 방향을 제대로 관리하려면, 지역 차원에서 환경·사회·거버넌스를 함께 바라볼 수 있는 ESG 지표체계가 필요하다. 지금까지 ESG는 주로 기업의 비재무적 성과를 평가하는 기준으로 발전해 왔지만, 최근에는 도시·지방정부 등 지역 단위가 환경적 책임과 사회적 포용, 투명한 행정의 중요한 주체로 주목받고 있다. 이 때문에 단순히 행정 성과나 재정 효율성만 보는 그것을 넘어, 환경 보전, 사회적 가치, 거버넌스 구조를 통합적으로 평가하는 "지역 ESG 지표(Local ESG Index)"를 개발하는 것이 중요한 과제로 부상하고 있다.

지역 단위 ESG 지표는 한 지방정부나 지역사회가 환경(E), 사회(S), 거버넌스(G) 영역에서 얼마나 지속 가능하게 운영되고 있는지를 진단하는 정량·정성 기준 체계다. 이는 중앙정부나 기업의 시각에서가 아니라, 해당 지역이 실제로 어떤 실천을 하고 있고 주민과 이해관계자가 얼마나 참여하고 있는지를 "보이는 데이터"로 만드는 도구다. 그런 의미에서 지역 ESG 지표는 지역의 지속 가능성을 측정하는 지표를 넘어,

앞으로, 어디로 나아가야 하는지 방향을 제시하는 사회적 나침반 역할을 하게 된다.

현재 지역 발전 평가는 여전히 GRDP나 재정 자립도 같은 경제 지표에 과도하게 의존하고 있다는 한계를 가진다. 그 결과 탄소 배출, 생태복원, 복지·안전, 거버넌스 개선과 같은 요소는 정책에서 중요하게 다뤄지지만, 평가 단계에서는 체계적인 계량 기준이 없어 실질적 반영이 어렵다. 또한 환경·사회·거버넌스 관련 행정이 서로 다른 부서에서 따로 추진되는 경우. 한 정책이 다른 영역에 미치는 긍정·부정 효과를 통합적으로 파악하기가 쉽지 않다.

전국 차원에서 표준화된 지역 ESG 측정 기준이 부재한 그것도 문제다. 도시·지방정부를 대상으로 한 ESG·지속 가능성 지표 시도가 일부 존재하지만, 통일된 프레임과 지표체계가 없어서 지역 간 성과를 비교하거나, 우수사례를 확산하는 데 제약이 크다. 이 때문에 어떤 지역이 환경·사회·거버넌스 측면에서 정말로 "잘하고 있는지"를 객관적으로 판단하기 어렵고, 중앙정부도 데이터를 기반으로 한 지원·인센티브 설계하는 데 한계를 겪는다.

〈표 8-4〉 지역 ESG 지표체계의 구성

원리	지역 ESG 지표체계의 구성
통합성(Integration)	환경·사회·행정 영역을 하나의 프레임으로 관리
현장성(Local Relevance)	지역 특성과 자원·산업구조·인구 등을 반영
측정 가능성(Measurability)	데이터 기반 객관적 산출 가능
참여성(Participation)	시민·기업·행정이 함께 평가 참여
지속성(Sustainability)	일회성 평가가 아닌 정기 모니터링 체계

지역 ESG 지표는 환경, 사회, 거버넌스 세 축을 균형 있게 반영해 지역의 지속 가능성을 수치와 사례로 보여주는 구조로 설계할 수 있다.

환경(E) 영역에서는 탄소 배출량 감축률, 자생에너지 사용 비율, 폐기물 재활용률, 도시 숲·녹지 면적 비중, 수질·대기오염 개선 정도와 같이 기후·자원·생태 성과를 직접 드러내는 지표가 핵심이 된다. 이런 지표들은 한 지역이 탄소 중립과 생태복원 목표를 향해 얼마나 진전하고 있는지를 보여준다.

사회(S) 영역에서는 포용성과 삶의 질을 측정하는 지표가 중요하다. 청년·여성·고령자 고용률 등 고용 형평성, 사회적 경제기업 비율, 복지·의료 접근성 등 사회안전망 수준, 문화·교육 기회 균등성, 주민 참여형 프로젝트 운영 건수 등을 통해 지역이 얼마나 다양한 계층을 포용하고, 기본적인 삶의 기반을 보장하는지를 살펴볼 수 있다.

거버넌스(G) 영역에서는 정보 공개 수준(정책·예산·성과 공개 여부), 주민 참여예산 운영 비율, ESG 관련 조례·정책의 이행률, 시민·기업·기관 간 협력 거버넌스 지수, 공공기관 경영평가에서 ESG 반영 정도 등이 대표 지표가 될 수 있다. 이는 행정이 얼마나 투명하고, 주민과 이해관계자가 실제로 의사결정에 참여하는지, 제도가 실질적으로 작동하는지를 보여주는 기준이다.

이러한 지표들은 전국 공통의 기본 틀을 두되, 각 지역의 산업구조, 인구 특성, 발전 단계에 따라 가중치와 세부 항목을 조정해 적용할 수 있다. 그렇게 할 때 지역 ESG 지표는 단순한 순위표를 넘어, 각 지역이 스스로 강점과 과제를 파악하고 전략을 설계하는 실질적인 도구가 될 수 있다.

<표 8-5> ESG 지표 개발 단계와 운영 내용

지표 개발 단계	주요 지표 운영 내용
1단계: 기본설계	지역의 환경·사회·행정 여건 분석, 핵심 과제 도출
2단계: 지표 도출	이해관계재(행정·시민·전문가) 협의 통한 지표 선정
3단계: 자료수집	공공데이터, 통계, 현장 조사, 시민 참여데이터 활용
4단계: 평가·가중치 설정	정량 지표(70%) + 정성 지표(30%) 통합 평가
5단계: 결과 공유 및 환류	ESG 성과보고서 공개, 개선계획 수립 및 인센티브 부여

지역 단위 ESG 지표는 단순한 "측정 도구"가 아니라, 행정과 예산, 지역산업 전략을 바꾸는 레버로 활용될 때 의미가 커진다. 먼저 지방정부의 행정 평가에 ESG 성과를 반영하고, 이를 예산과 연계하는 방식이 중요하다. 탄소 감축, 자원 순환, 사회적 포용, 투명 거버넌스 등에서 우수한 성과를 낸 지역에는 '그린 인센티브 예산'을 추가 배분해, ESG를 잘할수록 더 많은 재정적 보상을 받는 구조를 만드는 것이다. 지방공기업과 출연기관에도 동일한 ESG 지표를 적용해 공공기관 경영평가와 연동하면, 지역 전체 공공부문을 하나의 틀 안에서 통합 관리할 수 있다.

또한 지역 중소기업이 ESG를 실천해 탄소 감축, 고용 형평성, 지역 공헌 등의 성과를 내면, 이를 지역 ESG 지표 향상에 이바지한 공로로 인정해 지원·인센티브에 반영함으로써, 지역산업과 기업의 ESG를 자연스럽게 연결할 수 있다. 매년 '지역 ESG 백서(Local ESG Report)'를 발간해 이런 성과와 과제를 시민·기업과 공유하고, 다음 단계 목표를 함께 설정하면, ESG는 행정 내부의 평가 도구를 넘어 지역 전체의 "공동 과제"가 된다.

결국 지역 단위 ESG 지표는 행정의 성과를 재단하는 성적표가 아니라, 지속 가능한 지역사회를 설계하고 관리하는 전략적 나침반이다. 따라서 지방의 ESG 정책은 "평가를 위한 지표"에서 "지속 가능성을 관리하는 지표"로, 중앙이 정한 일률적 기준에서 각 지역의 특성과 과제를 반영한 맞춤형 지표로 전환될 필요가 있다. 지역이 스스로 환경 · 사회 · 거버넌스 가치를 진단하고 개선 루트를 설계할 때, 주민이 체감할 수 있는 진정한 ESG 행정이 비로소 구현된다. 그런 점에서 지역 ESG 지표는 과거를 평가하는 점수가 아니라, 앞으로의 지속 가능한 미래를 그려가는 설계도에 가깝다.

정책 간 시너지 전략

지속 가능한 지역 발전과 행정 혁신을 위해서는 개별 정책이 각자 성과를 내는 수준을 넘어, 서로 맞물려 움직이는 통합적 접근이 필요하다. 하지만 실제 행정 운영은 여전히 부서별 · 분야별로 분절되어 추진되는 경우가 많아, 비슷한 사업이 중복되거나 목표가 엇갈리는 비효율이 발생한다. 환경 정책은 탄소 감축을, 산업정책은 일자리 창출을, 복지정책은 사회안전망 강화를 지향하지만, 이 세 영역이 따로 움직이면 지역 전체의 지속 가능성을 높이는 데에는 한계가 있을 수밖에 없다.

이 한계를 넘기 위해 정부와 지방정부가 구축해야 할 그것이 바로 '정책 간 시너지(Policy Synergy)'에 기반한 통합 관리 체계다. 정책 간 시너지는 서로 다른 정책들이 공통 목표나 자원을 공유하면서 상호작용을 통해 단독 추진보다 더 큰 성과를 내는 구조를 의미한다. 예를 들어, 탄소 저감형 녹색산업을 육성하는 정책이 동시에 지역 일자리를 만들고, 에너지 비용을 줄이며, 취약계층 복지와 연결된다면, 이는 환경 · 경제 · 사회 목표를 한 번에 달성하는 시너지 구조라고 할 수 있다.

이런 관점에서 정책 시너지는 단순히 부문 간 협력 수준에 머무는 것이 아니라, 환경 · 사회 · 경제라는 서로 다른 가치들을 하나의 방향 안에서 융합해, 사회적 · 경제적 · 환경적 효과를 동시에 창출하는 행정의 협력 메커니즘이다. 복합 문제가 일상화된 지금, 행정이 지향해야 할 방향은 "부서를 넘어서는 협업"을 넘어 "가치를 통합하는 설계"이며, 이를 가능하게 하는 공통 언어와 프레임이 바로 ESG라고 할 수 있다.

정책이 분절적으로 추진되면, 먼저 부서별 계획이 서로 상충하거나 우선순위가 엇갈려 전체적으로는 통합된 성과가 나오지 않는 경우가 많다. 같은 지역을 대상으로 유사한 목적의 사업이 여러 부서에서 따로 추진되다 보니 예산이 분산되고, 어느 하나도 충분한 규모와 집중력을 갖지 못해 실효성이 떨어진다.

성과관리 역시 부서 · 사업 단위에만 초점이 맞춰져 있어, 여러 정책이 함께 만들어낸 협력 효과나 시너지를 측정하기 어렵다. 주민 처지에서는 비슷한 사업이 여러 이름으로 반복되거나, 서로 다른 기준과 절차가 적용되면서 정책이 중복 · 혼란스럽게 느껴지고, 결국 행정에 대한 신뢰가 낮아지는 결과를 낳는다.

〈표 8-6〉 정책 시너지 전략의 내용

전략 원리	시너지 전략의 내용
통합성(Integration)	유사 · 연계 정책을 하나의 프레임으로 관리
협동성(Collaboration)	부서 간, 중앙-지방 간 협력 구조 강화
효율성(Efficiency)	중복사업 제거, 자원 활용 극대화
혁신성(Innovation)	다양한 정책을 결합해 새로운 가치 창출
성과성(Result Orientation)	시너지 효과를 정량 · 정성적으로 평가할 수 있게 설계

정책 간 효과를 내려면 먼저 목표부터 함께 묶는 "목표 통합형 전략"이 필요하다. 부처 · 부서별로 따로 설정된 목표를 국가 · 광역 차원의 지속가능발전계획 같은 상위계획 아래에서 재정렬해, 모두가 공유하는 공통 비전 아래 움직이게 하는 것이다. 예를 들어 "기후 적응 · 지역 일자리 · 사회복지"를 하나로 엮은 그린뉴딜형 종합계획처럼, 환경 · 경제 · 복지 목표를 동시에 담는 상위 프레임을 먼저 두는 방식이다.

사업 설계 단계에서는 환경, 산업, 복지, 문화 등 서로 다른 정책을 개별 사업이 아니라 하나의 프로젝트로 묶는 '부문 융합형' 접근이 필요하다. 예를 들어 "친환경 농업"을 추진할 때, 단순히 농법 개선에 그치지 않고 청년 일자리 창출(사회 정책), 탄소 저감(환경 정책), 로컬푸드 · 관광 연계(지역산업 · 문화정책)까지 통합 목표로 설계하는 식이다. 이렇게 하면 같은 예산과 인력으로도 여러 목표를 동시에 달성할 수 있다.

이를 뒷받침하려면 예산 · 인력 · 데이터를 부처별로 쪼개 관리하는 방식에서 벗어나, 함께 쓰고 함께 보는 "자원 공유형 시스템"이 필요하다. 지역 단위 공공데이터 허브를 구축해 환경, 산업, 복지, 인구 데이터를 한곳에 모으고, 행정정보를 공동 활용하면, 어느 정책이 어디에 효과를 내고 있는지, 어떤 영역과 결합하면 시너지가 나는지를 훨씬 쉽게 파악할 수 있다. 이런 구조가 갖춰질 때 비로소 정책 간 시너지가 설계가 아닌 실제 성과로 나타날 수 있다.

정책 간 시너지를 현실에서 구현하려면, 먼저 부처 · 지방정부 · 민간 · 시민이 함께 참여하는 정책통합협의체(Policy Integration Council)를 운영하는 그것이 중요하다. 이 기구는 개별 사업을 조정하는 자리가 아니라, "무엇을 위해 함께 할 것인가"라는 목표를 중심으로 다양한 정책을 엮어내는 협업 플랫폼으로 기능해야 한다. 즉, 부문별 이해관계가 아닌 공통 비전을 기준으로 예산 · 사업 · 역할을 재배치하는 거버넌스다.

이와 함께 정책 간 연계성과 파급효과를 평가할 수 있는 시너지 효과 평가모델을 도입할 필요가 있다. 여러 부서 · 주체가 함께 추진한 프로젝트에 대해, 공동성과 지수, 예산 절감률, 중복사업 축소 정도 같은 정량 지표와 주민 체감도, 동반관계의 신뢰 · 협력 수준 같은 정성 지표를 함께 사용해 통합 평가를 시행하는 방식이다. 이렇게 해야 협업이 "수고만 늘고 점수는 못 받는 일"이 아니라, 오히려 더 높은 성과와 인센티브를 가져오는 구조로 바뀔 수 있다.

충남 홍성군이 농촌 재생, 에너지 전환, 마을 공동체를 결합한 지역 뉴딜을 추진한 사례는, 농촌개발과 재생에너지, 공동체 활성화를 하나의 프로젝트로 묶어 새로운 일자리와 지역 에너지 자립, 공동체 회복을 동시에 도모한 경우로 볼 수 있다. 독일 프라이부르크시는 에너지 · 환경 · 교육 정책을 삼중으로 통합해, 기후 친화적 도시 인프라, 시민 환경교육, 녹색 일자리를 연계하며 도시의 지속 가능성을 높여 왔다. 두 사례 모두 서로 다른 정책 영역을 연결해, 단일 정책으로는 만들기 어려운 새로운 가치와 일자리를 창출했다는 점에서 정책 통합과 시너지의 방향을 잘 보여준다.

정책 간 시너지를 실질적으로 구현하려면, 행정의 작동 방식을 "처음부터 함께 설계하고, 함께 실행하고, 함께 평가하는 구조"로 바꾸는 실행 전략이 필요하다. 우선 정책 수립 초기 단계에서부터 부서 간 공동 기획을 의무화해, 각 부서가 별도로 계획을 짜는 그것이 아니라 초기 기획 단계에서부터 서로의 목표와 자원을 맞춰보는 통합기획 절차를 강화해야 한다. 이를 제도화한 것이 일종의 「통합정책 사전협의제」로, 새로운 사업을 추진할 때 관련 부서가 사전에 협의해 중복사업을 줄이고, 목표 충돌을 조정하도록 하는 장치다.

또 하나의 핵심 축은 데이터와 정보의 통합이다. 환경, 산업, 복지, 재정 등 정책 관련 데이터를 부문별로 따로 관리하는 방식에서 벗어나, 'One ESG Data Hub'와 같은 통합 데이터 허브를 구축해 부서 간 정보 공유를 기본값으로 만드는 그것이 필요하다. 이렇게 하면 어느 정책이 어떤 분야에 영향을 미치는지, 어떤 연계가 효과적인지 데이터를 통해 한눈에 파악할 수 있다. 동시에 공동사업을 추진하는 부서와 담당자에게는 가점을 부여하고, 협업 성과를 인사 · 재정 평가에 반영해 "함께할수록 더 인정받는 구조"를 만들어야 한다. 그래야 협업이 추가 업무가 아니라, 성과와 보상으로 이어지는 경로가 된다.

주민 참여도 정책 연계의 중요한 축이다. 쓰레기, 교통, 일자리 같은 구체적인 지역 현안을 중심으로, 주민이 직접 정책 간 연계 아이디어를 제안하고 실험해 보는 '시민 정책 랩' 같은 참여 플랫폼을 운영하면, 행정이 미처 보지 못한 현장의 결합 아이디어가 나올 수 있다. 이때 환경(E) 축에서는 기후·에너지·자원 정책 간 연계를, 사회(S) 축에서는 복지·교육·문화 정책의 결합을, 거버넌스(G) 축에서는 협업 구조와 정보 공개 수준을 함께 평가하는 ESG 기반 정책 연계 평가 체계를 도입하면, 각 프로젝트가 세 축을 동시에 얼마나 고려했는지 점검할 수 있다.

이러한 정책 시너지 전략은 단순한 행정 효율화 기법이 아니라, 복합적 사회 문제를 다루는 새로운 정부 운영 방식이다. 앞으로의 행정은 "부서 중심 정책 관리"에서 "목표 중심 통합 운영"으로, 개별 부서의 성과를 따로따로 재는 "성과 분절형 평가"에서 여러 주체가 함께 만든 변화를 보는 "공동가치 창출형 평가"로 전환될 필요가 있다. 정책들이 서로 충돌하지 않고 서로를 보완하며, 하나의 정책이 환경·사회·경제 등 여러 영역에서 가치를 동시에 만들어내는 순간, 그것이 바로 정책 간 시너지의 완성이다. 결국 시너지는 우연한 협력의 부산물이 아니라, 처음부터 통합적 사고와 지속 가능한 비전을 공유했을 때 비로소 만들어지는 결과이며, 이런 전략이 정착될수록 지역은 더 효율적이고 포용적인 행정 체계로 성장하게 될 것이다.

2. 지역 회복력(Resilience)의 재구성

사회적 자본과 신뢰 회복

현대 사회에서 우리가 겪는 위기는 단지 경제 성장 둔화나 기후 위기 같은 구조적 문제에 그치지 않고, 사람과 사람 사이의 관계가 약해지는 신뢰의 위기이기도 하다. 급격한 도시화와 경쟁 중심의 사회 구조, 얼굴을 맞대기보다 디지털 화면을 통해 소통하는 생활방식은 이웃과 공동체에 대한 소속감을 약화하고, 고립감과 분열을 심화시키고 있다. 이런 상황에서 다시 주목받는 개념이 바로 사회적 자본(Social Capital)이다.

사회적 자본은 신뢰(trust), 네트워크(network), 규범(norm)으로 구성된, 사람과 사람, 조직과 지역사회를 연결하는 눈에 보이지 않는 자산이다. 푸트남 등 여러 학자는 사회적 자본을 "서로를 잇는 사회적 네트워크와 그 안에서 형성되는 신뢰와 호혜의 규범이 만들어내는 협력의 능력"이라고 정의하며, 이를 통해 공동의 목표를 더 효과적으로 달성할 수 있다고 설명한다. 다시 말해 사회적 자본은 돈이나 도로·건물 같은 물리적 인프라를 넘어, 사회를 지탱하고 협력을 가능하게 만드는 '보이지 않는 힘', 곧 함께 살아가는 힘이다. 신뢰를 기반으로 한 협력

관계와 촘촘한 사회적 네트워크가 있을 때 사람들은 위기 상황에서 서로를 도울 수 있고, 지역사회는 더 회복력 있고 지속 가능한 공동체로 성장할 수 있다.

<표 8-7> 사회적 자본 내용과 사례

구분	사회적 자본 내용	사회적 자본 예시
결속형(Bonding)	유사한 구성원 간 강한 유대	마을 · 가족 · 친구 등 내부 공동체
교량형(Bridging)	다양한 집단 간 연결 관계	시민단체 · 협동조합 · 자원봉사 네트워크
연계형(Linking)	시민과 제도 · 기관 간 신뢰 관계	주민 – 지방정부 – 기업 간 협력 구조

사회적 자본은 결속형(가족 · 친구 · 마을처럼 내부 결속을 강화하는 관계), 교량형(서로 다른 집단을 잇는 가로 연결 관계), 연계형(시민과 정부 · 제도 · 기관을 잇는 수직 관계) 세 유형이 균형을 이룰 때 안정성과 혁신성을 동시에 확보할 수 있다. 결속형이 신뢰와 안전감을, 교량형이 다양성과 혁신을, 연계형이 제도적 영향력과 자원 접근을 뒷받침하는 구조다.

그러나 최근 사회적 자본이 약화하는 배경에는 여러 요인이 겹쳐 있다. 경제적 양극화와 기회 격차가 커지면서 계층 간 불신이 심화하고, 특히 젊은 세대는 "나만 뒤처진다"라는 박탈감 속에서 공동체에 대한 소속감과 신뢰를 잃어가고 있다. 온라인 중심의 소통은 공론장을 넓힌 동시에, 알고리즘에 따른 정보 파편화와 혐오 · 감정적 대립을 확산시키며, 서로 다른 집단 간 대화와 이해를 어렵게 만드는 측면도 있다. 행정의 불투명성, 정책 불공정 논란 등은 제도와 정부에 대한 공적 신뢰를 떨어뜨려 연계형 사회적 자본을 약화하며, 인구 감소와 이주 · 이동 증가로 전통적인 마을 단위 네트워크가 붕괴하면서 결속형 자본도 동시에 줄어들고 있다. 이런 요인이 겹치면 사회적 자본의 세 축이 모두 약해지고, 그 결과 사회는 위기에 대한 회복력과 변화에 대한 혁신 역량을 동시에 잃어갈 위험에 직면하게 된다.

신뢰는 사회적 자본의 중심축이자 어떤 협력도 가능하게 만드는 전제조건이다. 한 사회에서 신뢰 수준이 높을수록, 사람과 조직은 상대를 감시하거나 계약을 복잡하게 만드는 데 드는 비용을 줄이고, 더 과감하게 협력과 혁신을 시도할 수 있다. 경제적으로는 거래비용이 감소하고 장기 파트너십과 공동 연구 · 창업 같은 협력적 혁신이 촉진되며, 사회적으로는 자원봉사와 마을 활동, 주민 모임 같은 공동체 참여가 활발해지고 사회 통합이 강화된다. 정치 · 행정 측면에서는 정책에 대한 신뢰가 높을수록 정책 수용성과 협조가 커지고, 갈등이 발생해도 대화와 조정을 통해 해결할 가능성이 높아진다. 이런 의미에서 신뢰는 도로 · 통신망 같은 물리적 인프라와는 다른, 사회를 보이지 않게 떠받치는 "무형의 인프라"이며, 이를 복원하지 못하면 어떤 정책도 장기적인 지속성을 확보하기 어렵다.

사회적 자본을 회복하려면 무엇보다 공동체 기반을 다시 세우는 노력이 필요하다. 마을 공동체, 협동조합, 주민자치회 · 주민 참여조직 같은 '함께하는 구조'를 행정적으로 지원하고, 주민들이 지역 문제를 스스로 논의 · 결정 · 실행해 보는 참여형 민주주의 모델을 육성해야 한다. 행정 · 시민 · 기업이 함께 참여하는 협의체를 구성하고, 정책과 예산, 성과 정보를 투명하게 공개 · 공유하면, 서로 간의 이해와 신뢰를 높일 수 있다. 주민참여예산제, 시민평가단 같은 제도를 통해 주민이 예산 사용과 정책 평가 과정에 직접 참여하도록 하면, 행정에 대한 신뢰와 책임성이 동시에 강화된다.

경제 영역에서는 마을기업, 사회적기업, 협동조합 등을 중심으로 협력형 경제 생태계를 구축하는 그것이 중요하다. 이런 조직들은 이윤만이 아니라 지역 일자리, 돌봄, 복지, 환경 보호 같은 사회적 가치를 함께 추구하기 때문에, 지역 내 일자리와 복지 문제를 공동체가 함께 해결하는 구조를 만드는 데 유리하다. 지역 안에서 생산과 소비, 돌봄과 고용이 서로 엮이는 구조가 형성될수록, 사회적 자본은 다시 축적되고, 지역은 위기에도 버틸 수 있는 회복력 있는 공동체로 거듭날 수 있다.

세대·계층 간 단절을 줄이고 사회적 자본을 회복하려면, 세대를 잇는 프로그램과 디지털 공간까지 포괄한 '신뢰 인프라'를 다시 짜는 작업이 필요하다. 청년과 고령층이 서로의 강점을 나누는 상호 멘토링, 세대가 함께 쓰는 공유공간 운영, 학교·지역·시민단체가 함께 설계하는 '세대 통합형 사회 혁신 사업'은 세대 간 이해와 연대를 키우는 효과적인 방식이다. 이런 프로그램을 통해 청년은 경험과 생활 지혜를, 고령층은 디지털·새로운 문화에 대한 이해를 넓히며, 서로를 "도움이 되는 파트너"로 인식하게 된다.

디지털 영역에서도 신뢰를 회복하는 노력이 필요하다. 지역 단위 온라인 커뮤니티와 의사소통 플랫폼을 마련해, 주민이 정보와 의견을 공유하고 협력 활동을 조직할 수 있게 하되, 악성 정보와 허위 정보를 차단하는 규칙과 운영체계를 함께 갖추어야 한다. 공공데이터를 적극 개방하고, 데이터의 출처와 해석을 투명하게 제공하면, 온라인상에서 행정과 공공정보에 대한 신뢰를 높일 수 있고, 이는 곧 디지털 신뢰 사회로의 전환을 뒷받침한다.

서울 성북구는 시민 참여예산과 사회적 경제 정책을 결합해, 주민이 직접 예산 사용을 결정하고 사회적 경제 조직이 이를 실행하는 구조를 만들면서 지역 신뢰 지수가 높아진 사례로 평가된다. 덴마크 오르후스는 시민협동조합이 재생에너지 사업의 주체가 되어, 주민이 투자와 의사결정, 이익 공유에 참여함으로써 높은 사회적 신뢰와 에너지 전환을 동시에 이뤄낸 도시로 자주 언급된다. 일본 가나자와시는 지역학교 · 시민단체 · 상점이 협력해 전통문화, 교육, 자원 순환을 결합한 마을 공동체 프로그램을 운영하며, 세대와 계층을 잇는 네트워크를 강화해 왔다.

이들 사례가 공통으로 보여주는 것은, 신뢰는 선언이나 캠페인이 아니라 "공동체 기반의 실제 참여와 투명한 거버넌스"에서 나온다는 점이다. 사람들이 함께 결정하고, 함께 실행하고, 그 과정과 결과를 함께 볼 수 있을 때, 사회적 자본은 다시 쌓이고, 지역은 위기에 강한 지속 가능한 공동체로 거듭날 수 있다.

사회적 신뢰를 바탕으로 한 지역 정책을 원활하게 추진하기 위해서는 먼저 지역사회의 신뢰 수준을 체계적으로 파악할 수 있는 사회적 신뢰 지표(Local Trust Index)를 개발하는 일이 선행되어야 한다. 이 지표는 주민이 정책과 공동체 활동에 얼마나 적극적으로 참여하는지, 행정 · 시민 · 기업 · 단체 등이 함께 추진하는 협력사업의 비율이 어느 정도인지, 그리고 주민이 자신의 지역에 대해 느끼는 만족도와 신뢰 수준이 어떠한지를 정량 · 정성적으로 진단하는 도구가 된다. 이러한 지표를 통해 각 지역의 신뢰 수준을 비교·분석하고, 시간이 지남에 따라 신뢰가 강화되고 있는지 혹은 약화하고 있는지를 지속적으로 점검하면서 정책 방향을 조정할 수 있다.

이와 함께 공공정책의 전 과정에서 시민 참여와 피드백 절차를 의무화해, 행정이 일방적으로 정책을 설계·집행하는 방식을 넘어 주민이 논의·결정·평가에 실질적으로 개입하는 구조를 만들어야 한다. 행정기관, 민간단체, 지역 기업, 주민 등이 정기적으로 만나 정보를 나누고 의제를 논의하는 온라인·오프라인 통합 네트워크를 운영함으로써, 각 주체가 개별적으로 움직이는 것이 아니라 서로를 신뢰하며 협력하는 거버넌스를 구축할 수 있다. 또한 학교 교육과 지역 평생교육 과정에서 '시민 신뢰 교육'을 도입해, 토론과 협력, 갈등 조정과 같은 경험을 통해 타인과 제도를 신뢰하는 태도와 역량을 길러 나가야 한다. 더불어 문화예술 활동과 마을 축제, 주민동아리와 같은 프로그램을 활성화하여 주민들이 일상적으로 만나고 교류하며 정서적 유대감을 쌓을 수 있는 장을 넓히는 것도 중요하다.

이러한 노력의 바탕에는 사회적 자본과 신뢰가 단순한 부수적 가치가 아니라, 경제 성장보다도 더 중요한 사회적 지속 가능성의 핵심 자원이라는 인식이 놓여 있다. 제도가 아무리 정교하게 설계되고 예산이 충분히 확보되어 있어도, 그것을 실행하고 함께 책임지는 사람들 사이에 신뢰가 부족하다면 정책은 쉽게 저항에 부딪히거나 형식적으로 흐르기 쉽다. 따라서 앞으로의 지역사회는 효율성과 속도만을 중시하는 "효율 중심 행정"에서 벗어나, 주민과 함께 계획하고 함께 집행하며 함께 평가하는 "신뢰 기반 협력 행정"으로 전환해야 한다. 동시에 경쟁과 개인 성취에만 초점을 둔 "개인 중심 사회"에서, 서로를 돌보고 공동의 문제를 함께 해결하는 "공동체 기반 사회"로 방향을 바꾸어야 한다.

신뢰가 회복된 지역은 단지 갈등이 적고 조용한 마을에 머무르지 않는다. 그런 지역은 주민들이 스스로 지역의 문제를 발견하고 해결 방안을 모색하며, 행정과 손잡고 미래 비전을 함께 설계할 수 있는 역량을 갖춘 회복력 있는 공동체가 된다. 결국 사회적 자본은 지역이 위기 속에서도 버티고 성장할 수 있게 하는 경쟁력의 원천이며, 신뢰는 그 사회가 장기적으로 지속 가능한지 아닌지를 가늠하게 해주는 가장 근본적인 지표라고 할 수 있다.

세대 간 연대와 포용성 강화

우리 사회는 초고령화와 저출생으로 인한 인구 감소가 빠른 속도로 진행되면서, 세대 간 단절과 갈등이 구조적인 문제로 심화하고 있다. 청년층은 비정규직 확대, 높은 청년실업과 주거 불안 속에서 안정된 삶을 기대하기 어려워지면서 미래에 대한 희망을 잃어가고 있고, 고령층은 높은 노인빈곤율과 불충분한 연금으로 인해 경제적 불안과 함께, 가족 해체와 1인 가구 증가로 인한 사회적 고립을 겪고 있다. 이런 현실에서 세대 간 연대(Intergenerational Solidarity)와 포용성(Inclusiveness)은 더 이상 선택적인 복지정책의 문제가 아니라, 인구 구조 변화 속에서도 사회가 유지·발전할 수 있는지를 가르는 사회 지속 가능성의 핵심 가치로 부상하고 있다. 서로 다른 세대가 협력과 이해를 바탕으로 경험과 자원을 공유할 때, 사회는 단순히 '함께 사는 사회'를 넘어서 위기를 기회로 전환하는 '함께 성장하는 사회'로 나아갈 수 있다.

세대 간 단절의 원인으로는 먼저 사회경제적 구조 변화를 들 수 있다. 노동시장의 양극화와 비정규직 확대, 청년실업의 지속은 한정된 양질의 일자리를 둘러싸고 세대 간 경쟁구조를 강화하며, 청년들로 하여금 기성세대가 기회를 독점했다는 박탈감을 느끼게 만든다. 반대로 노년층은 세계 최고 수준의 노인빈곤율과 불안정한 일자리 등으로 인해 노후가 보장되지 않는 현실에 직면해 있으며, 이는 세대 간 경제적 불평등과 상호 불신을 더욱 키우고 있다.

둘째로 가치관과 생활방식의 차이가 크다. 디지털 세대인 청년층과 아날로그 환경에 익숙한 고령층 사이는 기술 활용, 소통 방식, 여가와 일에 대한 인식에서 큰 틈을 보이며, 정치 · 문화 · 환경문제에 대한 견해차는 세대별 갈등 담론을 자주 촉발한다.

셋째로 도시화와 인구 이동에 따른 공동체 해체와 생활공간의 분리가 세대 간 교류를 어렵게 만들었다. 농촌에서 도시로의 대규모 이동, 핵가족 · 1인 가구 증가로 전통적인 대가족 · 이웃 공동체가 약화하면서, 농촌에는 고령층만 남고 도시는 청년층 중심의 공간이 되는 등 세대가 물리적으로 분리되는 현상이 나타나고 있다. 이처럼 구조적 요인과 문화적 요인이 겹치면서, 세대 간 연대는 약화하고 갈등은 일상화되고 있으며, 이를 되돌리기 위해서는 세대 간 상호이해와 협력을 복원하려는 사회적 · 정책적 노력이 절실한 시점이다.

세대 간 연대는 흔들리고 있는 사회 통합의 기반을 다시 세우기 위해, 필요한 과제이다. 서로에 대한 신뢰가 높을수록 세대 간 갈등은 완화되고, 협력과 대화의 문화가 자리 잡아 사회 전체의 안정성이 커진다. 특히 고령 세대가 축적한 삶의 지혜와 역사적 경험, 청년 세대가 가진 디지털 기술과 창의성이 결합할 때, 한 세대만으로는 만들기 어려운 새로운 사회적 혁신과 문제 해결 방식이 등장할 수 있다. 이런 형태의 세대 간 연대는 단기 정책 성과를 넘어, 기후 위기 대응, 복지 재정, 연금·노동·교육 정책처럼 장기적인 조정이 필요한 영역에서 세대 간 부담과 혜택을 공정하게 나누게 함으로써 지속 가능성을 뒷받침한다.

포용성은 단순히 사회적 약자를 보호하는 차원을 넘어서, 서로 다른 세대의 차이를 인정하고 공존을 통해 공동의 이익을 만들어내는 사회 구조를 뜻한다. 이는 모든 연령 집단이 의사결정과 성장의 과정에 공평하게 참여하고, 청년과 노년, 중년의 삶의 방식이 모두 존중받는 제도와 문화를 구축하자는 방향성이다. 다시 말해 포용은 "서로를 이해하는 데서 멈추지 않고, 함께라는 가치와 미래를 설계하겠다는 사회적 약속"이며, 이런 약속이 실질적인 정책과 일상의 관행으로 구현될 때 비로소 세대 간 연대와 지속 가능한 사회가 가능해진다.

세대 간 연대와 포용성을 강화하기 위해서는 우선 청년정책과 노인정책을 따로 다루는 방식을 넘어서, 두 세대를 하나의 상호 파트너로 보는 '세대 상생형 정책'으로 전환하는 그것이 필요하다. 이를 위해 세대가 함께 거주하고 교류하는 세대 공유주택, 청년과 노년이 멘토와 멘티 관계를 맺어 일과 삶을 나누는 일자리, 서로 다른 세대가 팀을 이뤄

아이디어를 현실로 만드는 공동 창업 프로그램과 같은 세대 공감형 정책 설계가 중요한 출발점이 될 수 있다.

둘째로, 마을회관, 복지관, 도서관과 같은 기존의 공공시설을 단순한 복지·행정 제공 공간이 아니라, 일상적으로 세대가 섞여 만나고 함께 시간을 보내는 세대 공유 공간(Intergenerational Space)으로 재편할 필요가 있다. 여기에는 함께 밥을 짓고 나누는 공유 부엌, 세대가 함께 텃밭을 가꾸며 대화를 나누는 공유 텃밭, 공예·수리·디지털 작업을 같이 하는 공동작업장 등 생활 협력형 플랫폼을 운영하는 방식이 포함된다. 이런 공간과 플랫폼은 세대가 자연스럽게 협력과 돌봄, 학습을 경험하는 '생활 속 인프라'가 된다.

셋째, 세대 연합형 사회서비스를 통해 돌봄과 고용을 결합하는 모델을 확산할 필요가 있다. 노인 돌봄과 청년 일자리를 연계하여, 청년이 운영하는 '시니어 디지털 도우미'나 '마을 건강 매니저'와 같은 사업을 추진하면, 청년에게는 의미 있는 일자리와 경력을 제공하고, 노년층에게는 디지털 접근성과 건강관리를 높여 주는 상호 이익 구조가 만들어진다. 넷째, 학교와 지역기관을 연계한 세대 융합 교육·문화 프로그램을 개발해, 청년이 노인에게 디지털 기술을 가르치는 "디지털 배움 교실", 노인이 청년에게 삶의 경험과 직업·인생 조언을 전하는 "인생 지혜 학교"와 같은 상호 교육 모델을 확산해야 한다. 이를 통해 서로를 '부담'이 아니라 '배움과 성장의 자원'으로 인식하게 만드는 것이 중요하다.

다섯째, 사회적 경제 영역에서 세대 협력이 구조화되도록, 청년과 노년이 함께 운영하는 협동조합과 마을기업을 육성할 필요가 있다. 예를 들어, 청년의 기획력·디지털 역량과 고령층의 지역 네트워크·기술·경험을 결합한 돌봄, 먹거리, 재생, 문화 분야의 사회적기업을 지원하면, 세대별 자원과 노하우를 융합한 포용형 지역경제 생태계가 형성될 수 있다. 이런 모델이 축적될수록 세대 간 연대는 일회성 이벤트가 아니라, 지역의 일자리·서비스·문화 속에 뿌리내린 일상적인 구조로 자리 잡게 된다.

세대 간 연대와 포용성의 필요성과 방향을 잘 보여주는 사례로 일본 도쿄 코다이라 시의 복합형 복지시설인 '이세다테 하우스'와 영국 맨체스터의 세대 융합형 사회적기업 운영 경험을 들 수 있다. 이세다테 하우스는 고령자와 청년이 한 공간에서 함께 생활하며 일상적인 돌봄과 교류를 나누는 공동 주거 형태로, 청년에게는 안정적인 주거와 세대 간 교류의 기회를, 고령자에게는 외로움 해소와 생활 지원, 정서적 지지를 제공하는 구조를 갖추고 있다. 맨체스터의 경우, 공공주택단지 안에서 세대가 함께 참여하는 사회적기업과 공동체 프로그램을 운영함으로써, 한때 해체되었던 지역공동체를 다시 묶어 내고, 주민들이 세대의 차이를 넘어 협력의 파트너가 되는 변화를 끌어낸 사례로 알려져 있다. 이 두 사례는 결국 물리적인 공유공간, 세대가 함께 기획하고 실행하는 공동참여, 그리고 서로를 이해하고 존중하는 상호이해가 세대 간 연대를 실질적으로 작동시키는 핵심 요소임을 보여준다.

이러한 맥락에서 세대 간 연대와 포용성은 더 이상 특정 계층을 대상으로 한 복지정책의 하위 과제가 아니라, 인구 구조 변화와 불평등, 기술·환경 위기 속에서 사회가 유지되고 재생산되기 위한 근본적인 조건이라고 할 수 있다. 앞으로의 사회는 각 세대가 자기 몫의 이익을 극대화하기 위해 경쟁하는 "세대별 이익의 경쟁"에서 벗어나, 서로 다른 세대가 가치와 부담, 기회를 함께 나누는 "세대 간 가치의 연대"로 방향을 바꿔야 한다. 이는 곧 단절과 불신이 깊어지는 사회가 아니라, 서로 배우고 돌보고 지지하는 관계망이 촘촘한 "함께 배우고 돌보는 사회"로의 전환을 의미한다. 청년의 꿈과 도전, 노년의 삶의 지혜와 경험이 만나고, 디지털 기술에 익숙한 세대와 아날로그 경험에 강한 세대가 연결될 때, 우리 사회는 단지 생존할 수 있는 사회를 넘어서, 인간적인 온기와 관계를 담은 따뜻한 지속 가능성(Warm Sustainability)을 실현할 수 있다. 결국 세대 간 연대는 아직 오지 않은 미래 세대에 대해 우리가 지금 책임지는 방식이며, 포용성은 위기 상황에서도 사회 전체의 회복력을 높이는 가장 인간적이고 지속 가능한 전략이라 할 수 있다.

자생적 지역 발전 모델

우리나라의 많은 지역은 지방 소멸과 수도권 집중, 인구 감소가 겹치면서 실제로 '지속 가능한가, 사라지는가'의 갈림길에 서 있다. 그동안 추진되어 온 지역 발전 정책은 중앙정부가 예산과 계획을 주도하고 지방은 이를 집행하는 하향식(top-down) 개발 모델에 크게 의존해 왔지만, 이 방식은 각 지역의 현실과 고유한 수요를 충분히 반영하지 못해 투자 대비 성과가 낮고, 외부 지원이 끊기면 곧바로 다시 침체하는 한계를 드러냈다. 그래서 이제 필요한 것은 '외부 예산과 대형 프로젝트'에 기대는 방식이 아니라, 지역이 스스로 성장 동력을 만들고 유지하는 새로운 패러다임, 즉 자생적 지역 발전(Self-sustaining Local Development Model)으로의 전환이다. 이러한 전환은 단순히 경제 지표를 끌어올리는 문제가 아니라, 지역의 자연·문화 자원, 사람, 관계망, 공동체를 기반으로 위기에도 버틸 수 있는 지속 가능한 회복 구조를 설계하는 일이다.

자생적 지역 발전이란 한 지역이 가진 고유한 자원, 인적 역량, 사회적 네트워크를 스스로 발굴·연결해, 외부 지원이 줄어들어도 일정 수준의 성장·혁신·순환을 이어갈 수 있는 발전 구조를 말한다. 이는 "외부 자본 중심의 개발"에서 "내부 역량 중심의 성장"으로, "단기간 시설 투자 중심"에서 "사람·관계·지식 중심"의 장기적 발전으로의 방향 전환을 전제한다. 이런 관점에서 자생적 발전은 지역 주민과 로컬 조직이 문제를 진단하고 해법을 설계하며, 내부 자원을 결합해 새로운 기회를 만들어내는 자기 조직적(Self-Organizing) 시스템으로 이해할 수 있다. 다시 말해, 외부 전문가의 청사진을 '따라가는' 지역이 아니라, 외부 자원은 참고·보완적으로 활용하되, 주도권은 지역 안의 사람들과 공동체가 쥐고 스스로 미래를 설계하는 구조가 자생적 지역 발전의 핵심이라고 할 수 있다.

기존 지역 발전 모델은 여러 측면에서 구조적인 한계를 안고 있었다. 첫째, 예산과 주요 정책 방향이 중앙정부 중심으로 결정되는 하향식 구조였기 때문에, 지방정부와 지역 주민이 스스로 전략을 설계하고 실행할 수 있는 자율성이 부족했다. 이에 따라 지역의 실제 수요와 특성이 충분히 반영되지 못하고, 중앙이 만든 공통된 틀에 지역을 억지로

끼워 맞추는 방식이 반복되었다.

둘째, 많은 지역이 제조업 중심의 산업단지 조성과 대규모 SOC(사회간접자본) 투자라는 성장 모델을 서로 모방하면서, 지역 간 차별화보다는 유사한 전략 경쟁만 심화하였다. 그 결과, 한정된 재정과 기업 유치 경쟁 속에서 지역 간 과당 경쟁과 자원 낭비가 발생했고, 일부 지역만 혜택을 보고 다수 지역은 여전히 침체에서 벗어나지 못하는 양극화가 나타났다. 셋째, 이러한 개발 방식은 환경·생태 보전이나 인구 구조 변화 같은 장기 요인보다, 단기간에 눈에 보이는 인프라 사업과 건설 실적을 중시하는 경향이 강해 지속 가능성과 생활의 질을 충분히 고려하지 못했다는 지적을 받는다.

넷째, 정책기획과 집행 과정에서 지역 주민과 공동체의 참여가 제한적이었기 때문에, 사업이 끝난 뒤에도 주민의 주인의식과 관리·운영 역량이 뒤따르지 못해 정책의 실효성과 지속성이 떨어지는 문제가 반복되었다. 주민이 정책의 대상이자 수혜자로만 머무르고, 동등한 파트너로 참여하지 못한 구조가 결국 "외부 예산이 들어올 때만 움직이고, 끊기면 다시 원상태로 돌아가는" 취약한 발전 모델을 낳았다고 할 수 있다.

⟨표 8-8⟩ 5대 자생적 발전의 자립 요소 및 내용

자생적 발전의 자립의 5대 축 요소	자생적 발전 내용
① 지역 자원 기반성(Resource-based)	자연·문화·산업 등 지역 고유 자원 활용
② 주민 참여와 협력(Community Participation)	주민이 계획·운영에 주체적으로 참여
③ 지역경제 순환(Local Circulation)	지역 내 생산·소비·투자가 선순환하는 구조
④ 지속 가능성과 회복력(Sustainability & Resilience)	외부 충격에도 유지 가능한 사회·경제 시스템
⑤ 학습과 혁신(Learning & Innovation)	지역 내 지식 교류·기술 확산으로 내적 성장 유도

자생적 지역 발전의 실천은 지역이 가진 고유 자원을 새롭게 해석하고, 주민과 행정, 기업이 함께 참여하는 구조를 만드는 데서 출발한다. 농산물 · 산림 · 갯벌 · 문화유산 등은 더 이상 단순한 생산물이 아니라, 이야기와 체험이 결합한 브랜드이자 관광 · 교육 · 콘텐츠 자원으로 재창조되어야 한다. 예를 들어 농촌의 로컬푸드를 지역 이름과 역사, 마을 스토리가 담긴 지역 브랜드 상품으로 개발하고, 농장 체험 · 음식 체험을 결합한 체험관광 모델로 전환하면, 외부 관광객 유치와 함께 지역 정체성 강화, 농가소득 증대 효과를 동시에 얻을 수 있다. 이 과정에서 마을기업, 사회적기업, 협동조합 등 사회적 경제 조직을 중심으로 생산 · 가공 · 판매 · 관광을 연계하면, 수익이 대기업이 아니라 지역 주민과 공동체 사이에서 순환하는 내발적 경제 생태계를 구축할 수 있다.

또한 자생적 발전을 위해서는 행정, 주민, 기업, 대학이 함께 참여하는 지역발전협의체(Local Development Council)를 상설 운영해, 정책 수립 초기 단계부터 주민 의견과 지역의 전문성을 반영하는 공유형 의사결정 구조를 확립해야 한다. 이런 협의체는 예산 우선순위, 공간 활용, 산업 전략 등을 논의하는 공론장이 되며, 참여예산제나 시민위원회와 연계될 때 정책의 신뢰성과 지속성이 더욱 높아진다. 동시에 청년 · 여성 · 귀농 · 귀촌 인력을 대상으로 지역창업과 디지털 혁신 교육을 강화하고, 지역 대학과 연계한 '로컬 혁신학교(Local Innovation School)'를 운영하면, 지역 안에서 새로운 아이디어와 기술을 가진 인재가 성장하고 정착할 기반이 마련된다.

마지막으로 자원 절약, 재활용, 재생에너지 확대를 결합한 탄소 중립형 지역산업 전환이 자생적 발전의 중요한 축이 될 수 있다. 에너지 절약과 재활용을 생활화해 "쓰레기 없는 마을"을 만들거나, 태양광 · 풍력 · 바이오에너지 등을 주민협동조합 방식으로 설치 · 운영해 "에너지 자립마을"을 조성하는 프로젝트는 이미 국내외에서 성공 사례가 축적되고 있다. 이런 사업은 온실가스 감축과 에너지 비용 절감뿐 아니라, 주민이 함께 투자 · 운영 · 이익을 공유하는 경험을 통해 지역공동체와 사회적 자본을 강화하는 효과까지 가져온다. 결국 자생적 지역 발전은 경제 · 환경 · 공동체를 동시에 고려하며, 지역이 스스로 문제를 정의하고 해법을 설계하는 구조를 일상에서 구현해 나가는 과정이라 할 수 있다.

자생적 지역 발전을 위해서는 무엇보다 지방정부의 역할 전환이 핵심이다. 지방정부는 더 이상 중앙정부의 지시를 수동적으로 집행하는 기관이 아니라, 지역의 자원과 사람, 아이디어를 연결하는 코디네이터이자 촉진자(Facilitator)로 기능해야 한다. 이를 위해 지방정부는 「지방소멸대응기금」과 같은 재정을 단순한 시설 · 단기 사업에 쓰기보다, 지역이 스스로 기획하고 운영하는 자생적 발전 프로젝트에 우선 배분해야 한다. 이때 성과연동형 지원 방식을 도입해, 주민 참여도 · 고용 창출 · 지역 내 소득 순환 등 실제 성과가 클수록 더 많은 지원을 받도록 하면, 지역 스스로 책임성과 창의성이 함께 강화될 수 있다.

또한 지방행정 전반에 ESG 관점을 도입해, 환경(E), 사회(S), 거버넌스(G)를 균형 있게 고려하는 지역 행정을 정착시킬 필요가 있다. 이를 위해 행정 내부에 ESG 체크리스트와 의사결정 기준을 마련하고, 사업별로 환경 영향, 사회적 포용성, 거버넌스의 투명성을 평가·공개하는 체계를 갖추어야 한다. 아울러 지역 자립도(재정·에너지·식량 등), 고용 창출 효과, 공동체 참여도, 사회적 경제 조직의 성장 수준과 같은 핵심 지표를 설정해 정기적으로 평가하고, 그 결과를 바탕으로 발전 전략을 계속 보완·수정하는 피드백 시스템을 작동시켜야 한다. 이렇게 해야 자생적 발전이 일회성 구호가 아니라, 데이터와 평가에 기반한 장기 정책으로 자리 잡을 수 있다.

결국 자생적 지역 발전은 "외부 지원이 끊기면 다시 쇠퇴하는 지역"이 아니라, 내부의 힘으로 스스로 살아나는 지역의 혁신 모델을 지향한다. 이는 "정부 주도의 성장"에서 "지역 스스로 진화"로의 전환이며, 앞으로의 정책 방향도 "보조금 중심의 개발"에서 "공동체 중심의 성장"으로, "눈에 보이는 물리적 인프라 투자"에서 "신뢰·관계·역량과 같은 사회적 자본 축적"으로 옮겨가야 한다.

지역이 가진 자원을 스스로 발견하고, 주민이 정책의 대상이 아닌 주체로 서서 변화를 만들어갈 때, 그 지역에는 비록 규모는 작아도 단단한 자립경제, 서로 돌보는 지속 가능한 공동체, 그리고 수치상의 균형이 아니라 삶의 질에 기반한 진정한 균형발전이 실현될 수 있다. 이런 의미에서 자생적 지역 발전은 한 지역이 살아남기 위한 존립 전략이자, 미래 세대를 위해 지금 우리가 선택할 수 있는 가장 지속 가능한 투자라 할 수 있다.

3. 지속 가능 지역의 미래 비전

지역 주도의 녹색 전환 로드맵

기후 위기, 자원 고갈, 에너지 위기가 겹친 시대에 녹색 전환은 더 이상 선택이 아니라 사회와 경제가 존속하기 위한 최소한의 조건이 되고 있다. 국가 차원에서 탄소 중립과 그린 전략이 추진되고 있지만, 실제로 건물 단열을 개선하고, 대중교통과 재생에너지 설비를 늘리고, 순환경제를 구현하는 실행의 최전선은 바로 도시와 마을 같은 지역 수준이다. 각 지방은 산업구조, 인구구성, 자연·생태환경, 에너지 수급 구조가 서로 다르므로, 이를 고려하지 않은 일률적인 상향식 지침만으로는 실질적인 감축과 전환 성과를 내기 어렵다. 따라서 각 지역이 스스로 비전과 목표, 우선순위, 재원과 실행계획을 담은 지역 주도의 녹색 전환 로드맵(Local Green Transition Roadmap)을 수립하고, 그 과정에 주민·기업·전문가를 폭넓게 참여시키는 것이 중요하다. 이런 로드맵은 지방이 단순한 정책 수용자가 아니라, 녹색경제·에너지·생태 전환의 적극적인 혁신 주체로 자리 잡게 하는 발판이 된다.

녹색 전환이란 기존의 탄소·자원 집약적 경제 체계를 저탄소·자원 효율적·환경친화적 구조로 바꾸는 과정으로, 에너지, 산업, 교통,

건물, 농업 등 사회 전반을 포함하는 광범위한 변화이다. 이는 온실가스 배출을 줄이는 데 그치지 않고, 에너지 시스템을 재생에너지 중심으로 전환하고, 선형 경제에서 재활용·재사용을 중시하는 순환 경제로 이동하며, 동시에 사회적 형평성과 삶의 질을 높이는 방향으로 경제·사회·환경을 함께 재구성하는 통합적 전환이다. 이런 의미에서 녹색 전환은 단지 환경을 보호하기 위한 보조적 정책이 아니라, 기후 위기 시대에 지역이 어떻게 살아남고, 어떤 산업과 일자리, 생활방식을 중심으로 미래의 경쟁력을 설계할 것인지에 대한 새로운 성장 전략이라고 할 수 있다.

기후 위기 대응과 녹색 전환 정책은 지금까지 주로 국가 계획에 따라 설계되고, 지방정부는 이를 집행하는 역할에 머물러 왔다. 이 과정에서 특히 탄소 집약적 산업에 의존해 온 지역은 석탄·철강·정유 등의 구조조정이 진행되며 일자리와 지역경제 불안이 심화하는 부작용을 겪었고, '전환'이 곧 지역의 위기로 체감되기도 했다. 중소 지방정부들은 전문 인력, 기술 역량, 재정이 부족해 구체적인 감축·적응 사업을 설계하고 실행하는 데 한계를 드러냈으며, 복잡한 규제와 재원 구조 때문에 실질적 대응보다는 최소한의 행정 처리에 그치는 경우가 많았다. 그 결과 녹색 전환은 주민의 일상과는 동떨어진 '행정사업'으로 인식되기 쉬웠고, 주민이 체감하는 변화와 참여의 기회가 부족해 사회적 지지를 넓히는 데에도 어려움이 있었다.

이러한 한계를 극복하기 위해 지역 주도의 녹색 전환 로드맵(Local Green Transition Roadmap)은 필수적이다. 로드맵을 지역이 직접 설계하면 산업구조, 인구, 지형 · 생태, 에너지 수급 등 지역 실정에 맞는 세부 전략 수립이 가능해지고, 외부 지원이 줄어도 자체적인 추진 구조와 우선순위를 유지할 수 있는 자립성이 커진다. 또한 로드맵은 기후 · 환경 부문에만 국한되지 않고, 일자리 · 복지 · 교통 · 주거를 포함한 경제 · 사회 · 환경 통합 전략으로 설계할 수 있어, 전환 과정에서 발생하는 불평등과 일자리 문제를 동시에 다루는 기반이 된다. 주민, 기업, 시민단체, 전문가, 행정이 함께 참여하는 거버넌스를 로드맵 안에 구조화하면, 각 주체가 역할을 나누고 책임을 공유하는 실행 체계를 구축할 수 있다.

결국 필요한 것은 "중앙이 설계하고 지방이 수행하는 구조"에서 "지방이 설계하고 중앙이 지원하는 구조"로의 전환이다. 중앙정부는 감축 목표와 기본 원칙, 재정 · 법제 지원을 제공하고, 지방정부와 지역공동체는 자신들의 조건에 맞는 전환 경로를 설계 · 실행하는 형태로 역할을 재정렬해야 한다. 이때 지역 로드맵은 단순히 문서로 존재하는 계획이 아니라, 사업 발굴 · 우선순위 결정 · 예산 연계 · 성과 평가까지 이어지는 '실행할 수 있는 지역혁신 플랫폼'이 되어야 하며, 이를 통해 녹색 전환이 주민에게 부담이 아닌 새로운 기회와 삶의 질 향상으로 체감되도록 만드는 것이 핵심 과제이다.

<표 8-9> 녹색 전환 로드맵과 내용

녹색 전환 로드맵 구성 단계	주요 내용
1단계: 진단(Diagnosis)	지역의 탄소 배출 현황, 산업구조, 에너지 이용 패턴 분석
2단계: 비전 설정(Vision Setting)	지역 특성 반영한 녹색 전환 목표 및 핵심 분야 도출
3단계: 실행계획(Action Plan)	에너지 · 산업 · 교통 · 건물 · 농업 등 부문별 세부 과제 수립
4단계: 거버넌스 구축(Governance)	지방정부 – 기업 – 시민사회가 함께하는 협력 조직 운영
5단계: 평가 · 피드백(Review)	녹색 성과 지표 개발 및 연례 평가 시스템 운영

기후 위기와 자원 고갈, 에너지 위기의 시대에 에너지 전환과 녹색 전환을 추진하기 위해서는 지역 차원의 종합적인 전략이 필요하다. 우선 에너지 전환 측면에서 각 지역은 태양광, 풍력, 바이오에너지, 수열 등 재생에너지 자원의 잠재량을 자세히 조사하고, 이를 바탕으로 현실적인 보급 목표와 입지 전략을 마련해야 한다. 이때 발전 시설을 단지 외부 사업자의 투자 대상으로 두는 그것이 아니라, 주민이 지분을 갖고 의사결정에 참여하는 에너지협동조합 형태로 운영하면, 에너지 전환의 경제적 이익이 지역 주민에게 돌아가고 수용성도 높아질 수 있다. 산업 단지 수준에서는 재생에너지 전력 100% 사용(RE100)을 지향하는 산업 단지를 조성해 기업의 탈탄소 경쟁력을 높이그, 공공건물에는 제로 에너지화와 스마트 에너지관리 시스템을 도입해 에너지 효율의 모범을 보여주는 것이 중요하다.

녹색산업 육성 전략은 지역경제 구조를 전환하는 핵심 축이다. 이를 위해 녹색기술, 순환 경제, 친환경 농식품 산업을 중심으로 한 산업전환을 추진하고, 기존의 오염·자원 집약형 산업 의존도를 점진적으로 줄여 나가야 한다. 지방정부는 ESG 기준을 행·재정 지원의 기준으로 삼아, 환경성과 사회적 책임, 투명한 지배구조를 갖춘 기업을 적극적으로 지원하고, 지역 차원의 '녹색기업 인증제'를 도입함으로써 기업이 자발적으로 녹색경영을 강화하도록 유도할 수 있다. 이렇게 되면 녹색전환은 비용이 아니라 새로운 성장 기회이자 일자리 창출 전략으로 자리 잡게 된다.

생태복원과 탄소흡수 강화는 기후 위기 대응과 지역의 생태적 회복력을 높이는 데 필수적인 과제다. 산림, 습지, 하천, 갯벌 등을 복원하는 사업을 통해 홍수 조절, 생물다양성 보전, 탄소흡수 기능을 동시에 강화하는 자연 기반 해법을 적용할 필요가 있다. 특히 해안과 갯벌, 잘피 · 해초 숲과 같은 해양생태계는 블루카본이라 불리는 강력한 탄소흡수원으로, 이를 보전 · 복원하는 프로젝트를 확대하면 기후 대응과 해양생태계 보호를 함께 달성할 수 있다. 농지에서도 토양 유기탄소를 늘리는 경작 방식과 친환경 농업을 장려해, 농업이 배출원이 아니라 중요한 탄소저장고로 기능하도록 전환해야 한다.

도시와 지역 인프라에서는 녹색교통과 순환 경제를 중심으로 한 구조 개선이 필요하다. 대중교통 수단의 전기 · 수소 전환을 추진하고, 자전거도로 확충과 보행 친화적인 도시 설계를 통해 자동차 중심 교통체계를 점차 줄여 나가야 한다. 동시에 폐기물 발생을 근본적으로 줄이는 정책과 함께, 재사용 · 재활용을 체계적으로 지원하는 자원순환센터를 지역별로 구축해, 쓰레기가 아닌 '순환자원'으로 다시 지역 경제 안에서 활용되도록 해야 한다. 이러한 인프라 개선은 온실가스 감축뿐 아니라, 주민의 건강과 삶의 질 향상으로도 이어진다.

마지막으로, 이러한 전환이 실질적인 힘을 갖기 위해서는 주민 참여와 교육을 통한 인식 변화와 역량 강화가 뒷받침되어야 한다. '기후시민학교', '에너지 전환 마을 학교'와 같은 프로그램을 통해 주민이 기후위기와 에너지 전환의 의미를 이해하고, 가정과 마을 단위에서 실천하는 방법을 배우도록 하는 것이 중요하다. 또한 지역 단위의 녹색 캠페인과 함께 청년과 노년층이 공동으로 참여하는 실천 프로젝트를 운영하면, 세대 간 연대와 녹색 전환을 동시에 촉진할 수 있다. 이런 과정이 축적될수록 녹색 전환은 일부 전문가와 행정이 추진하는 사업이 아니라, 주민 스스로가 자신의 삶과 지역의 미래를 바꾸는 참여적 과정으로 자리 잡게 된다.

기후 위기와 에너지 전환의 시대에 주목받는 사례로 제주특별자치도, 전남 신안군, 덴마크 코펜하겐의 시도를 들 수 있다. 제주특별자치도는 '카본프리 아일랜드 2030'을 비전으로 내걸고, 섬 전체의 전력을 태양광·풍력 등 재생에너지 100%로 전환하는 그것을 목표로 삼고 있다. 전남 신안군은 해상풍력을 기반으로 한 지역 상생형 에너지 자립 모델을 운영하며, 발전 수익이 지역 주민과 공유되고 지역 경제에 환류되도록 설계하고 있다. 덴마크 코펜하겐은 2025년까지 탄소 중립 달성을 목표로, 교통·건축·산업을 아우르는 통합 전환 로드맵을 마련해 대중교통 전기화, 자전거 중심 교통 체계, 에너지 효율 건축, 산업 공정 개선 등을 동시에 추진하고 있다. 이들 사례의 공통점은 '주민 참여', '지역 자원 활용', '제도적 자립'이라는 세 축이 서로 긴밀히 연결되어 있다는 점이다. 주민이 단순한 수용자가 아니라 의사결정과 소유 구조에 참여하고, 지역의 바람·햇빛·입지와 같은 고유 자원을 적극 활용하며, 이를 뒷받침할 제도·재정·거버넌스를 스스로 구축함으로써, 외부 지원에만 의존하지 않는 자립형 녹색 전환을 이루고 있다는 것이다.

이러한 관점에서 지역 주도의 녹색 전환은 더 이상 환경 부서만의 정책이나 단일 분야의 과제가 아니라, 경제·복지·문화·교육이 함께 엮여 있는 종합적인 지역혁신 전략이다. 에너지와 산업구조를 바꾸는 일은 동시에 새로운 일자리를 만들고, 취약계층의 에너지 복지를 강화하며, 지역의 생활 문화를 바꾸고, 학교와 마을 교육의 내용을 바꾸는 일과 맞물릴 수밖에 없다. 따라서 향후 정책의 방향은 "중앙에서 목표를 정하고 감축량을 내려보내면 지방이 집행하는 감축 정책"에서, "각 지역이 자신만의 녹색경제 전략을 세우고, 중앙은 이를 제도 · 재정 · 기술 면에서 지원하는 구조"로 전환되어야 한다. 또한 짧은 임기 안에 성과를 내기 위한 단기 프로젝트 중심 접근에서 벗어나, 에너지 시스템, 교통, 토지 이용, 소비 · 생산 구조 자체를 바꾸는 장기적 시스템 전환에 초점을 맞추어야 한다.

지역이 스스로의 녹색 비전을 그리고, 그 비전을 실현하기 위한 로드맵을 만들며, 주민과 기업 · 기관이 파트너로서 책임과 역할을 나눌 때, 그 지역은 단순히 배출량을 줄이는 공간을 넘어 새로운 지속 가능 사회의 모델로 자리매김하게 된다. 이 과정에서 중요한 그것은 최첨단 기술만이 아니라, 지역이 어느 방향으로 갈 것인지에 대한 합의와, 그 길을 함께 가겠다는 연대의 의지다. 결국 녹색 전환의 성공 여부는 기술이 있느냐의 문제가 아니라, 지역이 스스로 미래를 선택할 수 있는 자율성을 갖추었는지, 그리고 그 선택을 함께 실천할 수 있는 협력의 문화와 거버넌스를 만들어냈는지에 달려 있다. 그런 의미에서 "녹색 전환의 주체는 지역이며, 그 미래의 이름은 협력"이라는 말은, 앞으로의 전환 정책이 지향해야 할 가장 핵심적인 원칙을 함축하고 있다고 할 수 있다.

지방의 가치 재정립

대한민국의 발전은 오랫동안 수도권에 경제력과 행정 권한이 집중되는 구조 속에서 이루어져 왔다. 이러한 모델은 빠른 성장에는 이바지했지만, 그 이면에서 지역 불균형, 지방 인구의 급격한 감소, 그리고 지역공동체의 해체라는 심각한 부작용을 낳았다. 지방은 오랫동안 수도권을 뒷받침하는 '보조 공간'이나 산업의 '배후지' 정도로 취급됐고, 그 결과 지방에 사는 사람들의 삶, 지역이 지닌 자원과 가능성은 충분히 존중받지 못했다. 오늘날 우리가 마주한 지방 소멸 위기는 단순히 인구가 줄어드는 현상에 그치지 않고, 지방의 존재 가치가 사회 전체의 인식과 정책 체계 속에서 구조적으로 저평가되어 온 결과이기도 하다. 그래서 이제는 지방의 역할과 의미를 근본적으로 다시 묻고, 새로운 가치체계 속에서 지방의 존재 이유를 재정립하는 일이 필요하다. 이것이야말로 형식적인 균형발전을 넘어, 미래 사회로 전환하기 위한 출발점이다.

이때 말하는 '지방의 가치'는 단지 지역이 얼마만큼의 경제적 생산을 만들어내는지, 혹은 행정구역으로서 어떤 기능을 수행하는지에만 머무르지 않는다. 지방의 가치는 그 지역이 품고 있는 고유한 자연환경, 역사와 문화, 그곳에서 살아가는 사람들의 역량과 관계망, 그리고 오랜 시간 쌓여 온 사회적 자본까지 아우르는 총체적 가치이다. 이러한 가치는 소득과 성장률 같은 숫자로만 측정할 수 없으며, 인간의 삶의 질, 공동체가 지속되는 힘, 자연과 조화를 이루며 살아갈 수 있는 기반과 직결된다. 다시 말해 지방은 성장의 변두리에 있는 부속 공간이 아니라, 사람들이 건강하고 존엄하게 살아가고, 서로 돌보며, 자연과 공존할 수 있는 생활 기반이자 삶의 중심이다. "지방의 가치는 성장의 주변이 아니라, 지속 가능한 삶의 중심이다"라는 말은, 앞으로의 국토 · 지역 정책이 무엇을 최우선 가치로 삼아야 하는지를 분명하게 보여주는 선언이라 할 수 있다.

대한민국의 지방정책은 오랫동안 산업 유치와 도로 · 공단 · 택지 조성 같은 기반 확충에 초점을 맞춘 경제개발 위주로 추진되면서, 그 과정에서 지역의 문화, 환경, 공동체적 가치가 뒷순위로 밀려나거나 희생되는 한계를 드러냈다. 예산과 제도 운용이 중앙정부에 과도하게 의존하는 구조 속에서 지방정부의 자율성과 창의적 실험은 제약을 받았고, 정책 성과 역시 인구, 예산 규모, 산업 생산 같은 양적 지표 중심으로 평가되었다. 그 결과 주민의 삶의 질, 관계망, 신뢰, 공동체 회복력과 같은 비가시적 가치들은 정책 설계와 평가에서 소홀히 다루어졌으며, 지역 고유의 역사 · 문화 · 생활양식보다 전국 어디서나 비슷한 "표준화된 개발 모델"이 우선되면서 '지역다움(Local Identity)'이 점점 흐려지는 문제가 발생했다.

이러한 한계를 넘기 위해 지방의 가치를 재정립하는 방향 전환이 필요하다. 무엇보다 지방정책의 기본 목표를 '경제성장률을 얼마나 높이느냐'에서 '사람들의 삶의 질과 공동체의 회복을 어떻게 높이느냐'로 옮겨야 한다. 일자리의 숫자만이 아니라 일의 안정성과 소득 수준, 노동 · 삶의 균형, 지역에 머물고 싶은 매력 등을 함께 따지고, 지역 성장률보다 주민 행복도와 생활 만족도, 사회적 신뢰 수준을 중시하는 가치체계를 정책의 중심에 두어야 한다. 다시 말해, 지방을 "성장의 수단"

이 아니라 "좋은 삶이 가능한 공간"으로 보는 관점 전환이 핵심이다.

또한 산, 강, 들, 바다와 같은 지역의 생태환경을 단순한 개발·관광 자원이 아니라, 다음 세대에 물려주어야 할 지속 가능한 생명 자산으로 인식하는 전환이 필요하다. 개발 우선이 아닌 보전과 현명한 이용의 원칙 아래에서, 자연환경을 지역의 정체성과 교육·문화·치유의 기반으로 재해석해야 한다. 동시에 지역의 전통문화, 공예, 음식, 축제, 방언·언어 등은 지역만의 고유한 문화자본(cultural capital)으로 보고, 이를 살린 콘텐츠 개발과 지역 브랜드화 전략을 통해 "지역다움"이 곧 경쟁력과 자부심이 되도록 만들어야 한다.

발전 방식에서도 외부 보조금과 대기업·공공기관 유치에만 의존하는 모델에서 벗어나, 마을기업·협동조합·소규모 창업·향토 먹거리·지역 관광 등 지역 내부 자원과 사람을 기반으로 하는 자생적 발전(Self-sustaining Development)을 지향해야 한다. 다만 자립이 고립을 의미해서는 안 되므로, 인접 지역들과 교통·환경·복지·경제를 함께 설계하는 광역적 연대와 협력체계(Regional Network)를 구축해, 각 지역의 강점을 잇는 넓은 생활권 전략도 함께 필요하다.

마지막으로, 지방정책의 방식 자체를 바꾸어 주민을 정책의 '소비자'가 아닌 '공동 생산자(co-producer)'로 참여시키는 그것이 중요하다. 정책을 만들고 집행하는 과정에 지방정부, 기업, 시민사회, 주민이 함께 참여하는 열린 행정 구조를 구축함으로써, 의사결정의 투명성과 신뢰를 높이고, 정책이 실제 지역의 삶과 필요에 밀착되도록 해야 한다. 주민총회, 참여예산, 시민위원회, 숙의 공론장 등 다양한 참여 채널을 통해 사람들의 목소리가 곧 지방의 가치와 미래를 함께 만들어 가는 동력이 될 때, 비로소 지방은 수도권의 주변이 아닌, 지속 가능한 국가 와 사회를 떠받치는 중심으로 자리매김할 수 있다.

<표 8-10> 지방 가치 전략 분야와 재정립

전략 분야	지방 가치 재정립의 실천 내용
① 지역정체성 복원	지역의 역사 · 문화유산 · 생태자원 발굴 및 스토리텔링화
② 생활 기반 강화	의료 · 교육 · 교통 등 필수 인프라 확충으로 삶의 질 개선
③ 지역경제 순환화	로컬푸드, 사회적 경제, 순환 산업으로 지역 내 자본 순환
④ 지역 인재 육성	청년 귀향 · 창업 지원, 지역 대학 혁신 및 일자리 연계
⑤ 문화 · 생태 관광 활성화	지역 자원의 감성적 · 경험적 가치 확대
⑥ 지역공동체 회복	주민 참여형 마을 재생, 세대 통합 커뮤니티 프로그램 추진

<표 8-10>에서 제시하는 전략을 통해 지방은 더 이상 "국가가 정해 준 임무를 수행하는 공간"이 아니라, 지역 스스로 비전과 발전 경로를 설계하고 실천하는 "스스로 만들어가는 곳"으로 전환할 수 있다. 강원 정선군은 석탄 산업 쇠퇴로 침체했던 폐광지역을 문화 · 관광 · 복지 기능이 결합한 복합 지대로 재편하면서, 탄광의 산업 유산을 예술 공간 과 관광 자원으로 되살리고, 주민 일자리와 문화 향유 기회를 동시에 확대해 지역 자긍심을 회복하고 있다. 충남 홍성군은 생태농업과 유기 농 운동을 중심으로 생산 · 소비 · 교육이 연결된 대안적 농촌공동체를 만들어 왔으며, 마을 단위의 주민 자치와 협동조합, 생협 활동 등을 통 해 지속 가능한 마을 모델과 풀뿌리 자치 기반을 강화한 사례로 평가 된다. 일본 도쿠시마현 카미야마 마을은 인구 감소에 대응해 예술가 레 지던시와 IT 기업의 위성 사무소를 유치하고, 빈집과 유휴 공간을 창 작 · 업무 공간으로 바꾸는 전략을 통해 예술 · IT · 이주를 결합한 자

립 지역 모델을 구축했고, 그 결과 청년층과 창작자의 유입에 성공하며 '창조적 인구 감소(creative depopulation)'의 대표 사례가 되었다. 프랑스의 여러 농촌 마을처럼 농촌 유산을 보존하면서 재생에너지와 에너지 자립, 친환경 주거를 결합한 에너지 자립마을을 조성한 사례들은, 농촌 경관과 전통을 지키면서도 새로운 녹색 일자리와 지역경제 활력을 만들어내고 있다.

이들 국내외 사례가 공통으로 보여주는 핵심은, 지역 발전의 방향을 "외부 모델 모방"이 아니라 "지역 고유성에 기반한 자립 · 포용 · 지속 가능 구조"로 설정했다는 점이다. 정선은 탄광이라는 과거의 산업 기반을 부정하지 않고 문화 · 관광 자산으로 재해석해 새로운 정체성을 만들었고, 홍성은 생태농업과 공동체 네트워크를 통해 사람과 자연이 함께 지속될 수 있는 생활 기반을 구축했다. 카미야마는 산촌이라는 약점을 디지털 인프라와 예술 · 창업 문화로 뒤집어, 외부 인재와 지역 주민이 함께 만드는 창조적 마을로 거듭났으며, 프랑스의 사례 또한 농촌 유산과 에너지 전환을 결합해 "작지만 강한" 자립경제와 공동체를 일궈냈다. 이러한 흐름은 곧, 지방이 주어진 틀 속에서 살아남는 법을 찾는 수준을 넘어, 고유한 자원과 삶의 방식을 바탕으로 자신만의 미래를 설계하고 실천하는 주체로 전환하고 있음을 보여준다.

지방의 가치는 행정구역이나 경제 생산지로서의 의미를 넘어, 국가의 균형과 사회의 회복력을 떠받치는 근본적인 토대이다. 지방이 비어가고 약해질수록 국가는 수도권의 불안정에 더욱 취약해지지만, 지방이 살아 있고 다양성이 유지될 때 국가는 위기 속에서도 버틸 수 있는 여러 개의 기둥을 갖게 된다. 서로 다른 자연환경, 역사, 문화, 생활양식을 지닌 지방의 다양성은 단순한 차이가 아니라, 새로운 아이디어와 산업, 생활모델을 낳는 창의성과 경쟁력의 원천이다. 따라서 앞으로의 지방정책은 일정 수준의 성장률과 인구를 맞추는 데 초점을 둔 "성장 중심의 균형발전"에서 벗어나, 삶의 질·공동체·환경·문화 등 지방이 가진 고유한 가치를 지키고 키우는 "가치 중심의 지속 발전"으로 전환해야 한다. 동시에 중앙의 재정과 지침에 의존하는 방식에서, 지역이 스스로 비전과 계획을 세우고 중앙은 이를 뒷받침하는 "지역 자율형 거버넌스" 체계로 바뀌어야 한다.

지방이 이러한 전환을 이루기 위해서는 먼저 자신이 가진 자원과 문화를 새롭게 발견하고 해석하는 과정이 필요하다. 산과 강, 들과 바다, 마을 골목과 시장, 전통과 축제, 지역 사람들이 쌓아 온 관계와 기억이 바로 그 지역만의 자산이다. 이 자산들을 대규모 개발의 대상으로 소비하는 대신, 사람과 자연이 공존하는 생활경제의 기반으로 삼을 때, 지방은 더 이상 '남겨진 공간'이 아니라 새로운 삶의 방식을 실험하고 미래의 가능성을 시험하는 실험장이 된다. 그런 지방은 수도권과 경쟁하려 애쓰는 주변부가 아니라, 각기 다른 방식으로 삶의 본질과 공동체의 의미를 지켜 내는 독립적인 중심들이 된다. 결국 지방의 가치 재정립은 몇 가지 정책 사업을 바꾸는 행정 기술의 문제가 아니라, "어디에서 어떻게 살아야 하는가?"에 대한 국가적·사회적 인식을 바꾸는 철학적 혁신이다. 모두가 다시 지방의 의미를 묻고, 각 지역이 자신의 길을 모색하도록 지지할 때, 우리는 단지 '균형발전'을 넘어 진정한 '지역의 시대'를 열어 가는 사회적 선언을 실천하게 되는 것이다.

대한민국 균형발전의 새로운 좌표

대한민국의 발전사는 압축성장과 수도권 집중이 맞물린 역사였고, 그 결과 지역 불균형과 지방 소멸 위험이 구조화되었다. 산업화·도시화 시기 수도권에 인구·자본·산업·행정이 몰리면서 국가 성장에는 크게 이바지했지만, 비수도권에서는 인구 유출, 고령화, 지역 공동화가 심화하였고, 이는 단순한 격차를 넘어 "기회의 불균형"을 고착시키는 방향으로 작동했다. 이런 맥락에서 균형발전은 더 이상 낙후 지역을 따라잡게 하는 보정 정책이 아니라, 국가의 지속 가능성과 사회 통합을 위한 전략적 대전환 과제로 재인식되어야 한다는 문제의식이 제기된다. 이른바 "균형발전 3.0 시대"의 핵심은 물리적·재정적 자원의 균등 분배가 아니라, 지역이 각자의 조건과 강점을 살려 스스로 경쟁력을 키울 수 있도록 다양성과 자율성을 보장하는 데 있다. 다시 말해, 균형발전의 새로운 좌표는 성장의 중심을 수도권에서 지방으로 단순히 옮기는 것이 아니라, 각 지역에서 삶의 중심과 가치의 기준을 다시 세우는 데 있다는 것이다.

기존 균형발전 정책은 주로 공공기관 이전, 혁신도시 조성, 산업단지와 교통망 같은 하드웨어 중심의 수단에 의존해 왔다. 공공기관을 지방 혁신도시로 이전하고, 각 지역에 산업·물류 인프라를 확충하는 정책은 일정 부분 효과를 냈지만, 청년층의 수도권 유출과 비수도권의 급속한 고령화, 생활 여건 악화 같은 구조적 문제를 근본적으로 바꾸지는 못했다는 평가가 많다. 정책 결정과 예산 배분이 중앙정부 주도로 이루어지면서 지방정부의 자율성과 창의적 실행력은 제약을 받았고, 많은 사업이 중앙이 설계하고 지방이 집행하는 방식으로 추진되다 보니, 지역 실정과 주민 수요가 충분히 반영되기 어려웠다. 여기에 짧은 사업 기간과 연도별 예산 집행에 맞춘 단기 사업 위주의 관행이 겹치면서, 장기적인 인구·산업 구조 전환이나 지역공동체 회복을 위한 토대를 만드는 데는 미흡했다는 지적이 이어지고 있다. 그 사이 수도권과 비수도권 사이의 인프라, 교육, 의료, 문화 서비스 격차는 확대되었고, 이는 곧 "어디에 태어나고 사느냐에 따라 이용할 기회가 달라지는" 기회의 불균형으로 굳어지게 되었다.

이러한 한계를 넘기 위해서는 균형발전의 목표와 수단을 근본적으로 재구성해야 한다. 앞으로의 지방·국토 정책은 "성장 중심의 균형발전"에서 "가치 중심의 지속 발전"으로, "중앙 의존형 행정"에서 "지역 자율형 거버넌스"로 방향을 옮겨야 한다는 제안은 바로 이 지점에서 나온다. 각 지역이 자신의 자원, 문화, 인적 역량을 바탕으로 삶의 질, 공동체, 환경, 돌봄 등을 중심 가치로 삼고 장기 전략을 스스로 설계할 수 있어야 하며, 중앙정부는 이를 조율·지원하는 파트너로 역할을 재정립할 필요가 있다. 그렇게 될 때 균형발전은 수도권과 비수도권의 '양적 균형'을 맞추는 정책이 아니라, 전국 어디서나 각기 다른 방식으로 좋은 삶과 지속 가능한 미래를 선택할 수 있게 하는, 더 근본적인 사회 시스템 전환으로 의미를 갖게 된다.

〈표 8-11〉 균형발전의 모델과 추진 방향

구분	과거 모델	균형발전 새로운 방향
발전 주체	중앙정부 주도	지역 주도, 주민 참여
정책 목표	성장 격차 완화	지역의 자립 · 회복력 강화
정책 방식	산업 · 시설 중심	사람 · 문화 · 환경 중심
평가 기준	경제 지표(GRDP)	삶의 질 · 사회적 자본 · 지속 가능성
발전 구조	획일적 지원	지역 맞춤형 다핵 네트워크 구조

대한민국의 균형발전은 이제 "중앙이 어떻게 나누어 줄 것인가"에서 "지역이 어떻게 스스로 자라날 것인가"로 좌표를 옮겨야 한다. 균형의 의미도 도로나 시설, 예산의 물리적 동등 배분이 아니라, 서로 다른 지역이 각자의 역할과 강점을 살리면서 공존하는 기능적 공존으로 바뀌어야 한다는 뜻이다. 이를 위해 제시되는 새로운 3대 축은 지역의 자율성과 주체성 강화, 지역 간 연대와 초광역 협력 네트워크 구축, 그리고 지속 가능성과 ESG에 기반한 행정 체계 도입이다.

먼저 지역 자율성과 주체성을 위해서는 중앙 권한을 실질적으로, 지방으로 이양하고, 지방정부가 스스로 비전과 전략을 설계할 수 있는 제도적 기반이 필요하다. 현재도 지방분권과 균형발전을 위한 특별법과 지방자치 관련 법제가 존재하지만, 여전히 핵심 규제와 계획 권한은 중앙에 집중되어 있어, 지역이 고유한 조건에 맞는 정책을 만들기 어렵다는 지적이 이어진다. 따라서 가칭 「지방분권 균형 발전법」과 같은 법을 개정 · 정비해, 토지 이용, 산업 · 환경 · 복지 등에서 일정 범위의 '지역 주도형 계획권(Local Planning Authority)'을 명시적으로 부여하고, 지방의 조례 · 계획 수립 권한을 실질적으로 확대할 필요가 있다.

둘째로는 개별 지방정부 간의 경쟁을 넘어서, 권역 단위로 힘을 합치는 초광역 연합모델이 중요하다. 이미 부·울·경 메가시티 구상처럼 부산·울산·경남을 하나의 초광역 경제권으로 묶어 수도권과 대등한 축을 만들려는 시도가 진행되고 있으며, 충청권의 공동산업·연구 벨트, 호남권·전북·광주를 잇는 녹색 경제권 등도 유사한 방향으로 논의되고 있다. 이런 초광역 모델은 광역철도, 물류, 대학·병원·문화 인프라를 공유하고, 산업·환경·관광 전략을 함께 설계함으로써, "각자도생형 경쟁"이 아니라 "연결을 통한 성장(connective growth)"을 구현하려는 시도라고 할 수 있다.

셋째 축은 지속 가능성과 ESG를 행정의 핵심 원리로 도입하는 것이다. 환경(E) 차원에서는 지역 단위 탄소 중립, 재생에너지 확대, 순환 경제 전환을 추진하고, 사회(S) 차원에서는 포용적 복지와 양질의 일자리, 교육·문화 서비스의 균형을 통해 "어디에 살아도 기본적인 삶의 기회가 보장되는 구조"를 만들어야 한다. 거버넌스(G) 차원에서는 주민 참여와 정보 공개, 데이터 기반 정책 평가를 강화해, 정책 전 과정에 시민과 지역 이해당사자가 참여하는 투명한 의사결정 구조를 구축해야 한다는 요구가 커지고 있다. 현재 한국의 ESG 정책은 기업 중심·평가 중심 성격이 강하지만, 앞으로는 지방정부가 환경·사회·거버넌스를 통합한 공공 ESG 행정을 통해 균형발전과 지속 가능성을 동시에 추구해야 한다는 제안이 제기된다.

대한민국의 균형발전을 실제로 작동시키기 위해서는, 제조와 농업 중심으로 성장해 온 지역 산업구조를 친환경·디지털 융합 산업벨트로 전환하는 전략이 필요하다. 각 지역이 강점이 있는 식품, 에너지, 바이오, 관광 등 특화 산업에 녹색기술과 ESG 기준을 적용하면, 단순한 산업 분산이 아니라 지속 가능한 지역 경쟁력을 키우는 방향으로 전환이 가능하다. 이 과정에서 지방대학을 혁신의 거점으로 삼아 지역 인재를 적극적으로 육성하고, 입시와 취업을 위해 수도권으로 빠져나가는 흐름이 아니라 "지역에서 배우고, 지역에서 일하고, 지역에서 살아갈 수 있는" 머무는 교육생태계를 만드는 것이 중요하다. 대학-지역 기업-지자체가 연계된 인턴십, 현장 실습, 창업지원, 주거 · 문화 지원을 결합해, 청년이 학업→실습→취업→정착으로 이어지는 '로컬 커리어 루프(Local Career Loop)'를 경험하도록 해야 지방 인구 유출을 완화할 수 있다.

또한 의료, 교육, 문화, 교통과 같은 생활 SOC를 균형발전의 핵심 인프라로 재정의하는 것이 필요하다. 지금까지는 산업단지, 도로, 물류 등 경제 인프라 중심의 분산 정책이 강조되었지만, 실제로 청년과 가족이 지역에 남느냐? 떠나느냐를 좌우하는 것은 병원, 학교, 도서관 · 공연장, 대중교통 같은 일상 서비스의 수준이다. 따라서 균형발전의 목표를 "산업의 분산"에서 "삶의 질의 균형(Life Quality Equity)"으로 옮기고, 어느 지역에 살든 기본적인 의료 · 교육 · 문화 · 교통 서비스에 접근할 수 있도록 국가 표준과 최소 보장 기준을 정하는 방향이 요구된다.

정책 추진 방식에서도 중앙, 지방, 시민사회, 기업이 함께 의사결정에 참여하는 지역 발전 협의체(Local Innovation Council)를 상설화해, 일방적인 위임이나 자문이 아니라 공동 기획 · 공동 책임 구조를 만들어야 한다. 이 협의체는 지역 산업 전략, 청년정책, 환경·복지 계획 등을 논의하는 장이 되며, 각 분야 데이터를 공유하고 정책 효과를 수치로 점검하는 데이터 기반 정책 피드백 시스템을 함께 운영해야 한다. 예를 들어 청년 정주율, 일자리 질, 생활 SOC 접근성, 탄소 배출 변화, 사회적 경제 규모 같은 지표를 정기적으로 측정·공개하고, 이에 따라 예산과 전략을 수정하는 구조를 만들면, 균형발전은 선언이 아니라 실제로 "보이고 조정되는 정책"으로 자리 잡을 수 있다.

부산광역시는 부·울·경 초광역 경제권(메가시티 지역) 전략을 통해 부산·울산·경남을 하나의 초광역 생활·경제권으로 묶어 수도권에 대응하는 도시권 균형발전을 추진하고 있다. 독일 바이에른주는 주(州) 차원의 분권형 산업정책과 중소도시·농촌에 대한 지속적인 투자로, 뮌헨 같은 대도시뿐 아니라 지역 소도시 전반에 혁신기업과 일자리를 분산시키는 균형성장을 실현해 온 사례로 평가된다. 일본 에히메현의 '작은 거점 자립 도시 네트워크'는 인구가 줄어드는 상황을 전제로 여러 소규모 거점을 엮어 생활 서비스와 일자리를 유지하는 전략으로, 각 마을·소도시가 완전한 중심지는 아니지만 서로 연결됨으로써 생존 기반을 확보하는 방식을 보여준다. 이들 사례는 모두 중앙의 일률적인 배분이 아니라, 분권된 권한과 자율성을 바탕으로 지역 간 연결과 네트워크를 구축해 균형발전을 꾀했다는 공통점을 지닌다.

이러한 흐름을 놓고 보면, 대한민국의 균형발전도 더 이상 "지역 간 격차를 얼마나 줄였는가?"라는 지표에만 머물러서는 안 된다. 앞으로 필요한 것은 "지역이 주도하는 국가 재구성", 즉 중앙과 지방이 수직적 위계가 아니라 수평적 파트너로 협력하는 새로운 국가 운영모델로의 전환이다. 이를 위해 균형발전의 기준을 "분산의 균형"에서 "자율의 균형"으로, 행정조직과 예산의 공간적 배분에 치우친 "행정의 균형"에서, 의료·교육·문화·일자리와 같은 "삶의 균형"으로 옮겨야 한다는 요구가 커지고 있다. 또한 지방을 일방적으로 지원해야 할 대상으로 보는 관점에서 벗어나, 각 지역이 자원의 사용과 미래 선택에 대해 책임지고, 그 성과와 한계에 대해 사회적으로 설명하는 "지원 중심"에서 "책임 중심"의 관계 설정이 필요하다.

결국 새로운 균형발전은 수도권과 비수도권의 숫자 맞추기가 아니라, 자율성과 연결성을 기반으로 한 다극형 국가 구조를 만드는 일이다. 지역이 스스로 비전과 전략을 세우고, 인접 지역과 연대하며, 중앙은 이를 조정·지원하는 파트너가 될 때, 대한민국은 다양한 지역이 서로 다른 방식으로 번성하는 진정한 의미의 균형 사회에 한 걸음 더 가까워질 수 있다.

대한민국의 균형발전은 이제 지방을 국가의 주변이 아니라, 곧 국가 그 자체로 인식하는 전환에서 출발해야 한다. 지방이 스스로 자원과 인재를 활용해 성장 전략을 짜고, 중앙은 이를 지시하는 상위 기관이 아니라 지원하고 연결하는 파트너로 역할을 바꿀 때, 비로소 한국은 서울 중심의 일극 구조를 넘어 다핵형·연결형·자생형 국가로 재구성될 수 있다. 이 관점에서 "지역이 곧 국가다"라는 선언은 구호가 아니라, 국가 운영 철학의 전환이며, 지방의 자율성이 곧 대한민국의 지속 가능성을 뒷받침하는 핵심 토대라는 의미가 있다.

이런 전환 속에서 지방 소멸은 피할 수 없는 운명이 아니라, 새로운 발전 모델을 실험하고 구축할 수 있는 계기가 될 수 있다. 인구가 줄어드는 현실을 전제로, 어떤 지역은 더 작고 밀도 있는 생활권으로 재편되고, 또 어떤 지역은 생태 · 농업 · 에너지 · 문화 중심의 특화 거점으로 진화하는 방식으로 "축소 속의 재구성"을 시도할 수 있다. 이때 ESG는 단순한 기업 평가의 도구가 아니라, 지방이 자기 방식으로 성장할 수 있도록 돕는 공통 언어이자 철학적 기반이 된다. 환경을 해치지 않는 성장(E), 세대 · 계층을 포용하는 사회 구조(S), 주민이 참여하고 책임이 분명한 거버넌스(G)를 중심에 두고 정책과 예산을 설계할 때, 지방은 중앙의 지원 대상이 아니라 지속 가능한 가치 창출의 주체로 자리매김할 수 있다.

그래서 ESG는 "지방을 살리는 새로운 행정 언어"이자, 지역사회가 스스로 미래를 설계할 때 참고해야 할 사회적 규범으로 기능할 수 있다. 지방정부가 모든 정책을 ESG 관점에서 점검하고, 주민과 함께 목표를 설정하며, 데이터와 평가를 통해 자신을 돌아보는 문화를 만들면, ESG 통합 전략은 지방의 생존 전략이자 동시에 국가 전체의 혁신 전략이 된다. 지역이 변하면 국가가 변한다는 말은, 결국 각 지방이 자신의 환경 · 사회 · 거버넌스를 어떻게 재구성하느냐에 따라 대한민국의 미래 방향이 달라진다는 뜻이기도 하다. 그 출발점은 "지속 가능한 지방, 회복력 있는 대한민국"이라는 비전이다.

지방 소멸 대응의 핵심은 통계상 인구를 조금 더 붙잡아 두는 것이 아니라, 사람들이 실제로 "남고 싶은 지역"을 만드는 데 있다. 사람이 남으려면 그 지역이 살 만하고(주거 · 교육 · 문화 · 돌봄), 일할 수 있고(양질의 일자리 · 창업 환경), 신뢰할 수 있어야 한다(투명한 행정 · 공정한 절차 · 튼튼한 공동체). ESG는 바로 이런 구조를 설계하고 점검하는 새로운 지방정책의 언어다. 환경을 보존하고, 사회를 포용하며, 민주적이고 투명한 지배구조를 갖춘 지역만이 21세기 대한민국에서 인구가 줄어도 버틸 수 있는 회복력을 가질 수 있다. 그런 의미에서 "지방 소멸은 사라짐의 위기가 아니라 지속 가능한 전환의 기회"이며, "지속 가능한 지방이 곧 지속 가능한 국가"라는 명제는 앞으로의 균형발전 · 지방정책이 지향해야 할 가장 응축된 방향 제시라고 할 수 있다.

이 책은 초저출산과 초고령사회, 수도권 과밀과 지방 공동화가 동시에 진행되는 한국 사회의 현실을 배경으로, 지방 소멸을 단순한 인구 문제가 아니라 환경 · 사회 · 거버넌스가 함께 무너진 지속 가능성 위기로 바라보았다. 저자들은 "사람이 줄어서 망하는 지방"이 아니라 "살기 어려워서 떠날 수밖에 없는 지방"이라는 표현으로 지금 농산어촌과 지방 소도시의 일상을 묘사했다. 출산율 0.7명대, 인구의 절반 이상이 수도권에 모인 상황에서, 학교와 병원, 상점과 버스 노선이 사라지고, 빈집과 끊어진 관계가 남는 풍경이 지방 소멸의 실체라는 것이다.

제1장은 이런 위기를 ESG라는 새 틀로 재해석했다. 환경(E)은 탄소 배출, 자원 순환, 생태 훼손 문제를, 사회(S)는 일자리 · 복지 · 교육 · 주거 · 공동체의 붕괴를, 거버넌스(G)는 중앙집권과 단기성과 위주 행정의 한계를 가리킨다. 인구 감소와 지역의 쇠퇴는 곧 이 세 축의 균형이 동시에 깨진 결과로 보았다. 따라서 지방 소멸을 막는 길은 인구 숫자만 늘리는 것이 아니라 "환경을 지키며(E), 사람들이 함께 살 수 있고(S), 투명하고 책임 있는 의사결정 구조(G)를 갖춘 지속 가능한 지역"으

로 재구성하는 것이라는 문제의식을 제시하고 있다.

제2장은 지방정부 행정을 ESG 관점에서 바라보았다. 효율성과 예산 집행률로 평가되던 기존 행정에서 벗어나, 탄소 중립 계획과 공공건물 에너지 효율화, 생태적인 도시 · 농촌계획 같은 환경 책임을 기본으로 정했다. 사회적 약자와 청년 · 고령층을 포용하는 정책, 주민 참여예산과 공론장을 통해 주민을 정책의 공동 설계자로 세우는 사회적 가치 행정을 강조했다. 동시에 정보 공개와 공공기관 ESG 평가, 시민 · 기업 · 행정이 함께 참여하는 지역 협치 구조를 통해 거버넌스를 바꾸어야 지방행정이 지방 소멸의 위기를 전환의 계기로 만들 수 있다고 보았다.

제3장은 지역경제의 구조적 취약성을 짚었다. 수도권 본사 · R&D 집중, 비수도권의 저부가 제조 · 1차 산업 비중, 혁신 인프라 부족, 청년 유출과 고령화가 겹치고 있다. 지방산업은 저임금 · 하청 구조에 갇혀 있고, 산업 공동화와 인구 이탈, 재정 악화의 악순환이 반복된다고 분석하고 있다. 이에 대한 해법으로 각 지역의 자연 · 문화 · 기술 자원

에 기반한 특화 산업 육성, ESG 경영 도입과 녹색금융 · 공공 조달과의 연계, 대학 · 기업 · 연구소 · 지자체가 협력하는 지역혁신 클러스터, 사회적 경제와 중소기업이 함께하는 순환경제형 산업생태계를 제안하고 있다. 산업정책과 인구정책을 따로 두지 않고, ESG를 공통 프레임으로 삼아 "녹색 일자리와 청년 정착 생태계"를 만드는 것이 핵심 방향이다.

제4장은 농업과 농촌을 다루고 있다. 농촌인구의 급격한 고령화와 청년 부재, 기후 위기로 인한 작황 불안과 재배지 변화, 노동력 부족 속에서 농업은 더 이상 관행적 방식으로 유지되기 어렵다고 보고 있다. 저자는 해결을 위한 방안의 하나로 ESG를 적용했다. 스마트팜, 센서 · AI 기반 정밀농업, 드론 · 로봇을 활용해 물 · 비료 · 에너지 사용을 줄이고 생산성을 높이는 친환경 · 저탄소 농업을 환경(E) 측면의 과제로 제시했다. 사회(S) 측면에서는 청년농 지원과 귀농 · 귀촌, 로컬 일자리와 교육 · 문화 인프라를 결합해 농촌에 머물 수 있는 삶의 조건을 만들어야 한다고 강조했다. 거버넌스(G)에서는 공공 · 연구기관 · 기업 · 농민이 함께 참여하는 지역형 스마트농업 플랫폼과 데이터 · 기술 · 이익을 공유하는 협력 구조가 필요하다고 보았다.

제5장은 농식품 산업과 지역 브랜딩으로 의제를 정했다. 글로벌 탄소 규제와 윤리적 소비 확산 속에서, 로컬푸드와 ESG 브랜드가 지역 농식품 산업의 새로운 기회가 될 수 있다고 보았다. 지역 단위 푸드플랜과 공공 급식을 연계해 지역농산물을 학교 · 복지시설 식단에 안정적으로 공급하면, 농가소득 · 먹거리 안전 · 탄소 저감을 동시에 달성할 수 있다. 부산물 재활용과 물 · 에너지 절감을 결합한 순환형 가공

공정, 전기·수소 물류와 단거리 배송, 재활용·다회용 포장 같은 저탄소 물류·포장 기술은 식품산업의 ESG 전환 수단이다. 여기에 국제 ESG·탄소발자국 인증과 지역 고유 스토리를 결합하면, 지역 특산물이 세계 시장에서 신뢰받는 브랜드로 성장할 수 있다는 전망을 제시하고 있다.

제6장은 주택 공간에서 드러나는 지방 소멸의 얼굴을 보여주고 있다. 인구 감소 지역의 빈집·노후주택 증가는 안전·위생·범죄 위험뿐 아니라, 지역 이미지 훼손과 공동체 붕괴, 자산가치 하락으로 이어진다. 저자는 빈집을 단순 철거 대상으로 보지 않고, 리모델링을 통해 청년·귀촌인 주거, 창업 공간, 게스트하우스, 마을도서관·커뮤니티센터 같은 공용공간으로 바꾸는 재생 전략을 강조했다. 패시브하우스·제로에너지주택 등 에너지 효율 주거모델과 농촌 그린리모델링은 에너지 빈곤과 기후 위기를 동시에 줄이는 ESG형 주택정책의 예로 제시했다. 사회적 주택·코하우징·공동체 하우징 등은 1인 가구, 청년, 고령자에게 안정된 주거와 관계망을 제공하는 사회(S) 실천이며, 마을기업·협동조합이 운영에 참여하는 구조는 거버넌스(G)의 혁신으로 설명하고 있다.

제7장은 생태환경과 지역 회복력을 연결하고 있다. 농촌과 해안은 기후변화에 가장 먼저, 크게 노출되는 공간이다. 집중호우·가뭄·폭염, 해수면 상승·염해, 산불과 병해충 확산은 농업·어업·마을 기반을 직접 위협한다. 저자는 배출 감축뿐 아니라, 숲·논·초지·습지·갯벌·도시 숲을 탄소흡수원으로 복원·관리하는 생태자원 순환 전략

을 제시하고 있다. 산림의 혼효림·복층림 전환, 보존농업과 토양 유기 탄소 축적, 갯벌·잘피밭 복원 같은 그린·블루카본 정책은 지역 단위 탄소 중립의 핵심이다. 동시에 물순환 회복, 토양보전, 폐기물 감축· 재활용을 통합 관리하는 순환 경제, 생태복원과 결합한 녹색 일자리는 "환경(E)과 경제·일자리(S)를 함께 살리는 ESG 생태 경제"로 설명된 다. 이를 관리하기 위해 지방정부 환경지표·ESG 지표를 포함한 지역 평가 체계를 도입하자는 제안도 담겨 있다.

제8장은 앞선 장들을 통합해 지방 소멸 대응의 새로운 패러다임을 제시했다. 자치행정, 산업 경제, 농업기술, 농식품, 주택·공간, 생태환 경 여섯 분야를 환경(E)·사회(S)·거버넌스(G)라는 공통 좌표로 정렬 하고, 부처와 사업, 공공과 민간이 따로 움직이는 방식을 넘는 ESG 통 합 거버넌스를 구축해야 한다고 강조했다. 지방정부 안에는 ESG를 전 담·조정하는 조직과 지표가 필요하고, 지역 밖으로는 기업·시민사 회·대학·주민이 함께 의사결정에 참여하는 "지역 ESG 협의체"가 필 요하다는 것이다.

또한 이 장에서는 사회적 자본과 신뢰 회복, 세대 간 연대, 자생적 지 역 발전 모델, 초광역 협력과 네트워크, 지역 주도의 녹색 전환 로드맵 등을 통해 지방의 회복력(resilience)을 재구성하고 있다. 지방을 단지 지 원과 보상의 대상으로 보지 않고, 스스로 자원을 발굴·연결해 내발적 으로 성장하는 자생적 주체로 바라볼 것을 제안한다. 강원 정선, 충남 홍성, 일본 카미야마, 유럽의 에너지 자립마을·생태도시 사례들은, 인 구 감소 속에서도 지역 고유 자원과 ESG를 결합해 새로운 길을 연 실험장으로 소개했다.

이 책의 내용을 관통하는 문장은 "지방 소멸을 피하는 길은 단순히 인구를 늘리는 것이 아니라, 지역을 지속 가능하게 만드는 것"이라는 선언이다. 기후 위기 시대에 환경을 지키면서도 새로운 녹색산업과 일자리를 만들고, 세대와 계층이 함께 사는 포용적 공동체를 복원하며, 주민·기업·행정이 함께 참여하는 투명한 거버넌스를 구축해야 머물고 싶은 지역이 된다는 것이다. 따라서 이 책이 지방 소멸이라는 과제를 ESG라는 언어로 다시 사유하고, 각자의 자리에서 가능한 변화를 상상해 보는 출발점이 되기를 바란다.

2026년 2월

GFI미래정책연구센터

센터장 양세훈(행정학박사)

참고문헌

1. 논문 및 저서

사득환 (2023). 공공기관의 경영평가와 ESG 전략. 「한국공공관리학보」. 37(4): 125-143.

박연숙, 양세훈 (2024). 지방자치단체 ESG 진단 항목 지표 개선 방안. 「2024 한국 지방자치학회 하계학술대회 발표논문집」. 1-17.

박연숙, 양세훈, 장재옥 (2024). 지방정부 ESG 진단 항목 지표개선 연구: '에너지 자립도'의 적용 가능성을 중심으로. 「한국공공관리학보」. 38(4): 255-278.

사득환, 김상봉, 양세훈, 오수길, 윤종한, 이정석, 황기식 (2024). 「기후변화와 ESG 시대의 환경정책과 행정」. 서울: 윤성사.

사득환, 양세훈, 오수길, 홍형득, 박보식, 김봉원, 김성균, 허남식, 권기태, 고광용, 안수지, 지선진, 김현정, 박명분, 마희정, 박연숙, 김연, 박금옥, 강현실, 신수경 (2025). 「지방정부 ESG 공약과 정책」. 서울: 윤성사.

양세훈 (2025). 사회복지기관의 경영 효율화를 위한 ESG 연계 방안. 「2025 한국 공공ESG학회 · 한국지속 가능발전학회 · 한국지역경제학회 춘계공동학술 대회 발표논문집」. 33-50.

양세훈 (2025). 지자체 ESG 조례제정과 지역활력도의 연관성 연구, 「2025년 한국 지방자치학회 하계학술대회 발표논문집」.

양세훈 · 고광용 (2024). 경기도 ESG 추진 전략과 과제, 경기도 노사민정협의회 최종보고서.

양세훈, 김현정, 김성균, 고광용, 마희정, 지선진, 김연, 안수지, 박금옥, 박연숙, 박명분 (2023). 「11개의 키워드로 알아보는 지방정부 ESG」. 파주: 한국학술정보 (이담북스).

양세훈, 사득환, 오수길, 홍형득, 박보식, 김성균, 김현정, 지선진, 박명분, 마희정, 고
광용, 허남식, 김연, 박금옥 (2024). 「지역정책 ESG 전략」. 고양: 대영문화사.

오수길 (2021). ESG경영의 중요성과 공공부문 활용방안. 「2021년 한국정책학회
하계학술대회 발표논문집」.

홍형득, 박보식, 사득환, 양세훈, 오수길 (2024). 「공공부문 ESG 전략」. 고양: 대영
문화사.

2. 국내 문헌 및 정책 자료

고창군 (2023). 「갯벌 블루카본 복원 및 지역순환 경제 전략 보고서」. 고창군청.

국가법령정보센터 (2025). 기후 위기 대응을 위한 탄소 중립·녹색성장 기본법
(법률 제20401호). [현행법령]

국회예산정책처 (2025). 2026년도 온실가스감축인지 예산서 분석 (예산안분석시
리즈 VI).

산업통상자원부 (2023). 「공공기관 ESG 평가제도 도입방안 연구」. 서울: 산업연
구원.

순천시 (2022). 「순천만 습지 복원 및 ESG 기반 생태정책 추진계획」. 순천시청.

서울특별시 (2023). 「서울 ESG 추진 전략」. 서울특별시.

익산 국가식품클러스터 지원센터 (2022). 「부산물 에너지화 순환형 산업단지 구축
사업 보고서」. 익산시.

인제군 (2021). 「산림탄소상쇄 시범사업 결과보고서」. 인제군청.

전남 신안군 (2024). 「해상풍력 기반 지역상생형 에너지자립 모델 구축계획」. 신안
군청.

전남 여수시 지속 가능발전협의회 (2022). 「지역기업·시민·행정이 함께하는
ESG 로드맵」. 여수시.

전북 완주군 (2023). 「로컬푸드 기반 저탄소 농업 실천마을 운영계획」. 완주군청.

제주특별자치도 (2020). 「카본프리 아일랜드 2030 추진계획」. 제주특별자치도청.

한국수자원공사 (2023).「공공기관 ESG 추진체계 보고서」. 대전: 한국수자원공사.

행정안전부 (2023).「ESG 행정 기본조례(안)」. 세종: 행정안전부.

행정안전부 (2023). 동영상뉴스, https://www.mois.go.kr

행정안전부 · 기후에너지환경부. (2025). 2026년도 예산안 및 기금운용계획안 사업설명자료.

환경부 (2023).「탄소 중립 · 순환 경제 기본전략(제2차)」. 세종: 환경부.

3. 국제 및 해외 자료

CDP (2025). Data as the Catalyst: Powering National Transition Planning Across Climate and Nature Goals.

European Union (2021). Common Agricultural Policy (CAP) Reform: Green Deal Agriculture Framework, Brussels: EU Commission.

Government of Denmark (2022). National ESG Council Report, Copenhagen: Ministry of Climate, Energy and Utilities.

City of Amsterdam (2020). Doughnut Economics City Strategy, Amsterdam Municipality.

City of Yokohama (2021). Y-SDGs 인증제 운영지침, 요코하마시.

Federal Republic of Germany (2021). Freiburg 시민 참여형 에너지협동조합 사례연구, Freiburg Municipality.

Food and Agriculture Organization of the United Nations(FAO) (2020). Low-Carbon Agriculture Demonstration Project in East Asia, Rome: FAO.

City of Copenhagen (2024). Copenhagen 2025 Carbon Neutral Roadmap, Copenhagen Municipality.

Kim, J.S., Kim, S.K (2024). Ageing population and green space dynamics for climate change adaptation in Southeast Asia. Nat. Clim. Chang. 14, 490-495. https://doi.org/.

OECD (2026). Analysing the international spillovers of climate change mitigation policies: A methodological framework, Inclusive Forum on Carbon Mitigation Approaches Papers, N. 10, OECD Publishing. Paris.

OECD (2020). Green budgeting and tax policy tools to support a green recovery.

Richardson, K., Steffen, W., Lucht, W., Bendtsen, J., Cornell, S. E., Donges, J. F., ... & Rockström, J (2023). Earth beyond boundary: Six of nine planetary boundaries are being transgressed. Science Advances, 9(37), eadh2458.

Stockholm Resilience Centre (2023). Planetary Boundaries Update: Six out of nine boundaries are now transgressed.

UNEP (2024). Global Environment Outlook (GEO-7): Interlinkages and Human Well-being (Drafting references).

4. 기술표준 및 가이드라인

International Organization for Standardization (2014) ISO 14046: Environmental Management - Water Footprint, Geneva: ISO.

International Organization for Standardization (2018). ISO 22000: Food Safety Management Systems, Geneva: ISO.

한국표준협회 (2022). 「K-ESG 가이드라인 및 평가기준」. 서울: 한국표준협회.

5. 참고사례 및 보조출처

독일 프라이부르크시 (2023). 「녹색도시와 시민 참여형 에너지협동조합 운영사례」. Freiburg City Council.

네덜란드 암스테르담시 (2020). 「도넛경제학 기반 지속 가능도시 전략」. Amsterdam Municipality.

일본 미야자키현 (2021). 「저탄소 농업기술 실천사례」. 미야자키현 농림수산부.

전북 완주군 · 익산시 (2023). 「순환형 식품산업 및 ESG 클러스터 사례집」. 전북도청.

저자 소개

양세훈(梁世勳) kbc8927@naver.com

한국외국어대학교 행정학 박사학위 취득, GFI미래정책연구센터 센터장으로 재직 중이다. 광운대, 경희대, 한국외대, 한세대 겸임교수, 한신대학교 대학원 초빙교수, 한국정책분석평가원장을 역임했다. 한국공공ESG학회, 한국지속가능발전학회, 한국지역경제학회 부회장을 맡고 있다. 주요 관심분야는 ESG, 사업 평가, 성과관리, 생태환경이다. 정책분석평가사 1급, 한경협ESG전문가 자격증을 취득했다. 저서로는『지방정부 ESG 공약과 정책』(2025, 공저),『환경정책과 행정』(2024, 공저),『지역정책 ESG 전략』(2024, 공저),『공공부문 ESG 전략』(2024, 공저),『지방정부 ESG』(2023, 공저),『마을기업 지역공동체 회복 정책수단』(2017),『생산과 소비의 플랫폼 협동조합』(2017),『마을기업과 사회적기업의 거버넌스』(2012), 논문으로는 "Building energy commons: Three mini-PV installation cases in apartment complexes in Seoul(2021, 공저) 등이 있다.

이영호(李英昊) wwwlhy71@korea.kr

고창군 농업기술센터 공무원으로 30년 재직했고, 현재 고창식품산업연구원 전략경영실장으로 파견 근무 중이다. 전북대학교 농학과를 졸업했으며, 1999년 식물보호 기사 자격증을 취득, 고창군 농업기술센터에서 환경농업 팀장, 지도행정팀장, 기술지원과장, 농촌개발과장을 역임하였다. 2025년에는 한경협ESG전문가(전경련ESG전문가) 자격증을 취득하였다. 주요 관심 분야는 ESG, 농업정책, 기후와 환경이다.

이수정(李秀貞) 2-su@hanmail.net

전북대학교에서 식품공학 박사학위를 취득하고, 2012년부터 (재)고창식품산업연구원에서 연구기획팀장으로 재직하고 있다. 살아있는 생명에 대한 호기심으로 시작해 생물교육학을 전공하고, 의학 석사를 거쳐 식품공학 박사에 이르기까지 인간의 건강과 생명을 중심에 둔 학문적 탐구를 지속해 왔다. 현재는 지역 바이오 소재의 기능성 규명과 실용화 연구는 물론,

산업 전반을 아우르는 R&D 정책기획 연구를 수행 중이다. 특히 2022년 '블랙라즈베리 추출물'의 혈압 개선 기능성 원료 등록을 성공시키며 지역 자원의 고부가가치화에 크게 이바지했다. 다수의 특허와 국내외 논문을 보유하고 있으며, 최근에는 엘더베리의 호르몬 개선 효과를 다룬 논문을 PLoS ONE(2024)에 게재하며 활발한 연구를 하고 있으며 현장 중심의 연구를 통해 국내 소재의 산업화 가능성을 위해 끊임없이 정진하고 있다.

김정진(金正眞) analystkim@naver.com

안양대학교 행정학 박사과정 수료 및 단국대학교 건축학 박사과정을 수료하였으며, 고창식품산업연구원 GFI미래정책연구센터 전문연구원으로 재직 중이다. 지방 소멸, 지역 정책, 공공ESG, 지역개발 및 공간기획 분야를 중심으로 연구와 정책기획을 수행하고 있다. 인구·산업·공간 데이터와 지리정보시스템(GIS)을 결합한 근거 기반(데이터 기반) 정책 수립 및 의사결정 지원에 관심이 있으며, 지역 현장과 행정 체계를 연결하는 실행형 연구를 지향한다. 한국경제인협회(한경협) ESG전문가 자격을 보유하고, 지방정부ESG연구회 이사로 활동하고 있다. 저서로는『만안의 기억 : 아래로부터 읽는 안양시 만안구 공간사회 이야기』(2016, 공저)가 있다.

김나영(金奈姈) nynayeong@gmail.com

서울대학교 환경대학원 조경학 박사학위 수료, 고창식품산업연구원 GFI미래정책연구센터 전문위원으로 재직 중이다. 2021년 3월부터 2025년 6월까지 국립생태원 멸종위기종복원센터 전문위원으로 근무했다. 주요 관심 분야는 생물다양성, 기후변화, 환경 생태 계획 및 관리, GIS 모델링이다. 현재 생태계서비스 평가 및 시나리오 기반 모델을 적용하여 UNESCO 생물권보전지역으로 지정된 고창군의 생태적 가치를 연구하는 데 집중하고 있다. 자연생태복원기사, 초경량비행장치 조종자(3급), 한경협ESG전문가 자격증을 취득했다. 주요 논문으로는 Spatial Patterns and Species Distribution Model-Based Conservation Priorities for *Scrophularia takesimensis* on Ulleungdo. Plants(2025, 공저), 도시 내 습지의 식생구조 변화 모니터링(2023, 공저), 멸종위기 야생생물 민원 텍스트 마이닝 연구-LDA 토픽 모델링과 네트워크 분석을 통한 주요 이슈 발굴(2023, 공저) 등이 있다.

지방 소멸과
ESG 활용

초판인쇄 2026년 3월 20일
초판발행 2026년 3월 20일

지 은 이 양세훈 · 이영호 · 이수정 · 김정진 · 김나영
펴 낸 이 채종준
펴 낸 곳 한국학술정보(주)
주   소 경기도 파주시 회동길 230(문발동)
전   화 031-908-3181(대표)
팩   스 031-908-3189
투고문의 ksibook1@kstudy.com
등   록 제일산-115호(2000. 6. 19)

ISBN   979-11-7457-536-4 93330